国家自然科学基金项目(71463025)
马克思主义理论研究和建设工程重大项目(2018MSJ014)
国家社会科学基金重点项目(18AJY006)
江西省经济社会发展重大招标课题(18ZD01)
江西省社会科学"十二五"规划项目(17YJ12)
江西省科技计划项目（20181BAA208050）

区域农村贫困现状、脱贫路径及振兴绩效研究

廖文梅　胡春晓　彭泰中　著

中国商业出版社

图书在版编目(CIP)数据

区域农村贫困现状、脱贫路径及其绩效研究 / 廖文梅，胡春晓，彭泰中著．——北京：中国商业出版社，2019.6

ISBN 978－7－5208－0814－9

Ⅰ.①区… Ⅱ.①廖…②胡…③彭… Ⅲ.①农村问题－贫困问题－研究－中国 Ⅳ.①F323.8

中国版本图书馆 CIP 数据核字(2019)第 126063 号

责任编辑：巫皆富

中国商业出版社出版发行
010－63180647 www.c－cbook.com
(100053 北京广安门内报国寺 1 号)
新华书店经销
涿州市荣升新创印刷有限公司印刷

*

787 毫米×1092 毫米 1/16 开 21 印张 470 千字
2019 年 8 月第 1 版 2019 年 8 月第 1 次印刷
定价：58.00 元

* * * *

(如有印装质量问题可更换)

前　言

习近平同志在十九大报告中提出，让贫困人口和贫困地区同全国一道进入全面小康社会是我们党的庄严承诺，确保到2020年我国现行标准下农村贫困人口实现脱贫，贫困县全部摘帽，解决区域性整体贫困，做到脱真贫、真脱贫。赣南原中央苏区是我国典型的集中连片特殊困难地区，是江西省深度贫困地区，解决农村贫困问题是实施中央苏区振兴发展国家战略的重要目标，因此，了解赣南原中央苏区整体贫困现状、探寻脱贫之路及分析其绩效，显得更为重要和急迫！

研究首先从单一指标和多维指标分别测度区域贫困的现状。再分别从宏观和微观两个层面上探讨农村脱贫路径的有效性：从宏观层面探讨生态脆弱性与贫困分布的关系、自然资源禀赋与区域经济振兴、农村电子商务与农村区域减贫等问题，重点描述区域贫困的现状，区域经济发展对生态资源产业的依赖程度；接着从微观层面分析农户健康水平、劳动力转移和易地搬迁政策对农户脱贫路径的影响，重点验证易地搬迁政策和劳动力转移作为生态补偿的重要形式在减贫结果上的有效性。

鉴于此，我们在国家自然科学基金项目和江西省哲学社会科学重大招标课题等的资助下就区域农村贫困现状、脱贫路径及其绩效进行了比较系统深入的研究。在此基础上，我们将课题研究中已取得的学术成果整理成本书，主要包含五部分内容：

第一部分内容：研究意义、综述与理论框架。这部分包括第1、2、3章。报告阐述了区域脱贫攻坚战略的研究意义，梳理了贫困及贫困测度、区域整体脱贫模式、区域经济振兴、产业扶贫、贫困脆弱性和农民收入增长相关的研究，分别对贫困及贫困的相关理论、经济增长理论和本报告的研究框架进行界定。

第二部分内容：区域贫困现状和脱贫政策。这部分包括第4章。首先从单一指标论述了江西省贫困人口和贫困发生率的分布现状，分析了江西省未脱贫县与已脱贫县的贫困人口现状及江西省扶贫专项支出投入现状，再从多维贫困指标测算了赣南原中央苏区的贫困现状及赣南原中央苏区整体脱贫政策、典型模式和实践探索。

第三部分内容：区域生态脆弱性、资源产业与区域贫困的关系。本部分包括第5、6、7章，从宏观层面分析区域生态、资源、产业与贫困之间的关系。首先对赣南原中央苏区生态脆弱度进行分析与概述，对区域内的贫困分布状况进行探讨与总结，并对生态脆弱度与赣南苏区贫困状况进行耦合分析，从而得出适用于生态脆弱贫困区的相关脱贫、扶贫建议及模式。而后研究赣南原中央苏区特色资源与经济发展之间的关系，分析了赣南原中央苏区经济发展和特色资源开发现状，发现特色资源与苏区经济增长之间存在一定的联系，结合区域经济理论和"资源诅咒"理论，运用面板数据模型对特色资源与经济发展之间的关系进行计量分析。再从产业扶贫角度，分析江西省农村贫困现状、电子商务发展现状和电商扶贫政策推进现状，探索江西省电商扶贫政策推进过程中形成的电商扶贫机制及其产生的减贫效应，构建了电商扶贫减贫体系。

第四部分：农户健康、劳动力转移、易地搬迁与农户脱贫影响。本部分包括第8、9、10、11章，从微观角度诠释了农户健康水平、劳动力转移、易地搬迁政策与农户脱贫的关系。首先通过识别出家庭总收入、家庭经营性收入、工资性收入、财产性收入以及转移性收入五种中间传导变量，构建了"健康水平—中间传导机制—贫困退出"的分析框架，采用中介效应模型对健康水平影响农村贫困户退出贫困及其作用机制进行实证检验。其次，同样以家庭收入为中介变量、构建了"劳动力转移—中介传导—贫困退出"为传导机制的中介效应理论模型，分析劳动力转移对农户减贫的影响机理。再次，测度2017年赣南苏区搬迁农户的贫困脆弱性以及生计资本，并对其进行描述性分析。再次，从搬迁特征、家庭特征、社区特征三个维度，建立线性回归模型，探讨搬迁特征、家庭特征及社区特征因素对农户贫困脆弱性的影响。最后，研究易地搬迁政策与农户满意度关系，深入分析农户对于移民政策的满意度评价、移民政策的执行协商情况，并检验农户参与移民政策的执行协商对于农户的政策满意度的作用情况。

第五部分：区域脱贫与乡村振兴绩效研究。本部分包括第12、13章，从江西省、赣南原中央苏区的农村居民收入和乡村振兴水平来衡量区域脱贫攻坚的绩效。首先从农村村民收入水平和收入结构、城乡收入差距等方面分析江西省脱贫成效，而后分析赣南原中央苏区区域脱贫成效。构建乡村振兴的指标体系，利用耦合模型来分析区域脱贫水平与乡村振兴绩效的关系。

第六部分：区域农村脱贫路径启示与建议。本部分包括第14章，根据上述研究结论，从宏观和微观角度提出区域农村脱贫路径下的相应政策与建议。

本著作凝聚了课题组全体成员的辛勤劳动，除署名作者外，参与课题研究工作的还有江西农业大学经济管理学2014级硕士研究生张广来同学、罗鹏同学、娄馨薇同学，2015级硕士研究生邱海兰同学、李璐同学，2016级硕士研究生乔金笛同学、秦克清同学，2017级硕士研究生童婷同学、肖风雨同学、虞娟娟同学，2018级硕士研究生袁若兰同学、王璐同学、陈春阳同学。在此表示衷心感谢！

本著作适合农林经济管理学、资源与环境经济学、产业区域经济学等学科专业的研究生阅读，也适合从事农业、农村管理工作的党政机关工作人员阅读和参考。书中存在的不足甚至错误之处，由作者承担全部责任，敬请读者批评指正。

作者

2019年8月

目 录

第1章　新时代区域脱贫攻坚战略与区域振兴战略意义 ………………………… (1)
第2章　脱贫攻坚促进区域振兴发展研究综述及研究框架 ……………………… (4)
　2.1　贫困相关研究 ……………………………………………………………… (4)
　2.2　区域整体脱贫模式研究 …………………………………………………… (7)
　2.3　区域经济振兴研究 ………………………………………………………… (12)
　2.4　产业扶贫研究 ……………………………………………………………… (17)
　2.5　农村电商扶贫研究 ………………………………………………………… (22)
　2.6　贫困脆弱性 ………………………………………………………………… (27)
　2.7　农民减贫绩效——农民收入增长问题 …………………………………… (32)
第3章　区域脱贫振兴的相关概念界定及相关理论 ……………………………… (37)
　3.1　相关概念界定 ……………………………………………………………… (37)
　3.2　相关贫困理论 ……………………………………………………………… (43)
　3.3　减贫理论 …………………………………………………………………… (47)
　3.4　电商发展的相关理论 ……………………………………………………… (47)
　3.5　经济增长理论 ……………………………………………………………… (48)
　3.6　执行协商与政策满意度的相关理论 ……………………………………… (51)
　3.7　研究框架 …………………………………………………………………… (52)
第4章　区域农村贫困的现状及扶贫模式 ………………………………………… (53)
　4.1　江西省农村贫困现状 ……………………………………………………… (53)
　4.2　赣南原中央苏区经济发展现状：以江西省13个苏区县为例 …………… (62)
　4.3　赣南原中央苏区的贫困现状：以赣州市为例 …………………………… (70)
　4.4　赣南原中央苏区农村多维贫困的测量：基于反贫困指标体系 ………… (75)
　4.5　赣南原中央苏区整体脱贫政策、典型模式及产业脱贫案例 …………… (81)
第5章　区域生态脆弱性与贫困分布的关联研究 ………………………………… (92)
　5.1　赣南中央苏区生态脆弱性表现 …………………………………………… (93)
　5.2　综合评价生态脆弱性指标体系构建 ……………………………………… (95)
　5.3　赣南中央苏区生态脆弱性评价 …………………………………………… (99)

  5.4 赣南原中央苏区生态脆弱性与贫困特征指标的灰色关联分析 …………… (104)
  5.5 基于脆弱生态环境分布特征的赣南原中央苏区贫困现象的思考 ……… (112)
  5.6 结论与讨论 ………………………………………………………………… (113)

第 6 章 自然资源禀赋与区域经济振兴研究 ……………………………………… (115)
  6.1 赣南中央苏区的资源及资源开发现状 …………………………………… (115)
  6.2 赣南原中央苏区自然资源对经济增长的影响 …………………………… (120)
  6.3 模型估计结果分析 ………………………………………………………… (123)
  6.4 本章小结 …………………………………………………………………… (125)

第 7 章 农村电子商务与农村区域减贫研究 ……………………………………… (128)
  7.1 江西省电子商务发展基础 ………………………………………………… (129)
  7.2 江西省电子商务进农村示范工作进展 …………………………………… (133)
  7.3 电商扶贫的减贫作用机理分析 …………………………………………… (136)
  7.4 电商发展与贫困减缓的相关性检验 ……………………………………… (139)
  7.5 江西省农村电商扶贫的对策与建议 ……………………………………… (145)
  7.6 结论与展望 ………………………………………………………………… (150)

第 8 章 农户健康水平与农户脱贫路径研究 ……………………………………… (152)
  8.1 研究意义 …………………………………………………………………… (152)
  8.2 研究设计 …………………………………………………………………… (153)
  8.3 实证检验与分析 …………………………………………………………… (157)
  8.4 结论与启示 ………………………………………………………………… (162)

第 9 章 劳动力转移与区域农户脱贫路径研究 …………………………………… (165)
  9.1 研究假说与变量设计 ……………………………………………………… (166)
  9.2 模型选择及变量描述性统计 ……………………………………………… (168)
  9.3 模型估计及结果分析 ……………………………………………………… (170)
  9.4 结论与政策建议 …………………………………………………………… (173)

第 10 章 易地搬迁农户生计资本与贫困脆弱性研究 …………………………… (175)
  10.1 贫困、脆弱性与可持续生计的理论关系 ……………………………… (177)
  10.2 研究区域及样本描述 …………………………………………………… (178)
  10.3 易地搬迁农户生计资本和贫困脆弱性的测度 ………………………… (181)
  10.4 易地搬迁农户贫困脆弱性的影响因素 ………………………………… (197)
  10.5 主要结论及政策建议 …………………………………………………… (204)

第 11 章 易地搬迁政策与农户满意度研究 ……………………………………… (209)
  11.1 理论假设 ………………………………………………………………… (210)

11.2 数据来源与描述性统计 ……………………………………………… (212)
　　11.3 研究方法与变量选取 …………………………………………………… (217)
　　11.4 实证结果分析 …………………………………………………………… (219)
　　11.5 研究结论与政策建议 …………………………………………………… (225)
第12章　区域脱贫成效研究 ……………………………………………………… (228)
　　12.1 江西省区域扶贫成效及其驱动力研究 ………………………………… (229)
　　12.2 赣南原中央苏区扶贫绩效评价 ………………………………………… (245)
第13章　区域脱贫攻坚与乡村振兴绩效研究 …………………………………… (255)
　　13.1 江西省乡村振兴水平研究 ……………………………………………… (255)
　　13.2 脱贫攻坚与乡村振兴耦合协调度分析 ………………………………… (283)
　　13.3 县级脱贫攻坚与乡村振兴绩效分析 …………………………………… (287)
第14章　区域农村脱贫的研究结论与对策建议 ………………………………… (303)
　　14.1 研究结论 ………………………………………………………………… (303)
　　14.2 启示与建议 ……………………………………………………………… (307)
参考文献 …………………………………………………………………………… (311)

第1章

新时代区域脱贫攻坚战略与区域振兴战略意义

"久困于穷,冀以小康",让贫困人口和贫困地区同全国一道进入全面小康社会是党十九大报告的庄严承诺。消除贫困是当今世界面临的最大全球性挑战,也是发展中国家的重要任务。新中国成立以来,特别是改革开放以来,中国在消除农村贫困问题上获得了很大的成就。1978年我国有2.6亿农村贫困人口,贫困发生率达到了32.9%,到了2013年农村贫困人口及其贫困发生率分别为8249万人和13.1%,2014年底我国还有7017万现行标准下的贫困人口。截至2017年末,全国农村贫困人口从2012年末的9899万人减少至3046万人,累计减少6853万人;贫困发生率从2012年末的10.2%下降至3.1%,累计下降7.1个百分点。尽管如此,中国农村贫困问题依旧存在,脱贫任务仍然非常艰巨,特别是集中连片特困地区的贫困。

贫困是自然、社会、经济和制度等因素相互作用和制约的结果,具有明显的区域性特点。区域性整体贫困最早提出是在中共中央十八届五中全会,全会提出了全面建成小康社会新的目标要求,即在我国现行标准下农村贫困人口实现脱贫,贫困县全部摘帽,解决区域性整体贫困。解决区域性整体贫困已成为各类扶贫发展规划的总体目标,《"十三五"脱贫攻坚规划》的重点目标是到2020年解决区域性整体贫困。《促进中部地区崛起"十三五"规划》进一步明确表示,到2020年山西、安徽、江西、河南、湖北、湖南等中部六省将全面建成小康社会,区域性整体贫困得到解决。因此,解决区域性整体贫困已成为我国"十三五"期间扶贫攻坚的重要任务。

区域性整体贫困的定义是什么?近年来的研究都没有确定的定义。2011年12月6日,国务院发布《中国农村扶贫开发纲要(2011—2020年)》中提出集中连片特困地区,并在扶贫攻坚主战场的区域与区域性整体贫困基本一致。"集中连片地区"的概念出现得较早,1986年,即扶贫开发之元年,国家就把贫困地区分为14个集中连片区,1988年在14个贫困片区基础上增减和调整,把全国贫困地区进一步调整为18个片区。针对农村贫困问题越来越集中在西部民族地区、边境地区、中部革命老区和山区等,特殊类型地区的概念也随之产生。这些地区的共同特征是:生存环境恶劣、基础设施薄弱、公共服务滞后、社会形态特殊等问题。为此,扶贫理论和实践工作者提出了"特殊类型贫困地区"的概念,并强调把特殊类型贫困地区作为扶贫开发工作的重中之重(王思铁,2016)。"集中连片特殊困难地区"是2010年国务院西部地区开发领导小组第二次全体会议中提出的并统一确定的,同年10月,党的十七届五中全会通过的《中共中央关于第十二个五年规划的建议》再次强调:"加快解决集中连片特殊困难地区的贫困问题。"

十八届五中全会进一步明确区域性整体贫困指中国农村扶贫攻坚的主战场是14个集中连片特殊困难地区,尽管依然保持了1986年的14个集中片区数量,但是具体片区有了一些调整。这些地区的贫困特征也出现了新的变化,即贫困人口数量庞大,贫困程度较深,致贫原因复杂,资源开发与环境保护矛盾突出(刘牧、韩广富,2016)。区域脱贫模式是基于顶层设计和基层实践,总结特定区域性贫困的特征或致贫因素,探寻出解决特定区域性精准脱贫的方法和途径,再提出适合于区域性精准脱贫的典型模式,有助于增进精准扶贫综合认识,有利于在实践中探索具有转型期中国特色的减贫与发展道路(李裕瑞 等,2016)。

江西省以赣南等原中央苏区为区域整体性贫困典型,推进整个江西省的扶贫攻坚计划。赣南等原中央苏区(后简称为苏区)亦称"中央革命根据地",是第二次国内革命战争时期,中国共产党在以瑞金为中心的赣南、闽西和粤北广大区域建立的中央革命根据地的简称。江西赣南原中央苏区(简称赣南原中央苏区)为之最大的板块,位于罗霄山脉以南,属于国家《中国农村扶贫开发纲要(2011—2020年)》规定的14个集中连片特困地区之一:罗霄山区。在革命战争时期,苏区人民为中国革命作出了重大贡献和巨大牺牲。但由于战争创伤以及自然地理条件等多种原因,进入21世纪,苏区并没有彻底摆脱相对贫穷落后的艰难处境,特别是赣南原中央苏区,经济发展仍然滞后,民生问题仍然突出,贫困落后面貌仍然没有得到根本改变。2010年,赣南原中央苏区贫困人口仍有184392人,贫困发生率为2.8%,较江西省整体贫困发生率1.4%高出一倍;平均经济总量为53.79亿元(抽样调查结果),仅为江西省最强县南昌县的17.58%;人均GDP约9961元/人,仅为江西省平均水平2.13万元/人的46.87%和全国平均水平3.09万元/人的32.23%;农村居民家庭人均纯收入为3583元/人,仅为江西省平均水平5789元/人的61.90%和全国平均水平5919元/人的60.53%(廖冰,2013);城镇居民人均可支配收入低,获得该项统计数据的54个苏区县中,有27个县的低于1.5万元,低于全国平均水平1.91万元;农村教育、卫生、文化、体育等基础设施建设比较落后,整体经济发展处于江西省整体水平的73%(廖文梅等,2013)。因此,所在江西省的赣南原中央苏区属于典型的区域性整体性贫困,是国家和省级扶贫开发重点县最为集中的区域之一。

2012年6月28日国务院颁布《关于支持赣南等原中央苏区振兴发展的若干意见》,启动原中央苏区振兴发展重大国家战略。江西有54个县纳入了赣南等原中央苏区。江西省紧紧抓住国家支持赣南等原中央苏区振兴发展和推进罗霄山片区扶贫攻坚的重大机遇,实施推进以财政扶贫模式、产业扶贫模式、移民搬迁模式为主,其他扶贫模式为辅的扶贫攻坚计划,成为全国扶贫工作的"江西样本",扶贫攻坚成效显著,使贫困人口大幅减少,贫困群众收入稳步提高,贫困地区发展条件不断改善,贫困群众发展的内生动力不断增强。

第 2 章

脱贫攻坚促进区域振兴发展研究综述及研究框架

2.1 贫困相关研究

贫困不仅只是经济概念,更关乎基本的公民权利、能力,其实质是一种权利和能力的贫困。正如诺贝尔经济学奖获得者阿马蒂亚·森所说,"贫困不是单纯由于低收入造成的,很大程度上是因为基本能力缺失造成的",比如与高额医疗、养老、教育、住房等民生支出,对应的公民获得健康权、养老权、教育权、居住权的能力缺失。从贫困类型来看,有宏观贫困和微观贫困。宏观贫困,即从整体区域角度来看待贫困,例如,国家贫困、地区贫困、农村贫困、城市贫困等。如果从这个角度来理解,那么,所有低收入国家都是贫困的国家,而所有高收入的国家则不是贫困国家。微观贫困,即从个人和家庭角度看待贫困。从这种角度来理解,所有国家都有贫困问题。经济发展只是为缓解贫困提供了可能性,但它无法为消除贫困提供保障,甚至有可能随着经济发展,贫困问题反而越来越严重。因此,微观贫困问题是个独立的研究领域,在经济学领域,研究贫困问题的学科可以称为贫困经济学或穷人经济学,诺贝尔经济学奖获得者阿马蒂亚·森可以说就是研究贫困经济学的代表人物。

2.1.1 贫困的测度研究

对于贫困的测量,国内外学者已有了许多相关研究,最基本的贫困测量方法从最早的单一经济维度拓展到现在包括经济维度和自然资源、社会保障等非经济维度的综合测量(余梦洁 等,2018;王小林 等,2009;Bourguignon 等,2003)。

(1)单一经济维度

单一经济维度有绝对贫困和相对贫困的测量两种。绝对贫困的测度方法比较简单,主要有总支出和总收入比法、恩格尔系数法、基本需求法、必需品剔除法以及贫困标准编制法等。

相对贫困的测量方法包括商品相对不足法、收入平均数法以及收入等分定义法等。

(2) 多维贫困测度

多维贫困(multidimensional poverty)理论的主要创始者为1998年诺贝尔经济学奖获得者阿马蒂亚·森。多维贫困的研究起始于阿马蒂亚·森的"能力贫困"理论,他在其代表作《贫困与饥荒——论权利与剥夺》一书中阐述了贫困的本质,并在此基础上对"多维贫困"概念进行了首次阐释,即贫困的是除收入外,居住、健康、教育等能力不足,均无法满足最低生活需求(阿马蒂亚·森等,2009)。联合国开发计划署(UNDP)在《1997年人类发展报告》中对贫困下了定义:"贫困不仅指物质需求无法满足,而且还缺乏使得人类进行基本发展的机会,从而无法选择具有创造性、长期、健康的生活,也不能得到他人基本尊重,达到体面生活的标准,并且缺乏获得其生活中重要东西的能力。"很明显,联合国定义的贫困也是包括发展机会、权利和健康等方面的多维贫困。可见,相对于单一维度的收入贫困,多维贫困更加全面、科学(马明义等,2019)。

在对多维贫困指数的构建和测量上,有研究建树的专家有Bebbington(2014),他利用结构方程模型对美国家庭的多维贫困程度进行了详细的研究。Harrison(2012)利用公理化的方法,在2000年印度尼西亚的微观数据的基础上,在多维贫困方面对其进行了相应的测量。对于儿童贫困的研究上,由Irajpoor(2015)对HDI指数做了进一步的研究,该指数能够在国际上通用,含有三个维度,分别是预期受教育年限、出生时的预期寿命、人均国内生产总值(根据购买力平价折算)。

2.1.2 致贫原因

贫困由多种原因造成,从宏观上看有失业、收入分配机制不公平、保障机制、地理环境等方面原因;从微观上看有农户个体与家庭特征因素,如健康水平、劳动力转移程度、户主文化水平等。目前我国城市致贫原因有失业、残疾或疾病、子女上学、单亲或老年等因素(王朝明、马文武,2014),城镇贫困人口主要包括失业人员、农民工、残疾人、老年人、儿童等弱势群体,且他们的相对贫困程度因为经济体制改革和社会结构重组而不断加深,生活愈发窘迫(段卓一,2014),文化观念、政治体制和地理环境等非经济因素是当前我国农村人口致贫的重要原因,中国政府出台了一系列扶贫政策用以解决贫困问题。

(1) 城镇贫困与失业

贫困与失业虽是两个不完全相关的概念,但是失业成为21世纪初期导致贫困的主要原因之一。从理论层面上,失业与就业状况直接影响着经济收入、社会地位和政治资源的传导;在实践层面上,失业也意味着失去了收入的来源,降低了家庭总体收入,当家庭总体收入下降到一定的程度时,就陷入贫困。李实、左藤宏(2014)对城市失业率和贫困率之间的关系进行了研究,结果表明两者的相关系数是0.854,对于下岗失业者来说,其出现贫困问题的概率是正常劳动者的四倍,说明失业率和贫困率二者之间具有极强的相关关系,因此失业与贫困二者间也肯定存在某种特定系数关系。胡浩志(2013)利用长达28年的数据,采用PLS方法进行分析得出:低收入人群所占城镇收入的比率和城镇登记失业率呈负相关性,而高收入人群和城镇登记失业率是正相关关系。也就是说,整体收入越多收入阶层获益就越多,整体收入少则城镇登记失业率提升。尽管看起来会很别扭,其实正是"蛋糕"被分成很多份额的时候,获得的人们多,其城镇登记失业率就会下降。

(2)收入分配和收入差距

收入分配差距,是指在一定社会经济条件下居民之间按照同一货币单位或实物单位所表示的收入水平差别以及居民收入在社会总收入中占有比重的差别。2010—2017年,全国居民人均可支配收入从12520元增加到25974元。2017年城镇居民人均可支配收入36396元,扣除价格因素实际增长6.5%;农村居民人均可支配收入13432元,扣除价格因素实际增长7.3%。城乡居民人均收入倍差2.71,比上年缩小0.01。

同时,居民收入差距呈缩小趋势。而基尼系数是现在国际上通用的、用以衡量一个国家或地区居民收入差距的常用指标。基尼系数介于0~1之间,基尼系数越大,表示不平等程度越高。2010—2015年,中国居民收入基尼系数从0.481下降到0.462,再到2016年的0.465、2017年的0.467。城乡居民收入倍差由2010年的2.99倍缩小到2017年的2.71倍。国民收入分配格局有所优化,居民可支配收入在国民可支配收入中的比重提高,劳动报酬在初次分配中的比重提高。

普遍认为,经济增长可以降低发展中国家的贫困,但单靠经济增长而不注重收入分配是不会有效地缓解贫困的,相反也许会导致贫困的加剧(杨文 等,2012)。收入分配在劳动者、市场之间最直接的体现就是就业岗位,工资收入的分配状况。目前,中国居民收入不均等扩大的趋势已经发生改变,收入差距似乎进入倒U形的下降阶段(万广华 等,2018)。从转移性收入的增长率来看,转移性收入的增加呈现一定的益贫性质,但是中国转移性收入似乎并不绝对偏向于穷人,重要的是转移性收入自身的不均等呈现倒U形变化,这在一定程度上意味着该项收入将来很可能会有助于收入差距的缩小。收入差距缩小的另外一个重要因素是职业收入特别是工资性收入不均等的下降,这也佐证了"刘易斯拐点"的到来。此外,中等收入群体收入比重的上升有助于收入不均等的下降,东部地区内部不均等是总体不均等及其变动的重要组成部分(万广华 等,2017)。因此,收入分配不均是引起贫困的重要原因。

(3)保障制度

城市居民最低生活保障制度,是国家为解决城市居民的生活困难而建立的一种社会救济制度,是现有条件下有中国特色社会保障体系的一项重要内容。实施城市居民最低生活保障制度后,由于救济标准统一、救济范围扩大、救济水平提高、救济行为规范,使我国的社会救济工作开始进入规范化、法制化管理轨道。中共中央国务院《关于在全国建立城市居民最低生活保障制度的通知》(国发[1997]29号)规定,城市居民最低生活保障制度的保障对象是家庭人均收入低于当地最低生活保障标准的持有非农业户口的城市居民,主要包括三类人员:一是无生活来源、无劳动能力、无法定赡养人或抚养人的居民;二是领取失业救济金期间或失业救济期满仍未能重新就业,家庭人均收入低于最低生活保障标准的居民;三是在职人员和下岗人员在领取工资或最低工资、基本生活费后以及退休人员领取退休金后,其家庭人均收入仍低于最低生活保障标准的居民。根据这一规定,失业人员在享受失业保险待遇期间,只要家庭人均收入低于最低生活保障标准的,可以同时申请城市居民最低生活保障待遇;失业人员享受失业保险待遇的期限届满后,不管其是否重新就业,只要家庭人均收入低于最低生活保障标准的,均可申请享受城市居民最低生活保障待遇。邰秀军、殷蕾蕾(2014)则认为社会主义转型必然会造成城市贫困。因此,我国的贫困问题在短时间内并不能得到彻底的解决,国家也会越来越重视城市社会贫困问题以及对他们的救助问题,在这个过程中,城市最低生活保障制度表现出了很大的作用,社会各界也普遍认可它所取得的成绩,然而它仍然有不足的地方,需要社会各个主体共同努力,使其不断完善,从而为反贫困起到更大的作用。刘颖的观点中最具有借鉴作用的是对贫困救助制度的完善,尤其是社区救助更应在基层扶贫中发挥不可替代的作用。李姗姗、孙久文(2015)认为,城镇贫困群体成因复杂,扶贫治理工作困难,政府和中央财政应该勇于承担相应责任,从制度上对贫困群体进行扶持,财政上适当增加社会救助支出额度,尤其对贫困群体的子女教育等问题加强重视,防止贫困代际转移。他们的研究将贫困代际转移提升到了扶贫过程中新的高度,并提出了如何履行各级财政责任的对策,这在城镇贫困问题研究中属于新思维、新角度的内容之一。为此,政府和社会都要发挥作用,建立起多位一体的扶贫机制以有效缓解或消除贫困。目前我国社会保障体系尚不健全,对于贫困人口而言,他们没有摆脱贫困应有的文化素质和专业技能。与此同时,诸如就业岗位不足、收入分配不公以及经济全球化等问题,也为贫困群体带来了更大的竞争压力。他们的研究主要聚焦于贫困主体及普遍的贫困问题及分析,对分析扶贫机制的问题及成因具有一定的借鉴作用。

2.2 区域整体脱贫模式研究

2.2.1 国际区域性整体脱贫的典型模式

发达国家在经济发展过程中同样遇到发展不均衡、不协调的问题,通过制定一系列政策措施来缩小区域间的经济发展差异,以减少区域性贫困。解决此类问题较为成功的国家有美国、日本和德国等国家,在扶贫工作和经济发展早期,均有采用支持交通等基础设施建设(Porter G,2014)、地方税收减免、农业生产补贴、农业保险补贴和农业信贷等财政税收政策(王亮,2013)和完善区域公共土地法规、移民与教育法规、产业政策法规等法律制度来缩小区域发展不平衡(孟昌、刘琼,2011)。

随着经济发展和社会进步,发达国家在扶贫模式上出现了转变,美国的扶贫政策更倾向于通过就业、教育、医疗和社会福利等手段来解决区域发展不平衡问题(黄爱军 等，2010)。研究认为对贫困家庭的青年人员进行创业培训、提高就业机会，是减少贫困的一种有效途径。创业培训、家庭教育，政府支持计划，微型、中小型企业的参与，青年赋权，政府大学工业协作是刺激就业创业的关键影响因素(Hussain et al.，2014)。但创业作为自谋职业不是一种可持续性解决方案，因为当经济不景气时期或落后区域，创业机会是很难获取的(Alvarez et al.，2013)。德国为了创造就业机会，鼓励投资者在落后地区投资，兴建企业，创造有竞争力的新岗位，帮助他人就业，政府对外来投资者生产的产品返销超过40%提供相应的优惠(杭海等，2011)。

当经济发展到一定阶段时，人地矛盾开始显现，经济发展开始受环境的制约，生态扶贫成为许多发达国家的扶贫模式，通过经济补偿方式来弥补发展权的问题从而缓解生态系统服务与区域贫困的关系，越来越多的证据表明生态系统服务有助于幸福指数的提升，特别是在发展中国家的农村地区，生态系统服务的退化会对人类福祉造成负面影响(Tallis，2008)。提供生态系统服务(ES)有助于减轻贫困，通过对生态系统服务提供者进行补偿可以防止人们变得更贫(Sjostedt，2012)。但也有学者认为，几乎没有证据可以表明生态系统服务对减轻贫困有贡献，更不用说消除贫困。在理解生态系统服务与贫困之间的关系以及相互影响的机理，以及如何在可持续利用生态系统服务的基础上实现脱贫之路方面仍存在相当大的差距(Baxter et al.，2014)。

产业扶贫或利用产业发展促进区域经济的典型较多。如美国，利用美国南部和西部的廉价土地和丰富资源发展高新技术产业和科研基地，使得美国的经济中心向西部和南部转移，实现美国东西部平衡。日本北海道地区为了降低重工业的环境破坏压力，重点发展农业、渔业、旅游和物流。西德对于落后的农业地区建立生态农业区，引导农产品向优质、高效农业食品发展(杭海等，2011)。一些生态环境保护较好的贫困地区，大部分国家的做法就是发展特色旅游业来改善落后地区的经济，因此，旅游产业扶贫在欠发达国家越来越受青睐，能较好地解决环境保护与消除贫困的关系(Medina—Munoz et al.，2014)。如研究表明旅游产业致富了越南沙巴穷人，当地人以住家旅馆的拥有者或者是导游参与旅游产业中(Hussain et al.，2014)，而且外商直接投资的方式不仅可以雇佣更多员工、提供更高薪水和更多培训，并且能辐射较多的居民(Truong et al.，2014)。

2.2.2 国内区域性脱贫致富的典型模式

截至2014年底，中国共有5575万贫困人口，主要集中在深山区、沙(石)漠区、高寒区、革命老区、生态脆弱区、少数民族区和边境区等集中连片区(曾志红，2013)，结合我国农村贫困区域性发生机制，相应采用具有明显区域特点性的减贫基本模式(李裕瑞等，2016)。通过政策文件和文献的整理，现阶段大致归纳为以下几种较为主要的典型区域性脱贫模式。

1.财政扶贫模式财政扶贫是通过专项转移支付、财政、税收优惠、项目投入等方式向各贫困地区倾斜，一般用于改善贫困地区的农业生产和基本生活条件，修建农业水利和乡村道路，提高农民文化和技术水平，改善地方医疗条件等(冉光和、曹钊阳，2008)，从而推动贫困地区经济发展，改善贫困地区生产和生活条件，提高贫困人口的生活水平，减小贫富区域的差距。它是国家为了支持贫困地区发展经济和社会事业而设立的财政专项资金，是一种早期较为直接的输血式区域扶贫方式，也是国家必不可少的一种区域扶贫模式。2011—2015年，我国中央财政专项扶贫资金从272亿元增长到467.45亿元，年均增幅达14.5%，2016年中央财政预算扶贫资金增加到了660.95亿元。

财政扶贫模式一直是国家支持农村脱贫致富的重要方式，为农村经济发展作出了巨大的贡献。不同区域、不同资金利用方式对区域性扶贫效果也存在较大差异，如在四川凉山彝族自治州国家级贫困县，研究认为，中央扶贫资金对连片特困区经济增长拉动作用不显著，从资金细项来看，扶贫发展资金对经济增长作用良好，以工代赈资金对经济影响不显著，贴息贷款对经济增长影响显著为负(徐孝勇等，2013)。以全国数据来看，以工代赈资金和农村发展资金的增加可极大促进农民人均纯收入的增长，以工代赈资金和贴息贷款资金的增加可极大促进农村贫困人口的减少(辛波等，2009)。效果上的差异可能来自于农村扶贫资金的使用与管理上存在一些不足，不可避免地出现资金滴漏现象(李小云等，2007)：一是地方财力不足，配套资金难以保证，扶贫资金利用率低(李小云等，2007)。一方面是政府支持资金闲置，另一方面产业发展又难以得到国家政策支持，形成"用非所需"或"需非所用"的局面。二是农村扶贫资金项目投向不合理。如果扶贫项目选择不准确或项目识别有偏离，也会降低扶贫资金使用效率和扶贫效果(徐孝勇等，2013)。三是资金使用监管机制不健全。许多县级扶贫机构既是项目实施单位，又是项目管理验收单位，缺少监督约束机制(聂永刚，2013)，导致于2010—2012年期间涉及6省区的19个国家级贫困重点县查出违规问题金额2.34亿元。另外，研究结果存在差异，还可能来自扶贫资金的经济效益具有明显的滞后性，众多学者在利用计量方法时并没有考虑效益数据的滞后性。

2.整村推进模式 整村推进扶贫一般针对自然条件制约型贫困地区，突出以贫困村为单位，捆绑社会资源，以政府投入为引导、农户参与式扶贫方式，是一种结合产业扶贫、金融扶贫、智力扶贫等扶贫方式于一身的综合扶贫工程模式，是我国在21世纪初期行之有效的典型区域扶贫模式(任燕顺，2007)。在建设内容上，力求贫困村山田水、道路和环境等综合治理，经济教育、医疗卫生和社区文化等方面协同发展；以中央和地方政府投入为引导，以村级自然资源和劳动力资源为基础，调动政府各部门和社会各界的力量，使扶贫资金形成合力，集中投向贫困村建设，达到减少区域性整体贫困的目的(杨军，2006)。这种扶贫模式能提高扶贫瞄准性、减少扶贫资源的"漏损"，最大限度覆盖贫困人口，改善贫困人口的物质条件，培育贫困人口的持续发展能力，实现扶贫人口的持续发展，提高了扶贫效率(任燕顺，2007；沈茂英，2008；鹿心社，2015)。这种模式针对在交通偏远、自然资源匮乏、生产生活条件落后的一些老区、山区行政村，在一定时期内的确能取得一定的成效，如水、电、路等公共基础设施得到很大改善(李兴江、陈怀叶,2008)。但是问题也是显而易见的:一是依靠社会力量扶贫的可持续性差,社会资本一旦撤出贫困村,贫困村返贫的可能性很大。二是由于资金和项目规模的限制,只能以点带面,将扶贫资金投放到基础设施或极贫困的农户,解决区域性整体性贫困显得非常困难。三是能力贫困导致贫困户自愿参与项目中资源获取受限,造成资源向中等及以上农户配置与集中,影响整村推进的目标实现(李文君,2016)。

3.产业扶贫模式 产业扶贫就是立足当地特色优势产业,如特色种植业、养殖业、乡村旅游业等产业,将资源优势转化为经济发展优势,促进地方经济发展。这一扶贫模式更强调贫困地区原始积累、资源禀赋、区位条件和自我发展的能力,基本以"县为单位、资源整合、整村推进、连片开发"的扶贫模式,逐步形成了产业龙头企业、合作社、农户等不同主体的利益联结体,具体采取"公司+农户""合作社+农户""公司+专业合作社+农户"或"公司+基地+专业合作社+农户"等经营模式,有利于增强村民组织化程度、技术化程度和对接市场的能力,带动就业和促进经济增长从而提高贫困农户的收入。该种以"公司"或"合作社"为依托的产业扶贫模式虽然取得了很好的成效,但是实际工作中仍存在一些问题亟待解决(马楠,2016):一是产业扶贫过程容易陷入重产业发展而轻扶贫济困的困境,在中央政府、地方政府和"合作社"之间形成的"委托—代理"关系中,利益主体诉求差异会导致地方政府以打造"亮点工程"和"戴帽工程"来进行权力寻租,使得产业扶贫目标偏离靶心(李博、左停,2016),扶贫或脱贫效果很大程度上依赖于"合作社"或"企业"自身发展状况。二是贫困地区也存在产业发展方向定位不准(陈希勇,2016),定位趋同现象明显。如:均提出发展乡村旅游业、生态农业(全承相等2015,覃建雄等,2013)。产业趋同定位导致农产品"供过于求"或"谷贱伤民"的现象,无助农户减贫。并且农户致贫因素主要包括因病致贫、因学致贫、因残致贫、创业失败致贫等(张跃平等,2013),农户一旦因病致贫或因残致贫,要素制约将不利于贫困区域产业的发展。三是产业扶贫政策缺失或缺乏可持续性,以项目为核心追求的短、平、快逻辑形塑了产业发展的非持续性(马楠,2016)。

4.移民搬迁模式 根据《中国农村扶贫开发纲要(2011—2020年)》,易地搬迁扶贫是扶贫攻坚计划的重要内容之一,易地搬迁包括生态移民和深山移民等类型,主要是针对居住在受自然条件约束的深山区、高寒区和生态脆弱区等生存条件恶劣地区贫困户,为了解决或缓解经济发展与资源环境矛盾而自愿性搬迁的行为,搬迁安置到生产生活条件较好的地区、通过拓展搬迁户的增收渠道,帮助搬迁人口逐步脱贫致富。这种模式能较快地改善贫困户的生存环境,扶贫效果受安置地生存发展条件、政府政策支持力度和贫困农户自身发展能力的影响。绝大部分研究表明,农民搬迁进城后,转移到城镇从事第二、第三产业,搬迁移民前后农户生计资本有较为显著的提高(陈胜东等,2016),求医、上学和生活等条件有了改观,也为留村农民实现规模化经营创造了条件,通过减少农民达到了致富农民的目的(陆汉文、覃志敏,2015)。但自愿移民中也存在目标瞄准偏离的现象:一是比较富裕的农户更易获得并搬迁到资源和区位条件相对较好的社区,并在安置地生产和生活得到了发展,原居地的居民生活状况并没有发生明显的变化(唐丽霞等,2005)。二是实现充分就业比较困难、生计仍是一个问题,返贫的可能性大(曹国庆、陈美球,2017)。三是文化生活习俗的冲突大,社区管理相当困难。新移民群体内部,以及与原居住地居民的生活习俗存在差异,尤其少数民族人口迁入非少数民族地区,比如习惯于农业生产农村生活的农民很难适应城镇生活方式,社会关系短期内无法重构,会引发居民内部,以及与当地居民的摩擦与冲突(施国庆等,2009),一旦没有处理好,会造成新的社会问题,也会影响移民户生活质量(唐利平,2005)。四是后续政策扶持不够或扶持不到位,或整村搬迁移民缺乏可持续发展能力,都容易对政府产生依赖心理。因此,移民后脱贫效果还要依赖于移民户的自我发展水平,关键在于能否融入新的社会环境、能否寻找到适合自身需求的发展机会(沈茂英,2006)。

5.能力扶贫模式能力扶贫是以提高扶贫对象的自我发展能力、专业技术水平和教育文化水平,从而提升扶贫对象的能力素质,转变落后观念,再通过扶贫对象自我发展和自力更生,获取更多和更持久的经济利益,达到脱贫致富的目的(许凌志,2013),包括就业扶贫和智力扶贫等。如雨露计划是一种典型的就业扶贫项目,是以提高扶贫对象自我发展能力、促进就业为核心,通过资助、引导农村贫困家庭劳动力接受职业教育和各类技能培训、培养贫困村产业发展带头人等途径,扶持和帮助贫困人口增加就业发展机会和提高劳动收入的专项扶贫措施。因此,就业扶贫一直被认为"授人以渔"的造血式扶贫模式,包括贫困农民接受扶贫开发就业培训以后,能掌握一门以上农业技术或生产技术,并引导创业,其中也包括企业招聘、劳务输出和公岗兜底等方式就业(杨霞,2016)。从微观层面来看,绝大多数学员受训后返乡在农业领域创业或扩大生产规模,或就近第二三产业中转移就业,从而达到脱贫或致富的目的;从宏观层面来看,可以促进农业技术推广和进步、全要素生产率的不断增长,促进经济的总体增长(魏毅等,2012)。从农户创业培训模式来看,市场、资金、政策等都是影响扶贫效果的重要因素。研究认为,这种采取短期培训转移就业只能解决劳务输出增加一定收入的问题,但是从长远来看,智力扶贫能够有效地解决人地矛盾和贫困地区的可持续发展问题。智力扶贫整合了文化扶贫、科技扶贫、教育扶贫等(许凌志,2013),众多研究表明,由于接受教育程度与农村家庭贫困的代际变动之间具有高度的相关性。教育文化不仅能消除贫困代际传递关系,而且可持续性地稳定提高贫困对象的收入水平(Jyotsna and Ravallion,1998)。但是教育文化扶贫对消除短暂性贫困作用不大,但对消除长期性贫困却有着显著效果(陈全功等,2007)。因此,针对发展中国家来说,智力扶贫是一项资金投入相当大、见效相对缓慢的中长期扶贫模式,也是政绩驱使的政府当局者不太愿采用的一种模式。

2.2.3 文献小结

国内外有关区域整体性脱贫理论与实践的研究相当丰富,本文在梳理已有研究综述的基础上总结出以下结论:(1)国内外文献上总结出的典型区域扶贫模式大同小异。21世纪以来,随着中国扶贫攻坚战的深入,中国区域性整体脱贫模式经过实践探索已经积累了丰富的发展经验，并取了非常显著的成效，其典型区域性脱贫模式已走在世界前列。(2)国内大部分文献对研究区域性整体性贫困或区域脱贫模式都在论证模式的意义和价值、现状和问题、成效和不足，以定性描述为主，缺乏样本数据的实证检验，更少注重扶贫样本的跟踪研究。(3)已有的文献在一定区域研究范围内过于强调某种模式的实施效果，同时也缺乏科学合理的评价指标体系，更无法测量贫困农户在脱贫后多大程度或概率上可能返贫。实际上，在扶贫攻坚过程中，在解决区域性整体贫困时，往往会在一个区域内实施多种扶贫模式。

因此，在选择和实践区域脱贫模式时要有以下几方面的认识：(1)中国脱贫问题不是一场短跑战，应该短期和长期脱贫战略联合开发实施，要更加注重脱贫的长效机制。中国区域性贫困问题不是仅靠三五年努力就能完成的历史使命，尽管现阶段的脱贫模式取得了显著成效，但由于区域性贫困的致贫因素众多且复杂，并时刻在变化中，当贫困户的致贫因素在当前解决了后，经过两年可能会产生新的致贫因素，存在再次陷入贫困的可能。因此，我们更加注意探索脱贫攻坚的长效机制研究。(2)不同区域整体性贫困有着鲜明的区域特征，区域扶贫模式也存在一定适用性，我们要根据该区域的区位条件、地形条件、经济发展水平、人口集中度、贫困人口规模、致贫因素等特点，选择适合的区域性脱贫模式或区域性脱贫组合模式，不能直接照搬，更不能争先恐后，如果瞄准不当，会造成新的发展不平衡。在评价每种模式脱贫绩效时一定要客观准确，不能避重就轻。因此，我们的研究要侧重于总结和评价不同区域性脱贫模式的适用性和风险性。(3)每个扶贫区域，不是单一性扶贫模式实施的结果，在实践过程中会综合多种扶贫模式，如移民搬迁模式离不开财政扶贫模式的支持、必须配合能力扶贫模式一起实施；产业扶贫模式必须结合财政扶贫模式和就业扶贫模式。因此，我们在研究区域脱贫模式时要更加注重多种扶贫模式匹配的综合评价效果。(4)从区域脱贫攻坚模式在江西省赣南原中央苏区的实践效果来看，要基于"扶贫攻坚江西领跑"的现实基础和"十三五"江西扶贫攻坚的目标任务，结合不同贫困地区的实际，做实普适性的移民搬迁扶贫模式，因地制宜地重点推广产业扶贫和能力扶贫。

2.3 区域经济振兴研究

2.3.1 赣南原中央苏区经济振兴的研究

2012年6月28日，国务院印发国发〔2012〕21号《国务院关于支持赣南等原中央苏区振兴发展的若干意见》文件，旨在支持赣南等原中央苏区振兴发展。赣南等原中央苏区在中国革命史上具有特殊重要的地位，由于种种原因，经济社会发展明显滞后，与全国的差距仍在拉大。随着文件的出台，赣南等原中央苏区开始得到许多业界的专家和学者关注。

针对赣南原中央苏区贫困现状，廖文梅、廖冰(2013)利用2006—2010年赣南原中央苏区13个县的经济、社会与自然等相关数据，使用灰度关联分析法研究了影响苏区集中连片贫困因素对农村居民家庭人均纯收入为主因子的影响程度。通过研究结果发现,对赣南原中央苏区集中连片贫困区致贫影响最大的因素,依次为第一产业增加值、农村居民平均受教育年限、农村合作医疗覆盖率、农村用电等因素的结果。

有金融支持农村方面的,苏区经济发展水平偏低,资金利用效率不高的问题(章莳安,2013)。赣南原中央苏区的抚州市的金融支持也存在"银行信贷比偏低、信贷供给量不足,金融硬件设施较少、基础设施严重滞后,金融支持体系不完善等严重问题",很大程度上阻碍了金融支持对苏区经济的拉动作用(陈峰,2012)。因此,实现苏区经济的振兴与发展,需要在苏区实行倾斜的信贷政策、实行有差别的监管政策、健全银行机构体系和规范非正规金融机构四方面措施来促进中央苏区振兴的金融支持途径(章莳安,2013),各个地方政府需要根据国家振兴原中央苏区的战略定位考虑,从绿色生态、民生质量和产业转型升级三大方面充分考虑相应的财税支持政策,以实现苏区振兴(黄小勇,2012)。

针对苏区产业经济结构方面的研究,吴义丹(2015)对赣州市18个县市的经济结构研究,发现赣州的经济在近五年里得到很大发展,产业结构优化明显,同时又存在各县市发展水平不均衡,各地区产业结构不合理的问题。还有其他一些关于赣南原中央苏区经济振兴的研究,曾开明(2014)研究了江西省赣南原中央苏区的土地现状,提出整治土地措施,解决苏区土地肥力贫瘠、土地破碎化、土地相关基础设施落后和水土流失严重等问题,改善土地生产状况,增加农民收入。石霞(2013)在对赣南原中央苏区做全面调研分析后,提出赣南地区应注重把发展必需消费品与新兴产业相结合;富民与富税产业相结合;把发展教育与建设产业园区相结合、保护生态环境与建设宜居城市相结合;并通过资源整合、利益共享、体制创新等重要措施,实现脱贫致富的战略目标。刘嘉(2013)认为政府与市场在振兴赣南原中央苏区进程中起到了不同的作用,要同时发挥政府和市场的互补功能,实现苏区经济的可持续发展。

关于苏区特色产业的研究,魏建美(2015)研究了赣南原中央苏区特色农业的发展,从资源禀赋、产量优势和品质优势等方面详细地分析了中央苏区特色农业的竞争力,发现该地区的特色农业发展存在生产基础薄弱、规模效益不足、精深加工滞后和科技含量低等问题,作者提出强化农业基础设施建设,改善特色农业生产环境等一系列措施。特色旅游在苏区越来越得到重视,旅游业属于第三产业,发展旅游业有利于苏区红色文化的传播和拉动经济的增长,如曾文(2015)对赣南原中央苏区的旅游资源进行了研究,认为该地区具有红色旅游与体育旅游两种具有特色和优势的旅游资源,还对原中央苏区体育旅游资源产业的发展模式、体育旅游产品和市场的开发与择定等问题进行了论证,构建了赣南原中央苏区红色景区体育旅游的发展模式。

对苏区经济效率的研究,章莳安(2013)运用DEA方法对2001—2011年赣南原中央苏区投入产出数据进行效率分析,对比全国其他省份的投入产出效率,得出苏区资金投入力度严重不足、效率相对偏低导致经济发展水平处于较低水平、发展速度慢的结论。余昌勇(2014)在分析国内外相关经济发展效益评价和中央苏区经济发展相关研究的基础上,依据福建省37

个原中央苏区县2004—2013年的经济发展的面板统计数据,通过使用DEA方法,纵向和横向角度分区域,分层次测算福建省原中央苏区县域经济的发展效率。研究结果表明:福建省原中央苏区37个县域经济体可分为三个层次,每个层次的规模效益都不相同,分别提出相应的对策建议。

还有学者从生态的角度研究苏区振兴,钟叶喜、王琪(2013)结合国内外生态补偿的理论和实践,从东江源头补偿、矿区补偿和林业补偿等方面探讨了生态补偿路径,为赣南等原中央苏区生态补偿政策体系的建立提供了参考。何先应(2013)分析四川省苍溪县三井现代低碳生态农业模式经验成果,对江西赣南原中央苏区扶贫工作具有指导和启发作用。廖冰(2012)通过对赣南中央苏区的林区研究发现影响林区贫困的主要因素有五个——人口因素、基础设施因素、经济因素、劳动力因素和教育因素。

2.3.2 区域资源与经济关系的研究

许多学者对林业资源比较丰富的区域进行研究后发现,丰富的林业资源并没有给当地居民带来经济增长,侯一蕾(2014)对湖南湘西自治州的林业资源进行研究发现,林业生态建设限制了当地居民对林业资源的利用,阻碍了当地农民减贫进展。冯菁(2007)研究了全国大部分森林资源丰富的县市,发现这些县贫困问题突出,丰富的森林资源并没有给当地带来经济的增长,作者结合国内外关于资源禀赋与经济发展关系的相关理论和区域发展理论,分析了森林资源丰富地区出现大量贫困县的原因并且提出几种扶贫模式,对资源丰富地区扶贫具有理论和实践的指导意义。

鉴于丰富的林业资源给当地带来贫困这一现象,学者试图从林业资源起消极作用的原因进行研究,徐康宁(2006)结合数据从理论上分析了自然资源、制度安排和经济增长三者之间的关系,认为自然资源与经济之间总是呈相关的原因是丰富的自然资源常常与落后的制度安排相伴。李永彬(2012)围绕武定县退耕还林后续产业的培育,从农村产业结构调整、发展具有地方特色的林业资源优势、使土地多样化利用、提升后续产业的整体竞争力等方面进行探讨,促进退耕农户经济的可持续发展。徐家琦(2002)通过对山区贫困农民的研究,探索出"农户林业+科技示范机制+农民专业协会"的可持续扶贫模式,以开发式的生态扶贫模式促进林区的经济增长。吴振方(2012)对云南边疆地区林区居民的贫困现状研究,提出发展林业产业化、市场化,明确林区产权,建立"造林—养林—开发—造林"的循环发展模式,从而达到反贫困的目的。肖雁(2014)通过对云南省怒江州兰坪县的调研分析,得出要发展资源丰富地区农村的经济,就必须推进城乡一体化进程,实现工业反哺农业,优化产业结构带动农村经济发展。

矿产资源与经济增长之间的关系研究更具代表性,矿产资源包括煤炭、有色金属和油气资源等,丰富的矿产资源往往能较大地提高当地居民的生活水平,但是,通过对以往文献的阅读却发现有许多贫困村、县就处在资源丰富的区域,特别是西部地区。专家学者针对这些陷入"资源诅咒"的地区和现象提出许多解决的建议和措施：

王锋正(2015)通过对我国西部11省区2001—2011年的面板数据实证分析，得出能源矿产资源开发对我国西部地区经济增长存在正向影响作用，并非"资源的诅咒"，并提出促进西部经济增长的相应对策建议。冯艳(2015)通过对山西、内蒙古、黑龙江、青海和新疆6个矿产资源丰富的省份区域资源丰富程度和贫困程度进行计量模型回归分析，得出除了山西外，其他五个地区的资源丰裕度与区域贫困度呈显著负相关，即山西省矿产资源开采与利用不利于减轻区域贫困，其他五个省区则能够利用资源优势减轻贫困。

鹿爱莉(2007)认为，要建立科学合理的资源原产地补偿机制、完善现有的矿产资源收益分配制度及价格形成机制来为资源原产地经济的可持续发展提供制度保障。牛丽贤(2012)分析了我国稀土资源的开发现状，需要从科学管理入手，合理开发，发挥其优势矿产资源的作用。宋文飞等(2012)基于税制与政策"双重扭曲"的视角对矿产资源地贫困现象进行了机理分析，指出政府垄断力度的"倒U形"规律存在的必要性，以及转变政府职能、逐渐推行矿产资源机制市场化改革的重要性。对"双重"扭曲下的资源地收益转移问题进行了探讨，着重分五种情况对资源地税源偏离进行了分析。提出打破政府垄断惯性，逐渐提高市场化水平，并辅之以政府公共服务职能的解决策略。

国内文献认为，对于旅游资源的开发对区域经济的影响都是有促进作用的，但着重点在于如何利用好旅游资源促进地区经济的发展，深入探讨旅游发展模式。蔡运龙(2006)认为西南喀斯特山区要发挥当地喀斯特地貌特色旅游资源，开发生态旅游拉动经济摆脱贫困陷阱。栗明(2004)结合云南旅游现状和旅游区贫困现状，运用理论分析与案例分析的方法论述了旅游业的发展要与扶贫统一协调，不能走发展旅游业—资源环境破坏的恶性循环之路，需要建设可持续发展的现代农业模式。李娟(2014)从河北省涞水县的乡村旅游的内在优势和旅游模式出发，总结当地乡村旅游对经济的带动经验。张孝存(2008)在全面调研陕西商洛山区旅游资源的特点和开发现状后，指出其存在的劣势，针对问题提出了可持续旅游开发模式：政府主导、精品带动、生态旅游、区域联动和社区参与。马忠玉(2001)在分析旅游资源的分布与贫困人口分布是高度重叠的现状后，提出发挥旅游扶贫的优势，构建中国PPT旅游战略和措施，达到消除贫困的作用。肖建红(2014)基于微观经济效益运用PPT模式分析宁夏六盘山旅游扶贫区的发展情况，提出三种PPT模式：传统旅游PPT模式、摄影利基旅游PPT模式、文化利基旅游PPT模式。三种旅游发展模式突出发挥特色旅游资源，促进当地经济发展。

2.3.3 县域经济研究

县域经济是我国的重要经济体，县域经济的发展在推动我国现代化进程中起到了极大的作用。学术界对县域经济从理论到实证分析，从国家视角到县域视角，进行了全面、深度的研究，县域经济理论体系得到不断的完善，创造出许多县域经济发展模式，为中国县域经济的发展提供了充分的理论参考。

李小三、徐鸣(2000)在理论层面分析了县域经济的含义、特征，县域经济的构成要素，经济结构及其功能，县域经济的研究方法，对县域经济进行了比较全面的、系统性的研究。刘吉超(2013)对以往的县域经济发展模式进行综合评价认为县域经济发展模式多种多样，必须立足实际，发挥区域比较优势，顺应国际和地区产业分工调整趋势，建立更加节约环保和更有竞争力的现代产业体系，推进新型工业化进程，坚持现代化和城镇化融合发展，以更高的工业化带动农业和服务业的升级。蒋天颖(2014)、廖翼(2014)分别以浙江和湖南为研究样本从省际视角研究了县域经济体之间的差异，对经济发达地区与欠发达地区的县域经济分别具有代表性。经济较发达的浙江东北部，县域经济发展较平稳，各县域经济发展水平趋于平衡，经济欠发达的浙西南经济发展水平较低，与浙东北县域经济差距逐渐拉大。湖南县域经济内部差异逐渐拉大，区域间差距对县域经济差异的影响呈不断扩大的趋势，并且指出产业结构对区域经济差异的影响比较大。针对区域经济内部因素的研究也有很多，谬小林(2014)利用云南106个县域面板数据实证分析了地方财政分权对县域经济增长的影响，认为应该强化地方财政分权对县域经济增长引导和激励作用。程钰(2013)对山东省县域交通数据进行综合分析认为交通通达度越高的地区经济增长越快，实证证明了交通对县域经济的积极促进作用。王振华(2014)分别从区域经济理论、产业理论和全国1820个县域面板数据实证分析了城镇化、产业结构对县域经济增长的综合影响，全面考察了城镇化对不同发展程度的县域经济的作用效果，并且证实城镇化推动了县域产业结构升级，县域产业结构升级带来经济的增长。

2.3.4 文献小结

综合以往文献来看，学者们对赣南原中央苏区的研究虽然时间不长，但也已经很全面，分别从经济角度、生态环境角度、城乡差异角度等视角研究了赣南原中央苏区经济发展、生态环境和社会发展水平等情况。

现有研究对资源与经济关系作了卓有成效的研究，特别是针对不同的资源产业对经济影响的方式、途径和程度做了较多理论探索和实证分析，得出的结论各不相同，资源产业对经济增长既有积极促进的，也有消极阻碍的。但是以往对资源和经济关系研究的文献集中在煤炭、钢铁和石油等常规资源丰富的地区的研究，而针对赣南原中央苏区的特色资源甚至对赣南原中央苏区资源与经济关系的研究则不多。

自然资源在生产中作为投入要素，逐渐被技术进步和劳动力素质提高所取代，人类的智慧推动了技术的进步，技术进步带来成本的降低和产品数量的增加，经济的增长又带来技术的进步，自然资源具有稀缺性和不可再生性，资源约束问题将成为经济增长的重要阻碍。在当前的经济研究中，更多地关注制度、产业结构、技术和人力资源配置的问题，资源约束问题只是在生态角度研究时有所提及。

对县域经济的研究主要集中在国内，在理论层面分析了县域经济的特点以及针对不同的县域分别作了实证分析,得出县域经济的一些特点和经济增长的差异化。本文研究赣南原中央苏区特色资源对县域经济增长的影响,结合了以往对县域经济影响的结论,并引入赣南地区县域经济这个新的元素,赣南地区有其特殊性,研究结论将为县域经济理论提供补充。

2.4 产业扶贫研究

2.4.1 贫困、产业与扶贫内涵

贫困即贫乏、匮乏,其内涵随着人们认识的提高而发生变化。最初,基于传统理论,人们普遍认为贫困是低收入的结果,即收入贫困。此后,阿马蒂亚·森对贫困的认知进行了拓展,提出能力贫困和权利贫困,丰富了贫困的内涵,自此,人们意识到贫困不仅表现为低收入,更是获取收入能力的匮乏以及机会的丧失(李实,1999)。贫困地区往往经济发展落后,消除贫困依赖于经济增长,地区经济增长不仅可以提高地区经济总量,还可以带动就业,促进增收。而实现经济增长,关键在于形成一批富有活力的产业(张慧君,2013)。产业是经济发展的根基,是支撑地区经济发展的重要保障(唐守祥等,2017)。贫困地区往往拥有丰富的资源,而发展生产是将贫困地区资源优势转换为经济优势的重要手段,是促进地区经济发展以及农民增收致富的主要途径。产业发展的内在逻辑在于产生规模效益,并以此带动农户增收,实现脱贫致富(朱战辉,2017)。随着产业规模的扩大,产业内部分工细化,可以吸纳贫困人口参与到产业分工协作中,一方面,帮助农户获得新知识、新技能,是提升农户自我发展能力的有效途径,另一方面,可以使其实现稳定增收和脱贫致富的目标。扶贫即反贫困,就是采取某种方式帮助贫困人口摆脱贫困。具体而言,反贫困主要有输血式和造血式两种方式,输血式扶贫是指采取直接救济的方式向贫困群体输送其缺乏的资金,与输血式扶贫不同,造血式扶贫不是直接向贫困群体给予资金扶持,而是向其提供智力、技术、项目等方面的扶持,旨在提高其自我发展能力。贫困人口的"能力贫困"是制约贫困者彻底摆脱贫困、不依赖外界救助而独立生活的重大障碍。产业扶贫能够增强贫困人口的自我发展能力,使贫困者真正脱贫(李志萌等,2016)。

2.4.2 产业扶贫的主要模式及主要政策

(1)"特色农业+扶贫"模式

贫困地区依托丰富的土地资源,通过发展具有本土特色的优势种植业、养殖业和林业产业带动贫困地区经济和社会发展,促进贫困人口增收致富。适合采用该种模式的地区属于土地资源丰富、自然条件优越,并且具有一定农业发展基础的地区。相应的扶持政策主要有以下3点:一是支持带贫农业企业,对吸纳建档立卡贫困人口进行规模种植、养殖等的农业企业给予奖励或者税收减免。二是大力培育农业人才,重点面向贫困地区种养大户、家庭农场主、

农民合作社骨干培育农村实用人才、新型职业农民。三是完善农业生产基础设施，围绕农业生产，完善农田水利、粪污处理、质量检测、标准化养殖场建设等农业基本建设项目。

(2)"特色旅游+扶贫"模式

贫困地区依托特色旅游资源，通过发展旅游产业带动当地经济和社会发展，促进贫困人口增收进而实现脱贫致富。适合采用该种模式的贫困地区属于土地资源匮乏或自然条件恶劣但历史文化、生态环境等其他特色资源较丰富，并具有一定旅游发展基础的地区。相应的扶持政策主要有以下3点：一是开展旅游人才培训，主要培训旅游扶贫项目村村官和旅游致富带头人，按每年2000人规模，逐步覆盖全国旅游扶贫重点村。同时，对于到旅游职业技术学院学习的贫困家庭初、高中毕业生，给予最高3000元的补助。二是加大资金支持，优先支持试点村建设旅游厕所，每村补助20万元。同时，提供参与旅游产业的贫困户3万至5万元的三年内小额贴息贷款，并给予在贫困地区开发旅游资源的企业低息长期再贷款。三是完善基础设施，围绕旅游产业发展，在试点村集中建设一批村组道路、安全饮水、改厨改厕、网络通信、停车库存等基础设施工程。

(3)"互联网+扶贫"模式

贫困地区借助电商平台，通过互联网拓展农村市场来促进农产品销售，进而带动贫困户增收脱贫。适合采用该种模式的地区属于农产品丰富、交通可达性较好，且农村劳动力文化水平较高的地区。相应的扶持政策主要有以下3点：一是改善电商基础设施，围绕电商发展，推进贫困地区道路、互联网、电力、物流等基础设施建设。二是加大电商人才培训，重点面向建档立卡贫困户、电商创业脱贫带头人、农村青年致富带头人、村级信息员开展电商知识和技能培训。三是支持参与扶贫的电商企业，加强贫困地区产品销售网络平台和电商服务平台建设。

2.4.3 产业扶贫的绩效

(1)产业扶贫的经济绩效

产业扶贫的初衷就是要大幅提高贫困地区农民的收入，不断减少贫困人口。关于产业扶贫对贫困地区农民收入的影响，大多数学者持乐观的态度，认为产业扶贫能够极大地促进和拉动贫困地区经济增长，显著提高当地居民的收入水平。如，海南省琼中县什寒村自2012年开发乡村旅游后，人均收入以16.47%的增速快速增长(杨柳，2017)。凉州区张义镇堡子村和天祝县哈溪镇古城村在引入日光温室红提葡萄、人参果特色产业后，截至2013年底，堡子村实现人均增收2578元，古城村实现人均增收6213.2元(吕生全等，2015)。四川苍溪县引入红心猕猴桃产业后，带动7.36万种植户，实现人均年增收6160元(刘北桦等，2016)。然而，也有学者持悲观的观念，认为产业扶贫对贫困地区农民增收的拉动作用较低。由于规模化、专业化经营程度不高，以及新技术应用不充分，产业发展过程中抵抗风险能力较弱，农民收入来源中扶贫产业收入占比较低，扶贫产业发展对农民增收贡献率低(吴永荣，2017)。虽然扶贫产业对促进农民增收的贡献尚未达成一致意见,但是众多学者比较一致地认为,产业扶贫对于促进贫困地区居民增收有一定的效果。产业扶贫确实能够减少贫困人口,降低贫困发生率。泗县通过多元产业的培育和发展,使得贫困人口由2011年的12.89万人下降为2015年的6.65万人,相应的贫困发生率由15.1%降为6.54%(郑盼盼,2017)。西藏自治区日喀则切洼乡嘎布久嘎村,凭借自身历史文化优势发展民俗观光旅游,实现年均脱贫50余人(万君等,2017)。然而,由于产业扶贫的经济效率和社会公平之间存在一定的矛盾,以市场经济效率为导向的产业扶贫难以兼顾弱势贫困群体,导致弱势贫困群体被"边缘化",产业扶贫的"益贫性"鲜见(李爱国,2017)。Ge Jianping 和 Lei Yalin(2013)研究发现,矿业发展对高、中等收入家庭收入增长的影响比低收入家庭更为显著。李英勤(2016)调查那坡县桑蚕产业,发现贫困户的参与度较低,仅占整条产业链从业人员的16.3%。这在某种程度上表明,贫困地区扶贫资源实施效果并不好,贫困户增收困难(朱战辉,2017)。

(2)产业扶贫的社会绩效

随着产业项目在贫困地区的落地,产业的培育和发展倒逼当地基础设施的建设,促进产业配套及相关设施的建设和完善(马楠,2016)。农村基础设施等公共品的供给增多,改善了贫困地区居民的生产、生活条件(张晓明等,2010;陈聪等,2017)。但是,产业扶贫也对农村社会造成一定的负面影响。随着外来人口涌入村庄,村民的思想观念进步了,但与此同时,外来文化的到来对乡村传统文化造成了一定的冲击,乡村传统文化逐渐衰落,居民收入和闲暇的增加也助长了赌博等不良风气(吴国琴,2017)。更为严重的是,由于扶贫资源被精英侵占,导致真正贫困户被排斥在外,贫富差距增大、干群关系恶化(朱战辉,2017;梁晨,2015),甚至出现"内殖民"现象(梁晨,2015;Scheidel Arnim,2016),并且,基层社会出现分裂、社会矛盾加剧以及社会风险增大的隐患(孙兆霞,2015;梁晨,2015)。此外,值得注意的是,产业扶贫并没有提高贫困农户的市场能力和技术能力(梁晨,2015)。

(3)产业扶贫的生态绩效

贫困地区产业的培育和发展对自然资源和生态环境的影响既有积极的一面,又有消极的一面。有研究发现,红岩村为发展产业而在村庄普及沼气,用沼气替代烧柴,使得青山植被得以保护,土壤、水源、大气等自然资源条件得以修复和改善(陈聪等,2017)。甘肃"张哈"片区发展日光温室红提葡萄秋延后、人参果周年生产极大地提高了土地资源产出率,该地区退耕还林、还草的山旱地超过了90%,生态环境得到极大改善(吕生全等,2015)。贵州省石漠化片区在发展草场畜牧业后,草场石漠化的土质得以改善,土壤蓄水能力增强,水土流失减少(黄承伟等,2016)。而吴国琴(2017)研究指出,旅游产业扶贫造成生态退化,旅游修路、架桥、道路硬化和游客践踏、采摘导致村庄野生动植物遭到破坏和土壤板结。

2.4.4 影响产业扶贫绩效的因素

(1) 人才因素

人才是实施产业扶贫的关键，农村科技人才、脱贫致富带头人均对产业扶贫绩效有重要影响。许汉泽和李小云(2017)研究发现，由于农业技术人才的缺乏，导致蔬菜项目经营失败，经济损失严重，极大地制约了产业扶贫绩效。与此同时，种养大户、农民合作社负责人、龙头企业主等脱贫致富带头人通过向贫困户提供全产业链服务，提高产业增值能力和吸纳贫困劳动者就业能力，极大地帮助贫困户就业创业、脱贫致富(刘北桦等，2016)。如刘辉武(2016)研究发现，由具有较强能力的合作社负责人来负责市场开拓和联系公司进行技术指导，并带动贫困户统一种植和销售白芨、青钱柳、铁皮石斛等特色中药材，脱贫效果显著。

(2) 资金因素

扶贫资金投入充足与否与其减贫成效息息相关。在以政府财政投入为主的扶贫融资模式下，由于资金来源渠道单一，资金不足成为制约产业扶贫的重要障碍(徐翔等，2011)。如陈希勇(2016)研究发现，由于扶贫资金主要来自财政支持，社会支持力度不大，导致贫困户缺乏农牧业发展启动资金，扶贫效果较差。与此同时，扶贫资金能否有效利用也影响扶贫成效。古川和曾福生(2017)研究发现，地方政府在企业游说下，将扶贫资金投入到企业所在行业，造成产业过度集中，扶贫边际效用减弱。此外，扶贫资金是否被精英俘获也制约产业扶贫绩效。朱战辉(2017)基于黔西南村庄产业扶贫的调查发现，村庄能人承接项目资源造成对贫困群体的经济排斥导致扶贫成效下降。

(3) 技术因素

目前，产业扶贫主要是农业产业扶贫，而技术作为农业生产中的关键要素，对产业稳健发展有重要作用。农业生产中土壤勘测、天气预判以及病虫害防范等方面技术的缺乏，导致产业抗风险能力弱，影响产业扶贫绩效(吴永荣，2017)。与此同时，农业技术的改进可以提高农业生产力，增加农业产出减轻农村贫困(Fan SN et al., 2000; Zewdu Ayalew Abro et al., 2014; Yuko Nakano et al., 2018)。此外，农产品加工技术也会影响产业扶贫绩效。如李金祥(2016)研究指出，农产品加工技术加速了贫困地区三产融合，有助于形成集约化、品质化、品牌化农产品加工业，提高了农产品附加值，增加了农牧民收入，产业扶贫效果显著。

(4) 政策因素

产业扶贫作为一项政府主导的扶贫开发措施，国家相关政策在很大程度上影响着产业扶贫绩效，如在扶贫项目申请阶段，具有"责任连带"附加条件的扶贫补贴政策，导致实力雄厚的公司退出扶贫项目申请，实力相对弱的公司申请到扶贫项目，制约了扶贫效果(李博等，2016；许汉泽等，2017)。在扶贫项目实施中，"重生产、轻市场""重落地、轻跟踪"的扶持政策，导致扶贫项目可持续性较差，扶贫效果不稳定(李博等，2016；朱战辉，2017；许汉泽等，2017)。与此同时，传统的提供种苗的单一支持政策，由于其他生产资料以及技术的缺乏，导致产业增收目标难以实现，也制约了扶贫效果（任超等，2017）。此外，政策执行模式也会影响扶贫绩效，无论是自上而下抑或自下而上的模式，其扶贫绩效均不理想，甚至与初衷相悖（向德平等，2013）。再者，政策执行路径不同，扶贫效果也存在差异。如李志平（2017）研究发现，送猪仔和送现金两种路径下，贫困户的福利改善水平存在阶段性差异。

(5) 市场因素

市场作为产品价值实现的平台，对产业发展至关重要。农产品的特性决定了其受市场影响大，农产品滞销以及价格的跌落，导致产业扶贫的惠农政策反而逆向成为"伤农"政策。脱离当地实际或市场需求的扶贫项目，项目建设后闲置废弃，项目效益不佳，扶贫效果较差（李静，2017）。吴永荣（2017）发现，由于地方政府忽视市场趋于饱和的现状，盲目上马火龙果产业，导致产品供过于求，产品积压，产业扶贫适得其反。与此同时，马楠（2016）发现，由于中药材市场价格大幅下跌，导致以中药材开发为主干产业的贫困地区群众收益受损，返贫现象大面积出现。

(6) 配套设施因素

产业的培育和发展依赖于一定的环境条件，即配套的基础设施等条件。甘肃张哈片区通过实施农田建设工程、水利设施工程、电力设施工程，新建、改建、维修种植区田间道路，改善耕地性状、灌溉条件及产区生产环境，为红提葡萄、人参果规模化与产业化发展打下良好基础，产业发展势头强劲（吕生全等，2015）。相应地，若产业项目发展条件匮乏，其发展将受到限制（马良灿，2014），进而影响脱贫的进度（张俊文等，2017）。如贫困地区道路等基础设施建设相对滞后，交通不畅，导致旅游可进入性不足，制约了旅游业的发展，削弱了旅游扶贫绩效（李雪丽等，2017）。与此同时，企业孵化所需的水利、电力等基础设施的改善，有助于小微企业的培育和发展，对减少贫困有重要贡献（Sumila Gulyani et al.，2010）。此外，在产业链的整个发展过程中，配套的公共品供给与产业发展需求之间的偏差，导致产业培育和发展陷入困境，制约了产业扶贫绩效（陈聪等，2017）。

(7) 体制、机制因素

目前，产业扶贫项目主要是由政府行政来强力推动的，政府部门的管理体制会在一定程度上影响产业扶贫绩效。在压力型政府管理体制下，层层分解项目任务的管理方式，使得政府部门更加注重指标管理，导致基层政府的短期行为，制约了产业扶贫绩效（向德平等，2013）。与此同时，政府部门对项目管理的约束机制不完善，导致龙头企业挪用国家扶贫资金的机会主义行为，产业扶贫绩效较差（闫东东等，2015）。此外，企业、合作社与农户利益联结机制匮乏，三者之间联结松散，难以形成共同发展的合力，扶贫项目带动性也不强，扶贫效果较差（马良灿，2014）。

2.4.5 文献小结

总体而言，关于产业扶贫绩效的研究，国内学者取得了丰硕的成果。但是仍存在一定的不足和缺失，有待进一步研究。

从研究内容和研究视角上看，已有的研究成果主要集中在产业扶贫经济绩效和社会绩效，对产业扶贫生态绩效的研究关注还不够。并且多从贫困地区贫困发生率的变化来衡量扶贫的经济绩效，较少采用贫困深度的变化来衡量扶贫的绩效，导致无法准确衡量产业发展对贫困群体增收的贡献。再者，对贫困群体能力的关注度不够，可能导致扶贫绩效的高估。此外，大部分文献对扶贫绩效的分析都注重短期效果，对产业扶贫绩效缺乏长期的跟踪研究，调查期脱贫的农户是否会存在再次返贫的现象，仍值得进一步关注。

从研究区域和研究方法的运用上看，已有研究主要针对农村贫困地区展开，很少关注城市贫困地区的贫困问题，并且研究对象主要集中农村连片特困区，对于农村一般贫困区研究较少。当前的研究主要采用的是案例研究法和扶贫效益评估等定性方法，针对案例区域贫困农户的实证研究较少。尤其缺少微观层面的大样本调查数据支持的实证分析和先进计量方法的适当应用。

因此，未来研究产业扶贫绩效可以从以下几个方面加以关注：一是在选择贫困度量指标时，应注重采用贫困深度指标，不仅仅是贫困发生率；二是龙头企业主导型的产业扶贫模式是否真正惠及贫困户，企业参与产业扶贫是否存在挤压贫困户生计资本的问题；三是更加关注微观层面贫困户的收益，特别是其能力的提升，因为贫困户能力的提升才是脱贫的关键；四是在收集贫困户数据时，可以适当延长样本数据的时间跨度，以追踪扶贫绩效的稳定性。最后，在研究产业扶贫绩效时，还应关注产业发展对生态造成的消极影响，以避免踏入用生态换经济发展的误区。

2.5 农村电商扶贫研究

随着互联网技术在国内的发展和扶贫工作的不断推进，近年来国内学者对农村电商的关注也越发紧密，并对农村电商扶贫的概念和作用机理从不同维度进行了探讨和研究。

国外学者对电商扶贫的研究起步较早，其中较为著名的是国际电信联盟在1984年发布的"美特兰(Maitland)报告"——《缺失的环节》(the Missing Link)，强调信息通信技术应用和基础设施建设在扶贫工作中的重要作用(国际电信联盟，1984)。2003年的新版报告中则进一步通过对信息通信技术(ICT)的全面衡量，提出电子国际电联指标以及提高信息社会接入指标可用性的相关建议(国际电信联盟，2003)。Anita Kelles—Viitanen认为信息技术对反贫困有积极的促进作用，可以促进经济的发展，带动教育和卫生的公平供给，提升政府透明性和民众的参与权(Anita Kelles—Viitanen，2003)。此后，在国际机构和国际学术会议中，信息通信技术与减贫问题成了热议的话题，世界发展研究中心(2003)提出了ICT4D(Information & Communication Technology for Development)，即信息通信技术与发展；世界信息峰会(2005)又提出了ICT4P(Information & Communication Technology for Poverty Reduction），即信息通信技术用于减贫，这些都在表明"要坚定不移地赋予穷人，特别是生活在边远地区、农村和边缘化城区的穷人，获得信息和使用信息通信技术的能力，使其借此摆脱贫困"，已成为国际社会达成的共识（汪向东、张才明，2014），而信息减贫也面临着更加多样化的发展与挑战。

2010年以来，关于电商扶贫的研究则更加聚焦到发展中国家及落后地区，这是互联网时代发展以及发展中国家扶贫工作推进的必然表现。Ali Akbar Jalali（2011）在研究发展中国家农村问题时就指出，合适的农村电子商务模式应用对农村发展有积极影响，为解决社会和环境问题提供了有效的解决方案。以伊朗为例，农村电子商务服务是信息技术应用服务的一部分，包括通信服务、信息技术服务、邮政服务和电子银行服务。Amirhossein Alibaygi（2011）则采用德尔菲技术和问卷调查的方式进行结构化面试，认为农村信息通信技术中心（ICT）通过改善农村地区的电子政务建设、推动电子商务信息流通，在农村发展中发挥着重要作用。而在那之前就有国外学者将中小企业电子商务、商业网络和知识管理的研究集成到一个模型中，来解释影响中小企业管理者在农村商业网络中分享知识的意愿的因素，鼓励在线知识和信息的共享（Rodney Carr，Craig M. Parke，2013）。

2.5.1 电商扶贫概念特征研究

国内早期开始系统研究电商扶贫理论的学者以汪向东等人为代表。汪向东、张才明（2011）首次指出我国农村扶贫减贫工作对于解决"三农"问题具有重要意义，互联网时代下应创新扶贫开发模式，紧跟时代步伐，学习国外电商扶贫经验，充分重视信息技术在扶贫中的作用，将电商扶贫融入农村扶贫政策及开发体系之中。在2015年《四问电商扶贫》一文中，汪向东又对电商扶贫是什么、为什么、怎么看、怎么办四个问题进行了全面的分析和探讨。他明确指出，电商扶贫即电子商务扶贫开发，就是将今天互联网时代日益主流化的电子商务纳入扶贫开发工作体系，作用于帮扶对象，创新扶贫开发方式，改进扶贫开发绩效的理念与实践。他认为电商扶贫既是时代的要求，又是扶贫开发的需要，应加强市场导向、推动资源整合、创新扶贫政策、将电商扶贫和精准扶贫相结合（汪向东，2015）。

国内众多学者对于农村电商扶贫的议题陆续展开了研究和探讨，电商扶贫理论也在不断丰富和发展。林广毅、康春鹏（2015）认为，电商扶贫最主要的手段是发展贫困地区的电子商务，主体和对象是多元的，根本目标是提高贫困家庭的实际收入，本质属性是让贫困地区对接电商大市场。通过推动农村电商的发展，可以为贫困地区的农民提供充分的创业机会和就业机会，带动相关产业乃至产业链的发展，从而带动农村地区整体的经济发展。

郑瑞强、张哲萌等（2015）在对电商扶贫的作用机理研究中指出，互联网作为一项新的经济形态，对传统社会经济发展起到了颠覆性的作用，将互联网与传统行业深度融合并运用到扶贫开发工作中，可以降低信息沟通传递障碍，提升贫困主体的发展潜力。解梅娟（2016）对电商扶贫进行了高度评价，认为电商扶贫是"互联网＋"时代下农村扶贫模式的新探索，通过

2.5.2 电商扶贫发展模式研究

关于农村电商扶贫发展模式的研究虽是近年逐渐兴起的,但是关于扶贫开发模式的研究,自 20 世纪 90 年代就已有学者进行归纳总结。汪三贵(1994)将贫困地区经济开发模式概括为资源依托型模式、资产积累型模式和技术驱动型模式。朱凤歧等(1996)总结了我国 5 种扶贫模式,包括直接扶持模式、自发组织模式、引入社会力量模式、开发项目建设模式、东西合作帮扶模式。

随着时代的进步和发展,学界对于农村电商扶贫模式也有了更为广泛的研究。汪向东(2013)以"沙集模式"为典型案例,提出农村电商扶贫的"农户＋网络＋公司"的创新思路,并在此后对"沙集模式"进行跟踪研究,指出沙集网上群体存在"多、小、散、弱"的形态,虽在几年间扩大了集群规模、实现了增产增收、促进了经济的增长,但也存在着天然的发展瓶颈,面临着来自平台、竞争者、政策环境的挑战。

此外,更多学者以具体城市或区县为研究对象,对农村电商扶贫模式产出了更多精细化的研究成果。广东省揭阳市军埔村作为电商扶贫的雏形,其"五步走"电商扶贫模式已初见成效,即网络普及化、经济金融化、物流便利化、人才专业化、"一镇一品"化,对此,易义斌、苏宏振等(2015)认为农村电商扶贫应立足本土因地制宜,培育特色主导品牌产业、加强农民培训、尊重农民主体地位、激发农村发展活力。张岩、王小志(2016)对河北承德进行实地调研并结合资料分析,将当地农村电商扶贫总结归纳为 4 种主要模式,包括:个体经营模式、合作社运营模式、农村企业带动模式、公共机构主导模式,并认为应通过完善基础设施建设、加强人才培养、加强政府扶持力度,进一步推动农村地区电商产业的健康发展以助力经济增长。刘园(2017)立足供给侧改革视角,同样按照主体划分的形式,将寻乌县农村电商扶贫模式总结为了 3 点,即电子产业园带动模式、大型电商平台主导模式以及个体经营模式,指出当地电商扶贫产业具有明显的地域特色,在借助互联网平台降低流通环节成本,以市场为导向不断发展的同时,还需要延伸产业链、构建寻乌电商生态圈、建立考核评价体系和人才培养体系。张玉强、李祥(2016)则以甘肃陇南地区为研究对象,指出当地"互联网＋电商"精准扶贫模式具体包括:"互联网＋党支部""互联网＋订单农业""互联网＋乡村旅游""互联网＋电商助残"等形式,一方面带动了农特产品销售,另一方面推动了当地旅游产业发展,整个过程中充分发挥了政府在培育、帮扶与监管方面的推动作用,激活了企业和市场潜力,营造了大众创业全民参与的氛围。

2.5.3 电商扶贫减贫效应的研究

扶贫问题研究已久,关于减贫效应的研究多集中于理论分析和实地调研层面,而关于农村电商扶贫减贫效应的研究则是可见一斑。

已有部分学者采用实证分析方法对不同研究对象进行了减贫效应相关研究。苏静(2015)在对农村金融发展的减贫效应研究中,利用贫困指数测度中国农村反贫困程度,构建经济、社会、环境三维评价指标体系,利用熵权综合指数分析方法对中国2001—2011年农村多维贫困程度进行了测度与评价,研究结果显示农村金融发展减贫效果正向显著,直接效应与中介效应并存。陈胜东、蔡静远、廖文梅(2016)在对移民户减贫效果的研究中,从农户生计资本的角度,采取抽样调查的方法,运用层次分析法对农户问卷数据计生资本进行定量计算,实证研究结果表明,搬迁移民行为显著提高移民户物质资本和社会资本,有效促进移民户减贫。刘兆阳、蒋辉(2017)在对农业发展的减贫效应研究中,通过建立状态空间模型,证明了农业发展在政策减贫过程中中介效应显著,并产生了42.25%的贡献率。同时研究指出,随着我国多元化减贫体系的基本建立,公共政策对农业减贫促进作用呈边际递减趋势,应重视加强对农特产业的扶持,充分发挥其在扶贫减贫过程中的中介效应。

由于扶贫问题涉及广泛,仅产业扶贫中就有众多分支,因此对于近年来新兴的农村电商扶贫问题,在实证层面还未进行系统性的减贫效应研究,在理论层面,林广毅(2017)从农村电商扶贫的作用机理及脱贫促进机制方面进行了全面分析,是目前来说较为完整的关于农村电商扶贫减贫议题的理论性研究成果,他指出扶贫主体直接或间接作用于扶贫对象,可通过政策手段、电商环境、当地企业等帮助农民实现脱贫减贫。

2.5.4 电商扶贫发展对策研究

随着互联网时代的发展,国外学者对农村电商和电商扶贫的关注也更为密切,针对电商扶贫应解决的问题和应采取的措施也有了更多的研究。

Edward J Malecki(2003)认为农村电子商务是把双刃剑,具有潜力也有风险,农村电商发展能够在一定程度上助力农村发展,减少贫困,但不能完全寄希望于农村电商发展以彻底解决农村贫困和发展问题。因此农村电商发展是一个具有持续性的问题。Nhlanhla Mlitwa,Nondumiso Tshetsha(2012)对南非农村低收入人群的调查研究中显示,较低的知识水平和认知能力使得绝大多数低收入者缺乏对互联网产品的信任和学习使用能力,不利于互联网的传播和电商减贫势能的释放。

从国际视角来看,信息和通信技术项目(ICT4)已在世界各地实施,虽然电子商务、电子医疗、电子政务都在有条不紊地部署中,但是一些边缘化的农村落后地区还存在着语言不通的问题,文本语音转化系统的设计开发也是农村电子商务推进过程中的必要支撑(Okuthe P. Kogeda, Siphe Mhlana, 2014)。Satheesh, Christy Sujatha 等(2015)在研究电子商务和农业产业关系的过程中提到,如今的农业营销在发生交易之前会与消费者之间发生一系列的信息传递和交换,电子商务技术的发展和运用对于提高农村贫困群体的生计水平发挥了重要作用。具体地,通过技术更新农民的耕作技术,将农产品快速向消费者市场输送,降低农民在孤立环境中的维护成本,并借助农业数据进行问题分析和生产销售决策,充分发挥电子商务的技术优势。

其实在国外，农村电子商务的发展已不仅局限于货物贸易和经济交易层面，还在完善农村公共基础设施、间接拉动农村地区经济发展方面起到巨大的作用。Leila Esmaeili, Seyyed AliReza Hashemi G(2015)的研究中，为解决法国农村地区交通便利性的问题，基于云计算、全球定位系统和地理信息系统，提出了分布式基础设施设计系统，提高了电子商务和ISS在农村基础交通设施中的应用性能，而这套系统同样能够应用推广于其他发展中国家，帮助解决农村发展过程中遇到的交通问题。

在电子政务发展方面，Vinod Kumar(2015)对印度发展智慧城市电子政务进行了专门研究，认为关键影响因素是信息通信技术和人群接受能力。由于印度社会人口和种族相对复杂，推进电子政务缺乏稳定统一的社会环境，考虑到电子商务和农村电商对于印度经济发展存在着巨大的潜力，因此需要因地制宜和因人制宜，精细化推动农村电子商务的全面覆盖。Anand Vyas、Sachin Gupta(2017)进一步对印度农村电子商务行业面临的挑战进行了理论研究，指出印度网民数居世界第四位，电子商务发展助推经济增长取得了显著成果，但是农村地区电子商务渗透率仍然较低，关于互联网技术和电商模式的普及教育显得尤为重要。预计到2020年底，印度将进入10大电子商务中心，从而进一步扩大电子商务在全国的影响力，以及在农村的接受程度。

我国农村电子商务在扶贫工作中发挥出的优势正不断彰显，受到学界、政界、商界的认可度也越来越高，但是发展与挑战并存，成效与问题同在，精准扶贫新形势下如何推动电商扶贫进一步发展，同样引起了学界的讨论。滕飞、刘保奎等(2016)指明了我国各地区引入电商扶贫过程中存在的短板，其中物流成本高、资金不足、电商人才缺乏等关键问题需要针对性地予以解决，而加强电商平台建设、农产品品牌化推广、培养电商带头人等，都需要认真落实到位。李丹青(2016)则针对现实环境下我国电商扶贫的发展优势和发展瓶颈进行了探究，认为电商扶贫兼具内外部优势，一方面是网民用户规模扩大、电商平台不断发展的内生优势，另一方面是市场潜力大、政策扶持力度大的外部环境优势，所以在农业生产技术和基础配套设施相对落后的情况下，需要加快电商人才队伍建设、提高产品品牌特色、完善网络物流体系、建立健全电子商务发展平台。祝君红(2017)表示，精准扶贫战略下推动电商扶贫的发展，需要务实农村产业基础，发展特色产业，推动农村地区信息基础设施建设，健全多主体多元化的电子商务生态体系。

2.5.5 文献小结

国外对农村电商扶贫的研究起步较早，且国际社会高度重视电子商务在农村扶贫问题中所起的促进作用，其对国内研究的影响主要是奠定了理论和经验基础，并引起国内关注。

早期国外研究多集中于信息通信技术等配套基础设施建设对农村减贫的效果和影响，后来则将关注的视线转向农村贫困地区对互联网应用的接受程度和普及过程中遇到的问题。根据互联网技术应用的时间先后和渗透程度可见，发达国家对农村电商扶贫的推广和运用走在世界前列，电子商务的应用也非常广泛，不仅局限于农产品交易，也融入了公共配套设施当中，电子商务生态系统也在不断发展和完善。相比之下，近年来发展中国家对电商扶贫的研究则显得更为频繁和精细，而扶贫问题也确实是发展中国家经济发展过程中亟待解决的关键问题之一。

国内对农村电商扶贫的研究近年来逐渐起步并日益丰富，总体来说理论研究多于实证研究。随着政商等社会各界对农村电商扶贫的认可程度和重视程度越来越高，尤其是电商扶贫作为精准扶贫十项产业工程之一列入国家扶贫政策之后，国内学者对电商扶贫的研究也更为深入和多样化，从电商扶贫的概念特征、发展对策、发展模式等角度都产出了较多的研究成果，共同说明了农村电商扶贫能够促进农村贫困地区经济发展、带动就业、推动扶贫减贫工作进程。但是由于理论研究还比较零散，因此，本文也将进一步梳理农村电商扶贫的减贫机制与减贫效应理论体系。

2.6 贫困脆弱性

2.6.1 贫困与贫困脆弱性的关系

脆弱性与贫困既有区别，又有联系。黄承伟(2010)认为，脆弱性与贫困既有区别，又有联系，它们之间的差异是脆弱性描述的是未来的贫困状态，而贫困度量的是过去发生的贫困，联系是前者包含于后者的概念范畴，是对后者的动态度量。世界银行(2001)认为，在冲击性事件的影响之下，前者包含于后者，前者包括受到风险冲击即冲击性事件的影响，以及消除冲击性事件影响的能力。韩峥(2004)等学者认同上述观点，同时指出，脆弱性是农户返贫的重要因素，认为基于脆弱性范式的贫困研究有利于预测农户将来的福利状态，应把前者视为未来扶贫新重点。杨龙(2015)认为，农户的贫困状态与其脆弱性状态并不完全一致，脆弱性受到农户人均消费水平及其消费波动的影响，提出在关注减少贫困这个维度之时，应该重点关注减少脆弱性这个方面，从而使农户进入贫困的概率下降。

Chaudhuri 等(2002)、Glewwe, .and Hall，(1998)、Calvo,等(2005)也认同贫困脆弱性与贫困之间的差异性，概括起来，贫困脆弱性与贫困之间的主要差异如下：贫困属于静态类指标，而脆弱性是属于动态类指标；贫困是评价个人或家庭过去的收入或消费水平，属于事后观测，贫困脆弱性评价的是个人或家庭将来的收入或消费水平，具有前瞻性特征，属于事前观测；贫困是在确定性环境中度量个人或家庭收入或消费水平的指标，贫困脆弱性是在不确定环境状况下度量个人或家庭收入或消费水平变化的指标。相关扶贫政策的关注点主要还是贫困发生率这种静态评价结果，在发展中国家得到广泛应用，而像贫困脆弱性测度个人或家庭未来收入或消费水平跌入并维持在贫困线以下的概率，这种预测型指标应用得较少。鉴于这种反贫困难度增大以及一贯忽视应用贫困的预测型指标的现实情况，在重视贫困发生率这种静态指标的同时，应重点关注并降低农户的贫困脆弱性，以减少陷入贫困和返贫的人口，提高扶贫效率。

2.6.2 贫困脆弱性的测量

在现有的文献中，关于贫困脆弱性的测量研究多是针对发展中国家，Chaudhuri S 等（2002）、Pritchett（2000）、Dhanani 等（2002）包括印度尼西亚、Gloede .et al.（2012）泰国和越南、Christiaensen 等（2005）、Radeny M 等（2012）肯尼亚[Glewwe. and Hall（1998）、Calvo（2008）秘鲁、Parker .and Kozel（2007）、Gaiha R.and Imai K.（2004）印度]等，但其中针对中国的贫困脆弱性的理论和经验研究依然较少。关于脆弱性测度，需要明确如下三方面内容。

黄承伟等（2010）认为，首先，脆弱性的测量，需要选取适用的方法。贫困脆弱性程度同时受到风险冲击以及个人或家庭抵御风险能力的共同影响，生计资本匮乏导致农户抵御风险能力较低是农户致贫的重要原因。依据世界银行主张的概念，主要有三种测量方法：预期贫困脆弱性（VEP）、期望效用脆弱性（VEU）以及风险暴露脆弱性（VER）。Chaudhuri S 等（2002）相对而言，风险暴露脆弱性（VER）过于强调度量家庭的抗风险能力，而脆弱性还应具有风险冲击要素和其他要素，而且这种风险属于已经发生的风险，对于脆弱性来说，已经失去了预测的意义和价值，这种测量方法属于事后观测，继承了能力贫困研究范式的框架，本质上不属于脆弱性研究范式的框架。李丽等（2010）前两种方法均将个人或家庭遭受的冲击性事件的影响与收入或消费相结合，以家庭的永久性收入或者消费及其波动状况将指标测度出来，均具有前瞻性特征，但在家庭效用函数未知、缺乏面板数据刻画个人或家庭的消费偏好及其变动的情况下，VEU 方法的应用受到了极大的限制。因此，在只有截面数据情况下，中国大多数学者推崇 Chaudhuri（2002）提出的 VEP 测量方法，在此，这个指标被拆解成个人或家庭的永久收入以及它的波动状况，也就是平均值及其方差，收入或消费水平及其波动状况由生计资本因素、控制变量风险冲击所决定。由于本文的数据为截面数据，因此所采用的也是这种测量方法。

其次，这个指标的测度，需要假定合理的未来收入函数分布形式。Chaudhuri 等（2002）一般来说，使用 VEP 方法在实际操作过程中，往往以收入代替家庭福利水平。在该模型中，未来收入函数的分布形式一般而言假定为服从对数正态分布，对数正态分布形式适用于低收入群体[14]，而本文研究的对象是赣南原中央苏区易地搬迁农户，大部分收入水平较低，属于较低收入人群，假定其未来的收入函数服从对数正态分布是基本合理的。

最后，关于贫困脆弱性的测量，需要选择合适的模型估计未来收入函数的分布参数。在选定了贫困脆弱性测量方法和未来收入函数的分布形式之后，需要选择合适的模型估计出未来收入函数的分布参数，而在模型的选择方面，Chaudhuri S（2002）、Kühl（2003）、万广华（2014）等学者均采用三阶段可行广义最小二乘（FGLS）回归模型估计未来收入的分布参数，从而预测出期望收入均值及其方差,然后用 VEP 公式测度出农户的脆弱性。

综上所述,本文采用 VEP 方法计算赣南原中央苏区搬迁农户的脆弱性,借鉴已有的文献,采用如下公式来度量贫困脆弱性:

$$V_{it} = \Pr(Y_{i,t+1} \leqslant Z)$$

式中,V_{it} 表示第 i 个农户在 t 时期的脆弱性,$Y_{i,t+1}$ 表示第 i 个农户在 $t+1$ 时期的消费或收入水平,在本文中表示农户的人均纯收入,Z 表示贫困线。

2.6.3 贫困脆弱性的评价方法

学术界一般通过构建贫困脆弱性评价指标体系,采用定量的方法评价其贫困的脆弱性,综合以往的文献资源,主要归纳为以下几种方法。

第一种评价方法:英国国际发展署(DFID)从生计资本的五个维度构建 SLA 框架作为贫困脆弱性的评价指标体系。李小云等(2005)采用这种评价方法,评估了我国农户生计资本状况,发现基础设施和公共服务对脆弱性具有显著的负向影响。随后,基于中国农村实情,李小云(2007)依据 SLA 框架选取指标,采用层次分析法,根据相关测量公式测算出了农户生计资本分值,以此度量脆弱性程度。杨云彦等(2009)大体而言,脆弱性测度指标体系应用于农户的贫困评价在国内来说还比较少见。

第二种评价方法:世界粮食计划署主张从风险冲击因素、抵御风险冲击的能力因素以及社会服务体系因素三个维度构建农村脆弱性评价指标体系。韩峥(2002)、韩峥(2004)运用这个评价指标体系,评判了广西农村的贫困脆弱性。

第三种评价方法:较多的学者采用的是将测度出来的农户贫困脆弱性与预先选取的贫困脆弱线进行比较,高于贫困脆弱线的农户被判定为脆弱农户,是众多研究采用较多的方法。Chaudhuri et al.(2002)提出了两条脆弱线:第一条是所在的研究区域在那一年总体的贫困发生率,第二条则是 50%,高于所在的研究区域在那一年总体的贫困发生率或者 50% 就被认为是脆弱的。杨龙等(2015)、万广华等(2014)、Chaudhuri 等(2002)大部分学者采用的是这种贫困脆弱性评价方法,以 50% 脆弱线作为贫困脆弱性的评判依据,本研究的贫困脆弱性将采用这种评价方法。

2.6.4 贫困脆弱性测度影响因素研究

农户的脆弱性水平与其当前人均收入或人均消费有关,也受到人均收入或人均消费波动状况的影响。蒋丽丽(2017)在一定程度上可以认为,贫困脆弱性的直接原因是低收入水平和收入波动过大造成的。人均收入的波动往往受到人们所遭遇的外部风险冲击的影响。而人均收入主要是受到人们的生计资本结构的影响,生计资本五个维度包括自然、物资、金融、社会与人力资本。因此,学术界在研究贫困脆弱性测度的响应机制方面,主要关注的是生计资本五个维度、风险冲击等因素对贫困脆弱性测度的影响,在测度脆弱性的时候,一般是将风险冲击作为控制变量。

(1)金融资本对贫困脆弱性的影响

金融资本主要包括期末人均金融资产余额、家庭获得贷款的规模、家庭现金总收入、获得信贷的机会等因素(万广华等,2014;李小云等,2007;刘红丽,2011;黄小琳,2010;黎洁等,2009;伍艳,2015)。总体来说,在贫困脆弱性形成机制中,社会经济条件与当事人的偏好和行为习惯同等重要。比如,Ziliak(2015)研究表明,与非贫困人口相比,贫困人口具有低储蓄或者不储蓄的偏好概率更高,在一定程度上,贫困人口不会做未雨绸缪准备,期末人均金融资产余额不足以应对未来风险的冲击,在将来更容易陷入贫困。Feeny.等(2016)同时,由于发展中国家在信用市场方面还有待健全和完善,往往需要抵押贷款,生计资本匮乏导致贫困农户形成了规避风险的偏好,这种偏好使得他们尽量避免参与高风险、高回报的活动,而只参与回报较低风险也较低的活动,这在一定程度上,导致贫困户与非贫困户的收入差距进一步扩大,使得他们陷入贫困的可能性增大。Gloede .et al.(2012)这种规避风险的偏好容易使农户形成贫困固化,这种现象在泰国与越南普遍存在。金融资本作为农户的一种重要的生计资本,通过对人均纯收入或人均消费的影响,从而提高农户抵御风险冲击的能力、降低其脆弱性。黄小琳(2010)使用面板数据,运用多元回归模型分析了红河哈尼族彝族自治州农户贫困脆弱性的影响因素,研究发现期末人均金融资本余额对收入呈现显著正向相关的关系,这一结果同样得到许多类似研究的支持。李小云等(2007)、刘红丽(2011)、伍艳(2015)除了人均金融资本,获得贷款的规模、获得信贷的机会、家庭现金总收入也能够显著影响到农户收入,从而对贫困脆弱性产生影响。

(2)物质资本对贫困脆弱性的影响

所谓物质资本,是指长期存在的生产物资形式,如机器、设备、厂房、建筑物、交通运输设施等。在传统的产业经济中,物质资本占据主导地位,但随着经济的发展,知识经济的到来,人力资本不论是在数量上还是收益上都远远超过了物质资本,从而取代了在经济发展中物质资本所一度占据的主导地位。现阶段,企业的组织形式取决于物质资本和人力资本的合作关系。随着市场规模不断扩大、专业化分工程度的深化、金融市场的效率不断提高,物质资本越来越容易被复制,而人力资本和创新的重要性越来越高。从现有研究成果来看,人均固定资产投资完成额、生产性固定资产原值、家庭房屋价值原值等物质资本对人均纯收入产生影响(万广华等,2014;黄小琳,2010;伍艳,2015;黄伟,2008)。黄小琳(2010)认为人均固定资产投资完成额正向影响农户人均纯收入,提高生产性固定资产原值以及提高房屋价值原值有利于增加农户的人均纯收入(万广华等,2014;伍艳,2015;黄伟,2008)。然而也有研究表明,家庭房屋价值较高的农户,许多情况下需要外借资金解决自有资金不足的部分,农户获得的收入需要偿还债务,会一定程度导致人均纯收入减少(金媛媛,2007)。

(3)人力资本对贫困脆弱性的影响

人力资本(human Capital),亦称"非物质资本",与"物质资本"相对,体现在劳动者身上的资本,如劳动者的知识技能、文化技术水平与健康状况等。其主要特点在于它与人身自由联系在一起,不随产品的出卖而转移。人力资本通过人力投资形成,人力投资主要包括:①用于教育的支出;②用于卫生保健的支出;③用于劳动力国内流动的支出;④用于移民入境的支出。其中最重要的是教育支出,教育支出形成教育资本。通过教育可以提高劳动力的质量、劳动者的工作能力和技术水平,从而提高劳动生产率,特别是教育支出的增长是经济增长的源泉之一(顾明远,1998)。根据以往的研究,人力资本主要有家庭劳动力人数、主要劳动力年龄、劳动力平均受教育年限、是否具有外出打工收入、家庭成员中是否接受过专业技能培训、家庭规模、户主年龄平方、负担比,这些因素均会显著影响贫困脆弱性(杨龙,2015;万广华,2014;黄小琳,2010;黎洁等,2009;Imai et al.,2015)。另外,劳动力价值是影响贫困脆弱性不可忽视的重要因素,如果劳动者价值被低估,将使工资收入呈现低水平状态,导致劳动者更容易陷入贫困,这种状况将固化贫困脆弱性。因此,初次分配在重视效率的同时理应更加重视公平性,应将劳动力要素摆在更加重要的位置,提高劳动力价格,从而增加外出打工人员的收入,减小贫困脆弱性(黄小琳,2010)。有研究表明,劳动力人数和劳动力素质对人均纯收入呈现显著正向相关关系,如,劳动力平均受教育年限、家庭成员中是否接受过专业技能培训均对农户人均纯收入呈现显著正相关关系(杨龙等,2015;黄小琳,2010)。另外,主要劳动力年龄对收入显著正相关,但是边际效应递减,劳动力转移收入则能够提高家庭收入水平(万广华等,2014)。杨龙(2015)的研究表明,家庭规模、户主年龄平方、负担比等变量对农户人均消费具有显著的负向影响(黎洁等,2009)。

(4)社会资本对贫困脆弱性的影响

社会资本是指个体或团体之间的关联——社会网络、互惠性规范和由此产生的信任,是人们在社会结构中所处的位置给他们带来的资源,主要包括养老保险、生活保障制度等宏观因素,以及是否接受过亲友赠送收入、网络与社区参与资产等个体因素,这些因素均对贫困脆弱性具有显著性影响。从宏观层面来看,政府在教育、医疗、贷款、住房以及基本生活保障和社会养老保险等方面的宏观经济政策给予农户特殊支持,将有助于帮助农户降低贫困脆弱性(Ziliak,2015;Walker,1990;Sebastian,2010)。万广华等(2014)、黄伟(2008)从微观层面来看,农户在遇到冲击性事件的影响时,自身一时无法解决困难,此时需要通过获得亲朋好友和社会帮助才能够尽快地摆脱困境。接受过亲友赠送收入的农户,家庭的额外收入增加,家庭纯收入增加,从而增强抵抗风险冲击的能力。网络和社区参与具体体现在邻里关系融洽程度、人脉广度、对组织生活的参与程度等方面,对人均收入或消费产生影响。黎洁(2009)的研究表明,网络和社区参与使得农户维持人际关系方面的支出增加,对人均消费具有正向影响。另一方面,贫困农户家庭网络相对封闭,抵御外部冲击性风险能力较弱(李小云等,2005),增加网络和社区参与,也就是积极参加组织活动和社会活动,有利于获得资金支持、劳动力帮助(李小云等,2007)。

(5)自然资本对贫困脆弱性的影响

自然资本是指能从中导出有利于生计的资源流和服务的自然资源存量(如土地和水)和环境服务(如水循环)。自然资本不仅包括为人类所利用的资源,如水资源、矿物、木材等,还包括森林、草原、沼泽等生态系统及生物多样性,农户的生计资本主要包括家庭经营耕地面积、经营林地面积等因素。家庭经营耕地面积作为一种重要的自然资本,对农户家庭收入显著正相关,经营林地面积对农户人均消费呈显著正相关(李小云等,2007;黄小琳,2010;伍艳,2015;黎洁等,2009;黄伟,2008)。然而,较少有文献提及耕地质量对家庭收入的影响,耕地面积的数量和耕地质量同时影响农作物产量,然后影响农业收入,耕地数量较多、耕地质量较好的农户,农业收入较高,在一些贫困地区,农业收入占据总收入比例往往较高,耕地质量好坏程度对收入具有重要影响。

(6)风险冲击对贫困脆弱性的影响

风险冲击主要指自然灾害、健康冲击、教育冲击等风险因素,这些因素如何纳入脆弱性测度是当前有待于深入研究的内容(Ozughalu,2016)。风险冲击尤其是健康风险是导致农户贫困的主要因素(陈贻娟等,2011;黄潇,2018),干旱灾害风险冲击是导致农户贫困的关键因素,农业损失每提高1元,会使农户贫困脆弱性提高4%(胡伦等,2018)。由于外部性风险冲击会导致农户收入水平呈现非正常波动,难以保持平滑,收入的大幅波动使农户陷入贫困的可能性增大。杨龙(2015)对我国农户贫困脆弱性的研究表明,是否建房、是否有教育负担、是否有大病治疗、是否发生自然灾害、是否有婚丧嫁娶大事等教育、健康、生计活动以及生产活动风险显著影响贫困脆弱性。然而也有研究表明,由于教育具有一定的滞后性,使用截面数据进行贫困脆弱性研究,教育风险对脆弱性的影响并不显著(黄伟,2007)。

2.7 农民减贫绩效——农民收入增长问题

2.7.1 关于农民收入增长问题的研究

早在20世纪50年代初就有学者Thedeor W.Schelts认为农业的发展较工业的发展速度相对缓慢,因此世界各国在经济发展过程中农业产业的发展通常处于一个相对落后的地位。但从另一方面来说,正是因为农业的相对落后地位使得发展农业产业将能够较明显对地区经济发展起到推动作用,而且农业作为国家基础产业的地位又决定发展农业是必须得到重视的问题。而1959年又有学者Johnson研究认为农业产业的发展会对劳动力的数量提出更多的要求,但由于农业产业的利润率相较于其他产业而言是较低的,因此高劳动力的投入并未带来农业产业高产出的结果,需要通过改良农业生产效率和农村劳动力的输出方向,将农民的收入结构不断丰富,通过提高农民的转移性收入、财产性收入或者工资性收入等多种方式提升农民的收入水平。

国外学者对有利于农民收入增长的因素进行了较多研究，其中有研究(.Johnson,2002)发现农民在居住地附近从事生产经营性劳动会有利于提升经济收入，这是因为在居住地附近工作降低了工作距离，减少了工作过程中的转移成本和人力成本。还有学者认为农业生产规模化发展会有利于提高农民收入(Lerman,2004)，因为提高农业生产规模化水平，对农产品销售量的提升和生产效率的提高都有积极的促进作用。而John.Giles(2002)提出农业信息化的发展能够促使农村劳动力流向其他非农行业，这将有利于丰富农民收入结构来源，获取更多的非农收入，从而最终达到提升农民收入的目的。其他的研究中发现有利于促进农民收入增长的因素还有：农民耕地面积的增加(Mathis,2004;Iddo.Kan,2006)、劳动力要素投入与资本要素投入的增加(Balint,2006)、农民的文化程度(Iddo.Kan,2006)、政府对农业生产方面补贴和农民直接补贴的增加(Brian.C Briggeman,2007)以及城乡二元结构的完善发展等(Steven Zahniser,2003)。而国外学者对中国农民收入的研究中，Veeck(1989)通过实地调研江苏省农户的相关数据发现了不同地区的农民收入增长的主要来源存在本质上的差异，来自于山区的农民收入的主要来源依靠农业生产所得，而离城市较近的农民的收入来源则是工资性收入较多。同时，还有针对中国的研究(Meng,1995)发现农民文化素质对农民收入的增长起着重要的作用。

"三农"问题是我国长期以来重点关注的民生问题，尽管江西省粮食产量2015年顺利实现"十一连增"，但是农民收入增长困难的阶段性问题仍然是当前江西省急需解决的重点问题。国内学者关于农民收入增长问题的研究较多，姜长云(2008)在分析我国农民收入增长的趋势时认为，我国农民收入的增长难度在不断上升，而且波动起伏较大，一方面农民的收入主要来源为非农产业收入并且趋势越发显著，另一方面他预测我国农民收入增长幅度有可能出现迅速下滑的风险。陆文聪(2013)研究发现我国农民收入自改革开放后就保持着长期增长的趋势，同时研究了农业科技进步变化与农民收入增长的关系，其研究结果否定了农业科技进步不利于农民收入增长的假说，并最终指出我国农业科技进步对农民增收起着积极的促进作用。赵磊(2015)研究新常态下我国农民收入增长与财政支出的关系时，首先肯定了农民收入增长的趋势，而后发现我国在财政支出方面，对农民收入增长的倾斜力度不够，同时不同地区间的倾斜程度更是有所区别。许秀川(2015)通过面板格兰杰检验和谱分析的研究方法对我国农民收入增长的波动状况进行了研究，发现由于我国产业结构的波动起伏不断，使得农民收入增长的波动幅度也在不断增加，其中农业产业的波动周期为2.8年。刘耀森(2011)研究农业投资与农民收入增长的关系时，发现1981年以来我国农民收入不断增长且与农业投资的关系紧密。

而对于国内其他地区间的农民收入增长问题研究同样有许多，有对我国实施西部大开发政策后西部地区的农民收入变化情况研究(程燕,2012);对福建省的农民收入增长研究(占纪文,2011)，发现农民收入增长对福建省的农业现代化水平影响作用呈不断上升趋势，但总体说来还是相对较小的作用;还有对河南省(席雪红,2011)和湖南省(丁建军,2014)的农民收入增长结构进行相关研究等。

2.7.2 关于农民收入分配问题的研究

关于农民收入分配的相关问题，Kuznets 在 1955 年提出"倒 U 形假说"，认为当社会经济处于并不充分的水平下发展，随着时间的推移和地区经济水平的进步，收入分配将会向不平等的方向发展，直到社会经济发展到足够高水平时，收入分配则开始向平等方向发展。面对这一经典假说，国外学者进行了大量研究验证，证明该假说正确并实际存在的研究有 Adelamn 在 1973 年对世界上部分国家收入分配状况进行面板数据或者截面数据的分析时，发现"倒 U 形假说"成立。而发现该理论不成立的主要研究是 Ram 在 1991 年所开展的研究，通过针对美国的收入分配相关数据，进行时间序列分析发现 Kuznets 假说不成立。而认为该假说部分成立的研究则是 Fishlow 在 1972 年开展的研究，类似的研究(Kanbur，2000)还有许多。另一方面，由于收入分配的不平等而导致地区间农民收入差距问题同样引起了国外学者的研究，对研究收入不平等作出突出贡献的是学者 Dagun 在 1997 年将基尼系数的适用范围拓展到地区收入分解中[18]，为今后研究收入不均衡问题提供科学的指标依据。之后，不同学者针对不同地区开展了地区间的农民收入差距问题研究，诸如对韩国的研究(Euiune Kim，2003)发现韩国的收入不平等问题集中体现在不同经济发展水平的城市间的收入不平等；而对中国的研究(Aziz，2001；Chen，1996；Rozelle，1996)发现我国自改革开放之后，经济发展水平迅速提升引起的城乡居民收入发展不平衡问题在不断加重，不同城市城镇化进程的速度不同也导致了地区间的农民收入失衡问题。

国内学者从不同角度对农民收入结构问题展开研究，首先总结我国整体的农民收入结构变化的相关研究。万年庆(2012)对我国农民收入结构的演变规律进行了省份间的比较，发现我国农民收入结构中，家庭经营性收入所占比例在不断减小，而工资性收入占农民总收入的比例在不断扩大，同时依据份额—偏离分析法进行区域间的比较分析后发现，就农民收入结构而言，东部地区的结构优势大于西部地区，而其中做出最主要的贡献的同样是工资性收入。周雪松(2012)研究了 1978 年以来我国农民收入结构演变规律，并将其变动状况划分为 3 个阶段，分别是 1978—1982 年的工资性收入占比大于家庭经营收入占比，同时家庭经营收入占比增加而工资收入占比减少的阶段；1983—1989 年的工资性收入占比小于家庭经营收入占比，且二者处于较平稳的态势发展着；1990 年至今的家庭经营性收入占比不断下降，且农民收入结构开始趋向丰富多元化发展的阶段。类似的研究还有许多(王承宗，2014)。

而从其他不同角度分析农民收入结构的研究中，杨达(2011)从"农民家庭收入结构"的角度分析出有利于农民家庭收入增加的有关措施，发现主要还是以市场手段为调整对策[44]。还有学者(王建增，2011；陆彩兰，2012)从收入与消费结构的变化关系，从改善农民收入结构的角度入手对农民消费结构的优化提出相关建议。更有许多学者运用不同的研究方法对不同省份地区的农民收入结构进行相关研究，例如茆晓颖(2014)对江苏省开展研究，从财政支农支出的角度分析了其与农民收入结构的关系,并提出相关的对策建议;杨春红(2012)运用灰色关联度的方法分析了常熟地区的农民收入结构;还有诸如对中部6省的研究(李建勇,2012)等。

而本研究在第12章中的农民收入结构分析里同样对江西省近20年来的农民收入结构进行规律分析,大体上与周雪松(2012)的研究相符合,这也说明江西省的农民收入结构变化是我国整体农民收入结构变动的一个重要反映,有着重要的研究价值。

2.7.3 关于农民收入的影响因素研究

国内学者运用不同的研究方法对农民收入的影响因素进行了研究,陈乙西(2014)基于国内外相关文献对我国农民收入的影响因素和相关对策进行了梳理并作出研究述评,发现我国农民收入增长的重要影响因素有:政策因素、自然环境因素、人力资本因素、土地制度因素、财政支农的比例和农村金融发展程度。武小龙(2014)运用Panel Data分析方法对我国城乡收入差距产生的原因进行研究,发现城乡收入差距产生的主要影响因素有:经济增长速度、金融行业发展规模、政策扶持、经济干预等。张东辉(2012)运用回归分解方法对农民的非农业收入进行分解分析和影响因素研究,发现影响农业非农收入的主要三个因素分别是:教育因素、地区因素和政治环境因素。吴云勇(2012)基于通径分析方法对我国农民纯收入中农业部分贡献收入进行影响因素分析,发现耕地面积、农产品收购价格和化肥使用数量对农业收入起着主要影响作用。其他的研究方法还有如运用格兰杰因果检验和典型相关分析法等(郭燕枝,2011)。

而国内学者对不同地区的农民收入影响因素研究同样较多,姚林香(2010)在研究江西省收入增长的因素时,通过对7个县进行实地调查后发现农民收入增长的主要有利影响因素包括:农民受教育水平的提高、农业固定资产投资数量的增长、农业人口数量的减少、农民非农就业机会的增多和相关农业要素的投入增加。娄厦(2014)针对黑龙江省农民的研究发现主要影响农民收入的因素有:化肥施用量、人均农作物播种面积、农业产业投入额和农民中具有初中以上文化水平的比例。张艳芳(2012)针对北京市的影响因素分析发现,通过增加农业生产的物质投入和人力投入,能够最有效地提升北京市农民收入,这也反映出规模经营对农民收入的增加起着积极作用。还有学者对内蒙古地区牧民的收入影响因素做出相关研究(刘玉春,2013;胡伟华,2013),并根据其显著性影响因素提出相应对策增加牧民的收入。

2.7.4 关于农民收入增加的对策研究

国内学者从总体层面上分析如何有效增加农民收入的问题研究中,姚林香(2010)提出首先应当重视农业发展的基础地位,再加大对农村居民的文化教育提升其竞争力,最后通过转移农村剩余劳动力使之进一步适应我国城镇化的发展。武小龙(2014)认为增加农民收入也是缩小城乡经济差距的有效措施,应加大农民的受教育程度,积极适应地区城镇化发展,使得城市和乡村能够真正互动衔接起来。娄厦(2012)提出要加大农业产业的规模化种植,加强农民文化水平和技术能力并积极对外引入科技人才,同时跨地区的劳动力转移也是有利于农民收入增加的有效举措。

也有研究着重从某一方面提出农民增收的相关对策,胡联(2014)就从贫困村的互助资金使用上分析出其对农民增收有积极作用,但对于不同收入组的农民影响力度有所区别,其中对中高收入组农民的增收效应更加显著。刘耀森(2011)研究发现农业投资对我国农民收入的增长起着重要推动作用,但其作用效果的体现会存在一定的滞后性,因此我国要从长远角度制定相关政策并建立更加稳定的农业投资机制,从而促进农民收入进一步增长。还有从农业产业结构优化的视角提出农民增收的相关措施(李晓彤,2014)。

2.7.5 文献小结

总体说来,国内外学者目前对农民收入趋势变化、收入结构变动和影响因素的研究已非常丰富,并且研究方法上也在不断发展。研究发现我国农民收入状况整体上是呈不断上升趋势,且农民收入结构也在不断完善和丰富,而综合已有研究可以发现影响农民收入的因素主要从产业结构、农民就业状况、农业生产水平、农民自身文化素质、政府的财政支农投入程度和地区金融信贷状况等方面分析。但是当前部分研究也存在分析不彻底的情况,例如对农民收入不同来源的主要影响因素还不够完善,更多集中在农民总收入以及其主要来源中的工资性收入和家庭经营性收入的影响因素分析,且分析的影响因素宽度有时也过于狭窄而不全面。同时针对江西省地区的研究尚不多,故本研究主要从两个方面开展分析。

一方面结合相关统计年鉴,对江西省1993—2013年的农民纯收入现状进行描述性统计与分析,发现在近20年的经济发展过程中江西省农民纯收入变化趋势、收入来源结构变动状况、城乡收入差距变化并就江西省11个地市间的农民收入情况进行比较,找出江西省农民收入增长面临的难题和有效解决办法。另一方面,本研究通过选取合理的农民收入影响因素指标建立符合江西省省情的农民收入影响因素指标体系,通过运用主成分回归分析法计算出不同影响因素的影响程度大小,根据分析结果提出合理可行的对策建议,从而为促进江西省农民的增收提供相关理论支撑。

第 3 章

区域脱贫振兴的相关概念界定及相关理论

3.1 相关概念界定

3.1.1 中央苏区

中央苏区，亦称"中央革命根据地"，是指在1927—1937年土地革命战争时期，中国共产党以赣南、闽西革命根据地为基础创建的中央革命根据地，是全国13块革命根据地面积最大、人口最多的一块，也是全国苏维埃运动的中心区域，是中华苏维埃共和国党、政、军首脑机关所在地。中国共产党在赣南和闽西建立的革命根据地，中央苏区以瑞金为中心，辖有江西、福建、闽赣、粤赣、赣南5个省级苏维埃政权。中央苏区的政治军事中心是江西瑞金，经济文化中心则是福建汀州（现为长汀县）。1933年秋，中央苏区发展到了鼎盛时期，辖有江西、福建、闽赣、粤赣四个省级苏维埃政权，拥有60个行政县，其中江西省22个县，福建省15个县，闽赣省16个县，粤赣省7个县。当时，中央苏区总人口约为435万，总面积约8.4万平方千米。中央苏区由此成为全国最大的革命根据地（孔凡斌等，2013）。

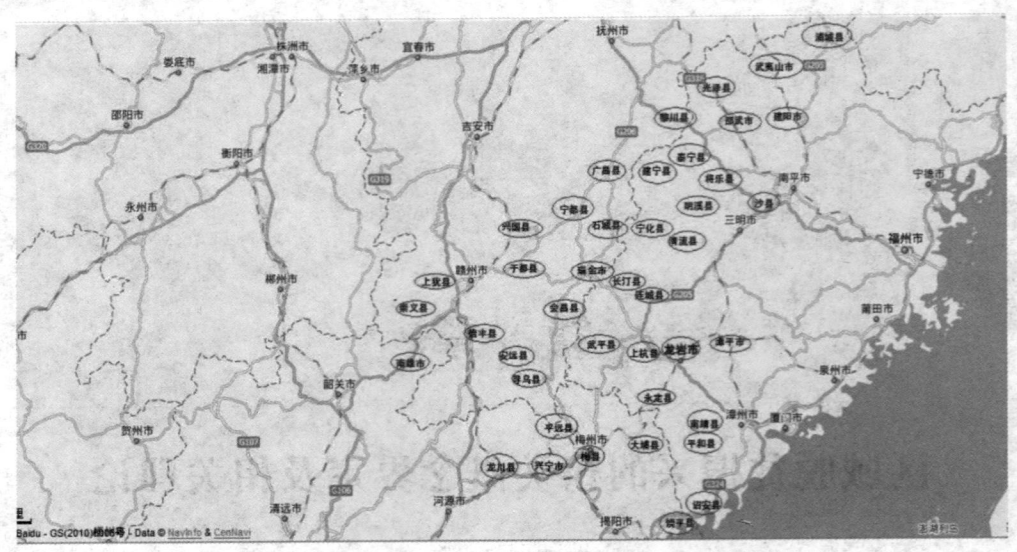

图 3-1-1 中央苏区县域图

截至 2011 年 10 月底,经中央党史研究室确认的中央苏区县共有 42 个,规划范围跨及三个省,分布在闽西、赣南、粤北,大致呈三角形分布,分别以福建省南平市浦城县为西北方向边界,江西省赣州市崇义县为东面边界,广东省潮州市临海的饶平县为南面边界,具体如表 3-1-1 和图 3-1-1 所示。

表 3-1-1　　　　　　　　　我国中央苏区县名单(1)

所在省份	中央苏区县数目	中央苏区县名单
福建省	22	明溪县、清流县、宁化县、沙县、将乐县、泰宁县、建宁县、诏安县、南靖县、平和县、浦城县、光泽县、邵武市、武夷山市、建阳市、长汀县、永定县、上杭县、武平县、连城县、漳平市、龙岩县(现为梅州市新罗区)
江西省	13	信丰县、上犹县、崇义县、安远县、宁都县、于都县、兴国县、会昌县、寻乌县、石城县、瑞金市、黎川县、广昌县
广东省	7	南雄市、梅县、大埔县、平远县、兴宁市、龙川县、饶平县

来源于 2011 年中央党史研究室。

随着近几年党史界的学者、专家对中央苏区范围的深入研究,中央苏区范围有所扩大。2013 年 7 月 23 日,中央党史研究室正式下发《关于原中央苏区范围认定的有关情况》(中史字[2013]51 号)文件,进一步把中央苏区范围县扩大到 97 个,如表 3-1-2 所示,其中江西省 49 个、福建省 37 个、广东省 11 个。中央苏区县分为三类,一类为已经审批确认和可以确认为中央苏区范围的县(市、区),共 97 个;二类为历史上与中央苏区有密切关系,但要明确认定尚有一定难度,建议视同考虑的,共 4 个;三类为历史上按隶属关系不在中央苏区范围内,但建议在实施有关规划时比照享受有关政策的,共 24 个。

表 3-1-2　　　　　　　　　　我国中央苏区县名单(2)

所在省份	中央苏区县数目	中央苏区县名单
福建省	22	明溪县、清流县、宁化县、沙县、将乐县、泰宁县、建宁县、诏安县、南靖县、平和县、浦城县、光泽县、邵武市、武夷山市、建阳市、长汀县、永定县、上杭县、武平县、连城县、漳平市、龙岩县(现为梅州市新罗区)
江西省	40	瑞金市、会昌县、寻乌县、安远县、信丰县、于都县、兴国县、宁都县、石城县、崇义县、上犹县、南康区、赣县、章贡区、大余县、定南县、龙南县、全南县、永丰县、青原区、泰和县、万安县、吉安县、井冈山市、峡江县、安福县、遂川县、永新县、吉州区、新干县、吉水县、广昌县、黎川县、乐安县、宜黄县、南丰县、资溪县、崇仁县、南城县、金溪
广东省	11	梅江区、梅县区、兴宁市、五华县、丰顺县、大埔县、平远县、蕉岭县、南雄市、饶平县、龙川县

来源于2013年中央党史研究室。

3.1.2 赣南原中央苏区

国务院于2012年6月28日出台了《国务院关于支持赣南等赣南原中央苏区振兴发展的若干意见》。该意见提到原中央苏区处于江西、福建和广东等省之间，是中国共产党在土地革命期间的重要根据地，中华苏维埃共和国临时中央政府也在此宣布成立，中国革命最终走向成功离不开苏区精神的引领，它称得上是人民共和国的摇篮，在我国的革命事业中具有崇高的地位。在本文的研究过程中，主要选取了赣南原中央苏区的兴国县、信丰县、瑞金市、于都县、宁都县、石城县、会昌县等13个县作为研究对象，研究中所用到的数据主要来自于江西省统计局和赣南市人民政府公布的相关统计数据，本文还对江西省赣州统计年鉴进行了查阅，从数据采集时间上来看，本文主要选取了2006年到2016年统计部门公布的统计数据作为衡量苏区贫困的主要数据来源。

3.1.3 贫困及贫困测度

(1)贫困的含义

贫困，随着时代的进步，它的概念在不断地演进。《贫困:城镇生活研究》由朗特里所著，该书把贫困定义为:如果家庭成员最低生活开支不能通过家庭总收入得到满足，那么就意味着这个家庭处于贫困状态。随着学者对贫困问题研究的不断深入，界定贫困的维度也经历了由单一到多元、由绝对贫困到相对贫困的演变。19世纪末，英国学者本杰明·西伯姆·朗特里从收入角度提出了最低生活支出即贫困线的概念。马克思在《资本论》中则将贫困的定义扩展为物质贫困和精神贫困两方面。国家统计局农调队则将贫困定义为个人或家庭依靠劳动所得和其他合法收入不能维持其基本的生存需求的情况。英国的汤森在他的《英国的贫困:家庭财产和生活标准的测量》一书中是这样界定贫困的:"所有居民中那些缺乏获得各种食物、参加社会活动和最起码的生活和社交条件的资源的个人、家庭和群体就是所谓贫困的。"英国的奥本海默在《贫困真相》一书中则这样认为:"贫困是指物质上的、社会上的和情感上的匮乏。它意味着在食物、保暖和衣着方面的开支要少于平均水平。首先,贫困夺去了人们建立未来大厦——'你的生存机会'的工具。它悄悄地夺去了人们享受生命不受疾病侵害、有体面的教育、有安全的住宅和长时间的退休生涯的机会。"美国的劳埃德·雷诺兹在《微观经济学》一书中说:"所谓贫困问题,是说在美国有许多家庭,没有足够的收入可以使之有起码的生活水平。"国家统计局的《中国城镇居民贫困问题研究》课题组和《中国农村贫困标准》课题组在他们的研究报告中所作的贫困界定是:"贫困一般是指物质生活困难,即一个人或一个家庭的生活水平达不到一种社会可接受的最低标准。他们缺乏某些必要的生活资料和服务,生活处于困难境地。"贫困首先是一种社会生活中的经济现象,贫困相对于富足,可以有一个人为划定的标准,这就是贫困线。贫困的含义在四个方向进行演进:一是从收入贫困、权利贫困和能力贫困方向演进;二是从相对贫困和绝对贫困的方向进行演进;三是从长期贫困和短期贫困的方向演进;四是从剥夺、排斥、脆弱性和人类贫困的角度进行演进。贫困群体由于无法享受与其他群体同等的资源,不仅无法使得自己脱贫,还使得贫困在代际之间转移;人类贫困无法解决,人类发展就不能取得长足进步,这中间不仅包括物质方面的发展,更包含精神、尊严、生存和生活权利等方面的发展。

贫困分为城镇贫困和农村贫困,从字面上来看,城镇贫困首先是指城镇范围内的贫困。由于制度转型、结构调整、政策执行以及社会结构重组产生的社会排斥等诸多原因,就造成了我国的贫困问题。从城镇贫困的特征来看,我国具有以下特点,首先是年龄结构分布上,主要集中在16周岁前和60周岁后,也就是儿童和老人;其次,就业没有相应的技能,并常受到社会排斥;再次就是从性别上来讲,女性较容易陷入贫困;最后就是地域空间分布上,我国东西部差异大、同一城市内各个区差异也较大。综上所述,对于我国的城镇贫困可以定义为由于经济社会的转型,城镇居民中没有稳定收入和基本生存能力的儿童、失业者、残疾人、老年人、半劳动能力者等生活在社会最底层的人,在生存过程中无法获取维持基本生存的收入,无法获取与常人相同的就业、教育、医疗等机会,导致其个人或家庭无法摆脱困境的情况。农村贫困是由于自然条件恶劣,农业基础薄弱,抗御自然灾害的能力低。一遇天灾人祸,会导致很多的不幸,也导致农村生活条件的进一步恶化,同时表现为人口增长过快,教育、卫生等基本社会服务水平跟不上农村的需要。国家统计局于2018年2月1日发布《2017年全国农村贫困人口明显减少,贫困地区农村居民收入加快增长》中的数据指出,根据对分布在中国31个省的16万户家庭进行抽样调查,以国家农村贫困标准(2016年贫困线约为人均纯收入3000元)测算,截至2017年末全国农村贫困人口3046万人,比上年末减少1289万人。

概括来说,贫困的定义一方面有广义和狭义之分,另一方面有阶层和区域之别。综合考虑基本物质生活和社会文化环境差异等因素下的贫困即广义贫困,国家总体发展但是各区域间经济发展水平差异大的贫困为区域贫困。其中,区域贫困作为一种相对贫困现象,以发展中国家的农村贫困为典型代表,是当今中国政府推进精准扶贫工作的主要攻坚目标,也正如习近平总书记2015年在主持中共中央政治局第二十二次学习时所强调,全面建成小康社会最艰巨最繁重的任务在农村特别是农村贫困地区,因此,农村贫困也是本文的主要研究对象。

(2) 贫困测度的方法

贫困问题的提出和早期关于贫困概念的大量研究,为澄清贫困的测度方法、厘清贫困人口的数量和分布等问题奠定了理论基础,而贫困线的确定则是量化贫困问题研究的开端,是针对社会成员维持基本生活需求所做的定量化界定,同时也为治理贫困问题奠定了计量基础。在衡量贫困人口时要根据城乡不同而选择相应的依据。以农村贫困而言,国家统计局基于生存需要制定了贫困线即绝对贫困线和相对贫困线(即低收入线),并且根据物价水平逐年提高。

国际上通用的贫困标准计算方法主要通过不同的测算方式对贫困线进行确定,包括市场菜篮法、恩格尔系数法、生活形态法和收入比例法等。我国自1985年确定人均年纯收入206元作为贫困线以来,并在此后的20年间根据社会经济发展水平进行微调,但长时间低于国际贫困标准。2005年国家规定,居民家庭人均收入贫困线为683元,低收入线为944元。世界上通用衡量标准是美元每日,分别将1美元2美元作为衡量数字引入发现,按照2005年的物价水平来看,人均收入1美元线和2美元线就相当于2005年的829.86元和1659.72元人民币,也就是830元和1660元。在对农村贫困户以及贫困人口的判定上就有了四种以上的标准,它们分别是人均日收入1美元线、人均日收入2美元线、固定相对贫困线以及固定绝对贫困线。

在2011年中央扶贫开发工作会议中,中央将贫困线标准上调至2300元(人均年纯收入2300元),这比2010年的1274元贫困标准提高了80%。按照当时的中美汇率测算,大致相当于每人每天生活支出1美元,如表3-1-3所示。按2011年农村居民家庭人均纯收入2300元/年的贫困标准,中国还有8200万的贫困人口,占农村总人口的13%,占全国总人口近十分之一。此次中国国家扶贫标准线的上调,与世界银行的名义国际贫困标准线(国际赤贫标准1.9美元/天/人)的距离为史上最近。2015年贫困线为2968元、2016年约为3146元,中国目前贫困线以2011年2300元不变价为基准,此基准不定期调整。

表3-1-3　　　　　　　1985—2016年中国官方公布的农村贫困线

时间	贫困线	时间	贫困线	时间	贫困线
1985	206	1999	625	2009	1196
1990	300	2000	625	2010	1274
1991	304	2001	630	2011	2300
1992	317	2002	627	2012	2300
1993	350	2003	637	2013	2300
1994	440	2004	668	2014	2800

续表

时间	贫困线	时间	贫困线	时间	贫困线
1995	530	2005	683	2015	2968
1996	580	2006	693	2016	3146
1997	640	2007	785	2017	3335
1998	635	2008	1196	—	—

注：数据来源于国家统计局《中国农村贫困监测报告》(2017年)，中国统计出版社。数据单位：元。

3.1.4 脱贫与电商脱贫

(1) 扶贫

广义来说，脱贫即贫困治理，是针对贫困户或贫困地区进行的经济层面和产业层面的外力帮扶，旨在减少贫困并最终摆脱贫困。脱贫模式则是指扶贫主体运用一定的生产要素和资源，利用一定的方法和手段作用于扶贫客体，促进贫困客体脱贫致富的方式、方法和措施的总称。

在2016年颁布的《"十三五"脱贫攻坚规划》中，国务院按照精准扶贫精准脱贫的基本方略要求，明确指出了八大措施和路径，包括：产业发展脱贫、转移就业脱贫、易地搬迁脱贫、教育扶贫、健康扶贫、生态保护扶贫、兜底保障和社会扶贫。其中，电商扶贫与旅游扶贫、科技扶贫等一同被列入我国的产业扶贫工程当中。因此，电商扶贫作为在贫困农村地区借助电子商务的优势开展扶贫工作的抓手，在新的社会发展阶段被赋予了新的时代要求。

(2) 电商脱贫攻坚

电子商务，指人们或企业之间通过线上网络渠道进行的商业活动、交易活动和相关服务活动的新型商业运营模式。鉴于现阶段我国贫困问题主要表现为农村地区贫困问题，因此本研究中需要对农村电商的概念进行界定。

首先，农村电子商务的内涵，是指利用互联网信息技术，为"三农"主体提供农产品销售、农业生产资料及农户生活必需品的购买交易过程，包括"线上订单与支付结算、线下配送与运输"等现代网络信息技术平台或农村电商企业等开展的中间业务及其方式。主要包括内部孵化和外部引入两种形式，一种是农业企业电商化，即发起于农村地区、以农特产品为依托、整合当地业态的电商产业形式，兼具政策优势和资源优势；一种是电商平台进农村，即外来大型电商平台在农村地区进行的业务布局和渗透，具有市场优势和渠道优势。

其次，电商脱贫，即电子商务产业促进贫困开发，是一种作用于帮扶对象的新型扶贫开发方式与实践，侧重于开发式扶贫而非救济式扶贫。这是国内早期关注农村电子商务的学者汪向东(2011)在《互联网时代我国农村减贫扶贫新思路——"沙集模式"的启示》一文中给出的定义。他以江苏省睢宁县"沙集模式"为例，阐述农村电商发展对扶贫减贫所起到的重要战略意义和应用价值，开启了农村电商扶贫问题研究的先河。他提出，国际社会从20世纪80

年代起就开始关注信息技术在减贫中的作用,到21世纪电商扶贫已成为国际主流模式,因此我国在率先完成联合国减贫指标且扶贫工作取得显著进展的背景下,应尽早将电商扶贫运用于扶贫开发的工作体系当中。

最后,电商扶贫具有主体多元、形式多样的特征,可以直接或间接作用于贫困帮扶对象,其本质是以市场为目标,通过电子商务实现市场最大化,以突破现有扶贫开发方式中存在的市场对接短板。其中,政府、企业、社会组织等都可以是扶贫主体,基础通信设施建设、电商平台建设、电商人才培训等都可以是扶贫形式。从判定标准来看,只要是有利于促进贫困地区的涉农电商发展的扶贫实践,都可纳入电商扶贫工作的范畴内。

3.2 相关贫困理论

贫困并不是静止不变的,而是在不断地发展变化,它是动态的和复杂的。贫困的影响因素涵盖很多方面,社会经济以及个体能力不仅对其造成很大的影响,社会发展以及地理位置等因素也都会对其造成很大的影响,除此之外,这些因素的内在交互产生的下一层因素也都会对贫困自身产生一定的影响。世界上对动态贫困的研究主要有以下几个理论。

3.2.1 贫困代际传递理论

美国经济学家在20世纪60年代提出了贫困代际传递概念。它是从社会学阶层继承以及地位获得的研究上衍生出来的,从另外一方面来讲,也就是一个家庭的贫困很可能会通过社会继承这个渠道延续到下一代,并且家庭贫困的各种不利因素在家庭内部通过继承的方式传递给下一代,而后代在长大之后也会将自身贫困的这种不利因素传递给自身的下一代,由此可以看出,从社会学阶层继承的角度出发,贫困会形成一个恶性循环的状态,一个家庭在陷入到贫困的状态之后,最终很难走出这个困境。

具体而言贫困代际传递的主要影响因素包括以下几种:

第一,文化因素。此因素是一个家庭在长期的贫困状态当中生存和生活,其最终会形成一种特别的家庭氛围,这种氛围使得这个家庭的成员在思维方式以及价值取向上都和其他家庭有一定的差距,并且在长期的生存和生活的过程中,贫困家庭的这种氛围和价值取向会在内部传递。韩志新(2014)通过长期的研究指出,文化因素是贫困代际传播的一个重要的影响因素。

第二,政策因素。很多家庭如果处于一个相对贫困的状态,那么政府会通过政策帮助以及资金投入来对其进行救济和帮助,而其在长期的帮助和补助之下,这些贫困家庭会形成一种依赖的心态,所以在这种情况下,这些家庭的成员大多都不会通过自己的努力和奋斗来获取相应的收益,所以其长期处于一种贫困的状态。

第三,经济因素。在国家经济转型以及社会形势发生转变之后,一些思想观念比较保守和传统的家庭无法适应社会的发展以及转变,而使得其进入到了一个相对较为贫困的状态当中。这些贫困家庭无法给自己的后代一个更好的成长环境,使得其后代也一直维持这种贫困的状态。

3.2.2 贫困生命周期理论

Novignon(2012)从经济学的层面出发,按照家庭不同的贫困程度,可以用不同阶段来划分其生命周期,在各种阶段之中,家庭的需求以及供给之间都存在一定的差距[25]。首先是童年阶段,如果父母的收入难以维持家庭的正常需求,那么家庭就会陷入到一个相对较为贫困的状态,这个状态将会一直维持到自己有能力赚钱能够维持基本生活为止。在下一个阶段当中,其能够通过自己的能力赚取一定的资金,其基本需求得到满足之后,还会进行资金储存,如果其储存能力以及量都比较大的话,那么其经济状况就相对较好,那么这种状态将会一直维持到自身成立家庭然后繁衍后代为止。而在下一阶段,由于后代的出生,需要大量的资金作为其成长和抚养的基础,所以在这个时候,家庭将会陷入一个相对较为贫困的状态,这样反反复复,一个家庭的不同阶段就是在这样循环和往复着,在不同的阶段,这个家庭的生活贫困和富裕程度都是不同的。

通过上面的阐述,我们可以看出,此理论可以将一个家庭的生命周期分为两个比较大的时期,一个时期就是家庭需求大于家庭供给的时期,另外一个时期就是家庭供给大于家庭需求的时期,在不同的时期,家庭的贫困程度都是不同的,并且在不同时期,这个家庭摆脱贫困的困难状态也是不同的。

3.2.3 贫困风险冲击理论

对于我国农村家庭来讲,由于其生活环境相对较为落后,而且其生产方式较为单一,所以其在生活的过程中,时时刻刻都会面临着风险的影响。而在风险的影响之下,很多家庭由于没有过多的能力和实力去承担风险,这就使得其贫困的程度加深;而对于非贫困的家庭来讲,其在面临风险的时候,会通过自己的一切力量和能力及时地解决这些问题和风险,从而使得自己及时地摆脱贫困的状态。

在我国农村家庭当中,其生产以及生活的每一个环节都有可能面临着风险的冲击。对于一个家庭来讲,其在拥有一些基础的资本和资源之后,就会通过这些资本和资源进行交易,然后获取一定的收益,最后通过交易获取多余的金额来给家庭增添各种生活必需用品。风险的发生以及风险的大小都会不同程度地影响家庭的生活状况而导致其处于一个相对较为贫困的状态,如表3-2-1所示:

表3-2-1　　　　　　　　　　家庭可能风险列表

	资产	收入	福利
内容	人力资本、劳动物质和金融	劳动收入	消费
	资本公共产品	变卖资本的收入	营养
	社会资本	储蓄、投资收入	健康
	转移性收入	教育	

续表

可能风险	因疾病或者健康丧失劳动技能或失业	气候、疾病、冲突引起的收入变少	食品市场上的价格波动
	土地租赁不确定性	价格上涨	
	由于气候、灾害和战争造成的资产损失	金融资产回报降低	食品可获得性
	公共服务和产品的使用渠道缺失	生产经营过程中的资金流出现断裂	教育或公共物品供给质量差
	金融资产价值缩水	工资不能按时支付	不了解获取健康营养的方法
		对收入机会信息获取不利	

3.2.4 贫困生计资本理论

在对农村贫困问题进行研究和分析的过程中，生计分析框架在其中发挥着非常重要的作用。对于每一个家庭和个体来讲，生计意味着其生存和维持生活的一种基本的谋生手段，从这个角度来看，生计的主要组成要素应该包括资产和能力。国内外很多研究人员在研究的过程中，以生计和可持续生计为基础，形成和建设了多个生计分析体系。Xu(2011)在研究的过程中，在可持续分析框架的基础上，从资本和能力的角度出发，分析了农村居民在生活以及生产上的脆弱性，并且建立了农村生计框架。DFID提出了可持续生计的研究方法，并且指出在制度环境当中，一个家庭可以通过不同的生计资本而获取不同的生计策略，然后在生计策略的指导下得到不同的生计结果，从而保障自身的可持续发展。我国很多研究人员在研究的过程中，都利用此框架对农户生存以及生产的脆弱性进行了深入的分析。

一个家庭在维持自己生存状态的过程中，为了自身的生计目标会需要一定的生计资本，而生计资本涵盖很多方面，不仅涵盖人力资本以及自然资本，还包括金融资本等。不同的层面所包含的内容都有所差距，而其中只有金融资本可以实现多向的转化，也就是其他的资本可以转化为金融资本，而金融资本也可以转化为其他的资本，与此同时，人力资本是其他资本是否能够良好运用的前提和基础，在一个家庭生计的过程中占据着非常重要的地位和作用。

一个家庭的贫困程度和其生计资本之间存在非常紧密的联系，生计资本所包含的层次和内容构成一个五边形的生计资本结构，而这个结构的构成形态在家庭不同的发展阶段都有不同的变化方式，如图3-2-1所示：

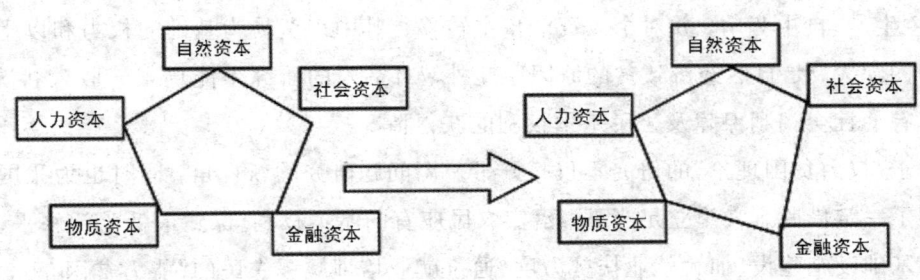

图3-2-1 家庭生计资本变化图

从家庭经济发展的角度出发,一个家庭的生计资本和其农业生产方向有着很大关系,而其农业生产方向的发展以及趋向也影响着一个家庭将会采取怎样的发展方式和策略来维持自己的生计。对于一个家庭来讲,生计策略的主要目的就是保障其生计措施能够得到有效的实施,而策略是随着家庭生计资本的变化而变化的,所以一个家庭的生计策略总体呈现出一个相对动态的形式。对于可持续生计框架来讲,其不仅为解决农村贫困问题以及可持续发展问题提供了一个有效的方向,而且还指出了贫困家庭贫困的原因和影响因素。

3.2.5 循环累积因果理论

著名经济学家缪尔达尔在1957年提出循环累积因果理论。该理论认为社会经济各因素始终处于动态发展变化的状态中且相互影响,某一事物的发展会引发另一事物的变化,后者的变化又反过来影响前者的发展,整个变化趋势向最初事物变化的方向发展并不断循环累加。该理论主要运用于发展中国家欠发达地区经济问题研究当中,主要包括资本人力向发达地区流动的回流效应和资本人力向落后地区流动的扩散效应。在没有外力作用的市场经济环境下,回流效应会大于扩散效应,从而加剧地区经济发展间的不平衡现象,导致强则越强,弱则越弱,富则越富,穷则越穷,优势与劣势之间的差距会越拉越大,形成"地理上的二元经济结构"。

当发展中国家地区之间贫富差距拉大到一定程度之后,发达地区环境拥堵、资源紧张、资金过剩等问题的出现又将缩减外部经济效益,并促使资本、劳动力、技术等向落后地区扩散。因此他主张通过政治权利的介入将资本从发达地区引入落后地区,并利用"扩散效应"减少劳动力外流,从而带动贫困地区收入水平的提高。该理论对于引导发展中国家扶贫工作由救济式扶贫向开发式扶贫转变具有重要的理论指导意义。

3.2.6 权力贫困理论

诺贝尔经济学获奖者阿马蒂亚·森于1976年提出了"权力贫困理论",他认为贫困不只是生存状态的恶化,更在于权力层面的缺失。同时森认为,权力关系体系包括以贸易为基础的权力、以生产为基础的权力、自己劳动的权力以及继承和转移权力,即人们有权利进行自愿交易、自主生产、自主劳动,并对个人资产自主转移。其中以贸易为基础的权力和以生产为基础的权力的缺失,是自然经济致贫的原因。此外,对贫困的研究不能局限于收入状况,还应关注其享有的社会福利保障及公民基本权利的获得情况。

森对于"权力贫困理论"的研究不仅打开了贫困问题研究的新视角,同时也为我国的扶贫工作提供了一定借鉴意义。立足当下,落实农民应有的基本权利、保障最低生活水平、改善生活环境和基础设施建设、加大就业扶贫力度、通过就业培训减缓农民的"能力贫困"等,都是现阶段扶贫工作的应有之义。

3.3 减贫理论

3.3.1 平衡增长减贫理论

发展经济学家纳克斯从"贫困恶性循环论"出发,提出在不发达经济中推动平衡增长战略这一构想。他认为贫困地区人口收入低、消费需求不足,导致市场容量小,降低投资水平且投资结构单一,从而又进一步降低消费能力,限制产业发展,抑制经济增长。因此,一方面需要运用政府力量,通过政治、经济、法律等各方面的措施,引入资本,发展互补型产业,促进地区产业经济的整体发展,从而带动贫困地区人口的收入增长以减缓贫困。另一方面,需要充分发挥企业家创新精神,充分培育市场,通过企业自发的经济行为促进贫困地区的经济发展和贫困减缓。

该理论更多地从计划与市场的角度出发,研究贫困地区产业平衡发展对经济减缓所起的作用和方式,对于发展中国家贫困地区的经济发展具有理论指导意义,同时也对我国扶贫减贫工作起到了一定的借鉴意义。

3.3.2 人力资本减贫理论

20世纪60年代,美国经济学家舒尔茨和贝克尔创立人力资本理论,该理论认为人力资源是一切资源中最主要的资源,其核心是提高人口质量,教育投资是人力投资的主要部分。舒尔茨1965年发表的《投资穷人:经济学家的视角》一文中,便首次提出了贫困经济学的概念,并较早地从人力资本视角提出了发展中国家农业增长和贫困减缓的办法。他将物质资本和人力资本进行区分,并指出提高人口素质对改善贫困人口福利水平的重要性。通过对贫困人口的教育培训,一方面使人力资本与物质资本相匹配,另一方面管理人的思想心理和行为从而充分发挥人的主观能动性。对于发展中国家来说,对贫困人口的人力资本投资同样具有较高的投资回报率,是改造传统经济和减缓贫困的必要举措。

基于该理论,发展中国家在研究自身贫困问题的同时,应该将对人力资本的投资情况纳入思考范围,并借助理论指导,在扶贫工作中,充分发挥人力资本的积极作用,努力实现教育投资、农民增收、经济增长、贫困减缓的良性循环。

3.4 电商发展的相关理论

3.4.1 交易成本理论

英国经济学家罗纳德·哈里·科斯(R.H.Coase)1937年在《论企业的性质》中提出交易成本

理论，该理论围绕交易费用节约问题，分析交易的协调机制。其中，交易成本是包括了信息搜寻成本、谈判成本、缔约成本、监督成本、违约成本等所需付出的总成本，其成因主要来源于交易中交易主体的有限理性和投机主义，交易环境的不确定性与复杂性，以及交易双方的信息不对称性。随着交易频率的升高，为降低交易成本，便会促使企业的形成以及交易的内部化。而随着科技的进步以及互联网、电子商务等信息技术和产品的普及，则会进一步降低市场经济中的交易成本，优化交易渠道，加快信息流通，降低监管难度，从而促进经济的增长。

该理论运用于发展中国家的扶贫工作当中，为产业创新提供理论依据，对贫困地区经济发展起到拉升带动作用，对农村电商扶贫的实践工作具有指导意义。

3.4.2 双边市场理论

双边市场理论是随着电子信息技术与电子商务平台企业的发展而衍生出来的新兴产业经济学理论。Rochet 和 Tirole(2003)首先给出了双边市场的粗略定义：双边或多边市场是一个或几个允许最终用户交易的平台，通过适当的从各方收取费用使双边（或多边）保留在平台上。双边市场也被称为双边网络，是有两个互相提供网络收益的独立用户群体的经济网络。交易双方通过中间平台进行信息的传递并最终实现交易，这种交易往往建立在双方成本最小且利益最大化的基础之上，且买方和卖方的数量规模和平台收益互相影响，存在着市场间的网络外部性。双边市场数量多且形式复杂，新兴的 B2B、B2C、O2O 等电子商务平台、门户网站等，已经与社会生活密切相关。

3.4.3 系统理论

系统理论最早在 1937 年由美籍理论生物学家 L.V.贝塔朗菲提出，在此之后经过不断应用和发展。其基本思想是：系统是将各种要素以特定的形式连接成的具有某种功能的有机整体，具有开放性、复杂性和整体性，各要素之间则存在自组织性和关联性等特征，因此需要以系统的眼光看待研究对象，并厘清各要素的地位作用及相互之间的关系。系统论反映了社会化大生产的特点，也会在动态变化中产生不同的系统应用理论。

从系统论角度出发，农村电子商务同样处于动态发展的系统当中，且各要素之间存在相关性强、关联度高的内在联系与作用机理。对该系统进行分析，才能更好地阐明农村电商发展与贫困减缓的关系及作用途径，这也是本文的分析重点。

3.5 经济增长理论

本研究主要涉及的理论为区域经济理论、欠发达地区经济发展理论、自然资源优势理论和"资源诅咒"理论。

3.5.1 区域经济理论

区域经济理论最早可追溯到1826年德国经济学家杜能，他认为区域差异即距离城市的远近对农作物布局和农业土地的利用方式有直接影响，提出以城市为中心的同心圆环带的农业地带理论，即经济学上所说的"杜能环"。随着区域经济发展的研究不断推进，区域经济理论体系逐渐完善。常见的有不平衡发展理论、梯度转移理论、增长极理论和点轴开发理论等。这些理论重点研究区域经济体的发展规律，对于区域经济的发展有较好的指导性作用。

(1)非平衡发展理论

非平衡发展理论有两个观点，一个是他们认为经济是不平衡发展的，地区之间的发展水平总是有差异的，一般来说，资源禀赋好的地区经济发展得要更好，运用到部门之间则不同产业部门生产效率不同，因此发展水平也存在差异性，因此国家或地区要集中优势资源和资金，优先发展这些发展态势好的产业；非平衡发展理论第二个理论就是关联效应原理，优先发展起来的企业或部门通过关联效应加大与弱势地区的关联，在这种带动下，其他企业也能更快地发展起来。非平衡发展理论建立在两个理论同时满足同时发生的状况下是效果最好的，有较大的可行性。

(2)梯度转移理论

梯度转移理论指的是在一个较大的区域内，不同地区之间的产业转移，往往是由经济发展较好的地区转移到经济欠发达地区，被转移的产业往往是被挤出产业，因为竞争或者环境等因素，这些产业被转移到经济基础较差或者土地租金更低的地区。梯度转移理论与非平衡发展理论有一些类似，都主张要集中有限的资源和资金优势，扶持优势产业的发展，待这些产业发展起来了，带动其他行业发展进步。

有学者提出反梯度转移理论，他们认为，经济发展与梯度高低没有直接的关系，只要某区域具备了必要条件，就能够引进资金和技术，提高劳动生产力，促进经济发展。欠发达地区可以利用自身的一些特色资源和条件，引进外资和技术，直接发展技术密集型产业，实现跳跃性发展。这一理论需要较为明显的资源、区位或政策优势来实现，例如我国改革开放时期的深圳、珠海等沿海城市，利用政策和区位的优势，大力引进外资和技术，实现赶超式发展。因此，该理论普遍适用性不强，缺乏可操作性。

3.5.2 欠发达地区经济发展理论

欠发达地区经济发展理论主要有：工业化理论、农村发展理论和大推动理论。

工业化理论认为，欠发达国家或地区的主要问题是资本积累不足，可利用资本与经济发展所需的资本存在一定的缺口。因此，解决措施就是投入大量的资本发展工业，提高工业生产力，促进经济发展。该理论注重工业发展给地区带来的经济增长作用，经济落后地区要摆脱贫困，就需要资本积累和外来资金的投入，推进工业化进程。该理论对地区经济发展具有一定的指导作用，但是缺乏资本是欠发达地区的重要体现，能否通过一定途径解决资金问题是该理论是否有效的关键所在。

农村发展理论认为过度关注工业发展而忽视农业发展是发展中国家和欠发达地区经济落后的主要原因，农业在这些国家和地区占据主导地位，忽视农业发展导致农业的基础作用削弱，工业化效益得不到提高。农业发展理论立足大农业的角度强调了农业在经济中的重要基石作用，但是发展中国家农业经济效益低，无法在推动经济发展中起到大的作用。

经济学家罗丹提出经济大推动理论。该理论的核心思想是利用最小的投资规模，同步对若干个相互补充的产业部门进行投资，从而创造出互为需要的市场，降低企业生产成本，增加需求，推动区域经济发展。该理论属于平衡发展理论体系，受限于欠发达地区的经济环境，操作性不强。

3.5.3 自然资源优势理论

自然资源是经济增长的物质基础和条件。人类的生存必须依赖于维持生活的物质资料，为了获得这些生活资料，就必须对自然资源进行开发和利用。无论是自然界的现成物，还是经过劳动加工的原材料，归根结底都是取之于可再生资源和不可再生资源（王成，2010）。自然资源是一切劳动资料和劳动对象的源泉，为经济增长提供了必需的物质基础。De Ferrati et al.(2002)的研究发现，美国工业化的成功，很大程度上要归功于国家充分发挥了范围广大的矿产资源的作用。David(1997)发现，在19世纪的下半段和20世纪的上半段里，美国比其他国家更密集地开采其矿产禀赋，而且这种开采的范围非常广。

自然资源优势理论认为，自然资源丰裕度会影响社会劳动生存率，许多资源丰裕的国家，其社会劳动生产率往往都比较高，能有效地促进其经济增长；自然资源的利用能促进技术进步，随着人们对自然资源的开发和利用，对自然资源的依赖度越来越高，自然资源的不可再生性和稀缺性促使人们推进技术进步；自然资源影响产业布局，一个国家和地区的产业结构受制于这个国家和地区的自然资源状况。

3.5.4 "资源诅咒"理论

该理论源于20世纪中期，西方经济学家在研究"新内生增长理论"时发现一些自然资源丰富的国家和地区经济增长速度居然低于其他资源缺乏的国家和地区，这一现象被称为"资源诅咒"。国外大多数学者认为，自然资源如果对其他生产要素产生挤出效果，那么丰富的自然资源就会间接地对经济增长产生消极的影响。著名的传导机制例如"荷兰病"，就是"资源诅咒"理论的真实案例。国内在进入21世纪后才陆续注意到这一现象的出现，学者们分析了几个国内资源大省的经济发展情况，证实了这一理论的作用机制并取得一些新的研究成果。"资源诅咒"一般出现在经济转型期的资源主导产业的地区，但是在一些资源丰富但资源不起主导地位的地区是否存在，还没有明确的研究结论。运用该理论分析资源与经济发展之间的关系能够对地区经济发展作出有效的指导。

综上所述,区域经济理论认为区域发展具有不平衡性,区域内部和区域之间的经济发展水平差异明显,通过发展地区优势产业和产业转移能够有效地促进经济增长;欠发达经济增长理论主张推进工业化进程带动经济的增长,并注重农业发展水平对经济发展的基础性作用,发挥工业和农业在欠发达地区的优势作用,以促进经济的增长。赣南原中央苏区经济增长问题属于区域经济发展的范畴,具有明显的区域不平衡性,区域内特色自然资源对经济的影响作用明显,结合上述理论来研究赣南原中央苏区经济的增长模式问题。

自然资源优势理论和"资源诅咒"理论分别从不同的角度阐述了自然资源与经济增长之间的不同关系。自然资源优势理论认为丰富的自然资源是区域经济增长的物质基础,能有效地促进区域产业的发展,带来丰厚的经济效益。"资源诅咒"理论则认为随着科技的发展和经济水平的提高,自然资源对经济发展的影响逐渐减小,甚至阻碍了一些地区的经济发展。资源与经济之间的关系在不同的发展阶段和不同地区都是不同的,在研究两者的关系时应充分结合两种理论进行分析。

3.6 执行协商与政策满意度的相关理论

3.6.1 执行协商

对于农村地区有关政策的执行协商,更多的是指通过村民自治、协商民主的方式使得农户能够参与到政策的制定过程和执行过程,这有利于切实地保障农户的个人利益,提高农村地区的民主治理水平并维护农村地区的社会稳定发展(吴比,2016)。学术界首次定义"协商民主"是由 Joseph M.Bessette 于 1980 年在其著作《协商民主:共和政府的多数原则》中提出,他呼吁公民参与政治,而非精英主义的宪政统治。随着对"协商民主"概念理解的不断发展,它被分别解释为决策形式的协商民主、治理形式的协商民主以及作为社团或者政府形式的协商民主,并具有多元性、合法性、程序性、公开性、平等性、参与性、责任性和理性等多重属性特征(陈家刚,2005)。本研究在解释"执行协商"强度时将从农户对于移民政策在制定实施过程中征集询问农户意见的工作完成情况进行定义测度。

3.6.2 政策满意度

满意是人的一种感官描述,可被视为某种偏好,满意度则是对这种感官描述程度或者偏好程度的解释,而农户的政策满意度则是对某项政策实施前后的真实反映。生态移民政策的核心是资源要素的重新分配,通过深山移民、易地扶贫搬迁等方式优化移民农户的资源要素,使农户成为政策受益方,改善农户的生活水平。从农户的视角出发,政策满意度反映了农户对移民政策的感知和期望价值。用数学函数的形式可以写作:F(农户对移民政策的满意度)=f(农户对移民政策的感知,农户对移民政策的期望价值)(翁标,2013)。本研究在定义农户的政策满意度时是通过选取农户在移民政策实施后对生活质量变化的主观感受进行衡量的。

3.7 研究框架

本研究具体框架如下:

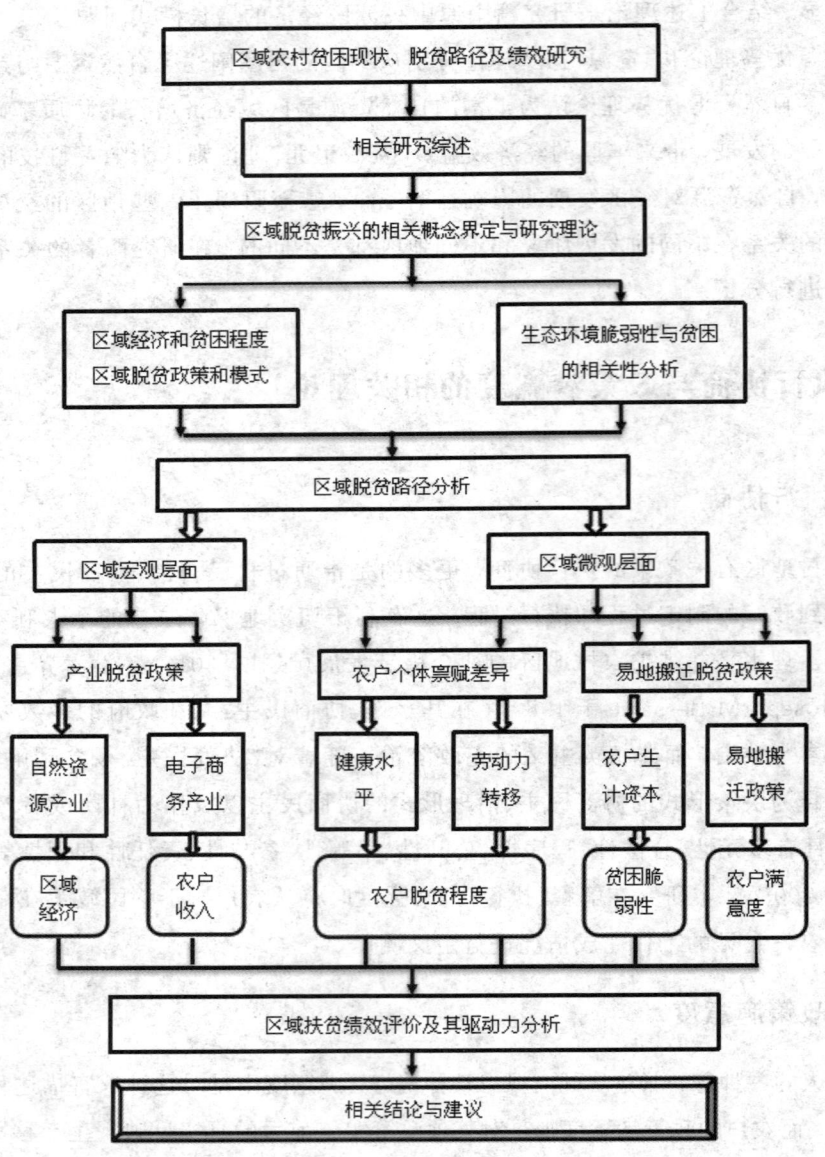

第 4 章

区域农村贫困的现状及扶贫模式

4.1 江西省农村贫困现状

4.1.1 中国贫困县及江西省贫困村的分布现状

2017年初,中央扶贫办在我国中西部地区总共划定了592个国家级贫困县,如图4-1-1所示,其中云南省贫困县数量最多,江西省贫困县共21个,处于全国第13位。到2017年底,江西省共1000个贫困村退出贫困,6个贫困县达到脱贫标准,这6个脱贫县分别为瑞金市、万安县、永新县、上饶县、横峰县和广昌县。据统计,瑞金市贫困发生率已经下降至0.92%,万安县贫困发生率为0.99%,永新县贫困发生率为1.00%,上饶县贫困发生率为1.10%,横峰县贫困发生率为0.84%,广昌县贫困发生率为0.82%,贫困人口和贫困村数量均大幅下降,且低于全国农村贫困发生率水平,脱贫攻坚工作取得一定成效。但与此同时,江西省的贫困问题并未完全解决,目前仍然存在的15个贫困县脱贫问题更加刻不容缓。

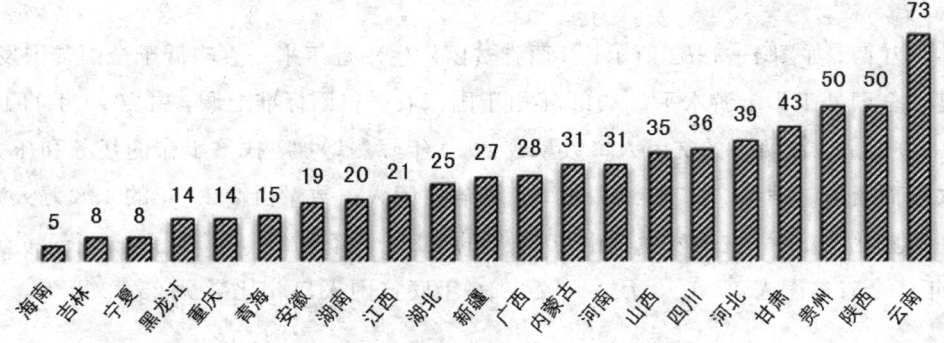

图 4-1-1 2017年全国贫困县数量分布情况(单位:个)

因此,为了进一步聚焦农村贫困问题,深入精准扶贫,江西省出台《江西省大力支持深度贫困村脱贫攻坚实施方案》,筛查确定269个深度贫困村进行重点攻坚,范围覆盖赣南原中央苏区、罗霄山片区及重点贫困县的16.79万贫困人口。这一举措旨在立足贫困地区实际问题,通过明确扶贫攻坚方向、加大政策帮扶力度、项目倾斜和资源整合力度等手段,全面落实深度贫困村帮扶工作,以确保扶贫政策"扶真贫,真扶贫",解决政府扶贫工作中的阶段性问题。

表 4-1-1　　　　　　　　　2017年江西省深度贫困村分布情况　　　　　　　　单位:(个)

城市	区县	深度贫困村	城市	区县	深度贫困村
赣州市	兴国县	36	吉安市	遂川县	8
	于都县	37	上饶市	鄱阳县	3
	宁都县	19		余干县	6
	赣县	19	抚州市	乐安县	3
	会昌县	15	九江市	修水县	21
	寻乌县	9		都昌县	3
	安远县	7	萍乡市	莲花县	3
	上犹县	6	宜春市	万载县	30
	石城县	15		铜鼓县	25
	南康区	4			

4.1.2 江西省农村贫困人口的现状

按照2011年调整后的国家农村贫困标准,即农民人均年收入2300元进行测算,近年来我国的贫困人口每年都在以千万人次的规模递减,在扶贫攻坚的进程中取得了良好成效。截至2017年底,全国贫困人口下降至3046万人,贫困发生率下降为3.1%。其中,东部地区农村贫困人口较上年减少38.8%,中部地区农村贫困人口减少30.2%,西部地区农村贫困人口减少27.4%。

具体到江西,如图4-1-2所示,江西省贫困发生率近年来一直略低于全国贫困发生率,脱贫进度在全国处于中上游水平。2011年由于国家农村贫困标准上调,由2010年的1274元调整为2300元后,江西省的贫困人口数量较2010年骤然增加,扶贫工作的任务和压力则变得更为艰巨而紧迫。截至2017年6月底,江西省贫困人口数量由2011年的438万人减少至90万人,降幅为79.5%;贫困发生率由2011年的9.8%下降至2%,减少了7.8个百分点。截至2017年底全省贫困人口87.75万人,较2016年底贫困人口相比减少25.22万人,下降了22.33%。

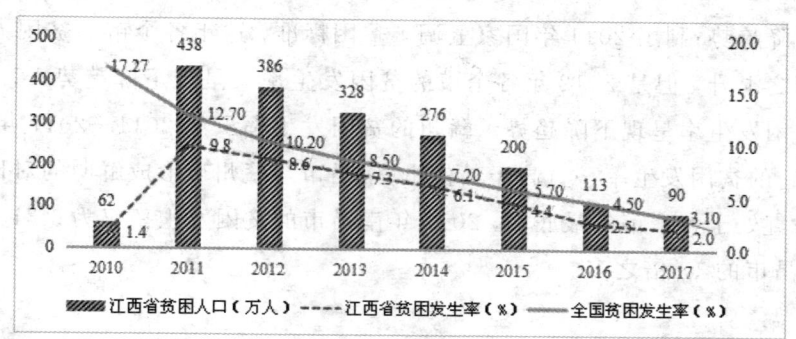

图 4-1-2 江西省 2010—2017 年贫困人口及贫困发生率变化趋势

这些数据的呈现，一方面是作为对过去扶贫工作成效的检验，另一方面则是对接下来的扶贫工作提出更高的要求。贫困依然存在，任务依然艰巨，如何进一步解决剩下90万贫困人口的贫困问题，如何实现2020年全面脱贫的政策目标，显得任重而道远。

江西省有11个地级市，图4-1-3是2017年底江西省贫困人口在各个市的分布情况，从图中不难发现，江西省的贫困人口主要集中在九江、上饶和赣州三个市中，其中赣州的贫困人口最多，占全省贫困人口的39.96%，可见贫困人口之庞大；其中贫困人口最少的市是新余市，其贫困人口为0.89万人，占全省贫困人口的1.01%。

根据图4-1-3，江西省的扶贫重担主要集中在九江、赣州、上饶三个市中，其中可能赣州的扶贫压力最大，如果可以找到解决这三个市的贫困现状高效措施，必将会为江西省打赢脱贫攻坚战奠定坚实的基础。

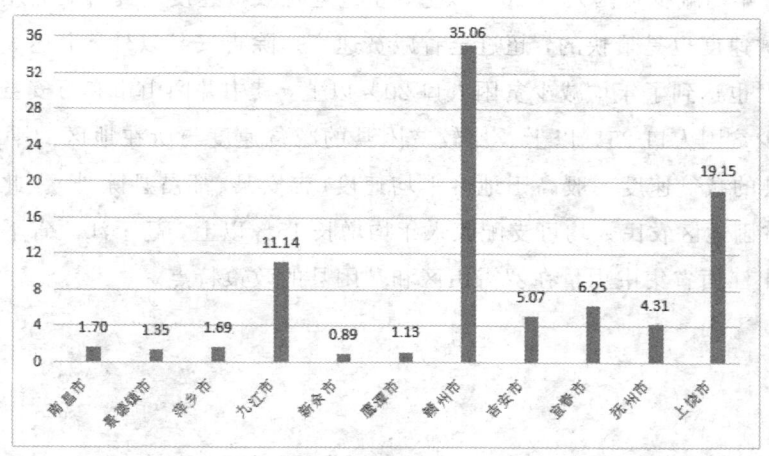

图 4-1-3 江西省 2017 年底各市的贫困人口（单位：万人）

近些年扶贫工作在江西省的有效开展，全省各个市的贫困发生率开始逐渐下降，贫困发生率的变动情况，大致有两个阶段，如图4-1-4所示，在2007—2010年底，全省的贫困发生率呈下降趋势;到了 2011 年国家上调了贫困标准,这年各个市的贫困人口猛增,贫困发生率也随之上升,但是 2012 年各个市的贫困发生率又呈现下降趋势,2011—2017 年底全省各市贫困发生率呈现下降趋势。赣州的贫困发生率虽然 2011—2017 年也呈现下降趋势,但是,它的贫困发生率一直高于其他市;南昌市与赣州市形成鲜明的对比,南昌市的贫困发生率一直处于各个市的最底端,2017 年南昌市的贫困发生率仅为 0.31%,而赣州为 4.06%,是南昌市的 13 倍之多。

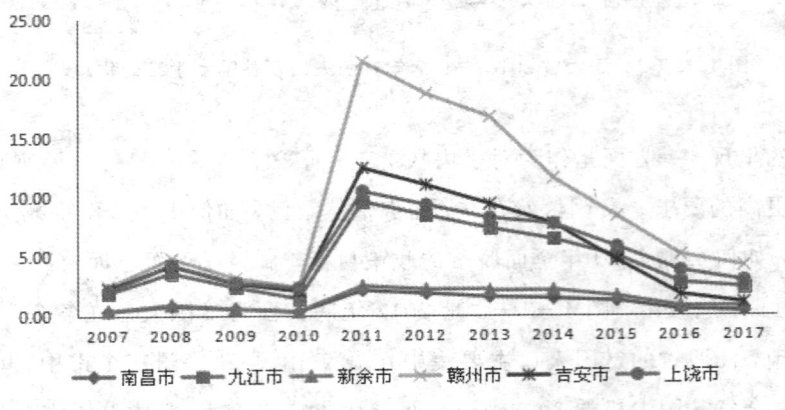

图 4—1—4　江西省各市 2007—2017 年的贫困发生率(单位:%)

其贫困人口分布状况如表 4—1—2 所示。江西省各地区及 21 个国家扶贫重点县和 4 个享受帮扶政策的国家级贫困县[①],在江西省 11 个地区中,吉安市、赣州市和抚州市贫困人口减贫速度最快,年均减少贫困人口 20% 以上,超过全省减贫速度。此外,上述 3 个地区的国定贫困县的减贫速度也是最快的,超过全省减贫速度。除吉安县以外,上述 3 个地区其余贫困县的减贫速度也达到了年均减少贫困人口 20% 以上,其中井冈山市和万安县的减贫速度甚至达到年均减少贫困人口 25% 以上。比较贫困县的减贫速度与所在地区的平均减贫速度可以发现,贫困县的减贫速度一般高于地区平均速度(吉安县、都昌县除外)。此外,"十二五"期间,江西省贫困地区农民人均可支配收入年均增长 15% 以上,高于江西省平均水平 2 个百分点。这体现出江西省集中力量在罗霄山区和贫困县的政策特点。

---

① 江西共有 21 个国家级贫困县,以及 4 个享受国家级贫困县帮扶政策的县。其中,21 个国家级贫困县分别是:莲花县、修水县、赣县、上犹县、安远县、宁都县、于都县、兴国县、会昌县、寻乌县、吉安县、遂川县、万安县、永新县、井冈山市、乐安县、广昌县、上饶县、横峰县、余干县、鄱阳县。17 个罗霄山集中连片特困地区县中 14 个县与国家级贫困县名单重合,3 个未重合的县市区是:石城县、瑞金市和南康市。此外,都昌县虽然不是国家级贫困县和集中连片特殊困难地区,但其享有与国家级贫困县一样的扶贫补助资金与政策优惠。

表 4-1-2　　　　　江西省各地区及贫困县的贫困人口分布状况　　　　　（单位：人）

地 区	2011	2012	2013	2014	2015	年均减少/%
全 省	4380000	3850000	3280000	2760000	1995577	17.61
南昌市	105684	92896	78632	71952	62418	12.30
景德镇市	51554	44016	39500	38239	25405	15.41
萍乡市	90823	74833	69557	64771	50496	13.39
（莲花县）	62684	50099	35629	28781	29636	16.30
九江市	453422	398556	347146	303365	236712	14.90
（修水县）	177781	156269	125880	105924	82944	17.27
（都昌县）	115616	103826	88454	74431	65510	13.21
新余市	28175	24766	23609	24310	18279	9.65
鹰潭市	43278	38041	35765	34714	21391	14.85
赣州市	1791811	1568994	1270049	972085	702400	20.67
（赣 县）	148664	130675	104771	78162	56098	21.39
（上犹县）	79669	70027	55659	39835	28175	22.58
（安远县）	91402	75543	60359	44790	31853	23.03
（宁都县）	209087	183787	143952	104158	74014	22.59
（于都县）	238569	203701	162189	119976	85394	22.46
（兴国县）	181078	159167	129046	98587	70155	20.87
（会昌县）	127154	111768	88665	66608	46928	21.80
（寻乌县）	81855	71950	57298	40914	28819	22.66
（石城县）	81117	72901	58108	38896	27725	23.05
（瑞金市）	153587	136603	109823	80412	57931	21.35
（南康市）	198745	174696	142276	111931	79854	20.16
吉安市	597889	528542	451425	371991	222269	21.01
（吉安县）	78844	66304	56487	50532	33344	18.82
（遂川县）	124014	109008	92869	72146	45226	21.63
（万安县）	72641	63851	54398	33762	20132	26.30
（永新县）	103450	93932	80025	61338	33690	23.11
（井冈山）	31145	28376	24175	15342	7728	27.47
宜春市	213361	188843	185302	180790	149523	8.27
抚州市	316415	278127	238168	189043	126350	20.06
（乐安县）	95250	81724	67436	43746	29571	24.80

续表

地区	2011	2012	2013	2014	2015	年均减少/%
(广昌县)	63732	56020	47726	30160	20190	24.19
上饶市	687588	612386	540462	508740	380334	13.45
(上饶县)	148875	129060	109952	95521	74767	15.74
(横峰县)	42007	31424	26771	24104	18864	17.93
(余干县)	158028	139406	111395	109458	73458	16.63
(鄱阳县)	188100	179839	153213	138924	99414	14.24

数据来源:《江西省统计年鉴(2012—2016)》。

4.1.3 江西省未脱贫县与脱贫县的贫困人口现状

江西省有贫困县25个,截至2018年底,已有8个贫困县通过国家评估顺利实现脱贫摘帽,扶贫工作取得一定成效,但贫困主体依旧庞大,实现2020年全部脱贫的任务任重而道远。现选取未脱贫的三个县(会昌县、赣县、修水县)与已脱贫的三个县(吉安县、万安县、永新县)进行比较分析,结果如图4-1-5所示,截至2017年底,未脱贫的会昌县、赣县及修水县的贫困人口分别为17823人、30676人、41217人;已脱贫的吉安县、万安县、永新县的贫困人口分别为4382人、2614人、4110人;两组数据相比可发现,2017年底修水县的贫困人口是万安县贫困人口的15.77倍之多,未脱贫县的贫困人口数量庞大。

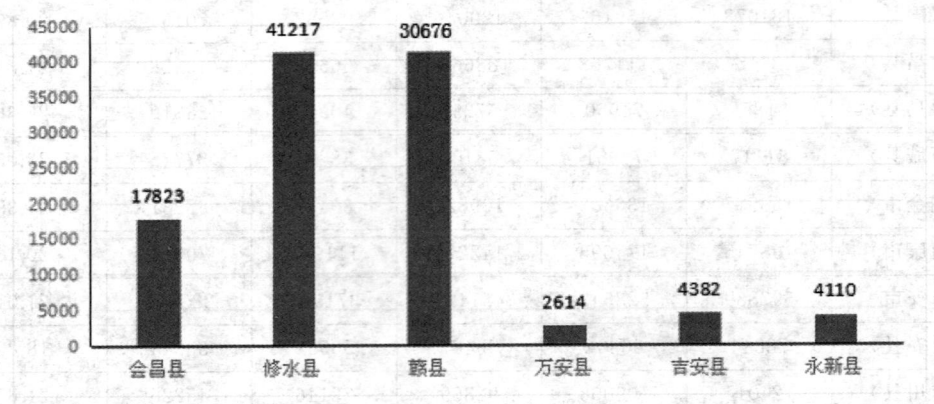

图4-1-5 2017年脱贫县与未脱贫县人口数量图(单位:人)

如表4-1-3所示,2011年由于国家农村贫困标准上调后,江西省各个贫困县的贫困人口数量也随之剧增,扶贫工作的任务则变得更为艰巨而紧迫,还发现2010—2017年底,未脱贫县的贫困人口高于现已脱贫的县,但是在近些年未脱贫县的扶贫工作所取得的成效还是显著的。

表4—1—3　　　　　　　未脱贫县与脱贫县的贫困人口　　　　　　（单位：人）

年份	未脱贫县贫困人口数/人			脱贫县贫困人口数/人		
	会昌县	修水县	赣县	万安县	吉安县	永'县
2010	20671	39337	19108	16676	13444	23008
2011	127154	177781	148664	72641	78844	103450
2012	111768	156269	130675	63851	66304	93932
2013	88665	125880	104771	54398	56487	80025
2014	66608	105924	78162	33762	50532	61338
2015	46928	82944	56098	20132	33344	33690
2016	30535	53852	37180	5974	4914	10051
2017	17823	41217	30676	2614	4382	4110

由图4—1—6所示，2011—2017年底，未脱贫的会昌县、修水县、赣县分别累计脱贫109331人、136564、117988人；已脱贫的万安县、吉安县、永新县分别累计脱贫70027人、74462人、99340人；由这些数据不难得出未脱贫县贫困人口下降速度高于已脱贫县，至今未脱贫的原因可能是贫困群体太庞大，所以在现有扶贫工作的基础上再追加投入，相信在未来1到2年内定会脱贫摘帽。

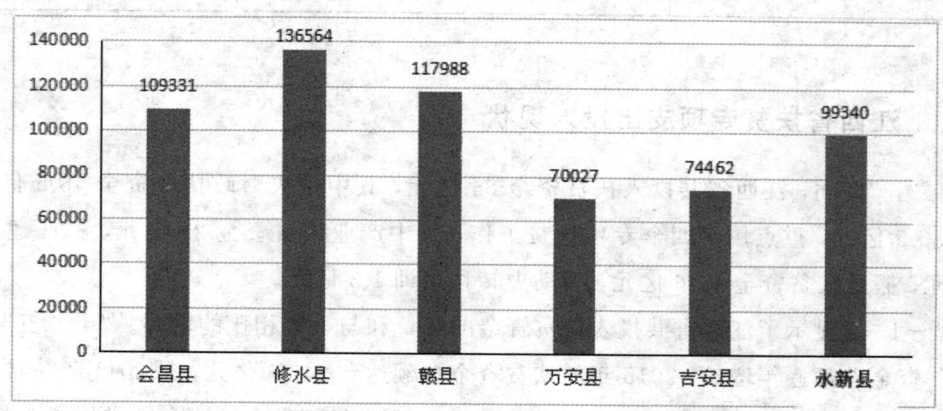

图4—1—6　2011—2017年未脱贫县与脱贫县累计贫困人口减少数（单位：人）

如表4—1—4所示，从贫困发生率的方面来看，早在2016年底吉安县、万安县、永新县的贫困发生率就已经达到退出贫困县的标准（贫困县退出标准中贫困发生率需要低于3%），分别为0.94%、1.88%、1.89%，而至2017年底，会昌县、赣县、修水县，贫困发生率依旧高于3%，且从表4—1—4中还可以观察到，三个未脱贫县的贫困发生率2010—2017年底普遍高于三个已脱贫的贫困县，因此脱贫任务还十分艰巨。在面对这些已经脱贫的县，我们应该继续采取行之有效的措施。同时在扶贫的工作中,我们要善于从贫困县脱贫的过程中学习到一定的经验,将这些经验应用到接下来的扶贫工作中,加快扶贫步伐,提高扶贫力度,帮助江西省乃至全国的贫困县早日脱贫。

表 4-1-4　　　　　2007—2017年未脱贫县与脱贫县的贫困发生率　　　　　(单位:%)

年份	未脱贫县贫困发生率			脱贫县贫困发生率		
	会昌县	修水县	赣县	万安县	吉安县	永新县
2007	3.15	3.32	2.86	3.47	2.17	3.31
2008	6.72	7.91	5.14	8.3	4.72	7.60
2009	4.35	5.12	3.26	5.88	3.03	4.94
2010	4.13	4.81	3.1	5.5	2.84	4.59
2011	25.06	21.37	23.92	23.83	16.37	20.11
2012	21.85	18.43	20.9	20.86	13.13	18.16
2013	17.13	14.92	16.92	17.77	11.39	15.53
2014	12.64	12.25	12.18	10.72	9.85	11.69
2015	8.92	9.53	8.67	6.35	6.47	6.38
2016	5.77	6.12	5.7	1.88	0.94	1.89
2017	3.38	4.67	4.7	0.82	0.84	0.77

4.1.4 江西省扶贫专项支出投入现状

"十二五"期间,江西省共投入扶贫资金84亿元,其中中央财政扶贫资金48.5亿元,省级配套35.5亿元,重点用于四个专项扶贫工作,其中产业扶贫资金27亿元,村庄建设资金23.5亿元,搬迁扶贫资金14.6亿元,劳动力转移培训1.3亿元。

表4-1-5显示了江西省共投入扶贫资金的数量和与上年相比的增幅。"十二五"期间江西省扶贫资金总额逐年增长,2015年的扶贫资金总额达到24.76亿元,是2011年扶贫资金总额的3倍。其中中央财政扶贫资金增长了94.93%,而省级配套专项资金则增长了6.9倍,其中2012年省级财政配套专项资金就增长了2.77倍。因此,到2015年省级扶贫配套资金已经基本与中央财政扶贫资金持平,足可见江西省是将精准脱贫作为最重要的民生工程来抓的。

表4-1-5　　　　　　　　　　　　江西省扶贫资金投入　　　　　　　　　　　（单位：亿元）

年份	扶贫资金总额	增幅/%	中央财政扶贫资金	增幅/%	省级财政配套专项资金	增幅/%
2011	8.03	22.10	6.51	23.93	1.53	14.88
2012	14.28	77.83	8.5	30.57	5.78	277.78
2013	16.75	17.30	9.87	16.12	6.88	19.03
2014	20.13	20.18	11	11.45	9.13	32.70
2015	24.76	23.00	12.69	15.36	12.09	32.42
2016	—	—	23.80	60.90		
2017	53.06		26.44	15.10	26.62	52.8

2017年，江西省继续加大脱贫攻坚财政投入力度，共计投入专项扶贫资金29.7亿元人民币，如表4-1-5所示，其中中央财政扶贫资金26.44亿元，省级财政扶贫资金26.62亿元，较上年共增长52.8%。专项扶贫资金主要运用于各地市农村贫困地区的村庄整治、产业发展、定点帮扶、培训等项目，其中赣州分配扶贫资金占比最大，占全省的32.28%。具体资金分配明细见表4-1-6：

表4-1-6　　　　　　　　2017年江西省财政专项扶贫资金分配表　　　　　　　　（单位：万元）

区域	中央资金			省级资金						合计
	村庄整治	产业发展	因素法	产业发展	统计监测	培训	定点帮扶	省级资产性收益试点	因素法	
全省	68000	10000	96948	83000	2360	620	2770	2000	31300	296998
南昌	1260	1550	2928	0	54	16	0	0	946	6754
景德镇	360	650	1546	0	50	8	0	0	500	3081
萍乡	2460	580	2950	4000	72	23	0	0	952	10975
九江	7900	2580	10926	4000	225	62	0	0	3530	28992
新余	340	70	1049	2000	31	8	0	0	339	3815
鹰潭	320	80	1302	2000	46	8	0	0	421	4149
赣州	22380	0	32499	29000	457	128	1600	0	10491	95868
宜春	1740	2190	7044	2000	148	28	0	0	2274	15275
上饶	12960	1740	17073	11000	250	83	0	0	5508	48253
吉安	13220	0	12316	18000	266	89	1050	2000	3977	50657
抚州	5060	560	7315	11000	166	47	120	0	2362	26476

数据来源：江西省扶贫办。

综上所示，截至2017年底，江西省贫困人口规模依然较大，贫困县及深度贫困村脱贫任务依然严峻,结合新时期的新要求,紧跟新阶段的新政策,利用新时代的新技术,充分挖掘贫困地区经济增长潜力,由救济式扶贫向开发式扶贫转变,是江西省扶贫攻坚工作最后阶段的必然选择。

4.2 赣南原中央苏区经济发展现状:以江西省13个苏区县为例

赣南原中央苏区(以下简称苏区)是比较特殊的经济区域,从所选取的江西省内13个苏区县经济数据来看,赣南原中央苏区经济发展水平低,人口多,地域广,经济基础落后于江西省及全国其他地区。截至2016年,赣南原中央苏区年末总人口为607万,财政总收入突破140亿元大关,达到144.12亿元,同年全省年末总人口为4592万,总财政收入达到3123亿元,全国年末总人口为138271万人,全国总财政收入达到159604.97亿元。赣南原中央苏区人口占江西省总人口的13.2%,占全国总人口的0.43%;赣南原中央苏区的总财政收入分别占江西省及全国的4.6%、0.09%;人均GDP和同年江西省及全国人均GDP水平分别为18990元、40283元和53817元,人均GDP是江西省的47.1%,占全国的35.3%。

4.2.1 国民经济增长

2016年,赣南原中央苏区经济继续保持了健康、快速发展的良好势头,综合实力进一步增强,崛起的态势已经显现。全年赣南原中央苏区地区生产总值达到1287亿元,单从统计数据来看,占全省的份额虽较之上年的7.02%下降了0.07个百分点,但占全国的份额在上年提升0.003个百分点的基础上,再次提升0.001个百分点,与全国的比较来说,赣南原中央苏区的发展几乎与江西省和全国同步,其中第一产业251.8亿元,第二产业533.3亿元,第三产业501.3亿元,分别占全省份额的13.2%、6%和6.5%。

社会整体GDP可衡量一个地区社会生产能力的大小,2016年苏区13个县的GDP如图4-2-1所示:

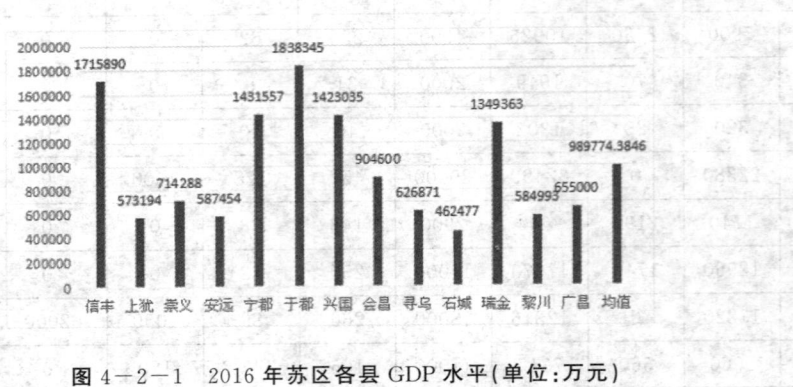

图4-2-1 2016年苏区各县GDP水平(单位:万元)

从图4-2-1中我们可以看出,2016年赣南原中央苏区各县的GDP水平最高的是于都的1838345万元，最低的是石城的462477万元，两者相差较大，这表明苏区各县社会生产能力差距较大；13个县平均GDP水平为989774.3846万元，其中有8个县的GDP低于平均水平，这进一步表明赣南原中央苏区内部各县的经济生产能力存在较大的差距。

赣南原中央苏区GDP总数由2007年的388.45亿元增长到2016年的1286.77亿元，同期江西省GDP由5800.25亿元增长到18499亿元，全国GDP由270232.3亿元增长到744127.2亿元，三者GDP都是呈上升趋势，这表明赣南原中央苏区和江西省及全国的社会生产能力都在不断提高。

2016年，在赣南原中央苏区13个县区经济同步快速运行中，人均GDP经济增长基本保持在9.2%~13.9%的区间，平均增速(11.1%)均高于同期全省10%和全国7.4%的平均水平，详见图4－2－2。其中增长最快的石城县(14.5%)与最慢的宁都(9.1%)相差了5.4个百分点，比上年缩小了14.3个百分点，充分说明2016年以来，赣南原中央苏区13个县的发展协调性也在进一步加强。

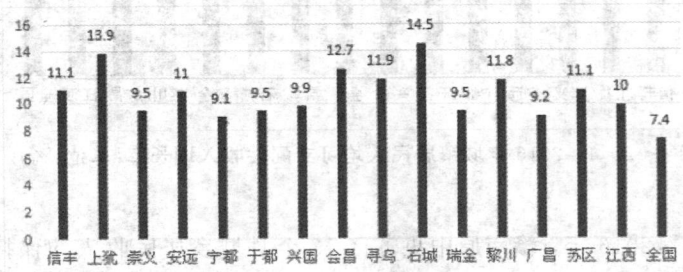

图4－2－2　2016年苏区县人均GDP增长率（单位：%）

从人均GDP增长率变化来看，2007—2008年，赣南原中央苏区的人均GDP增长率与江西省几乎持平，略大于全国。2009—2010年是人均GDP增长率由平稳增长到平稳下降的过渡期，从2010年开始，赣南原中央苏区的人均GDP逐年下降，但其增长率都高于同期江西省的人均GDP增长率，而与全国相比，除2010年、2011年、2015年外赣南原中央苏区人均GDP增长率要高于全国平均水平，其他年份赣南原中央苏区要高于全国。从变化趋势来看，全国的人均GDP增长率变化较大，其次是苏区，江西省的相对较为平稳，详见图4－2－3。

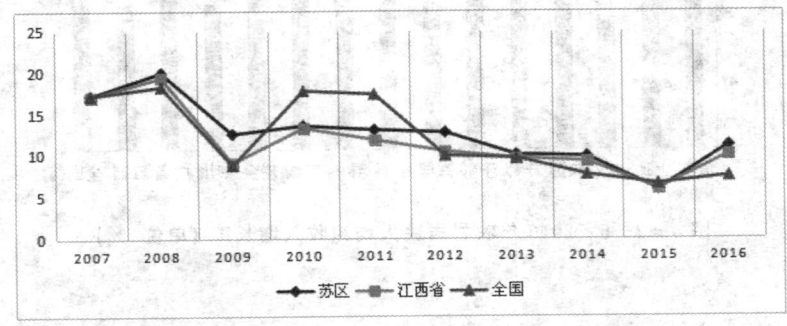

图4－2－3　2007—2016年苏区、江西省、全国人均GDP增长率变化（单位：%）

4.2.2 财政收入和城乡居民收入

从财政收入来看:2016 年,赣南原中央苏区实现一般预算收入 149.64 亿元,比上年增加 7.04 亿元,增长 4.94%,高于同期全省(3.35%)和全国(4.82%)的平均水平。按可比口径来算,赣南原中央苏区 13 个县的一般预算收入增速均超过 2 个百分点,其中广昌县的增速达到 16 个百分点,详见图 4-2-4,财政收入的稳步增长,为赣南原中央苏区发展提供了经济保障。

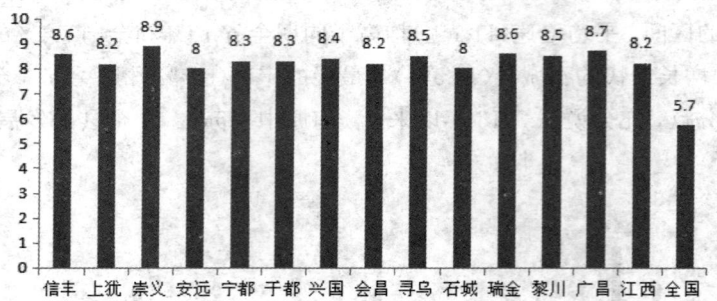

图 4-2-4 2016 年城镇居民人均可支配性收入增长率(单位:%)

从城乡收入来看:2016 年,赣南原中央苏区 13 个县城乡居民收入均保持较快增长趋势,城镇居民可支配收入均超过 20000 元;农村居民可支配收入除石城县外都超过 8000 元,其中最高的是黎川,达到了 11779 元;从增速来看,赣南原中央苏区 13 个县城镇居民收入增幅在 8%~9%之间,均超过全国 5.7%的平均水平,其中,只有两个县的增幅为 8%,略低于江西省 8.2%的平均水平;除黎川之外,其他 12 个县的农村居民人均纯收入均高于江西 9.1%的平均水平,广昌县农村居民人均纯收入增幅超过全国 14.8%的平均水平,详见图 4-2-5。

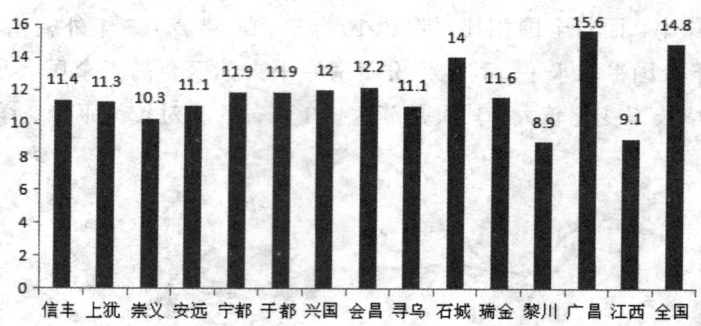

图 4-2-5 2016 年农村居民人均纯收入增长率(单位:%)

4.2.3 产业结构

产业结构是指一个地区各产业之间以及各产业内部的构成。社会生产部门一般分为三大产业部门：农业、工业和服务业。经济总体中三产业所占的比例的不同代表该地区的经济发展水平的高低。一国或地区经济发展重点或中心从第一产业向第二和第三产业逐步转移的过程标志着该国家或地区经济发展水平的高低和发展阶段。苏区县近10年的经济产值逐步增长，以第二产业为主体，第一产业增长速度缓慢，发展较平稳；第二、第三产业发展较快，尤其是第三产业，增长速度居三产业之首，这与江西省以及全国的发展动态以及发展战略是吻合的。

2016年，赣南原中央苏区、江西省、全国第二产业占总产值的比值分别为：41.5%、47.7%、39.8%。第二产业继续保持主体地位，这表明赣南原中央苏区县的经济发展重心放在工业，尤其是制造业上。第三产业的迅速发展、第一和第二产业占比逐渐降低表明苏区经济结构在不断优化，不断推进工业化和现代化进程。

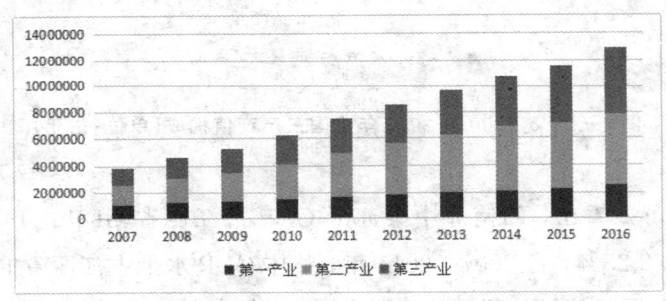

图4－2－6　2007—2016年苏区产值构成（单位：亿元）

如图4－2－6所示，从2007年到2016年，赣南原中央苏区第一产业平均产值从82961万元增长到193695万元，增长了约233倍，增长率为133.5%，同一时期，江西第一产业产值由905.77亿元增长到1904.53亿元，增长了约210倍，增长率达到110.3%，而从全国来看，第一产业产值的增幅更为客观，由2007年的27788亿元增长到2016年的63670.7亿元，增长了129倍多，增长率高达196%，第一产业产值增幅：江西省＜赣南原中央苏区＜全国。

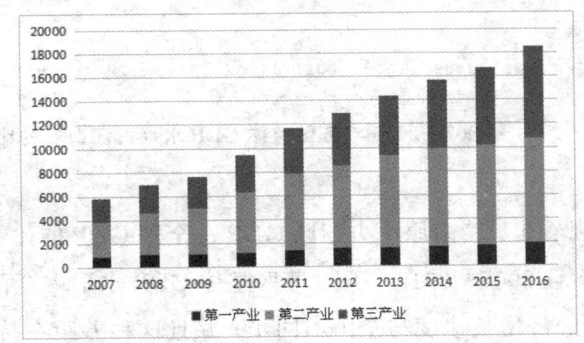

图4－2－7　2007—2016年江西省三产产值构成（单位：亿元）

赣南原中央苏区第二产业平均产值从112938万元增长到410265万元,增长了263%,同一时期江西省和全国的增长率分别为196%、134%,详见图4-2-7。可见,苏区第二产业产值增幅＞江西省＞全国;第三产业平均产值从102910万元增长到385608万元,增长了275%,江西省第三产业产值增长率达到305%,而全国增长率则达到238%,第三产业增幅:全国＜赣南原中央苏区＜江西省。

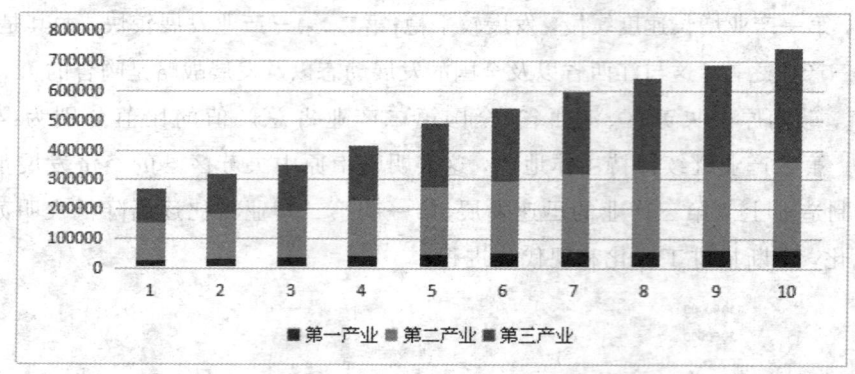

图4-2-8 2007—2016年全国三产产值构成(单位:亿元)

从图4-2-9可以看出,赣南原中央苏区GDP占江西省GDP的比例由2007年的6.70%降到2016年的2.28%,且2007—2014年,整体GDP水平占江西省的比例的增幅很小,这表明赣南原中央苏区经济增长速度与江西省同步,但在2015年打破了这种同步的状态,其的发展速度还有待加快。

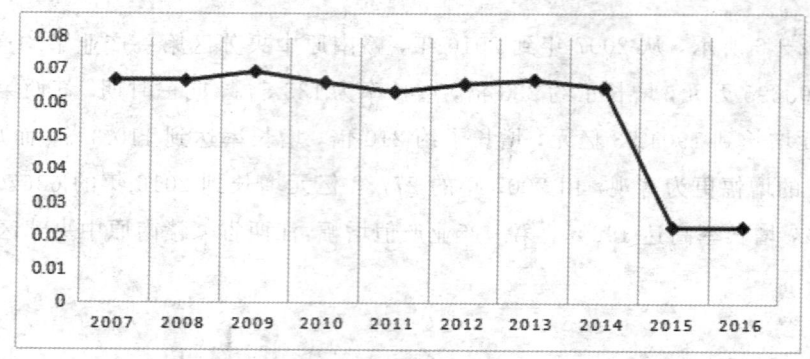

图4-2-9 2007—2016年苏区整体GDP水平占江西省的比例

从图4-2-10可以看出,赣南原中央苏区GDP占全国GDP的比例由2007年的0.14%降到2016年的0.04%,且2007—2016年间,苏区整体GDP水平占全国的比例的持续下降,这表明赣南原中央苏区经济增长速度与全国不同步,并且这种差距在持续拉大,其的发展还有待进一步提速。

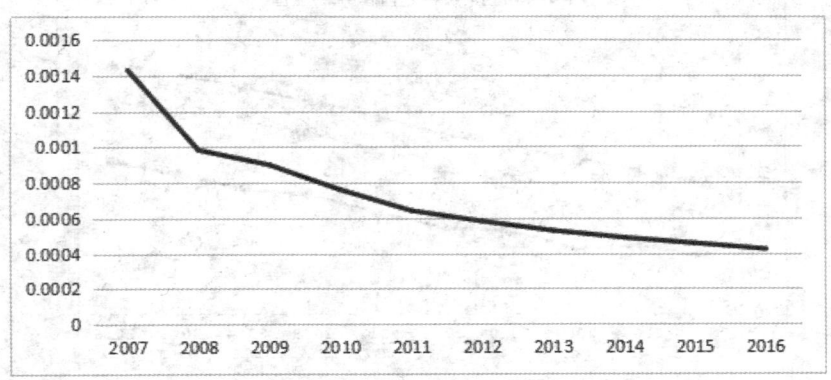

图4－2－10　2007—2016年苏区整体GDP水平占全国的比例

4.2.4 基础设施

地区医疗卫生水平的高低对该地区的生活质量有影响，落后的医疗卫生条件会降低人们的生活质量，增加生活成本，阻碍经济的发展，而较完善的医疗卫生系统则为人们的健康和经济的发展提供更有力的保障。本文对赣南原中央苏区每万人拥有的医院病床位数这一指标进行统计，测度各苏区县的医疗卫生水平的高低。由图4－2－11、图4－2－12中可以看出，2016年13个苏区县每万人拥有医院病床位数有较大差距，其中信丰每万人拥有41.6张床位，而同年广昌每万人仅拥有17.57张床位，这反映在医疗卫生水平上各县之间存在较大差距，还可以发现苏区13个县的每万人床位数均低于全省和全国的平均水平，赣南原中央苏区的医疗卫生建设还有待加强；与此同时，从增速的角度来看，赣南原中央苏区一直紧跟全省以及全国的增长势头，差距正在逐渐缩小。

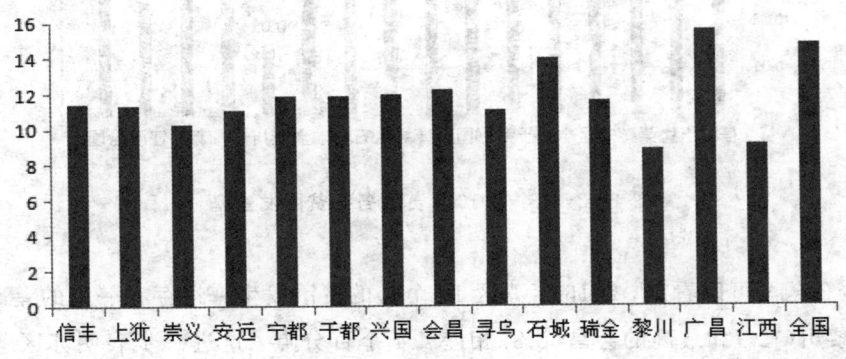

图4－2－11　2016年苏区各县每万人床位数(单位：个)

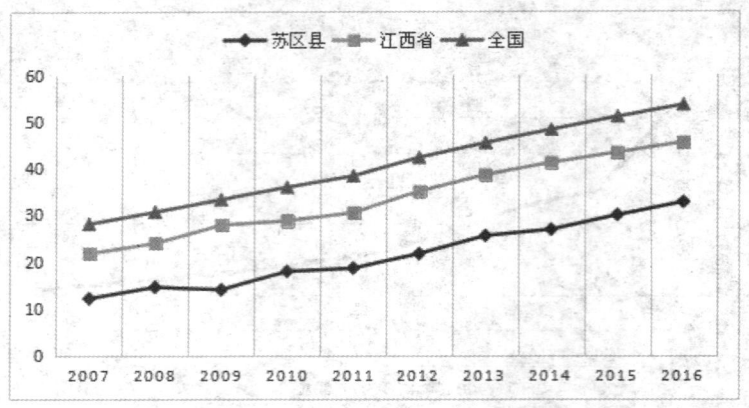

图 4—2—12　2007—2016 年苏区、江西、全国万人床位数（单位：个）

4.2.5 贫困发生率

消除贫困是当今世界面临的最大全球性挑战，也是发展中国家的重要任务。新中国成立以来，特别是改革开放以来，中国在消除农村贫困问题上获得了很大的成就，中央苏区社会经济发展也取得了巨大成绩。但是，由于苏区贫困人口基数较大，底子薄，基础设施薄弱等因素的影响，进入 21 世纪以后，赣南原中央苏区是国家和省级扶贫开发重点县最为集中的区域之一，属于集中连片的特别困难地区，赣南原中央苏区整体贫困程度尽管与江西省平均水平相比具有一定的差距，但呈现出整体下降的趋势。

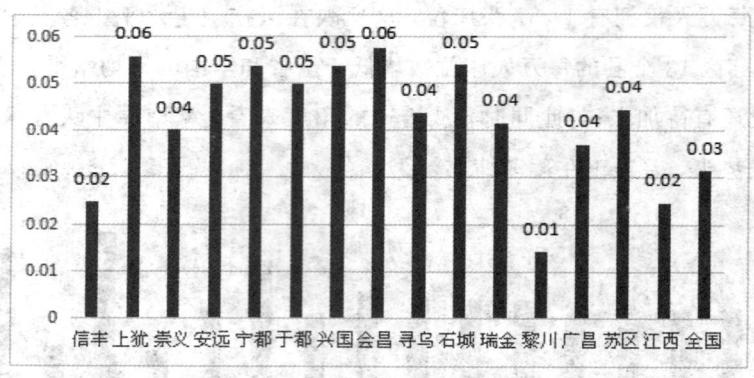

图 4—2—13　2016 年苏区各县贫困发生率

由图 4—2—13 可以看出，2016 年苏区 13 个县的贫困发生率还存在一定的差距，贫困发生率最低的黎川(1.4)和最高的会昌(5.8)相差 4.4 个百分点，这进一步表明苏区各县的贫困程度存在较大差异；13 个苏区县中只有黎川县的贫困发生率低于江西和全国的平均水平，苏区县的脱贫攻坚工作还有待加强。

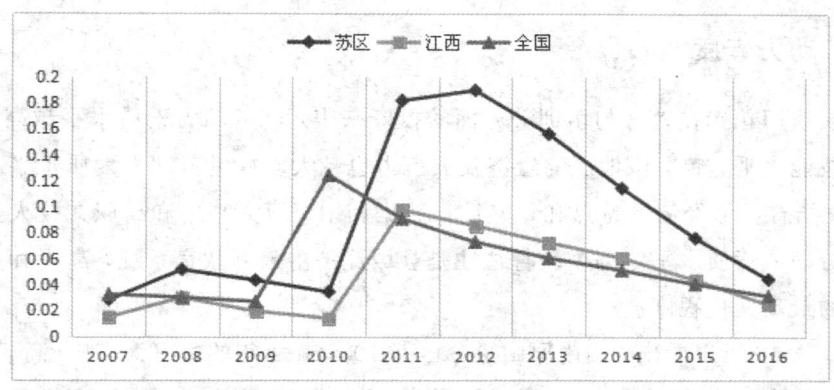

图 4-2-14 2007—2016 年苏区、江西省、全国贫困发生率变化图

从 2007—2016 年的贫困发生率趋势图图 4-2-14 可以看出,苏区以及江西省和全国的贫困发生率都是呈现先上升后下降的趋势,苏区的贫困发生率在 2012 年达到峰值(0.1896),随后持续下降,到了 2016 年已经降到了 0.004,并且有继续下降的趋势;同时可以看出,江西省的贫困发生率从 2007 年的 0.015 上升到 2011 年的 0.098,2011 年是江西省贫困发生率最高的年份,随后,其贫困状况一直在改善,贫困发生率持续下降,2016 年江西省的贫困发生率降到了 0.024,并持续保持下降趋势;从全国来看,除了 2010—2011 年贫困发生率较高外,其他年份的贫困发生率都比较稳定,整体呈平稳下降趋势。

4.2.6 人均储蓄

居民人均储蓄反映收入水平和该地区潜在的投资水平。如图 4-2-15 所示,对比 13 个县的人均居民储蓄余额与江西省平均水平,2010—2014 年,江西省和苏区人均居民储蓄余额均有增长,江西省由 13746 元/人增长到 23809 元/人,增长了 73%,苏区由 8288 元/人增长到 14478 元/人,增长了 75%,这表明赣南原中央苏区人均储蓄与江西省平均水平相比还有较大差距,但增长较稳定。赣南原中央苏区人均收入水平较低,导致储蓄水平低于其他地区。

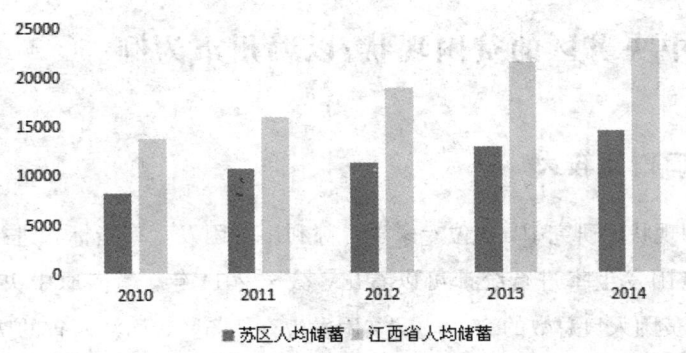

图 4-2-15 2010—2014 年居民人均储蓄余额(单位:元)

4.2.7 劳动力素质

劳动力素质用花费在教育与培训等方面的投资来表示,劳动力素质水平越高,人们的受教育程度和技能水平越高,该地区的经济发展潜力也越大。衡量劳动力素质水平高低的指标有很多,本文结合县域经济的特点和年鉴统计数据利用每万人高中和高职在校人数这一指标测度地区的劳动力素质水平。高中教育往往是县域经济中最高教育系统,高中和高职在校人数反映县域的最高文化程度。

由图 4-2-16 可以看出,赣南原中央苏区 2010—2014 年的每万人高中(高职)在校人数接近江西省平均水平,2013 年,两者的差距最小。从时间序列上来看,江西省和赣南原中央苏区从 2010 年至 2014 年呈先增后降的趋势,这一现象是受人口代际影响形成的,反映在劳动力素质水平的高低变化上有一定的影响。通过江西省平均水平与原中央苏区每万人高中(高职)在校人数的比较可以看出赣南原中央苏区重视教育,在农村普遍认为"读书是唯一的出路",人们在教育方面的投资比较大,因此赣南原中央苏区的劳动力素质水平与江西省平均水平差距较小,发展潜力较大。

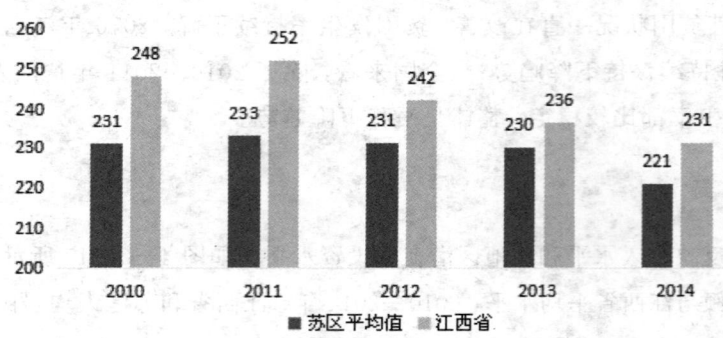

图 4-2-16 每万人高中(高职)在校人数

4.3 赣南原中央苏区的贫困现状:以赣州市为例

4.3.1 贫困人口占比较大

在关于区域贫困现状的研究中,各位专家学者都利用贫困发生率指标来进行表示,通过对赣南原中央苏区农村贫困发生率进行统计可以看出,截至 2014 年,赣南原中央苏区贫困人口为 212056 人,占江西省贫困人口总数的 29.86%,贫困发生率 2.65%。而江西省的贫困发生率则仅为 1.3%。该统计数据表明赣南原中央苏区贫困发生率是江西省的 2 倍以上。因此,通过以上的数据可以看出,赣南原中央苏区依然是江西省贫困地区。其具体的统计数据如图 4-3-1 所示:

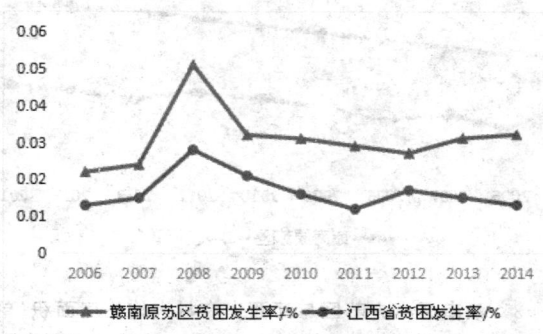

图 4-3-1　赣南原中央苏区与江西省贫困发生率对比

4.3.2 农村生活质量相对较低

(1)农村居民与人均收入情况

2014年赣南原中央苏区农村居民家庭人均纯收入达到了7786元,比2006年提高了11.9%。但是从江西全省的情况来看,江西农村居民家庭人均纯收入为11021元,显然存在一定的差距。通过对赣南原中央苏区与江西省农村人均收入情况进行分析可以看出,人均收入差距也在明显地扩大,其中从2006年差距1304元,发展到2014年差距3235元,说明赣南原中央苏区与江西省农村人均收入差距在明显地扩大。

由2006—2014年的统计数据进行统计,得到的统计数据如图4-3-2所示:

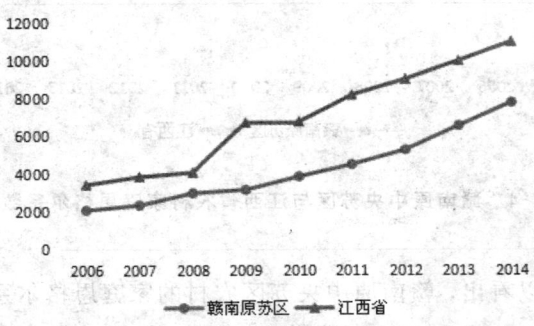

图 4-3-2　赣南原中央苏区与江西省农村家庭人均收入情况对比

通过统计数据可以看出,赣南原中央苏区农村居民家庭人均纯收入一直低于江西省的水平,说明该地区人民生活质量相对较低,收入不足现象明显,导致了居民贫困的发生。

(2)人均住房面积情况

从住房面积上来看,通过分析得到统计数据如图4-3-3所示:

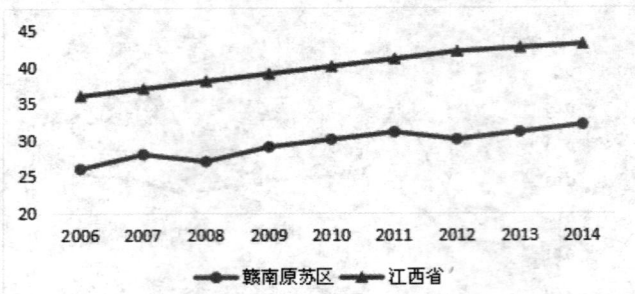

图 4-3-3　赣南原中央苏区与江西省农村人均住房面积(单位:m²)

通过图 4-3-3 可知,2014 年赣南原中央苏区农村人均居住面积达到了 32.63 m²,与江西省的 43.02 m² 依然存在较大的差距。虽然多年来该指标都有所增长,但是增幅并不明显,说明近年来赣南原中央苏区农村居住条件尚未得到根本性的改变。

(3)恩格尔系数情况

恩格尔系数是衡量居民生活富裕水平的重要指标,并且得到了国内外专家学者的广泛公认。从农村居民家庭恩格尔系数来看,得到统计数据如图 4-3-4 所示:

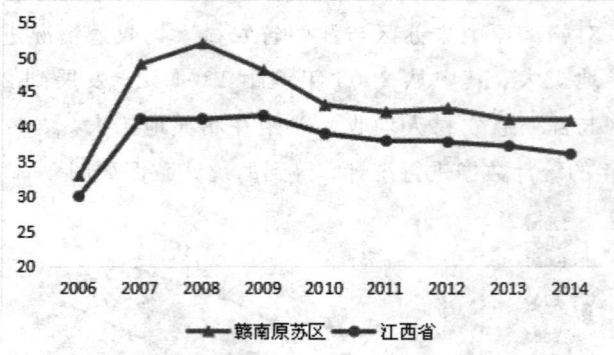

图 4-3-4　赣南原中央苏区与江西省农村家庭恩格尔系数情况对比

通过图 4-3-4 可以看出,赣南原中央苏区农村的家庭恩格尔系数高于江西省水平。其中 2014 年赣南原中央苏区农村的家庭恩格尔系数为 41.25,比 2013 年下降了 0.83。说明在赣南原中央苏区农村家庭中,家庭的必要生活支出依然占有较大的比例,可自由支配的资金不足,生活质量相对较低。

4.3.3 经济结构层次偏低

从产业分布情况看,由赣南原中央苏区农村实际情况得到统计数据如图 4-3-5 所示:

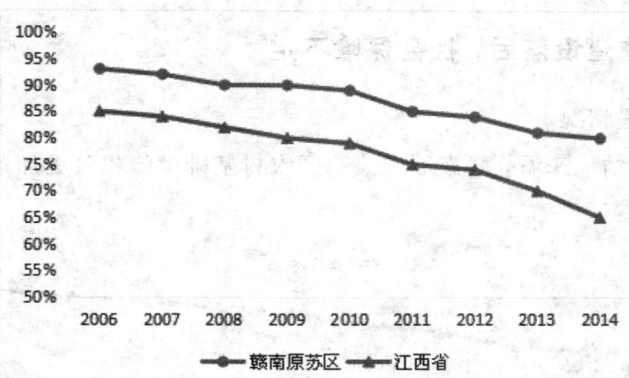

图 4—3—5　赣南原中央苏区与江西省第一产业比重情况对比

通过图4—3—5可以看出,赣南原中央苏区第一产业明显高于江西省平均水平。说明苏区主要还是以农业为主,经济增长主要是依靠第二产业的带动。而从赣南原中央苏区总体情况来看,第一产业占比过大,第二产业结构比例偏低的现状严重地限制了当地经济的发展,使得该地区的产业结构失衡严重。

4.3.4 生产要素不足,科技水平较低

从生产要素情况来看,赣南原中央苏区农村生产要素相对不足。首先从农业机械动力指标进行分析,得到统计数据如图4—3—6所示:

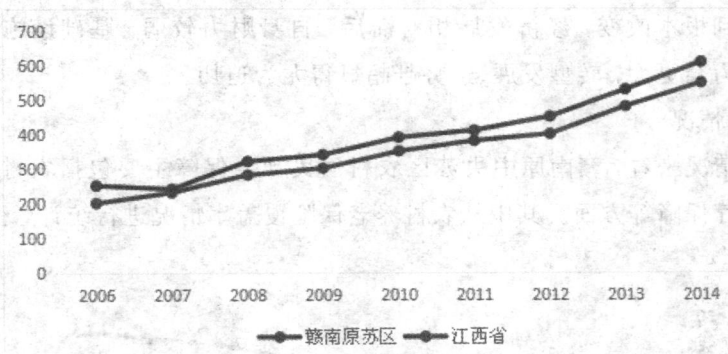

图 4—3—6　赣南原中央苏区与江西省农村农业机械动力情况对比(单位:万 kW)

2014年赣南原中央苏区农村农业机械动力已经达到了502.56万 kW。比2010年383.5万 kW,提高了22.4%。但是与江西省农村平均水平相比,依然处于落后的态势。2014年江西省农村平均农业机械动力达到了532.6万 kW,比赣南原中央苏区农村高出30.04万 kW。并且从农村用电量、有效灌溉面积以及化肥施用量等指标来看,赣南原中央苏区农村依然落后江西省平均水平。

4.3.5 基础设施建设落后,社会保障不足

(1)基础设施建设情况

从基础设施建设情况来看,赣南原中央苏区农村基础设施相对更加落后。其具体统计数据如图 4-3-7 所示:

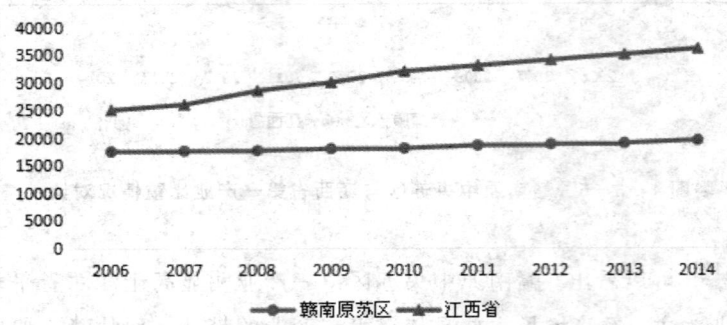

图 4-3-7　赣南原中央苏区与江西省农村境内公路里程数对比情况(单位:公里)

通过统计数据可以看出,赣南原中央苏区的农村境内公路里程明显低于江西省农村的平均水平。其中从发展速度上来看,发展速度也明显落后于江西省农村的平均水平。说明该地区的基础设施建设相对比较薄弱,由于长时期存在的交通网络单一、没有较强带动力的支柱产业和支撑社会发展的经济基础薄弱等种种因素,虽然经过多年的扶贫,但相对贫困落后的面貌仍然没有得到根本改变,经济发展相对滞后,自身财力较弱,基础设施建设更加落后。因而经济发展压力会更大,转型发展、逆势赶超显得尤为迫切。

(2)社会保障情况

从社会保障情况来看,赣南原中央苏区农村居民社会保障主要包括农村养老保险、最低生活保障以及医疗保障等方面。其中从农村养老保险覆盖率情况进行统计,得到统计数据如图 4-3-8 所示:

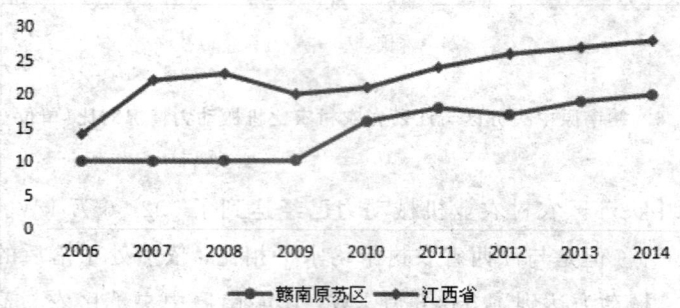

图 4-3-8　赣南原中央苏区与江西省农村养老保险覆盖率情况对比(单位:%)

通过统计数据可以看出，2009年以前，赣南原中央苏区农村居民养老保障参保率相对较低，维持在10%左右。在2010年国家开始推行农村居民养老保障后，该指标得到了明显的提高，出现了2010年以后快速增长的态势，但是即使增幅明显，依然没有超过江西省农村居民的平均水平。截至2014年赣南原中央苏区农村居民养老保障参保率为20.74%。低于全省30.12%平均水平。

（3）赣南原中央苏区农村居民最低生活保障情况

赣南原中央苏区农村居民最低生活保障情况统计数据如图4－3－9所示：

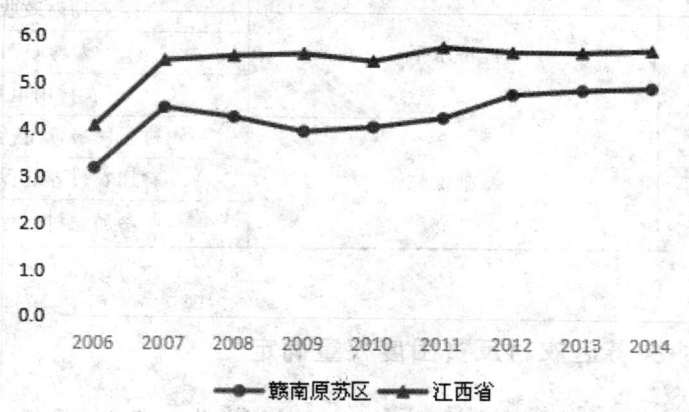

图4－3－9　赣南原中央苏区与江西省农村居民最低生活保障情况对比

从最低保障情况来看，江西省的农村居民最低生活保障覆盖率要高于赣南原中央苏区农村居民。截至2015年，赣南原中央苏区农村居民最低生活保障覆盖率为5.2%，江西省该指标则为5.88%，说明赣南原中央苏区农村居民最低生活保障覆盖率落后于全省平均水平。

4.4 赣南原中央苏区农村多维贫困的测量：基于反贫困指标体系

4.4.1 基于层次分析法的苏区农村反贫困程度测量

关于赣南原中央苏区农村反贫困程度测量的方法很多，在本文的研究过程中，利用反贫困体系建构层次分析法的方式对贫困程度进行测量。首先构建评价赣南原中央苏区农村反贫困程度的指标体系，然后用专家打分的方法确定各个指标的权重，在对数据进行标准化之后，把数据代入指标体系进行计算，得到赣南原中央苏区农村反贫困程度结果。

根据以往专家的研究成果，本研究农村反贫困程度衡量指标体系设计从生活质量、经济水平、基础保障三方面进行了构建，其具体构农村反贫困程度测量指标体系如表4－4－1所示：

表 4-4-1　　　　　　　　　农村反贫困评价指标体系

	一级指标	二级指标
贫困测度指标体系	生活质量	农民人均收入水平
		人均居住面积
		恩格尔系数
		自来水收益
		通网络
	经济水平	人均财政收入
		人均GDP
		农村用电量
	基础保障	农村居民最低生活保障人数
		参加农村养老保险人数
		参加农村医疗人数

4.4.2 赣南原中央苏区农村反贫困度权重确定

权重的确定本文参考王金营、李竞博(2014)的方法。首先，确定评价集={极度贫困，高度贫困，中度贫困，较低贫困，低贫困}，值设为：={5, 4, 3, 2, 1}。

其次，确定评价指标的权重分配为确定权重，首先要设定各因素的贫困度。对赣南原中央苏区农村贫困因素进行模糊综合评价，在贫困度设定后，运用层次分析法确定权重。以下公式数值都是运用 Matlab 进行计算得到的，主因素层的值由本人设定，具体企业根据自身情况须聘请专家更科学灵活地调整设定，子因素层贫困值则是本人根据参考资料设定。数据计算结果如表 4-4-2 所示：

表 4-4-2　　　　　　赣南原中央苏区农村反贫困度判断矩阵

	生活质量	经济水平	基础保障
生活质量	1	3	2
经济水平	1/3	1	3
基础保障	1/2	1/3	1

计算上表便可得出相应贫困的重要度数值。如表 4-4-3 所示：

表 4-4-3　　　赣南原中央苏区农村反贫困度三个维度判断矩阵计算结果

绩效评价	生活质量	经济水平	基础保障	权重 Wi	Awi	Awi/Wi	CI	CR=CI/RI
生活质量	1	1.38	2.84	0.44	1.52	4.12	0.03	0.03
经济水平	0.6	1	3.63	0.36	1.45	4.13		
基础保障	0.37	0.31	1	0.11	0.43	4.11		

为了保证准确，需要和贫困因素的原始重要度进行一致性校验。BW＝(0.2785，0.8101，1.0758，1.9535，1.5044，0.5186)T，λmax＝6.1149，CI＝0.0230，RI＝1.2400，CR＝0.0185＜0.10 符合一致性检验。

用同样方法处理子因素层，将各级评价因素及其权重分配、模糊评价矩阵拟合如表 4-4-4 所示：

表 4-4-4　　　　　　　　　贫困测量各指标权重

一级指标	一级指标权重	二级指标	二级指标权重
生活质量	0.45	农民人均收入水平	0.328
		人均居住面积	0.256
		恩格尔系数	0.205
		自来水收益	0.119
		通网络	0.092
经济水平	0.34	人均财政收入	0.326
		人均 GDP	0.408
		农村用电量	0.266
基础保障	0.21	农村居民最低生活保障人数	0.417
		参加农村养老保险人数	0.227
		参加农村医疗人数	0.334

4.4.3 整体反贫困度测算

首先以 2014 年数据进行计算，通过层次分析法得到了各个指标的权重，利用江西省平均水平作为标准值，利用赣南原中央苏区(简称为苏区)作为实际值进行测算，得到赣南原中央苏区各个维度的反贫困情况。

(1)农村反贫困生活质量维度测量

根据前面的指标规范，然后依照每个指标的权重，就可以计算得出生活质量的分数值为：0.7691，计算步骤及结果如表 4-4-5 所示。

在上文的数据处理中，由于家庭恩格尔系数是反向变量，即数值越大表示越贫困，因此我们选取了反向比较的方式来衡量。通过综合评价可以看出，在生活质量方面，赣南原中央苏区与江西省平均水平相比滞后 0.8691，远远落后于标准水平。

表4-4-5　　　　　　　农村反贫困生活质量维度测量评分

维度	维度权重	关键绩效指标	权重	江西	苏区	得分	综合得分
生活质量	0.45	农民人均收入水平	0.328	11021	6774	0.706	0.8691
		人均居住面积	0.256	43.02	31.69	0.758	
		恩格尔系数	0.205	40.85	59.46	0.95	
		自来水受益	0.119	97.51	95.28	0.662	
		通网络	0.092	66233	59390	0.663	

(2)农村反贫困经济水平维度测量

根据前面的指标规范,然后依照每个指标的权重,就可以计算得出经济水平的分数值为:0.6436。计算步骤及结果如表4-4-6所示:

表4-4-6　　　　　　　农村反贫困经济水平程度

维度	维度权重	关键绩效指标	权重	江西	苏区	得分	综合得分
经济水平	0.34	人均财政收入	0.326	2385	2182	0.871	0.8436
		人均GDP	0.408	26895	16068	0.502	
		农村用电量	0.266	16273	5923	0.654	

通过统计数据可以看出,在赣南原中央苏区农村经济水平方面,赣南原中央苏区仅是江西省平均水平的0.8436,落后于标准水平。赣南原中央苏区农村贫困现象明显,其中人均GDP差距最为显著,其次是农村用电量情况也比较突出。说明当地的经济水平相对比较落后,农村用电量不足,严重地影响了赣南原中央苏区农村经济的发展,导致了居民贫困的现状。

(3)农村反贫困基础保障维度测量

根据前面的指标规范,然后依照每个指标的权重,就可以计算得出基础保障的分数值为:0.7623,计算步骤及结果如表4-4-7所示。

通过以上的分析可以看出,在赣南原中央苏区农村基础保障方面,赣南原中央苏区与江西省平均水平相比滞后0.9913,落后于江西省农村标准水平。首先在基础设施建设方面落后最为明显,其次养老保险覆盖率方面也落后显著,说明赣南原中央苏区农村居民养老保险覆盖率不足。使得老年人由于缺乏养老保险等保障体系导致生活困难。

表4-4-7　　　　　　　农村反贫困基础保障程度

维度	维度权重	关键绩效指标	权重	江西	苏区	得分	综合得分
基础保障	0.21	农村居民最低生活保障人数	0.417	588921	238256	0.884	0.9913
		参加农村养老保险人数	0.227	2387494	1076601	0.689	
		参加农村医疗人数	0.334	9875562	5172943	0.957	

(4)农村整体反贫困度测算结果

综上所述,根据每个层次的得分,加上权重计算,我们可以得知赣南原中央苏区农村整体贫困的评价体系的评分情况:

赣南原中央苏区农村反贫困程度＝生活质量×0.45＋经济水平×0.34＋基础设施建设×0.21＝0.7691×0.45＋0.6436×0.34＋0.7623×0.21＝0.8861

我们可以从上述得分情况看出,与江西省平均水平相比,赣南原中央苏区农村反贫困程度为0.8861。与该地区平均水平具有显著的差距,说明赣南原中央苏区农村处于贫困的困境中。需要进一步发展和完善。

按照以上分析方法,本部分分别计算出赣南原中央苏区整体贫困度的测算结果如表4－4－8所示:

表4－4－8　　　　　　　**赣南原中央苏区2006—2014年整体贫困度**

年度	生活质量维度	经济水平维度	基础保障维度	整体贫困度
2006	0.7691	0.6436	0.7623	0.7250
2008	0.7916	0.6917	0.7983	0.7590
2010	0.8302	0.721	0.8127	0.7894
2012	0.8762	0.7765	0.8903	0.8453
2014	0.9123	0.8293	0.9219	0.8861

根据表4－4－8中的分析结果可知,赣南原中央苏区整体贫困度尽管与江西省平均水平相比具有一定的差距,但呈现出整体下降的趋势,从生活质量维度、经济水平维度、基础保障维度的计算结果可以看出,在2014年,赣南原中央苏区各贫困维度的值分别为0.9123、0.8293、0.9219,但在2006年则分别为0.7691、0.6436、0.7623,整体贫困度也由2014年的0.7250上升到了0.8861。

4.4.4 赣南原中央苏区各县农村反贫困度测算

按照整体反贫困度的计算方法,本文计算出赣南原中央苏区各县反贫困度,具体如表4－4－9所示。

表4－4－9　　　　　　　**赣南原中央苏区各县反贫困度**

序号	县(市)	2006	2008	2010	2012	2014	反贫困程度
1	于都	0.7323	0.7802	0.7797	0.8712	0.8144	特别贫困
2	会昌	0.7252	0.7639	0.7773	0.884	0.8242	
3	黎川	0.7349	0.7709	0.7742	0.8492	0.8397	
4	兴国	0.7332	0.7667	0.7672	0.86	0.8479	

续表

5	瑞金	0.7128	0.7782	0.7683	0.8133	0.8548	
6	石城	0.7139	0.781	0.779	0.8608	0.8565	比较贫困
7	宁都	0.7293	0.7758	0.775	0.8172	0.8595	
8	寻乌	0.714	0.7728	0.779	0.8105	0.8612	
9	上犹	0.7178	0.7647	0.7756	0.8121	0.875	
10	信丰	0.7338	0.7803	0.7738	0.8107	0.8758	
11	安远	0.7254	0.7797	0.7658	0.8246	0.882	相对富裕
12	崇义	0.7278	0.767	0.7639	0.8334	0.8862	
13	广昌	0.7141	0.7793	0.7647	0.8144	0.8864	
	总计	0.7242	0.7739	0.7726	0.8355	0.8587	—

从表 4—4—9 中可以看出，赣南原中央苏区各县反贫困度在横向与纵向对比中具有显著差异，在横向的对比中，以 2014 年数据为例，于都、会昌、黎川三县的农村反贫困度分别为 0.8144、0.8242、0.8397，与赣南原中央苏区整体农村反贫困度 0.8587 相比尚有一段差距，可知，以三县为代表的各县区处于特别贫困状态，以此为标准，可以将赣南 13 个县划分为三种程度的贫困地区：(1)特别贫困的县区，主要是指农村反贫困度低于 0.8500 的县区，包括于都、兴国、黎川、会昌等 4 个县，此 4 县农村受经济水平和生活质量、基础保障的影响，处于特别贫困状态；(2)中等贫困的县区，在赣南 13 个县中，农村贫困度与省农村贫困度相当的县区有瑞金、石城、宁都、寻乌 4 县，这些县区的农村反贫困度高于 0.8500、稍低于 0.8700，代表了赣南原中央苏区的整体贫困水平；(3)相对富裕的县区，主要包括上犹、信丰、安远、崇义、广昌 5 县，此 5 县经济水平、生活质量与基础保障尽管与江西省平均水平尚有一段差距，但在赣南原中央苏区中属于相对较好的县区。2014 年具体各县区农村反贫困度排名如表 4—4—10 所示：

表 4—4—10　　　　　　　　各县区反贫困程度测算结果

县区	反贫困度	排名
于都	0.8144	1
会昌	0.8242	2
黎川	0.8397	3
兴国	0.8479	4
瑞金	0.8548	5
石城	0.8565	6
宁都	0.8595	7
寻乌	0.8612	8
上犹	0.8750	9
信丰	0.8758	10

续表

安远	0.8820	11
崇义	0.8862	12
广昌	0.8864	13

以纵向的对比分析，赣南原中央苏区13个县贫困度也呈现出不同的变化趋势，由于各县区的基础资源与工业条件、发展机遇有所不同，因此其呈现出的贫困度变化也有许多差异。以会昌、于都、黎川三县为例，其在2006—2008年这一阶段的发展中，农村贫困度出现了逆向波动的状况，即农村贫困度没有跟随地区整体贫困度下降，反而出现了上升的情况，同时根据以上分析结果，三地均属于赣南13个县中特别贫困地区，这与当地的经济水平、生活质量密切相关。从其他县区的农村贫困度计算结果可以看出，基本上保持了随着时间的推进，社会经济的发展变化，人们的生活质量和基础保障稳步提升，使得农村贫困度呈现出稳步下降的趋势。

4.5 赣南原中央苏区整体脱贫政策、典型模式及产业脱贫案例

4.5.1 江西省脱贫攻坚模式

"十二五"期间，江西省在专项扶贫方面取得了较好的减贫成绩，逐步形成了担保贷款产业扶贫到户、村庄整治建设、扶贫移民搬迁、"雨露计划"培训的脱贫工作"江西品牌"。

(1) 产业扶贫

江西省各地区因地制宜地选择特色产业，将贫困农户融入产业发展中，通过产业的发展提高农户收入。产业扶贫资金方面，江西省不断加大产业扶持力度。2011年安排扶贫项目贷款贴息资金和扶贫到户贷款贴息资金2050万元；2012年开始落实安排原中央苏区和特困片区产业扶贫资金，总投资达到20.05亿元，其中扶贫产业专项资金3.8亿元；2013年安排下达2050万元扶贫贷款贴息资金；2014年落实安排原中央苏区和特困片区产业扶贫资金5.8亿元，安排非原中央苏区和特困片区县贫困村产业扶贫资金0.72亿元；2015年共安排产业扶贫资金11.25亿元，其中25个贫困县每县每年新增安排1000万元共2.5亿元产业扶贫资金，对58个县以外的贫困村和贫困户新增每年安排1亿元产业扶贫资金。在产业扶贫模式方面，江西省开始探索"四位一体"产业扶贫模式，即扶持贫困村选择一个主导产业、组建一个农民合作社、设立一个风险补偿金、建立一个部门帮扶机制。2015年江西省部署了33个试点县，平均每个县选取10个试点村，每个村安排20万元风险补偿金，共安排风险补偿金7460万元，支持农户3200户，发放贷款13145.55万元。2017年底，全省投入产业扶贫的资金达523.6亿元，培育4.8万个农业新型经营主体，特色种养业带动贫困户63.6万户210万人，预计户均增收3900元；建设贫困村电商站点2463个，帮助4.9万户14.92万人销售农产品，户均增收3000元；通过旅游扶贫带动贫困户2.91万户9.37万人；建成光伏扶贫电站规模119万千

瓦,受益贫困村(含"十二五"贫困村)3766个、贫困户24.5万户。

(2)村庄整治建设

江西省将整村扶贫开发与新农村建设有效结合,在3400个贫困村中累计安排了7825个省级新农村建设点和3243个市县新农村建设点,安排贫困村村庄整治建设财政扶贫资金26.7亿元,整合新农村建设财政资金28.9亿元。使贫困村的基础设施建设大幅提高,贫困农户生活质量显著提升。由表4-5-1可知,江西省贫困县和全国贫困县平均水平的基础设施状况。在"十二五"期末,江西省的贫困线在通电、通电话、通电视、通宽带、主干道路硬化以及畜禽集中饲养等方面均高于全国贫困县的平均水平,在通客运班车方面,虽然2014年江西省贫困县的比重略低于全国平均水平,但经过一年的努力,在2015年就超过了全国平均水平。但仍值得注意的是,江西省贫困线在饮用水的净化处理方面仍然低于全国平均水平,2014年饮用水经过集中净化处理的自然村比重为29%,低于全国34.3%;2015年使用经过净化处理自来水的户比重为23.3%,低于全国36.5%。可见,在饮用水安全方面江西省还有待加强政策的支持力度。实际上,2014年江西省水利厅就印发《关于开展水利扶贫推进贫困村农村安全饮水全覆盖和优先安排贫困村农村小型水利项目工作的通知》,从政策上保障贫困村安全饮水问题的改善。2017年,省市县三级共安排37.9亿元财政专项资金,用于2017年计划退出贫困村整治建设,是历年来各级财政投入最多的一年;全面完成国家下达的2017年度农村危房改造任务8.02万户,改造数量居全国第六位。全省7755个省级贫困村组共完成改路1.6万余千米,修建排水沟1.2万千米,改水26.9万户,改厕26.9万户,新建或改造办公议事、文体休闲、医疗卫生、教育培训等设施4600个;全省58个原中央苏区县修建通25户及以上自然村公路4784千米,惠及5165个自然村88万人,解决了33.99万农村人口饮水安全问题,贫困地区生产生活条件得到极大改善,公共服务水平有效提升。

表4-5-1　　　　　　　　国家扶贫重点县基础设施状况　　　　　　　(单位:%)

比重	2014		2015	
	江西	全国	江西	全国
通电的自然村比重	99.9	99.5	99.9	99.7
通电话的自然村比重	97.8	95	97.8	97.7
通有线电视信号的自然村比重	89.4	74.6		
通宽带的自然村比重	58.3	46.9	66.9	55
主干道路面经过硬化处理的自然村比重	73.4	63.5	79.2	72
通客运班车的自然村比重	41.4	42	48.6	46.8
饮用水经过集中净化处理的自然村比重	29	34.3		
拥有畜禽集中饲养区的村比重	29.3	27.2		
使用经过净化处理自来水的户比重			23.3	36.5

数据来源:中国国际扶贫中心网站:http://www.iprcc.org.cn/。

(3) 移民搬迁扶贫

易地扶贫搬迁的目的主要是将居住在深山、荒漠化、地方病多发等生存环境差、不具备基本发展条件，以及生态环境脆弱、限制或禁止开发地区的农村建档立卡贫困人口搬迁至条件较好的地方居住，并帮助其解决就业、就医、就学等各种困难，让其在新的居住地实现脱贫致富。也是保护生态环境、实施生态补偿的重要方式之一。"十二五"期间，江西省按照"整体搬得出、长期稳得住、逐步富得起"的目标，共转移 34 万人搬迁至城区、中心镇和中心村。为了改善深山区农户的生活条件、保护库区的生态环境，江西省实施移民搬迁工程，2013 年起，江西省开始在修水县、武宁县和遂川县试点搬迁移民扶贫进城镇进园区，确立"以县为基本单位和平台，以县城为龙头，实行县、乡镇、村三级联动"的基本框架，实施"移民原有权益不伤害，现有权益可增加，未来权益可预期"的基本政策，坚持"政府主导、农民主体、市场运作、社会帮扶"的基本原则，整合农村危旧房改造、保障性住房建设等多项补助政策，建设进城进园安置精品小区，如"良瑞社区"等，让搬迁移民得到实惠。2015 年江西投入 2.78 亿元搬迁移民扶贫 106073 人，其中深山区搬迁移民扶贫计划 90374 人、以工代赈易地搬迁移民 11700 人、生态移民 3999 人。深山区搬迁移民扶贫计划中，建设集中安置点 257 个，其中进城进园安置点 22 个、进城进园安置 37773 人、集镇安置 35964 人、中心村安置 16637 人。2015 年全省下达搬迁移民扶贫资金 27781.6 万元，其中深山区搬迁移民（不含进城进园安置移民）补助预拨资金 25265.65 万元、2014 年深山区搬迁移民差别化补助资金 1916.1 万元和生态移民补助资金 599.85 万元。资金均已足额拨付至各地财政专户。截至 2015 年 10 月底，江西省深山区搬迁移民扶贫安置点开工 256 个，开工率 99.6%；在建房 74056 人（含竣工入住人数），占总计划数的 81.9%。

(4) "雨露计划"培训

"十二五"期间，江西省全面推进"雨露计划"实施方式改革转型，由以往由扶贫办直接举办培训班的方式，改为采取凭证补助。只要贫困户拿到了相关结业证、培训证或职业技能证书，就可以申请一定的补助资金。2011 年完成培训 34599 人，完成年计划的 103.5%，转移就业人数为 17651 人，转移就业率为 93.21%。2012 年完成培训 36513 人，完成计划的 102.83%，劳动力转移就业率达到 97.9%。2013 年完成培训 44548 人，完成计划的 102.31%，转移就业率 95.72%。2014 年计划培训 5 万人，其中建档立卡贫困户培训人数占总人数比例为 60.6%。2015 年完成培训 48125 人，其中转移就业技能培训 23900 人。

为进一步深入了解"十二五"期间江西省扶贫开发的实践模式，本课题组于 2016 年 4 月至 9 月赴修水县、石城县、瑞金市、广昌县、井冈山市、遂川县、吉安县、永丰县以及兴国县等地调研，将各地的脱贫攻坚模式总结为以下 8 类 16 种（见表 4-5-2）。

表 4-5-2　　　　　　　　江西省脱贫攻坚模式的总结

扶贫模式		做法	优势	关键问题
产业脱贫	龙头＋脱贫模式	公司＋贫困户、合作社＋贫困户、基地＋贫困户等	龙头企业和贫困户互利双赢	龙头的选择
	绿色＋脱贫模式	绿色种养、绿色品牌	产业发展与绿色生态有效地结合	绿色产业的选择
	旅游＋脱贫模式	乡村旅游观光、生态采摘、农家乐等	产业的优化整合	旅游产品开发创新
	电商＋脱贫模式	通过电子商务进行本地农特产品的销售	零门槛	乡村物流覆盖率低
	光伏＋脱贫模式	通过光伏设备发电卖电增加收入	既扩大光伏发电市场，又促进贫困人口稳定增收	光伏设备的质量问题
	科技＋脱贫模式	对接产业扶贫组织实用技术培训	助推了贫困县特色产业升级发展，提高了农民脱贫致富能力	服务体系不全，农户素质不高
	金融＋脱贫模式	金融信贷支持、财政资金奖补、工商资本引入	解决其他脱贫模式的资金缺口	资金的整合和监管
就业脱贫		就业援助、就业培训、鼓励创业	提升扶贫对象就业创业能力	激发贫困人口的内在发展动力
搬迁脱贫	大规模集中安置	县城安置、集镇安置、中心村安置、集中供养安置、兜底住房安置	移民脱贫与城镇化工业化同步进行	移民搬迁后的生计问题
	就近小规模安置	就近安置	改善移民的生产生活条件	移民搬迁后的生计问题
教育脱贫	营养餐模式	通过营养餐，融合教育脱贫与产业脱贫	企业降低了成本、学校减轻了压力、贫困户实现了增收	食品安全
	薄改模式	以推进"薄改"项目为推手，改善农村贫困地区学校办学基本条件	确保贫困家庭受教育子女就学有供给保障	人文精神上的关怀
健康脱贫		提高医疗水平、优化医保政策、完善制度建设	切实减轻贫困人口医疗负担	构建多层次治理体系
生态保护＋脱贫		生态保护与脱贫结合	生态保护与脱贫攻坚的双赢	贫困农户是否受益
农村低保＋脱贫		农村低保对象与扶贫对象的对比衔接	贫困人口应保尽保	扶贫标准和低保标准"两线分离"
党建＋脱贫		党建工作与扶贫工作有效衔接	凝聚民心，聚集全党全社会力量	扶贫干部选派的精准化

4.5.2 赣南原中央苏区整体脱贫典型模式

(1) 财政扶贫模式

财政扶贫为扶贫攻坚的排头兵,也代表政府扶贫攻坚的方向和决心,任何一种扶贫模式都离不开财政扶贫资金的支持。2012年《关于支持赣南等原中央苏区振兴发展的若干意见》进一步强调要加大中央财政均衡性转移支付力度,加大中央财政的财力补助,加大中央预算内投资和专项建设资金投入,取消县及县以下和集中连片特殊困难地区市级资金配套,加大扶贫资金投入。2013年,中央和地方财政扶贫资金开始向赣南等原中央苏区和特困片区县倾斜,中央预算内投资48亿元,加上江西省财政安排发展资金5.3亿元、统筹资金50亿元投入赣南原中央苏区县和特困片区县。2016年,江西省财政拨付财政专项扶贫资金37.84亿元,其中,9.3亿元用于赣南等原中央苏区和特困片区的产业扶贫攻坚;6.8亿元用于3400个扶贫开发工作重点村实施村庄整治,6.13亿元用于2015年、2016年搬迁移民进城进园安置、差别化扶持等扶贫补助,2.97亿元用于扶贫示范项目、易地扶贫搬迁贴息等特定用途,剩余10亿多元按照因素法分配到各地(欧阳兴,2016)。

(2) 移民搬迁模式

赣南原中央苏区地处罗霄山脉,森林覆盖率达到70%以上,有相当多的贫困农户居住在条件艰苦的深山区。同时江西省建成水库9783座(大型25座,中型238座),大部分水库分布在赣南原中央苏区区域,属于生态敏感的水库区。赣州市把易地扶贫搬迁工作作为重要民生工程和精准扶贫重点项目来推动和实施。2017年,赣州市共开工建设易地扶贫搬迁安置房12859套,已竣工10549套,竣工率为82.04%。赣州市有29605人已搬迁入住,其中建档立卡贫困人口18401人。2018年赣州地区完成易地搬迁5.4万人。

(3) 产业扶贫模式

2012年,《国务院关于支持赣南等原中央苏区振兴发展的若干意见》旨在培育壮大特色优势产业,积极发展特色优势矿产业、先进制造业和红色文化旅游产业,支持赣南等原中央苏区振兴发展。江西省从2013年起的后十年每年为中央苏区和特困片区有关县(市、区)各安排资金1000万元产业发展扶贫资金,用于产业直补、贷款贴息、资产收益扶贫、产业基地建设等。赣南原中央苏区特色资源非常丰富,素有"世界钨都、稀土王国、世界橙乡"等美誉(许应祥,2016),特色优势资源产业有农业、矿业和旅游等产业,具体为:

一是重点发展油茶、脐橙、烟叶、白莲等特色农业。其中,截至2014年底,赣州市脐橙种植面积达168.36万亩,世界第一,产量122.27万吨,世界第二;油茶种植面积达230万亩,全省第二,年产油量达1.2万吨,年产值36亿元(李志萌、张宜红,2016)。为了壮大油茶产业,政府油茶新造林补助标准提高到每亩600元,并在投产前的第2~6年每年安排每亩100元的抚育管护费用。同时,加大对油茶产业发展的贷款贴息规模,将贴息期设定为8年,进一步减轻林农压力,激发油茶产业发展活力(王珏,2016)。从产业扶贫资金来看,仅2015年投入油茶产业扶持资金已达到 27 亿元，其中国家和省级财政累计投入 2 亿元；各级金融机构放款突破 17 亿元，中国农业银行江西省分行根据油茶特点专门设立了"金穗油茶贷"等贷款项目。截至 2016 年底，有 4 个国家级现代农业示范区加快建设，赣南脐橙位居全国农产品品牌价值榜首，南丰蜜橘、广昌白莲等 19 个特色农产品获国家农产品地理标志保护产品认证。

二是打造红色旅游业。目前赣州有 1 个国家 5A 级旅游景区——瑞金共和国摇篮景区，16 个 4A 景区，整合优化赣南地区红色、绿色、古色、土色旅游资源，构建赣南旅游扶贫的"一体两翼四助力"模式（罗忠恒、刘岩玲，2016）。2015 年，推进旅游扶贫试点工作，安排下达江西省 21 个试点县 21 个贫困村旅游扶贫试点资金各 100 万元。

三是推动稀土、钨等优势矿产业发展。主要是促进稀土、钨等精深加工，发展高端稀土、钨新材料和应用产业。赣州市国家离子型稀土资源高效开发利用工程技术研究中心建成运行，中国南方稀土集团成立运营，国家钨和稀土新材料高新技术产业化基地成功获批，钨和稀土产业主营收入迈入千亿元行列；吉安市吉泰走廊电子信息产业主营收入突破 500 亿元；抚州市有色金属、化工建材、机电汽车等产业主营收入均超过 200 亿元。现代服务业快速提升，赣州市跻身全国 12 大重点红色旅游区，聚集各类金融机构 172 家。

综合赣南原中央苏区所有特色产业发展路途来看，产业扶贫的"龙头企业＋合作社（基地）＋贫困农户""金融服务＋""特色旅游＋""互联网＋""移民搬迁进城进园"五大模式的扶贫效果较突出（李志萌、张宜红，2016；廖文梅等，2016）。

4.5.3 农民专业合作社助力于精准扶贫的实践探索

石城县结合当前精准脱贫攻坚的目标和要求，再根据该县资源禀赋的特点，推出农业专业合作社精准扶贫模式。为了切实了解该模式的效果及存在的问题，2016 年 6 月，课题组深入石城县进行实地调研，与当地的农民专业合作社进行深度访谈。通过调研发现：合作社作为精准扶贫的典型模式，在引领贫困农户脱贫致富上具有一定的效果，特别是在立足当地优势产业、协调农户分散承包和规模经营之间矛盾，表现尤其突出，是现阶段值得探索和推广的脱贫致富新模式。

(1) 江西石城县农户专业合作社对接精准扶贫的典型做法及实效

石城县是江西省赣州市下辖的一个县，位于江西省的东南部，是赣南中央苏区县之一。总面积 1581.53 平方千米，辖 5 镇 5 乡 132 个行政村。2014 年末总人口 32.82 万人，其中城镇人口 5.22 万人，农业人口 27.6 万人。其中有贫困人口 48519 人，分布在全县 10 个乡镇，占石城县农业人口比重 17.48%，分别高于全市 3.2%、全省 9.68% 和全国 10.28%。2015 年实现脱贫 20794 人，脱贫率达 42.9%。

① 江西石城县农户专业合作社对接精准扶贫的典型做法

为了打好产业扶贫攻坚战，在贫困地区发展特色产业，是帮助贫困户脱贫致富的重要抓手。为推进特色产业的扶贫效果，石城县积极探索"农民专业合作社＋"的产业扶贫模式，即

"专业合作社＋贫困户""龙头企业＋合作社＋基地＋贫困户""党政＋合作社＋贫困户"和"政府＋合作社＋银行＋贫困户"的产业化精准扶贫新模式，使农民专业合作社成为扶贫攻坚的主力军，在扶贫攻坚过程中发挥了极其重要的作用。

农民专业合作社的做法：按照选准一个产业、打造一个龙头、撬动一笔贷款、创新一套机制、提供一套服务"五位一体"的扶贫思路，引导当地群众发展白莲、烟叶、油茶、生猪、山地鸡等特色种养业，在产业集群基础上成立农民专业合作社，实行专业化"五统一分"的管理模式：统一品牌、统一管理、统一技术、统一销售、统一疾控、分户经营模式。然后再以农户专业合作社的"大手"，拉起贫困户的"小手"，实现农业经营主体、农业社会化服务组织与贫困户帮扶带动、互惠共赢，促进贫困群众持续稳定增收。截至2016年5月底，石城县农村专业合作社已组建各类专业合作社335个，其中参与扶贫功能的农民专业合作社42个，共吸纳11781户有劳动能力的贫困户加入合作社，占全县贫困人口总数的94.3%。具体为：

一是利用产业扶持资金，实现贫困户的固定红利扶贫。即将投入合作社的国家财政专项资金和其他涉农资金，全部或部分量化给被识别的贫困农户，充当贫困农户的入社股金，同时由合作社承担相关资产保值增值的责任，贫困户只能享有资产产生的收益权。石城县政府以产业扶贫资金（按3000元/户标准）为贫困户加入农户专业合作社的入股资金，贫困户因此获得固定比例的红利回报。如，石城县恒鸿水稻专业合作社确保入社的每户贫困户享受每年资金量保底7%的利润分红。同时有发展产业计划的贫困户与合作社签订合作协议，合作社负责向贫困户免费提供种苗、技术培训，产品保底回购，贫困户以高于市场价回购农产品，如石城绿丰薏仁专业合作社承诺兑现贫困户的收购价比一般种植农户高0.30元/斤，使贫困户在承担较小的市场风险的前提下，达到增收脱贫的目的。

二是推广农业技术，实现对贫困户的科技帮扶扶贫。农民专业合作社是推广农业技术服务的最好渠道，改变社员异质化的农业技术使用状况，提高贫困农户利用农业技术的效率，提升家庭经济收入水平，提高他们的生活福利和生产技能，也改善传统依托政府体系的农技推广无法承担与分散小农科技需要对接的交易成本。对于有劳动能力的贫困农户，农民合作社通过统一提供种子、化肥农药、技术指导等一体化的农田耕作标准，重点给社员提供技术培训，依托农民合作社，政府更好地实施科技扶贫工程，提高科技对贫困农户脱贫致富的贡献度。外出打工多年的屏山镇屏山村赖宝林，2015年返乡创业，在屏山镇山下村创办广西乌鸡养殖基地，成立石城县宝园种养专业合作社，打造"宝园土鸡蛋"商标品牌。通过农户专业合作社吸纳贫困户加入，免费给每一户贫困户发放20只鸡苗，并提供统一技术指导与培训、不低于市场价回收鸡蛋。在他的带领下，山下村有七户贫困户家中都养起了土鸡，成了脱贫致富的典型。另外，该新付村小组贫困户何辉，经过精准扶贫政策的宣传和茶树菇合作社的技术指导，2015年回家种植茶树菇3万余筒，获利4万余元，实现人均增收1.3万元。

三是依托资产入股，实现资产收益托底扶贫。鼓励丧失劳动能力和自身耕作效率低的贫困农户将土地托管、流转或是以入股的形式交由农民专业合作社统一经营，探索贫困村集体经营性建设用地入市机制,由农户专业合作社负责给农户按年或按月发放相应的资产收益,带动贫困农户增收。如高山竹笋专业合作社,贫困户均可以选择林地资产和资金资本入股两种方式,根据不同林地质量,贫困户享受每年20~50元/亩的年底分红;资金入股形式,贫困户以200元/股的股价享受入股资金10%的年底分红。

四是发展信用合作,撬动金融资金对接扶贫。农民专业合作社开展信用合作,已经成为当前中国农村金融发展的一种新形态(王曙光,2014)。探索"政府+银行+合作社+贫困户"的融资模式,在石城县选定10个贫困村开展扶贫产业贷款试点工作,按每村20万元由财政提供担保基金,县农商银行按不低于8倍向试点村农民合作社及其成员发放贷款。到2016年6月,已累计发放扶贫产业贷款670万元,为165户合作社成员解决了资金难题,并带动了200余户贫困户加入农民合作社。另外,政府以贫困户的名义贷款2.05万元用于农民专业合作社的发展,农民专业合作社年底以10%红利返回贫困户,一方面加大对农民专业合作社的金融扶持力度,另一方面增加贫困户的家庭收入。

② 江西石城县农户专业合作社对接精准扶贫的实效

一是农民专业合作社对贫困户覆盖面大,增强了脱贫的显著性。石城县农村专业合作社组建烟叶、白莲、油茶、脐橙、山地鸡等各类农民专业合作社335个,吸纳11781户(占全县贫困人口总数的94.3%)有劳动能力的贫困户加入合作社,已有10个乡镇29个重点村实现了全覆盖。仅2015年即实现减贫26705人,脱贫率达55%,预计2016年可实现贫困户户均增收1500元以上。如,丰山的绿丰薏仁专业合作社、便民烟草和高原竹荪三个农民专业合作社,共吸纳贫困户638户,占有劳动能力的贫困户647户的98.6%。小松镇的恒鸿水稻专业合作社、华丰畜禽专业合作社、盛源果蔬专业合作社、润盛种养专业合作社等4个专业合作社,分别帮扶贫困户420户1629人、649户2512人、389户1502人和40户134人,对全镇1495户5777人进行产业扶贫全覆盖。

二是农民专业合作社对贫困户带动力强,增强了脱贫效果的长效性。农户专业合作社利用自身的资源优势,能带动贫困户长期脱贫致富。石城县丰山乡有烟叶、白莲、薏仁等优势产业,其中绿丰薏仁专业合作社的种植面积3000多亩,社员种植一亩薏仁可产去壳薏苡250斤(带壳500斤),平均价格12元/斤,减去农药、化肥和种子等成本投入700元/亩,农户纯收入为2300元/亩,薏仁种植辐射了周边乡镇。便民烟叶专业合作社共种植烟叶有5000亩以上,亩产值4000元,减去农药、化肥和种子等成本投入1500元/亩,农户亩产值的纯收入为2500元/亩(烟叶必须采用间种方式,如果第二年种植其他农作物的纯收入2000元/亩,两年农户平均亩产值纯收入为2250元);如果农户采用薏苡和烟叶套种方式,农户年均农地纯收入4800元/亩。朝荷白莲农民专业合作社种植莲子,可产干莲子180~200斤/亩,市场价格35元/斤,减去农药、肥料等成本1500元/亩,农户年均纯收入5150元/亩。尽管干莲子和烟叶产出水平较高,但是劳动力投入成本比较大。

三是农民专业合作社对贫困户实行分类施策,增强了脱贫对象的针对性。农民专业合作社根据贫困户是否具有劳动能力进行分类,有劳动能力的贫困户是否有意从事农业生产,有意愿从事农业生产的贫困户属于哪种要素缺乏型:资金、或劳动力、或技术、或农地等生产要素;无意愿从事农业生产的贫困户再判断是否有一技之长,无劳动能力贫困户再根据是否拥有农地资产或资金资本入股,农户专业合作社针对上述不同类型的贫困户实行分类施策。对于某一类要素缺乏且有意从事农业生产的有劳动能力的贫困户,农民专业合作社尽其所能为贫困户提供要素服务的对接:为其提供各类要素的匹配;对有劳动能力且无意从事农业生产的贫困农户实行劳务对接:为其提供就业岗位;对于无劳动能力的贫困户实行资产对接:实行土地或资本入股,享受年底分红。石城县便民烟草合作社,总共有184户贫困户,根据为114户有意愿种烟的有劳动能力的贫困户提供资金、或劳动力、或技术、或农地等要素服务;为无意种烟的有劳动能力的70户贫困户安排家庭成员到合作社从事务工工作。

四是农民专业合作社促进了生产要素的优化组合,增强了脱贫的内在动力。农民专业合作社推进了农业产业化经营健康发展,合作社将农村不同利益主体的资金、技术、劳动力、人才、土地等生产要素聚集起来,按市场要求进行资源优化配置,既提高了农业科技含量,又发展了农业生产力。同时,它一定程度上解决了农业产业化经营龙头企业与农民结合起来的方式和机制问题,把分散的农民有序地带入农业产业化经营轨道,推进了农业产业化的发展。

(2)农民专业合作社发挥脱贫功能上存在的问题

虽然江西省石城县农民专业合作社总体发展比较快,针对中央精准扶贫的要求,农民专业合作社在带动产业扶贫工作中,也逐渐暴露出一些问题,主要表现在:

一是农民专业合作社总体规模偏小,对贫困户的脱贫带动力还有进一步提升的空间。尽管石城县有许多的合作社,由于农户专业合作社都是最近一两年成立的,总体上合作社的规模偏小,农民专业合作社还处于一个发展期,抗风险能力弱,辐射带动作用不明显,对贫困地区群众的带动力有限。石城县农民专业合作社335个,但其中,500名社员以上的农户专业合作社不到5家,100名社员以上的不到30家,规模普遍偏小,抗风险能力弱,辐射带动作用不明显。

二是农民专业合作社的办社质量参差不齐,对贫困户的持续脱贫效果及长效性也存在明显差异。特别针对刚起步的农民专业合作社,品牌建设相对薄弱、产品销路也存在障碍,导致贫困户的分成收入存在差异。农民组织化水平低,无国家级农业产业化龙头企业,省、市级农业龙头企业数量少,农民合作社发展质量不高,入社农户比例低,示范带动能力有限,是否能长期带动贫困户脱贫还有待于考证。

三是农民专业合作社引领人的工作能力整体性不高,成员整体素质偏低,贫困户主动对接意愿不强。石城县属于贫困地区,一些有文化、有一技之长的青壮年农民多数外出打工,留在家里从事农业生产的主要是文化水平低、年龄老化、思想保守、知识老化的农民,对专业合作社的认识上有偏差,接受农业新技术、种养新模式的程度低,市场化意识、合作意识不强;贫困户主动融入专业合作社的意愿不强,精准扶贫存在上面热、下面冷的现象,贫困户脱贫的内生动力不是很强，增收渠道窄，对政府依赖性很大，自我脱贫意识还需进一步增强。

四是农民专业合作社之间缺少沟通合作，要素整合不优，资金和技术成为合作社的短板。部分农民专业合作社社员都是集中在本村或本镇范围，农民专业合作社业务也较为单一，合作社之间缺少沟通和相互合作，没有形成规模效益，优势不能得到互补，尽管存在"一村一品"，但还是会造成低级竞争和恶性竞争。尽管石城县对吸纳贫困户的合作社，按吸纳的贫困户数量分别有产业扶贫资金 3000～4000 元/户和金融贷款资金 20500 元/户来支持农民专业合作社的发展，但是多数农民专业合作社仍觉得发展资金不足；另外，调研发现，除了烟草、竹笋以外，大部分农民专业合作社认为开发新产品的技术严重短缺。

五是部分合作社依赖政府心理较强，自生能力较差。资金来源主要依靠政府扶持和贴息小额贷款，融资渠道不广。另外，财政专项扶贫资金对农民合作社的扶持力度不够，资金投入离精准扶贫有差距。

(3)关于扶持农民合作社发展、带动精准扶贫的建议

在脱贫攻坚冲刺的关键时期，为全面建成小康社会，建议进一步加大农民专业合作社扶持力度，充分发挥农民专业合作社优势，助力打赢精准脱贫攻坚战。

一是加强合作社规范建设提升质量。首先是健全内部管理制度。由引导农民专业合作社健全内部治理结构、民主管理、财务制度和利益分配入手，建立"三会"议事制度、财务管理制度、财务公开制度、社务公开制度、利益分配制度等内部规章制度，促进规范化建设发展，提高农民专业合作社的公信力。其次是建立指导服务工作平台。建议建立各级政府农民合作社发展综合服务中心或公共平台，为合作社提供政策咨询、会计服务、项目申报、贷款融资、品牌创建、市场信息、档案管理等一体化综合服务，对农民合作社实行分类指导和管理，提升合作社规范管理水平和市场竞争能力。

二是创新扶贫资金融资渠道。首先，整合财政涉农资金，加大对带动能力强的农民专业合作社资金扶持力度，改变以往扶贫资金"撒胡椒面"的做法，重点扶持辐射带动能力强的农民专业合作社，结合特色资源产业，以精准扶贫实现精准脱贫；其次，加大项目倾斜农民专业合作社的力度。整合有关水利建设、农业综合开发、扶贫开发等支农惠农项目，优先委托和安排具备条件的农民专业合作社实施。

三是提升农民专业合作社的品牌意识和畅通其销售渠道。建议适时组织有条件的农民专业合作社参加各类农产品交易洽谈会、博览会、展销会等活动。支持农民专业合作社建立"农超对接""农企对接"销售网络；引导农民专业合作社发展农村电商或微商平台，建设自己的网站进行产品和形象宣传，扩大产品销售渠道。

四是积极引进和创新先进技术。技术是农民专业合作社健康持续发展的重要保证。农民专业合作社发展靠技术。首先是与高校合作，借力于当地高校特别是农林高校的技术优势，为农民专业合作社服务。其次是涉农组织开展多形式、多层次、多渠道的培训，采用"走出去"和"请进来"相结合的方式，重点围绕合作社带头人、经营管理人员、种养能手素质提升，着力培养一批懂经营、懂管理、懂技术的带头人;三是利用大学生村官或暑期社会实践的机会,充分发挥大学生视野开阔、思维活跃、知识面广的特长,鼓励他们服务于农户专业合作社。

第 5 章

区域生态脆弱性与贫困分布的关联研究

环境是人们赖以生存的基础。而随着人类社会的发展，人类对资源的需要不断加大，资源的过分使用使环境受到很大的破坏(史德明，2002；郭宾，2014)。目前，处理好环境与经济发展的关系是一个全球性的问题，人们对这方面的研究也在不断增多(杨美玲，2014；蔡海生，2014)。在这类研究当中，关注生态脆弱性的研究是一个热点，对生态脆弱性进行评定、问题原因的分析以及治理等方面的研究是其中的重点，生态环境的优劣不仅影响着经济的可持续发展，同时与人类的生存也有着密切的关系(陈晓，2007；姚建，2004)。人们为了追求更高的生活质量，一直处于与贫困作斗争的状态中。促进经济的发展，提高人们生活水平无可厚非，但经济发展绝不能以破坏环境为代价，这也是世界各国研究者所达成的共识(王敬涛，2007)。目前世界各国都有不同程度的环境问题，这也是阻碍世界经济发展的一个重要问题之一。在我国，贫困问题与环境问题表现得都比较突出，要想实现社会的可持续性，就必须要解决这些问题(王素霞，2013；郑志龙，2007；林伯强，2003)。因此，研究生态环境与贫困的关系是环境资源管理与反贫困之间协调发展的国际实践的最新理念和趋势，具有一定的学术价值和现实意义。

赣南地区是中国革命的发源地，在历史上占有重要的地位(陈学红，2014)。也是由于当年的战争原因以及地理位置，这里的经济一直没有得到很好的发展，人们的生活水平还比较低，为了解决这里的发展滞后的问题，各级政府也采取了很多措施(胡军华，2011)。赣南地区与经济发展的沿海地区距离并不远，但经济却一直发展不起来，究其原因就是这里的经济发展动力不足，基础设施建设水平低，吸引力不足，很少有人到这里来投资。特别是大型的国有企业，很少落户于赣南地区，这也就造成了地区经济发展动力不足(肖牲，2006)。随着稀土资源得到重用，人们开始进行大量的开采，这也就造成了部分地区自然环境遭到严重的破坏，这与经济形式单一具有很大的关系(曹金姗，2010；肖如平，2007；龙观华，2003)。区域差异明显加大，区域间的利益分配也存在着很大的矛盾，生态体系的破坏与当地经济发展模式存在着很大的关系，目前这里的稀土矿的开采处于无序状态，造成了地区利益分配的不均衡和生态系统的失衡，生态脆弱性明显，这也是贫困的集中体现，由于贫困所造成的生态破坏是该地区面临的重要问题（李建新，2013；祁新华，2013）。

在2012年，国家出台了相关的指导意见，对赣南原中央苏区的发展提出了新的规划，这也使这一地区经济的发展获得了新的契机。在此之前，赣南地区虽然也属于珠三角经济区、鄱阳湖生态发展区等区域经济圈的一部分，也是国家环境城市建设规划中的重点区域，但赣南原中央苏区多处于山峦环绕的地带，往往在这些经济区内不能发挥应有的作用，慢慢也就被边缘化了，经济发展落后于周边城市。针对这种情况，中央对苏区的情况进行了详细的了解，并做出了尽快改变苏区经济发展现状、全面实现小康的战略目标（程宇航，2012）。

可持续发展是当今世界的发展主题，生态环境是经济发展的基础，改变生态环境与发展经济存在着密切的关系，社会各界都把目光集中在这一社会热点问题上（王小林，2013；李佳路，2011；Wasantha Subasinghe，2009；李静怡，2014；李虹，2011）。世界各国对环境脆弱性的衡量标准不尽相同，这样一来，属于生态脆弱地区的范围也不一样，与贫困人口的关系上也会出现不同的结论（赵跃龙，1996）。因此，为了能够找出二者之间存在的因果关系，必须要对这一地区进行全面的探讨，为国家政策的制定提供一些帮助，本研究以脆弱生态环境特征为依据，探讨出赣南原中央苏区脆弱生态环境的分布区域，然后，以赣南原中央苏区贫困县（市）、乡为单位，对赣南地区的生态环境问题进行科学的分析，通过对比分析的方式，找出经济发展与生态环境之间存在的关系，这也为贫困地区的经济发展提供一些帮助，也是为了让这一地区选择适合本区域发展的经济模式提出一些建议（徐宽，2001；王春萍，2007；张颖，1996；张全红，2014）。中央的指导意见只为地区的发展提供了一定的指导，具体的操作还需要在实践中不断探索，这些都需要对该地区进行持续的研究。

目前，赣南原中央苏区经济发展落后，民生问题突出，基础设施差，单一的产业生产结构等，没有从根本上改变贫困的落后现象，加之脆弱的生态环境等状况，制约了当地社会经济的发展，其问题比较突出。

5.1 赣南中央苏区生态脆弱性表现

赣南原中央苏区是欠发达地区，经济、社会发展相对发达地区来说还很落后，财政收入、人均可支配收入还较低，经济发展任务很重，迫切需要加快发展。在追求经济快速发展过程中，出现了一系列的生态环境问题，主要表现在以下几个方面。

第一，森林植被破坏严重。该区域森林资源遭到严重破坏有四次：30年代后期，红军长征后的几年，这个地区的树木在四个时期全部都被人类进行了毁坏活动：第一次是在我国的抗日战争时期，八路军进行了两万五千里的长征之后，国民党实施了"三光"政策，很多的树木被砍伐。据于都等六县调查统计，毁林达65万多亩。第二次是50年代后期，大跃进公社化期间，全民大炼钢铁大办食堂，耗能空前。据于都等八县统计，毁林面积105.8万亩。第三次是60年代末和70年代"文革"期间，无政府主义思潮泛滥，乱砍滥伐严重。据于都等九县的调查统计，毁林159万亩。第四次是70年代末，这个时期我国已经发表了相关的法律条文，不允许私自砍伐树木，80年代初到中央发出制止乱砍滥伐紧急通知前一段时间，据于都等八县调查统计，毁林 78.2 万亩。除此之外，我们的祖先到现在取暖做饭依赖的都是树木，因为要用树木生活，这样长时间地进行资源损耗也在一定程度上破坏了森林的生态平衡。

第二，水土流失严重。水土资源的损耗对天然资源的损害特别大，人类的生存环境也面临着威胁，这个问题已经被全球的人共同关注着，同时也是人类现在生活方面遇到的最大的挑战。赣南原中央苏区水体与土壤的趋势都十分严重，不仅仅缺失空间很大、缺失水平很高，危害作用也十分强，不单单在城市是最严重的一次，在我国南方的地区也是很少遇见的，在当时一度被人们称为"南方红色沙漠"，导致许多相关的研究人员发表了"兴国要亡国，宁都要迁都"的警示，全市水土流失面积 12102 km^2（其中中度流失占 26.6%，强度流失占 24%），分别占据整体土地和山地面积的 30% 与 40%。江西省是中国众多南方地区中水体土壤缺失程度大的地区，这里面赣南原中央苏区占省份整体的 1/3。程度较大的水体与土壤的缺失致使生态紊乱，让农业的生产面临着困境，是约束赣南原中央苏区百姓经济进步的关键因素之一。水土流失，恶化了植物生长条件。区域内每年土壤流失量达 4500 万吨。带走有机质 78.2 万吨，损失氮、磷、钾约 160 万吨，大大超过了全市化肥施用量（1998 年为 61.48 万吨）。据测定，花岗岩剧烈流失区，夏天地表温度高达 70℃～76℃，蒸发量大于同期降雨量的 1.68 倍；土壤有机质含量仅 0.5% 左右，全氮 0.01%，全磷 0.02%，比无明显流失区含量分别低 10 倍、20 倍、5 倍，植物难以生长，有些地方十多年来的马尾松仅一尺多高。

第三，酸雨污染严重。赣南原中央苏区是我们整个国家里面降落酸雨最多的地区，因其酸雨的关键因素就是空气之中的化学物质。经过长时间的监督测验，酸雨在我国改革开放之后就渐渐严重起来，在进入下一个时代之后污染的程度达到了顶峰，酸雨破坏环境的程度和我们国家南方的受污染的区域相差不多。长年监测结果表明，区域内酸雨污染在 80 年代中后期得到明显加强后，进入 90 年代后处于稳定的严重污染状态，其污染水平与我国南方强酸雨污染区相当。章贡区 1996—2000 年期间降水 pH 值年平均值在 4.37～4.91 之间，五年降水 pH 平均值为 4.74，最低降水 pH 值为 3.85，酸雨出现频率年平均稳定在 70% 以上。大余、宁都、安远等县酸雨频率均在 60% 以上，其降水最低 pH 值在 4.00～4.14 之间。酸雨不仅仅污染了水体，还使得水里的生物不能够正常地发育，树木与土地也在不同程度上受到了损害，这样一来农民们的耕作就出现了问题，国家的文明遗迹也遭到了损害，因为空气中的化学物成分太多，一系列病症也开始渐渐爆发。所以，应用进步净化燃料的科技与化学物质净化的方针来约束酸雨的形成是十分重要的。

第四，地表水质污染局部加剧。赣南原中央苏区相当多的化工公司没有处置或者处置不彻底的污水与日常污水排进河流是对赣南原中央苏区地面表层水条件品质情况的实质理由，质量状况的根本原因。土地表层水破坏归类为挥发酚、高锰酸盐指标，氨氮是标志着有机破坏与无机氮的破坏类型。据 2000 年 142 个工业企业统计，工业废水排放总量达 1912.63 万吨，处理达标排放仅占 42.4%，工业废水排放量中食品行业排放量为 632.8 万吨，化工行业废水和采掘业废水排放量分别为 381.91 万吨和 560.11 万吨。

第五，固态的废弃品带给周围环境的破坏是无法忽略的。赣南中央苏区某地区的固态废弃品大多为工厂的固态排泄物废弃品以及城市乡村的生活废弃品，工厂的固态排泄物废弃品每年大量出现，大体上是由废弃的石头和过滤之后的沙砾、工业废渣等组成，其中过滤后的沙砾堆就占了5000多亩的面积。该地区的固态废弃品储存的吨数过多，年贮存量可达250万至320万吨，是所有固体废弃品的八成多，一半多的废物堆在表面，在大自然的环境中，这些废弃物有一部分能进入大气、水资源中以及土地，进入了生态体系的循环，导致环境再一次被破坏，它的威胁是一直存在的，但是我们对于固态废弃物的关注并不多也不够了解。如今大量的城市进行的简单的对废弃物的处置方法，因为成效不好，更容易变成再次的环境破坏，甚至可以引发"五号病"等一些可以传播的病。想要完全将这种状况更改，可以对固态废弃品的各方面再次利用，废弃品按类别进行二次利用，对于不能回收的固态废弃品，要将其安全处理，而对于那些可以威胁到大自然的有害的固态废弃品可以把他们充分燃烧，对于我们生活工作中产生的废弃物可以将其埋在土壤之中。

第六，环境空气污染不容乐观。该地区的大气破坏主要是煤烟破坏，该破坏物以降落的灰尘为主，所有悬在空气中的细小颗粒、SO_2以及碳氧化合产物为主。2000年整个城市产生的排出的工厂废气可以达到46.89亿立方米，其中烟雾灰尘的产生量达到10497吨，粉尘的产生量为29915吨，SO_2的产生量为10971吨。影响该地区的地球表面的水资源品质情况的最主要的因素是工厂产业没有处置过的或者处置达不到标准要求的废水以及生活工作中的废水流入了江水河水中。赣南原中央苏区段江河的化学耗氧量污染极其严重，赣江35个监测断面90%左右出现超标，赣南原中央苏区西河浮桥每年超出标峰值。

5.2 综合评价生态脆弱性指标体系构建

红壤丘陵在赣南原中央苏区是一种极其常见的地貌，而且这一地区出色的生物及气候为其带来了生产方面的无限发展空间。但是这一地区同样也存在很多非常严重的生态环境问题，比如水土流失、自然植被退化、物种多样性减少等，这些问题通常是由自然与人为两方面造成的，也导致了我国生态脆弱区数目的增加。

5.2.1 生态脆弱性综合评价原则

生态系统是由生物、环境及多种因素集聚而构成的复杂而庞大的统一整体，不同地区其生态系统的构成要素及特征是有所区别的，因此，在对某一区域的生态系统进行脆弱性评价时，需要根据该区域生态系统的特点确定相应合理的评价原则。

(1)综合性原则

生态系统是多元素之间相互影响相互作用而构成的有机整体，生态脆弱性是生态系统内这些要素的外在表现，因此，在评价生态脆弱性程度时，需要对构成生态系统的这些因素进行综合考虑,即在评价生态脆弱性程度时,既要考虑生态环境的自然因素,也要考虑人为因素,并将两者综合起来。

(2)科学性原则

在选择生态脆弱性评价指标体系时,要力求科学,各个指标能准确反映生态环境的特征,并具有独立的内涵,避免指标重复。

(3)可操作性原则

指标在选取过程中要充分考虑指标的可操作性和数据获取的难易程度,尽量选取能够用于评价的现有量化统计指标,如统计年鉴、统计公报、免费的遥感数据、地理信息数据等。

5.2.2 生态脆弱性指标体系

研究生态环境和其主要构成内容,具备在出现外部干预时可以灵活地做出反应的能力,即生态脆弱性,通常都有一定的脆弱度,在这里指的是做出反应时的剧烈程度。生态环境脆弱性一般由两个方面构成,一方面主要是生态环境自身的因素,即生态环境固有的、内在的、潜在的脆弱因素所表现出来的脆弱性,是内因,可以归为自然因素;另一方面,外界的干扰对生态环境也会产生影响,即生态环境承受的、外在的、胁迫的脆弱因素所表现出来的脆弱性,是外因,可以归为社会因素。综合分析影响生态环境脆弱性的内部因素和外部因素,在内部因素中可以选取地形、地貌、水文、土壤、地质等自然因素,在外部因素中可以选取植被覆盖、土地利用、社会经济等人文因素。前者较后者的脆弱性平稳,但是后者的脆弱性就会根据时间而做出相应的改变,本文通过选择12项指标,结合自然及社会两个因素,综合分析赣南原中央苏区各县级行政单元的综合生态环境脆弱性概况,具体指标如下(图5-2-1):

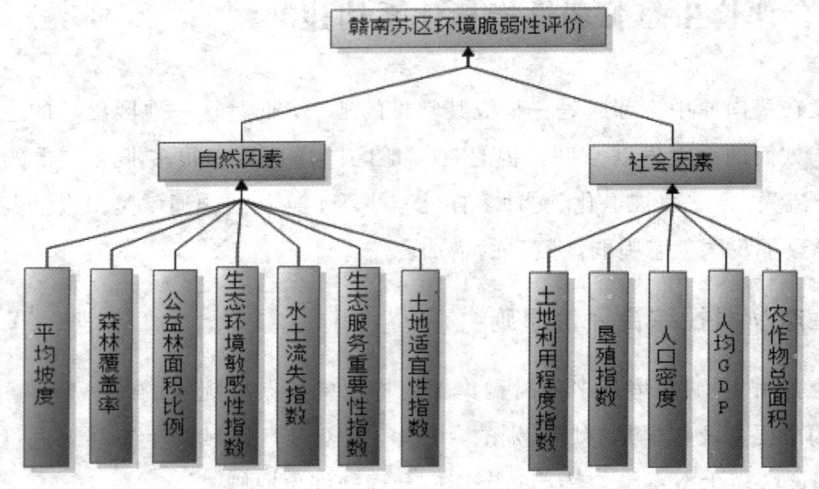

图 5-2-1 生态环境脆弱性评价指标

评价生态脆弱性主要是综合评价如人口数目、生产力、社会与环境的综合发展及其潜力、环境的可持续性发展能力等内容，为了能够整体概括出脆弱生态系统，其采取的分析方法是定量和半定量，分析环境里面的各个成分的特色和成分组合后的效果，了解脆弱生态系统的概念和其发展方向，整体分析产生脆弱生态系统的原因和环境受体，使地区之间的量化对比变得简单化，还在综合治理脆弱生态系统中起到了理论指引作用。通过查阅相关文献，根据王雪军(2013)的指标衡量和测算方法，表达如下。

(1) 地势地貌

选取平均坡度1个指标来反映地形地貌状况。本文以1∶5万数字高程模型(DEM)为数据基础，通过GIS软件直接计算得到乡级行政单位的平均海拔和平均坡度值。

(2) 土地利用

土地利用状况选取土地利用程度指数、垦殖指数和土地适宜指数来表征，一般通过反映多种土地利用类型质量结构的总体变化来揭示区域土地利用程度的深度和广度。区域土地利用程度指数可以表示为：

$$LU = \sum_{i=1}^{n} A_i \times C_i \qquad (5-2-1)$$

公式(5-2-1)中，LU为土地利用程度指数，A_i为第i级土地利用程度分级指数，C_i为第i级土地利用程度面积百分比，n为土地利用程度分级指数(表5-2-1)。垦殖指数是指一地区耕地面积占其土地总面积的比例，它是衡量一个地区土地资源开发利用程度的重要指标，通常以百分数表示。根据陈炳贵等(2011)的研究，本部分土地适宜性评价是利用土地利用现状图和森林资源调查结果，选取海拔、坡度、土壤条件和土壤侵蚀强度、土地利用类型等指标，采用层次分析法和权重系数法，借助GIS空间分析技术，形成土地适宜性评价图。通过土地适宜性指数来综合反映土地对开发用途的适宜与否、适宜程度及其限制状况，其一般计算表达式为：

土地适宜性指数 = LS×(0.05×不适宜开发面积+0.25×比较适宜开发面积+0.7×适宜开发面积)×100/区域面积 $\qquad (5-2-2)$

公式(5-2-2)中，LS是土地适宜性指数的归一化系数，LS取为1。

表 5-2-1　　　　　　　　　土地资源利用程度分级

分级指数	分级类型	各分级所含土地利用类型
1	未利用土地级	未利用或难利用地
2	林、草、水用地级	林地、草地、水域
3	农业用地级	耕地、园地、人工草地
4	城镇聚落用地级	城镇、居民点用地，交通用地

(3) 森林资源

森林资源状况选取森林覆盖率和公益面积比例来反映。森林覆盖率是反映一个国家或地区

森林面积占有情况或森林资源丰富程度及实现绿化程度的指标,计算公式为:

$$森林覆盖率 = (有林地面积 + 国家特别规定灌木林地面积)/土地总面积 \times 100\% \tag{5-2-3}$$

$$公益林面积比例 = 公益林地面积/林地总面积 \times 100\% \tag{5-2-4}$$

(4) 生态环境

生态环境状况选取生态环境敏感性、水土流失程度、生态服务功能重要性等方面综合来表征。

① 生态环境敏感性评价。根据欧阳志云(2000),刘康等(2003)的研究,本文利用赣州市最新高分辨率卫星影像和森林资源二类调查结果,选取降雨侵蚀力(R值)、土壤质地、地形起伏度和植被覆盖等指标,采用层次分析法和权重系数法,借助GIS空间分析技术,形成土壤侵蚀敏感性评价图。生态敏感性评价是在水土流失敏感性和酸雨敏感性评价的基础上,并结合国家级自然保护区分布图和地质灾害分布图等相关数据和图件,划分生态环境敏感性等级,进行生态环境敏感性综合分区,并落实到具体地块,形成生态环境敏感性评价图。

通过生态环境敏感性指数(EES)来反映,一般计算表达式为:

$$生态敏感性指数 = EES \times (0.05 \times 轻度敏感面积 + 0.25 \times 中度敏感面积 + 0.7 \times 重度以上(含重度)敏感面积) \times 100/区域面积 \tag{5-2-5}$$

公式(5-2-5)中,EES是生态敏感性指数的归一化系数,EES取为1。

② 水土流失。水土流失状况通过水土流失指数(WSE)来反映,一般计算表达式为:

$$水土流失指数 = WSE \times (0.05 \times 轻度敏感面积 + 0.25 \times 中度敏感面积 + 0.7 \times 重度以上(含重度)敏感面积) \times 100/区域面积 \tag{5-2-6}$$

公式(5-2-6)中,WSE是水土流失敏感性指数的归一化系数,WSE取为1。

③ 生态服务功能重要性评价。生态服务功能重要性评价是针对区域典型生态系统,评价生态系统服务功能的综合特征。根据徐卫华等(2008),李洪文等(2011)的研究,本文利用赣州市森林资源调查结果和卫星影像,依据全市森林等陆地植被分布,选取地形起伏度、河流水库位置及级别、土壤保持重要性、受保护物种重要性等指标,采用层次分析法和权重系数法,建立生态服务功能重要性评价模型,测算分析各个地块的水源涵养、水土保持、营养物质积累和生物多样性保护等生态服务功能重要性值。并借助GIS空间分析功能,依据生态服务功能重要性值,划分生态服务功能重要性等级,进行生态服务功能重要性分区,并落实到山头地块,最终形成赣州市生态服务功能重要性等级分布图。

赣州市各乡级行政区的生态服务功能重要性通过计算生态服务功能重要性指数(ESFS)来反映,一般计算表达式为:

$$生态服务功能重要性指数 = ESFS \times (0.05 \times 一般重要性的面积 + 0.25 \times 中等重要性的面积 + 0.7 \times 重要性的面积) \times 100/区域面积 \tag{5-2-7}$$

公式(5-2-7)中，ESFS 是生态服务功能重要性指数的归一化系数，ESFS 取为 1。

(5)社会经济条件

社会经济条件主要考虑人口聚集度和人均国民生产总值等 2 个指标。

人口聚集度采用人口密度来表示人口的密集程度的指标，即：

$$人口密度 = 人口数/区域面积 \qquad (5-2-8)$$

人均国民生产总值(GDP)，表示经济发展水平的指标，即：

$$人均国民生产总值(GDP) = GDP 总数/区域人口数 \qquad (5-2-9)$$

评价生态脆弱度可以采取的办法有很多，但是不管使用哪个办法，都需要经历以下几个过程：首先，选取并完善相关评价体系；其次，明确在整个体系里面每个因素的比重；最后，进行分析计算时要借助数学原理。为了对某个生态系统的脆弱度做出正确的评价，应该选择可以各角度表现脆弱生态环境这个状态的成分；为了能够进行定性或者定量分析，就必须要保证数据的准确性；为了分析计算空间时更加简便，就要使选取的成分可以通过空间化来表现。在选定的指标体系当中，各个指标对脆弱性的反映程度不同，总体上分为两种，一种是正向指标，即数值越大代表脆弱性越强，如本研究中的平均坡度、生态环境敏感性指数、水土流失指数、生态服务重要性指数、土地利用程度指数、垦殖指数、人口密度等指标，另一种是负向指标，即数值越大代表脆弱性程度越小，如本研究中的森林覆盖率、公益林面积比例、土地适宜性指数、人均 GDP、农作物总面积等指标。

5.3 赣南中央苏区生态脆弱性评价

5.3.1 赣南原中央苏区生态脆弱性测算结果

生态环境脆弱性的研究是以量化的形式反映出各个区域的生态环境的脆弱性状况，评价研究生态脆弱性时，首先要做的就是分析影响生态环境的各个因素，要研究脆弱生态系统是如何产生的，从而确立评价指标体系里的每个因素都可以很容易地导致生态脆弱性。为了研究每个因素分别会给生态环境带来怎样的影响，通常要收集关于地貌、水文、地质、土壤、土地利用、社会经济等方面的数据，而且根据每个因素给生态环境带来的影响作用来划分等级，然后建立一个基础模型来综合测定每个因素，把每个地区的生态环境脆弱性都表现在量化上。在评定相关区域的生态环境脆弱性时，每个科学家采取的方法都不一样，蔡海生采取的办法是把定性和定量结合在一起(蔡海生,2009)；樊哲文及刘木生等首先划定了江西省这个研究范围，主要采取的办法是运用遥感和地理信息系统来进行合理的勘察分析(樊哲文,2009;刘木生,2008)，两人的相同之处就在于其研究范围，都把赣南原中央苏区的 18 个县(市)列入了自己的研究范围，但是，研究的侧重点不同，通过对比分析，结合相关资料的研究发现，几位研究者的研究方法比较具有代表性，代表了当前研究工作的前沿手段。为了更好地评价区域生态环境脆弱性，本研究运用 yaahp 统计软件，运用层次分析法及专家系统研究法相结合来确定各评价指标的权重及各评价单元的脆弱性程度。

首先，根据文献数据，引用王雪军等(2013)研究的部分具体数据，得到结果如表5-3-1所示。

表5-3-1　　　　　赣南原中央苏区生态脆弱性评价指标体系数据

行政单位	平均坡度/(°)	森林覆盖率/%	公益林面积比例/%	生态环境敏感性指数	水土流失指数	生态服务重要性指数	土地适宜性指数	土地利用程度指数	垦殖指数	人口密度/(人/km²)	人均GDP/万元	农作物总面积/万ha
章贡区	14.1	53.32	52.32	16.88	20.24	35.47	38.36	253.5	25.75	793	3.80	5.32
赣县	20.5	75.83	29.72	24.2	18.95	32.48	21.89	221.3	18.02	208	1.48	7.41
南康县	16.6	63.97	36.78	17.21	14.62	28.58	33.12	219.5	32.03	464	1.10	2.61
信丰县	19.6	69.37	26.93	21.74	17.31	28.56	26.03	230.0	26.55	256	1.37	2.43
大余县	24.9	76.58	24.37	39.49	5.86	30.08	19.97	220.2	15.87	225	2.13	1.07
上犹县	22.9	81.49	32.03	29.78	9.33	33.96	19.71	217.0	17.02	203	1.08	2.30
崇义县	26.8	87.31	40.45	45.76	5.93	39.27	11.81	212.2	9.85	95	2.24	2.41
安远县	23.0	84.33	30.25	34.62	5.79	33.48	16.50	212.4	13.39	159	0.93	1.75
定南县	22.9	81.27	38.64	27.13	12.61	38.21	16.91	212.3	11.81	241	2.37	2.28
龙南县	25.7	81.72	35.35	43.39	17.13	35.69	14.50	219.3	11.55	129	1.82	10.78
全南县	22.0	82.78	29.41	33.62	5.91	33.92	15.50	215.5	13.97	126	1.72	7.28
宁都县	19.3	72.03	30.70	26.75	10.54	30.87	22.54	227.8	20.93	194	1.14	7.87
于都县	20.1	71.67	71.67	23.87	29.82	34.84	23.78	229.0	18.34	358	1.04	4.24
兴国县	23.1	75.36	44.61	26.14	19.58	37.11	20.07	222.8	18.90	246	1.13	2.55
瑞金市	18.3	75.09	29.89	24.46	10.71	30.70	21.69	223.8	21.35	276	1.14	2.62
会昌县	22.5	80.29	41.66	29.49	17.51	39.22	18.17	214.7	13.07	186	1.03	5.57
寻乌县	24.4	79.91	31.09	64.44	22.76	33.93	19.99	211.4	13.53	137	1.14	6.72
石城县	19.9	75.00	46.24	28.53	16.17	37.02	20.5	222.6	20.69	200	0.86	0.78

数据来源：基于GIS赣州市资源环境承载力评价(王雪军，2013[92])。

5.3.2 生态脆弱性评价数据及标准化处理

因为生态环境脆弱性评价的各指标具有不同的量纲，如果要削减量纲对结果的影响，那么就需要针对原始数据(X_i)进行标准化的处理，使处理后的数据(X'_i)越大对生态系统脆弱性的表达作用越大。当因子(X_i)值与生态脆弱性呈正相关时使用公式(5-3-1)；当因子(X_i)值与生态脆弱性呈反相关时使用公式(5-3-2)。

$$(X_i') = 1 - \frac{X_i - X_{imin}}{X_{imax} - X_{imin}} \quad (5-3-1)$$

$$(X_i') = \frac{X_i - X_{imin}}{X_{imax} - X_{imin}} \quad (5-3-2)$$

公式中，(X_i')表示第i个指标的标准化值，(X_i)表示第i个指标的初始值，X_{imin}、X_{imax}分别表示第i个指标在研究区内的最小值和最大值。通过计算可得赣南原中央苏区生态脆弱性评价指标体系标准化数据如表5—3—2所示。

表5—3—2　　　赣南原中央苏区生态脆弱性评价指标体系标准化数据

行政单位	平均坡度/(°)	森林覆盖率/%	公益林面积比例/%	生态环境敏感性指数	水土流失指数	生态服务重要性指数	土地适宜性指数	土地利用程度指数	垦殖指数	人口密度/(人/km²)	人均GDP/万元	农作物总面积/万ha
章贡区	0.00	1.00	0.41	0.00	0.60	0.65	0.00	1.00	0.72	1.00	0.00	0.55
赣县	0.50	0.34	0.89	0.25	0.55	0.37	0.62	0.24	0.37	0.16	0.79	0.34
南康县	0.20	0.69	0.74	0.01	0.37	0.00	0.20	0.19	1.00	0.53	0.92	0.82
信丰县	0.43	0.53	0.95	0.17	0.48	0.00	0.46	0.44	0.75	0.23	0.83	0.83
大余县	0.85	0.32	1.00	0.78	0.00	0.14	0.69	0.21	0.27	0.19	0.57	0.97
上犹县	0.69	0.17	0.84	0.45	0.15	0.50	0.70	0.13	0.32	0.15	0.93	0.85
崇义县	1.00	0.00	0.66	1.00	0.01	1.00	1.00	0.02	0.00	0.53	0.84	
安远县	0.70	0.09	0.88	0.61	0.00	0.46	0.82	0.02	0.16	0.09	0.98	0.90
定南县	0.69	0.18	0.70	0.35	0.28	0.90	0.81	0.00	0.09	0.21	0.49	0.85
龙南县	0.91	0.16	0.77	0.92	0.47	0.67	0.90	0.19	0.00	0.05	0.68	0.00
全南县	0.62	0.13	0.89	0.58	0.00	0.50	0.86	0.10	0.19	0.04	0.71	0.35
宁都县	0.41	0.45	0.87	0.34	0.20	0.22	0.60	0.39	0.50	0.14	0.91	0.29
于都县	0.47	0.46	0.00	0.24	1.00	0.59	0.55	0.42	0.38	0.38	0.94	0.65
兴国县	0.71	0.35	0.57	0.32	0.57	0.80	0.69	0.27	0.41	0.22	0.91	0.82
瑞金市	0.33	0.36	0.88	0.26	0.20	0.20	0.63	0.29	0.52	0.26	0.91	0.82
会昌县	0.66	0.21	0.63	0.44	0.49	1.00	0.76	0.08	0.15	0.13	0.94	0.52
寻乌县	0.81	0.22	0.86	1.65	0.71	0.50	0.69	0.00	0.17	0.06	0.91	0.41
石城县	0.46	0.36	0.54	0.40	0.43	0.79	0.67	0.27	0.49	0.15	1.00	1.00

5.3.3 生态脆弱性评价指标权重的确定

生态系统的各个要素对生态系统的作用是不一样的，不同的要素之间对生态系统的影响程度有着一定的差异。因此在对生态系统脆弱度进行评价时，要充分考虑并量化各个指标对生态系统脆弱度的影响程度,本文中用指标的权重来表示指标对生态系统脆弱度的影响程度。对于指标权重的确定,目前已进行了大量研究,有经验方法,也有数学方法,如灰色关联法、层次分析法、主成分分析法等。本文中采用目前应用比较广泛的层次分析法来确定各个指标的权重值。层次分析法(AHP)是美国运筹学家萨蒂(T. L. Saaty)于20世纪70年代初,为美国国防部研究"根据各个工业部门对国家福利的贡献大小而进行电力分配"课题时,应用网络系统理论和多目标综合评价方法,是一种通过对复杂问题的本质、影响因素及其他内在关系进行深入分析,利用较少的定量信息使复杂决策过程数学化的方法。运用层次分析法确定各指标权重时,第一要建立层次结构模型,第二要构造判断(成对比较)矩阵,第三要进行层次单排序及其一致性检验,第四要进行层次总排序及其一致性检验。目前有许多软件可进行层次分析法,本文层次分析法过程采用 yaahp 软件进行,得到最终的权重结果,具体如表5-3-3所示。

表5-3-3　　　　　　　赣南原中央苏区生态脆弱度评价指标权重

指标	生态环境敏感性指数	生态服务重要性指数	土地适宜性指数	人均GDP	水土流失指数	森林覆盖率	土地利用程度指数	农作物总面积	公益林面积比例	人口密度	平均坡度	垦殖指数
权重	0.22	0.17	0.16	0.13	0.09	0.06	0.05	0.04	0.03	0.02	0.01	0.01

5.3.4 赣南原中央苏区生态脆弱性评价

脆弱性评价是对某一自然、人文系统自身的结构、功能进行探讨,预测和评价外部胁迫(自然的和人为的)对系统可能造成的影响,以及评估系统自身对外部胁迫的抵抗力以及从不利影响中恢复的能力,其目的是维护系统的可持续发展,减轻外部胁迫对系统的不利影响和为退化系统的综合整治提供决策依据。目前,脆弱性评价的研究在自然灾害脆弱性、全球环境变化脆弱性、生态环境脆弱性等研究领域成果相对较多,一些定量或半定量的脆弱性评价方法已经被提出并得到应用。在本研究中参考了魏金平(2009)等在进行甘南黄河重要水源补给生态功能区生态脆弱性评价及其成因分析时,运用的函数模型法来进行生态脆弱度的计算,公式如下:

$$G = 1 - \frac{\sum_{i=1}^{n} P_i W_i}{\max \sum_{i=1}^{n} P_i W_i + \min \sum_{i=1}^{n} P_i W_i} \quad (5-3-3)$$

式中:G 为评价单元生态脆弱度;P_i 为评价单元内各指标标准化数值;W_i 为生态脆弱度评价各指标权重。通过计算可得赣南原中央苏区18个县(市、区)各单元的脆弱性数值及排序(见表5-3-4)。

表5－3－4　　赣南原中央苏区各县(市、区)评价单元生态脆弱性数值

排序	评价单元	生态环境脆弱性值
1	寻乌县	0.277
2	崇义县	0.386
3	龙南县	0.424
4	会昌县	0.450
5	石城县	0.466
6	兴国县	0.479
7	安远县	0.514
8	于都县	0.518
9	定南县	0.527
10	上犹县	0.541
11	全南县	0.551
12	大余县	0.555
13	赣县	0.598
14	宁都县	0.612
15	瑞金市	0.615
16	信丰县	0.650
17	章贡区	0.687
18	南康县	0.723

由表5－3－4可知，赣南原中央苏区生态环境脆弱度最小的地域单元为寻乌县，生态环境脆弱性数值为0.277；脆弱度最大的地域单元为南康县，脆弱度数值为0.723；生态脆弱性评估主要是为了进一步揭示赣南原中央苏区生态脆弱性特征，对各评价单元的生态脆弱度进行计算，通过对脆弱性的各构成要素进行定量评价，然后从脆弱性构成要素之间的相互作用关系出发，建立脆弱性评价模型，通过计算确定脆弱性数值，然后得出具体的脆弱程度。但是，目前对生态脆弱度的分级没有统一的标准，也没有普遍适应的评价依据。在国内研究中，有研究者将生态脆弱性划分为微度脆弱、轻度脆弱、中度脆弱、强度脆弱、极强度脆弱五类(蔡海生，2009；魏金平，2009)。根据国内研究现状，结合赣南原中央苏区自然地理状况及生态脆弱性表现特征，本文中按生态脆弱度的大小把生态脆弱性程度分为五级，即微度脆弱、轻度脆弱、中度脆弱、强度脆弱和极强度脆弱(表5－3－5)。

表5－3－5　　赣南原中央苏区生态脆弱度分级表

等级	综合评价分级	生态脆弱度数值	包括县(市、区)	面积/km²	占总面积比例/%
Ⅰ	微度脆弱	$G \leq 0.3$	寻乌县	2311	5.87
Ⅱ	轻度脆弱	$0.3 < G \leq 0.45$	崇义县、龙南县、会昌县	6560	16.66
Ⅲ	中度脆弱	$0.45 < G \leq 0.55$	石城县、兴国县、安远县、于都县、定南县、上犹县、全南县	14445	36.68
Ⅳ	强度脆弱	$0.55 < G \leq 0.7$	大余县、赣县、宁都县、瑞金市、信丰县、章贡区	14331	36.39
Ⅴ	极强度脆弱	$G > 0.7$	南康县	1732	4.40

数据来源：《江西省统计年鉴》(2013)。

由表5－3－5可知，赣南原中央苏区18个县(市、区)域单元中处于微度脆弱的有1个寻

乌县，其面积占整个区域的 5.87%；处于轻度脆弱的为崇义县、龙南县、会昌县等 3 个行政单元，面积为 6560km²，占整个赣南原中央苏区面积的 16.66%；处于中度脆弱的为石城县、兴国县、安远县、于都县、定南县、上犹县、全南县等 7 个行政单元，面积为 14445km²，占赣南原中央苏区面积的 36.68%；处于强度脆弱的为大余县、赣县、宁都县、瑞金市、信丰县、章贡区等 6 个行政单元，面积为 14331km²，占赣南原中央苏区面积的 36.39%；极强度脆弱的为南康县，面积为 1732km²，占总面积的 4.4%。通过分析得出赣南原中央苏区脆弱度水平整体处于中度和强度脆弱，中度和强度脆弱行政单元占了整个赣南原中央苏区面积的 73%，可见，生态环境形势不容乐观。在赣南原中央苏区内山地是该区的主要地貌，然后是丘陵，最后才是盆地河谷。变质岩、花岗岩和红砂岩构成了该区的主要基岩，且岩石很容易就风化，红壤与紫色土构成了土壤的主要类别，且土壤很容易被侵蚀，在某种程度上会造成严重的水土流失。该区拥有非常高的结构性脆弱度，主要是由于该区每年的平均气温都比较高而且很容易干燥造成的。另一方面，山区县的每人拥有的土地面积少，经济落后，但是人口会越来越多，为了满足自身的发展需要就会过度开垦山坡地，增加了该区的脆弱度。

5.4 赣南原中央苏区生态脆弱性与贫困特征指标的灰色关联分析

生态脆弱性受到多重因素的影响，与经济贫困、生态环境保护、地形差异、人口素质等有关，其中最重要的因素是经济贫困，因为经济贫困会导致生产要素的不合理配置，粗放经济增长方式的出现，导致人们生活水平、受教育水平低下等，最终陷入 3P 的恶性循环怪圈。而表征贫困的特征变量很多，那么这些表征贫困的特征变量与生态脆弱性的相关度如何？影响程度如何？如何根据影响程度来因地制宜地制定缓解生态脆弱的政策建议，正是管理部门需要考虑的事情。上一章测算出了生态脆弱度，本章节中，拟通过选取贫困特征变量，加之已有的生态脆弱度数据，运用灰色关联分析法来实证分析两者的内在关联性，为探寻基于脆弱生态环境分布特征的赣南原中央苏区贫困问题思考与建议提供参考依据。

5.4.1 灰色关联分析方法

灰色关联分析（GRA）是通过灰色关联度来分析和确定系统元素间的影响或元素对系统主行为的贡献测度的一种方法。灰色关联度是两个系统或两个元素间关联性大小的度量，它描述系统发展过程中元素间相对变化的情况，也就是变化大小、方向与速度等的相对性。如果两元素在发展过程中相对变化态势基本一致，即同步变化程度高，则两者的关联度大，反之灰色关联度就小。本文采用灰色理论模型进行致贫因子关系的研究，使政策制定者对贫困的预期更加合理化与精确化的同时，还便于国家反贫困宏观调控政策导向及时性，从而降低相应的风险。灰色关联法的计算步骤为：

(1)确定反映系统行为特征的参考数列和影响系统行为的比较数列。

反映系统行为特征的数据序列,称为参考数列。影响系统行为的因素组成的数据序列,称为比较数列。

(2)对参考数列和比较数列进行无量纲化处理。

(3)求参考数列与比较数列的灰色关联系数。

$$\zeta = \frac{\Delta(\min) + \rho\Delta(\max)}{\Delta oi(k) + \rho\Delta(\max)} \quad (5-4-1)$$

式(5-4-1)中,$\Delta(\min)$是第二级最小差,$\Delta(\max)$是两级最大差。其中ρ为分辨系数,一般在0~1之间,通常取0.5。为各比较数列X_i曲线上的每一个点与参考数列Xo曲线上的每一个点的绝对差值,记为$\Delta oi(k)$。

(4)求关联度r_i。

$$r_i = \frac{1}{N}\sum_{k=1}^{N}\zeta_i(k) \quad (5-4-2)$$

ri值越接近1,说明相关性越好。

(5)关联度排序。根据关联度的大小对其进行排序。

5.4.2 生态脆弱指标描述统计分析

赣南原中央苏区属于生态脆弱的贫困地区,经济贫困和生态脆弱是其固有的特征。据统计,赣南原中央苏区18个县(市)范围内,有9个是国家级贫困县,包括了赣县、上犹县、安远县、宁都县、于都县、兴国县、会昌县、寻乌县、石城县等,其总体面积等于23687km²,占研究区域整体面积的60%。与此同时,不属于贫困县范畴的管辖面积等于15692km²,占赣南原中央苏区总面积的40%;在这些贫困县当中,总体人口量等于424.97万人,占赣南原中央苏区所有人口量的53%;不属于贫困县范畴的总体人口量等于376.86万人,占赣南原中央苏区所有人口量的47%(见图5-4-1、图5-4-2)。

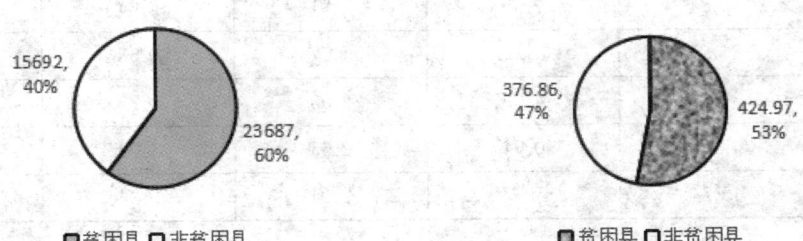

图5-4-1 贫困与非贫困县面积范围及比例   图5-4-2 贫困与非贫困县人口数量及比例

在贫困发生率方面,赣南原中央苏区18个县(市)的贫困发生率分布范围为0.01~0.29,其中,章贡区、全南县、崇义县等3个县的贫困发生率小于0.1,龙南县、信丰县、南康县、大余县、瑞金县、石城县、于都县、安远县、兴国县等9个县的贫困发生率在0.1~0.2之间,赣县、会昌县、上犹县、寻乌县、宁都县、定南县等6个县的贫困发生率在0.2～0.3之间。城乡居民收入差异率在0.27～0.4之间，范围内总人口为904.21万人，其中，全南县、定南县的城乡居民收入差异率在0.3以下，石城县、赣县、兴国县、南康县、于都县、瑞金县、会昌县、崇义县等8个区域的城乡收入差异在0.3～0.35，上犹县、龙南县、寻乌县、安远县、宁都县、大余县、章贡区、信丰县等8个县的收入差异处于0.35～0.4之间。随着贫困发生率的升高，生态脆弱度及城乡居民收入差异均呈现较高态势的波动状分布，说明生态脆弱性对贫困分布有较大影响，同时影响城乡居民的收入差异状况（见表5－4－1）。

表5－4－1　　　　　赣南原中央苏区各区域总人口及贫困人口分布情况

地区	总人口/万人	贫困人口/万人	城镇居民可支配收入/（万元/人）	农村居民可支配收入/（万元/人）	生态脆弱度
全南县	19.62	1.43	1.93	0.53	0.551
定南县	21.98	6.4	2.07	0.61	0.527
石城县	32.82	6.1	1.79	0.58	0.466
赣县	64.17	13.07	2.05	0.69	0.598
兴国县	82.64	15.92	2.02	0.68	0.479
南康县	85.9	11.2	2.16	0.73	0.723
于都县	109.14	20.37	2.04	0.69	0.518
瑞金县	69.37	10.5	2.12	0.72	0.615
会昌县	52.68	11.18	1.96	0.68	0.45
崇义县	21.46	1.75	1.95	0.68	0.386
上犹县	32.1	7	1.9	0.68	0.541
龙南县	33.16	3.2	2.11	0.76	0.424
寻乌县	32.61	7.19	1.84	0.67	0.277
安远县	39.81	7.55	1.81	0.67	0.514
宁都县	81.87	18.38	1.77	0.68	0.612
大余县	31.26	4.69	2.03	0.78	0.555
章贡区	47.78	0.54	2.65	1.02	0.687
信丰县	45.84	4.5	2.14	0.86	0.65

数据来源：2014年《江西省统计年鉴》。

在生态脆弱度方面，赣南原中央苏区生态环境脆弱度最小的地域单元为寻乌县，生态环境脆弱性数值为0.277；脆弱度最大的地域单元为南康县，脆弱度数值为0.723。赣南原中央苏区18个县（市、区）域单元中处于微度脆弱的有1个寻乌县，其面积占整个区域的5.87%；处于轻度脆弱的为崇义县、龙南县、会昌县等3个行政单元，面积为6560km²，占整个赣南原中央苏区面积的 16.66%；处于中度脆弱的为石城县、兴国县、安远县、于都县、定南县、上犹县、全南县等 7 个行政单元，面积为 14445km²，占赣南原中央苏区面积的 36.68%；处于强度脆弱的为大余县、赣县、宁都县、瑞金市、信丰县、章贡区等 6 个行政单元，面积为 14331km²，占赣南原中央苏区面积的 36.39%；极强度脆弱的为南康县，面积为 1732km²，占总面积的 4.4%（见图 5-4-3）。

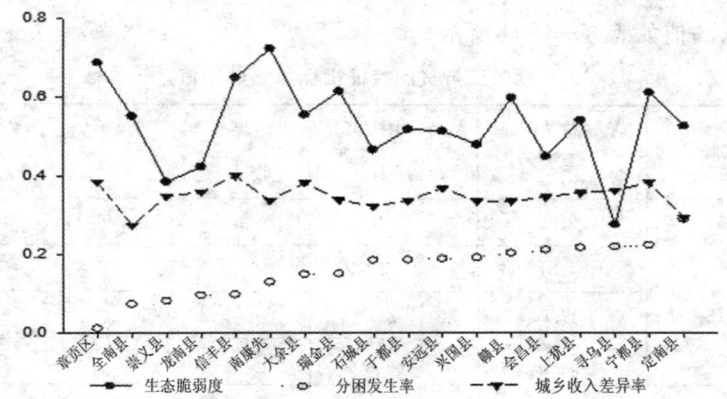

图 5-4-3　赣南原中央苏区生态脆弱度、贫困发生率及城乡收入差异分率

5.4.3 贫困特征指标的选取及释义

本文选取表征贫困特征指标 X_2（总人口）、X_3（贫困人口）、X_4（城镇居民可支配收入）、X_5（农村居民可支配收入）（见表 5-4-2）作为灰色关联分析的基础，其中选取 X_1（生态脆弱度）作为原始指标的主因子，其他因子则为关联因子。

表 5-4-2　　　　　　　赣南原中央苏区贫困特征指标体系

	关联因子	指标	指标名称及释义
生态脆弱性与贫困特征	主因子	生态脆弱性	X_1：生态脆弱度（用第 5.3 节算出的生态脆弱度数据值表示）
	关联因子	人口因素	X_2：总人口（万人）
	关联因子		X_3：贫困人口（万人）
	关联因子	经济因素	X_4：城镇居民可支配收入（元）
	关联因子		X_5：农村居民可支配收入（元）

资料来源：《江西省统计年鉴》(2014)。

相关指标说明如下。

(1) 生态脆弱度

表示地区或者区域的生态脆弱水平，用第 5.3 节测算出来的生态脆弱程度来表示。

(2) 人口因素

用总人口表示人口规模，人口的规模也是反映贫困特征的指标；贫困人口反映的是低于标准线以下的人口数量,贫困发生率=贫困人口/总人口,贫困发生率是对区域贫困状况进行对比分析时,被广泛使用的一个评估指标。

(3)经济因素

城乡居民收入差异用农村居民收入与城镇居民收入比来表示(杨庆明,2014):$Y=C/U$,Y 代表城乡居民收入差异,C 代表农村居民收入,U 代表城市居民收入。

以上原始数据的值如表 5-4-3 所示。

表 5-4-3 生态脆弱度与贫困特征指标原始数据值

指标	X_1:生态脆弱度	X_2:总人口/万人	X_3:贫困人口/万人	X_4:城镇居民可支配收入/(万元/人)	X_5:农村居民可支配收入/(万元/人)
全南县	0.551	19.62	1.43	1.93	0.53
宁都县	0.612	81.87	18.38	1.77	0.68
于都县	0.518	109.14	20.37	2.04	0.69
兴国县	0.479	82.64	15.92	2.02	0.68
会昌县	0.45	52.68	11.18	1.96	0.68
寻乌县	0.277	32.61	7.19	1.84	0.67
石城县	0.466	32.82	6.1	1.79	0.58
瑞金县	0.615	69.37	10.5	2.12	0.72
南康县	0.723	85.9	11.2	2.16	0.73
章贡区	0.687	47.78	0.54	2.65	1.02
赣县	0.598	64.17	13.07	2.05	0.69
信丰县	0.65	45.84	4.5	2.14	0.86
大余县	0.555	31.26	4.69	2.03	0.78
上犹县	0.541	32.1	7	1.9	0.68
崇义县	0.386	21.46	1.75	1.95	0.68
安远县	0.514	39.81	7.55	1.81	0.67
龙南县	0.424	33.16	3.2	2.11	0.76
定南县	0.527	21.98	6.4	50.4	83.4

数据来源:《江西省统计年鉴》(2014)。

5.4.4 灰色关联实证分析

原始数据具有不同的单位,指标间无法进行对比,因此,先要对原始数据进行无量纲标准化处理。采取直线型功效系数法公式:

$$正向指标:ft(P)=\frac{ut(j)-\min ut(j)}{\max ut(j)-\min ut(j)} \quad (5-4-3)$$

逆向指标：$ft(N) = \dfrac{\max ut(j) - ut(j)}{\max ut(j) - \min ut(j)}$ (5-4-4)

其中，$ft(P)$为正向指标，指标值越大越好，$ft(N)$为逆向指标，指标值越小越好。$ut(j)$为第j个县第t个指标的实际值，$\max ut(j)$为该指标的最大值，$\min ut(j)$为该指标的最小值。上述指标中，总人口越多，由于人口的增多，生态会容易破坏，生态脆弱度越高，正向指标；贫困人口越多，人们为改变经济贫困的状况，会通过砍伐森林、破坏环境来提高收入，导致生态脆弱度增加，正指标；城镇居民可支配收入，在当前条件下，城镇居民可支配收入的提高可以降低生态环境脆弱度，从而减轻环境问题的压力，负指标；同理，在当前条件下，农村居民可支配收入的提高可以降低生态环境脆弱度，从而减轻环境问题的压力，负指标。标准化处理后的数据如表5-4-4所示。

表5-4-4　　生态脆弱度与贫困特征指标标准化处理数据值

指标	X_1:生态脆弱度	X_2:总人口	X_3:贫困人口	X_4:城镇居民可支配收入	X_5:农村居民可支配收入
全南县	0.551	0.00	0.04	0.007	0.002
宁都县	0.612	0.70	0.90	0.000	0.000
于都县	0.518	1.00	1.00	0.0033	0.002
兴国县	0.479	0.70	0.78	0.0056	0.002
会昌县	0.45	0.37	0.54	0.0014	0.002
寻乌县	0.277	0.15	0.34	0.0080	0.004
石城县	0.466	0.15	0.28	0.0076	0.003
瑞金县	0.615	0.56	0.50	0.0004	0.001
南康县	0.723	0.74	0.54	0.0039	0.002
章贡区	0.687	0.31	0.00	0.0070	1.000
赣县	0.598	0.50	0.63	0.0051	0.002
信丰县	0.65	0.29	0.20	0.0027	0.002
大余县	0.555	0.13	0.21	0.0053	0.002
上犹县	0.541	0.14	0.33	0.0181	0.006
崇义县	0.386	0.02	0.06	0.0008	0.002
安远县	0.514	0.23	0.35	0.0072	0.003
龙南县	0.424	0.15	0.13	0.0037	0.002
定南县	0.527	0.03	0.30	0.0058	0.002

资料来源：经原始数据标准化处理所得。

经标准化处理后，选择生态脆弱度为参考数列，选择总人口、贫困人口、城镇居民纯收入、农村居民纯收入为比较数列。分别用比较数列除以参考数列得到表5-4-5：

表5-4-5　　　　　　　　　　比较数列除以参考数列

指标	X_1:生态脆弱度	X_2:总人口	X_3:贫困人口	X_4:城镇居民可支配收入	X_5:农村居民可支配收入
全南县	0.5510	0.0000	0.0726	0.0127	0.0036
宁都县	0.6120	1.1438	1.4706	0.0000	0.0000
于都县	0.5180	1.9305	1.9305	0.0064	0.0039
兴国县	0.4790	1.4614	1.6284	0.0117	0.0042
会昌县	0.4500	0.8222	1.2000	0.0031	0.0044
寻乌县	0.2770	0.5415	1.2274	0.0289	0.0144
石城县	0.4660	0.3219	0.6009	0.0163	0.0064
瑞金县	0.6150	0.9106	0.8130	0.0007	0.0016
南康县	0.7230	1.0235	0.7469	0.0054	0.0028
章贡区	0.6870	0.4512	0.0000	0.0102	1.4556
赣县	0.5980	0.8361	1.0535	0.0085	0.0033
信丰县	0.6500	0.4462	0.3077	0.0042	0.0031
大余县	0.5550	0.2342	0.3784	0.0095	0.0036
上犹县	0.5410	0.2588	0.6101	0.0335	0.0111
崇义县	0.3860	0.0518	0.1554	0.0021	0.0052
安远县	0.5140	0.4475	0.6809	0.0140	0.0058
龙南县	0.4240	0.3538	0.3066	0.0087	0.0047
定南县	0.5270	0.0569	0.5693	0.0110	0.0038

资料来源：经过原始数据计算所得。

在上一步进行了初值法无量纲化后，再计算关联系数。在上一步求得每一数列的关联系数之后，采用灰色关联度（即取每一数列关联系数r_i的平均值作为这一数列的灰色关联度R_i）。

$$R_i = \frac{1}{n}\sum_{i=1}^{n} r_i \qquad (5-4-5)$$

再进行关联度排序比较各因素的影响程度大小，可得：

表5-4-6　　　　　　　　　　关联度排序

指标	X_1:生态脆弱度	X_2:总人口	X_3:贫困人口	X_4:城镇居民可支配收入	X_5:农村居民可支配收入
寻乌县	0.2770	0.5415	1.2274	0.0289	0.0144
崇义县	0.3860	0.0518	0.1554	0.0021	0.0052
龙南县	0.4240	0.3538	0.3066	0.0087	0.0047

续表

指标	X_1:生态脆弱度	X_2:总人口	X_3:贫困人口	X_4:城镇居民可支配收入	X_5:农村居民可支配收入
会昌县	0.4500	0.8222	1.2000	0.0031	0.0044
石城县	0.4660	0.3219	0.6009	0.0163	0.0064
兴国县	0.4790	1.4614	1.6284	0.0117	0.0042
安远县	0.5140	0.4475	0.6809	0.0140	0.0058
上犹县	0.5410	0.2588	0.6100	0.0335	0.0111
于都县	0.5180	1.9305	1.9305	0.0064	0.0039
定南县	0.5270	0.0569	0.5693	0.0110	0.0038
全南县	0.5510	0.0000	0.0726	0.0127	0.0036
大余县	0.5550	0.2342	0.3784	0.0095	0.0036
赣县	0.5980	0.8361	1.0535	0.0085	0.0033
宁都县	0.6120	1.1438	1.4706	0.0000	0.0000
瑞金县	0.6150	0.9106	0.8130	0.0007	0.0016
信丰县	0.6500	0.4462	0.3077	0.0042	0.0031
章贡区	0.6870	0.4512	0.0000	0.0102	1.4556
南康县	0.7230	1.0235	0.7469	0.0054	0.0028
灰色关联度	——	0.07	0.08	0.64	0.58

资料来源:经过计算所得。

经过计算可得,与生态脆弱度相关性按照相关程度由高到低依次为:城镇居民可支配收入、农村居民可支配收入、贫困人口、总人口。可解释如下:赣南原中央苏区经济特别贫困,居民对经济要素非常敏感,只要提高经济收入,经济收入的增加就会有意识地去保护生态环境,生态脆弱度就会下降很明显;同时,人口规模的因素是生态脆弱的因素,但是没有经济因素敏感性强,即使人口增加再多,也没有经济收入增加的作用明显。

综上所述,赣南原中央苏区县生态环境对贫困状况有很大的影响,该地的生态环境同贫困状况二者之间呈现互为矛盾关系平均,尤其是农村人口平均收入对生态环境脆弱度极为显著。赣州市因为其特殊的地理位置和地理构成,自然灾害多样而频繁。赣州市地形地貌以丘陵为主,四周群山环绕,形成四周高中间低、南高北低地势,境内溪水密布、河流纵横,春夏降水集中期容易出现滑坡、泥石流等地质灾害。此外,赣州市由于地处中亚热带南缘,属于亚热带季风气候,春季阴雨连绵,冷暖气流对抗剧烈,有冰雹、雷雨大风等灾害天气;夏季降水集中,容易出现先涝后旱,异常时期出现酷暑;秋季受北方南下高压控制,秋高气爽,但降雨少易出现秋旱;冬季受干冷气团控制,降雪少,但时有寒潮和霜冻灾害。赣州市虽然在农村反贫困工作方面做了大量的工作，许多农村贫困人口也确实摆脱了贫困，但他们的收入水平还比较低，经济基础极不稳定，加上他们大多居住在山区，自然条件复杂、灾害频发，贫困现象仍然十分严重。即该地的自然生态环境阻滞了当地的经济发展，进而造成区域性的贫困现象发生，并且经济的全方位滞后导致生态环境状况同样不容乐观。因此，在发展赣南原中央苏区经济，实现地区扶贫时，要合理处理两者之间的关系，对区域生态环境的脆弱度现状提出有针对性的扶贫开发途径或模式。

5.5 基于脆弱生态环境分布特征的赣南原中央苏区贫困现象的思考

通过系统化的方式实现生态环境脆弱性的深入分析，并对贫困问题进行阐述，进而阐明二者的关系，其意义在于通过对生态环境脆弱性表征因子的界定，进而对当前该地区公众开发利用土地资源等行为实现效度化调整，从而使该地的生态环境恶化状况得以切实改善。基于生态学理论来看，综合治理生态环境的关键要素乃是应立足于当地实情，同时在精准掌握不同区域的生态脆弱性情况的基础之上，开展各项旨在改善生态环境的专项治理活动；依托对现有土地资源的合理规划与开发利用，实现对第一产业结构的重组，同时以区域内小城镇建设作为创新突破口，效度化实现对土地资源的优化利用。此外，在前述工作任务操作过程中，必须着重生态环境效应所带来的实际影响。

首先，注重推进土地资源整合工作以及执行生态化建设理念。基于历史发展的角度审视赣南原中央苏区的土地资源开发利用状况能够发现，长期以来该地区在土地资源开发利用方面未能实现土地资源的优化配置，进而导致"人—地"二者之间呈现出"需求与供给"的矛盾关系。基于实现对退耕还林之后的土地资源开发利用行为的规范引导，以免因欠缺系统化、规范化的土地资源利用行为而导致生态环境进一步恶化发展，因此应注重推进土地资源整合工作以及执行生态化建设理念，同时在这一过程中，务求实现对"人—地"二者之间呈现出"需求与供给"矛盾关系的效度化协调。此外，基于资源可持续发展的考虑，该地区应注重加大对广大农村地区的财政扶持，同时帮其发现新的经济增长点，进而推动农村经济实现效度化增长。

其次，秉承人本主义理念，注重对人口素质的切实提升。20世纪改革开放以来，市场经济取代了计划经济体制，推动了国民经济的增长，促进了综合国力的提升，然而在这个过程中，优先发展经济在国内诸多地区的建设过程中被奉为圭臬，因而无形中忽视了人同自然环境和谐相处的重要意义所在。基于此种情形的考虑，实现土地资源保护以及推动土地资源的持续利用，应转变以往的偏差性思维，立足于社会公众福祉提升的角度实现对自然生态环境的改善。因此在实际工作中，应注重培养公众的生态观念，提升其科技生产技能，进而使其具有科学生态观的养成以及科技生产技能的提升，降低土地资源的负载量；在工作中要注重把握工作方向和工作重心，认识到退耕还林的最终目的在于实现广大农村地区的生态化建设。此外，对广大农村地区进行生态化模式管理，乃是实现生态平衡，改善自然生态质量所需倚重的重要工作思想进步，在此种观念的指引下，循序渐进地实现农村公众的宜居环境创设。

再次，立足本地自然资源，注重开发生态旅游项目，进而发掘新的经济增长点。生态旅游乃是建立在自然生态环境基础之上的旅游开发项目，其同一般旅游项目的不同之处，在于其更为注重对自然生态资源的原生态呈现。基于此种情形，在对赣南原中央苏区进行生态旅游资源开发过程中，应注重对湿地等鸟类赖以生存的栖息地的保护，以便体现自然生态资源开发利用的合理性原则。

最后，依托立法活动实现对自然生态资源的法律保护。现今国内制定出台了多部旨在调整生态关系的单行法律，各地也结合本地实情，纷纷制定出台了各项地方性法规与地方政府规章，然而从法律与其调整的社会关系二者之间来看，立法活动通常处于相对滞后状态。因此对于各地政府职能部门而言，必须注重对环保知识的宣传，以便使公众形成科学的生态观，同时立法机关应进一步完善、修订相关法律，以便为自然生态资源提供法律保障。

此外，将绿色 GDP 实施情况纳入到政府工作绩效考核范畴之中。绿色 GDP 强调的是经济发展与环境资源保护的并行发展。基于推进绿色 GDP 效度化实现的目的，在对政府工作绩效考核时，应将绿色 GDP 践行情况纳入到考核范畴之中，以此实现对政府践行自然生态资源保护的重视，同时也使各级政府在经济建设过程中，注重实现经济效益、社会效益与生态效益的"三位一体"。

5.6 结论与讨论

长期以来，理论界一直致力于对贫困问题的研究，贫困问题的存在影响了社会经济的发展进程，同时会导致诸如生态环境趋于恶化、社会不稳定因素增加等一系列现实问题。自 20 世纪改革开放至今，党和政府高度关注贫困群体，扶贫事业发展势头较好，先前的整体性贫困现象不复存在，取而代之的是局部性贫困问题凸显。处于贫困状态的人口数量呈减少趋势，而贫困区域的经济状况也呈现良性发展的态势，然而，贫困的问题还需要更多努力来处理。本选题以生态脆弱度阐释为研究切入点，依托相关文献，综合分析了现阶段赣南原中央苏区的生态环境脆弱程度，同时也对研究区域生态环境脆弱程度和贫困相关度二者的内在关联性空间耦合特征进行阐述和分析，探讨该区域内解决生态脆弱贫困问题的有效手段。同时本选题的研究结果较为真实地反映了现阶段赣南原中央苏区生态环境状况，从而为该地区的土地资源开发利用与生态保护建设提供了有益的分析视角。通过以上阐述得出的主要结论如下：

（1）赣南原中央苏区依然存在森林植被破坏、水土流失、酸雨污染严重、地表水质污染局部加剧、固体废物污染、环境空气污染等环境问题。

(2)赣南原中央苏区绝大部分区域为中、强度脆弱区,占整个赣南原中央苏区面积的73%。研究区内18个县(市)中,寻乌县为微度脆弱区,面积占5.87%;崇义县、龙南县、会昌县等3个行政单元为轻度脆弱,占整个赣南原中央苏区面积的16.66%;石城县、兴国县、安远县、于都县、定南县、上犹县、全南县等7个行政单元为中度脆弱,占赣南原中央苏区面积的36.68%;大余县、赣县、宁都县、瑞金市、信丰县、章贡区等6个行政单元为强度脆弱,占赣南原中央苏区面积的36.39%;极强度脆弱的为南康县,占总面积的4.4%。

(3)赣南原中央苏区内包括9个国家级贫困县,占研究区总面积的60%;其人口数量为全区人数的53%。区域内的综合贫困度还是比较高,贫困人口的数量不少,但是贫困人口的平均收入还是比较低。

(4)生态脆弱性对贫困分布有较大影响,同时影响城乡居民的收入差异状况。随着贫困发生率的升高,生态脆弱度及城乡居民收入差异均呈现较高态势的波动状分布。与生态脆弱度相关性按照相关程度由高到低依次为:城镇居民可支配收入、农村居民可支配收入、贫困人口、总人口。

由以上的分析,可以了解到赣南原中央苏区生态脆弱度与其贫困分布之间相关度较高,生态环境同贫困状况二者之间呈现互为矛盾关系。即该地的脆弱性自然生态环境阻滞了当地的经济发展,进而造成区域性的贫困现象发生,并且经济的全方位滞后导致生态环境状况同样不容乐观。脆弱生态环境是赣南原中央苏区贫困问题突出的重要原因所在,而要使该问题得到有效的解决,关键是能够有效地处理好环境问题及经济发展之间的相互矛盾又相互促进的关系,唯有改变以往遵循的经济发展模式,实现经济发展模式的效度化创新,才能最终实现区域脱贫致富。目前,对赣南原中央苏区贫困区与生态环境脆弱性关系的研究还是比较有限,因此,参考的资料和数据还是比较有限,另外,对于资料的整理和收集还是有相当的困难,赣南原中央苏区的环境治理及贫困治理策略还需更多完善,同时有效地总结及概括地区生态环境脆弱与贫困规律的方法也有提升的空间,仍需进一步修正,还需要改进。由于缺乏一手的统计数据,本文的很多分析是在结合当前文献资料的前提下,依据相关的报告数据等进行的研究与阐述,提出相应的生态恢复和扶贫对策,这也是该研究内容后续工作可以完善之处。可在后续研究中通过对赣南原中央苏区进行深入的实地调查,通过对最新的数据资料的分析,对研究工作可以进行完善和补充。

第 6 章

自然资源禀赋与区域经济振兴研究

6.1 赣南中央苏区的资源及资源开发现状

6.1.1 矿产资源现状

赣南原中央苏区位于江西南部,地域广,拥有丰富的自然资源,特别是矿产资源和林业资源,成为该地区的优势资源,为苏区带来巨大的经济效益。赣州市大部分地区属于赣南原中央苏区,而且是全国重要的有色金属矿基地之一,因钨矿和稀土矿蕴藏量大,被誉为"世界钨都""稀土王国",钨矿占全国储量的50%、世界储量的30%,稀土产量全国第二。

(1) 矿产种类多,储量大

赣南原中央苏区矿产种类多,已发现的矿产有100多种,其中探明储量的有70多种,主要有钨和稀土两种优势有色矿种,其他还有铀、钍、锡、铋、萤石、麦饭石、轻稀土、岩盐等。钨矿是赣南地区最具特色和优势的矿产资源,估计储量达53万吨,占世界总储量的30%左右,占全国钨矿储量的一半以上;稀土矿为国家重要战略资源,保有储量21万吨,分别占世界总储量的36%和全国稀土储量的55%;钽、晶质石墨、高岭土、透闪石、大理岩、铪(锆)、滑石、泥炭、铌、钛、水泥灰岩、矿泉水、地热、白云岩、硅石等具有潜在的经济优势资源,金、银、钨、锡、铋、离子型稀土、膨润土、铜、钽铌、钼、高岭土等具有较大资源潜力。丰富的矿产资源可为苏区工业的发展提供巨大的推动力,为苏区经济发展提供坚实的物质保障。

(2) 矿产地分布集中,规模大

赣南地区矿产地受地质构造的影响,主要分布在几个成矿带内,集中分布。赣州已利用主要矿种矿区312个,其中大中型矿区12个(其中钨矿9个),占矿山种数1.2%,产值占比

23%。钨矿、稀土矿和锡矿70%以上主要集中在大中型矿区,有利于规模开采。区域分布上有明显特点,有色金属矿主要集中在崇义、上犹等地区,南部信丰、寻乌地区以稀土、煤矿等矿产为主,金银矿则多分布在兴国、于都地区。矿产资源的集中分布有利于集中开采,节约成本,提高矿产产出效益。主要优势矿产分布区形成一些大型的矿产企业,形成了规模效益,提高了当地的就业率,带动了经济增长。

(3) 矿产易开采,矿种伴生分布

赣南地区矿石埋藏浅,钨矿和稀土矿等优势矿产含有杂质较少,加上技术先进,选矿流程简单易操作,开采难度小,产出率高,成本相对较低。极少数矿种(或矿床)的矿石品质差,含有害杂质高,如煤矿多为高灰、高硫煤,磷矿为低贫、难选矿石,赤铁矿含磷、硫较高。矿床中往往不只含有一种矿种,多种矿石形成综合性矿床,例如在钨矿中伴生的矿产有:锡、铋、钼、铍、钽、铌、稀土等多种其他有色矿产,锂、铷、铯、高岭土、云母、长石等矿产与钽矿伴生。伴生现象有利有弊,在开采矿产过程中综合利用矿产的伴生性能提高产出效益,产出多种矿产,丰富产出种类;不利之处在于影响主要产出矿种的产量,但为了保护资源和生态环境,企业往往选择多种矿产共同开采利用。

(4) 矿产资源开发潜力大

一是赣南原中央苏区矿产资源多为特色资源,例如钨矿和稀土矿,蕴藏量占世界前列,矿产资源的不可再生性使得潜在的价值更加巨大;二是目前赣南地区经济条件和技术水平有限,对于矿产资源的开发利用仅仅停留在较低层次,还有较大的利用空间,对资源进行更高层次的开发利用,能够产生更高的经济效益;三是由于法律和制度的滞后,管理缺失,存在大量的不合法、不规范矿产开发行为,导致矿产资源浪费和生态破坏现象频频发生。通过针对性的政策约束矿区开采行为,统筹全局规划区域矿产开发,减少资源浪费等现象的发生,将进一步提高矿产资源对经济的作用水平。

综上所述赣南原中央苏区矿产资源丰富多产,资源利用价值高,开发潜力大,苏区经济振兴要利用好当地的矿产资源,合理开发利用,创造更大价值。

6.1.2 赣南原中央苏区矿产资源开发度分析

在综合已有文献并在数据可获取性的原则上分析后发现,矿产资源测度指标有很多种,本文中的矿产资源开发度采用的是地区采矿业固定资产投资占全社会固定资产投资总额的比重为矿产资源开发度。收集统计年鉴中赣南原中央苏区2010—2014年的矿产资源相关数据后作出表6-1-1,可以清晰反映出赣南原中央苏区各个县的矿产资源开发强度。

表 6-1-1　　2010—2014 年赣南原中央苏区 13 个县的矿产资源开发度情况　　单位：%

	2010	2011	2012	2013	2014	平均值	排名
信丰	1.59	1.19	1.33	1.78	1.55	1.49	12
上犹	3.10	2.51	1.46	1.55	1.32	1.99	8
崇义	7.12	2.23	1.99	1.05	1.68	2.81	5
安远	1.92	2.04	2.20	1.81	1.07	1.81	9
宁都	1.63	1.06	1.66	1.46	1.63	1.49	11
于都	5.76	3.88	4.11	2.76	3.63	4.03	3
兴国	3.08	2.74	1.84	1.36	1.83	2.17	7
会昌	5.90	4.62	4.93	2.84	2.38	4.13	1
寻乌	3.80	3.67	3.69	2.37	6.62	4.03	2
石城	2.74	3.09	3.72	4.00	3.78	3.47	4
瑞金	1.58	1.05	1.71	1.58	1.37	1.46	13
黎川	1.43	1.85	1.78	1.77	1.21	1.61	10
广昌	2.01	2.52	1.60	3.41	1.58	2.22	6
平均值	3.20	2.50	2.46	2.28	2.13	2.52	—

如表 6-1-1 所示，2010—2014 年中，赣南原中央苏区综合矿产资源开发强度由 2010 年的 3.2% 下降至 2014 年的 2.13%，表明矿产类固定资产投资比重占各县固定资产总投资比重开始逐渐下降，其中在 2010 年 13 个县中开发强度最大的两个县为崇义县和会昌县，矿产类固定资产投资所占比重分别为 7.12% 和 5.9%；2011 年 13 个县中开发强度最大的两个县为会昌县和于都县，矿产类固定资产投资所占比重分别为 4.62% 和 3.88%；2012 年 13 个县中开发强度最大的两个县为会昌县和于都县，矿产类固定资产投资所占比重分别为 4.93% 和 4.11%；2013 年 13 个县中开发强度最大的两个县为石城县和广昌县，矿产类固定资产投资所占比重分别为 4% 和 3.41%；2014 年 13 个县中开发强度最大的两个县为寻乌县和石城县，矿产类固定资产投资所占比重分别为 6.62% 和 3.78%；综合五年来矿产资源开发度的排名后发现占据前两名的县为会昌县和寻乌县，排名末两位的县为瑞金县和信丰县。综合分析上述情况产生的原因为，首先由于近年来矿产资源开发强度在不断加大，导致矿产资源储量规模总体上在下降；其次由于各县域经济的产业结构在不断丰富并呈多元化发展，使得矿产资源投资所占的比重相对来说受到抑制；最后还受环境保护力度的加大，使得矿产资源的开发工作门槛提高，矿产资源开发成本不断上升导致矿产资源类所受投资规模难以继续扩大。因此导致了赣南原中央苏区矿产资源开发度总体上呈下降趋势。

6.1.3 林业资源开发现状

赣南地区森林覆盖率高，林木种类繁多，经济林产值高，林业产值占 GDP 比例超过 5%，林业资源是赣南原苏区的重要资源。林业资源属于森林资源，既产生生态效益又带来经济效益，林业资源作为植物起到涵养水源、净化空气和美化景观的作用，作为生活资料为人类的生活带来燃料和建筑用材，作为生产资料为农业和工业提供原材料，林业资源的多样性为其他物种的多样性提供生存空间。赣南地区森林覆盖率高，林业资源丰富多样，为区域经济提供坚实的物质基础。

6.1.4 赣南原中央苏区林业资源的综合现状分析

(1) 林业面积广，林木种类多

据 2011 年统计数据，赣南地区土地总面积 390 万公顷，林地总面积 300 万公顷，森林覆盖率高达 76%，其中国有林地面积 38 万公顷，集体林地面积 25 万公顷，民营林地面积 230 万公顷，人均森林面积 0.36 公顷，与此同时，江西省 2011 年林地总面积 1072 万公顷，赣南地区林地面积占全省林地 30% 左右，省人均林地拥有量 0.23 公顷。赣南地区位于亚热带季风气候区，林木种类较丰富，乔木 500 多种，灌木 600 多种，竹类 30 多种，其中马尾松面积 90 万公顷；阔叶林（包括硬阔和软阔）面积 29 万公顷；国外松面积 7.6 万公顷；混交林面积 21.4 万公顷。竹林类资源包括毛竹林面积 15.8 万公顷，总共 34000 万株；杂竹林面积 0.17 万公顷，总共 360 万株。

(2) 经济林面积广，品种多

赣南地区经济林面积 21 万公顷，其中，果树林 11.88 万公顷，药用经济林 0.09 万公顷，林化工业原料林 0.12 万公顷，其他食材和燃料用材经济林 9.22 万公顷。用材类经济林树种有杉树、樟树、楠木等 400 余种；药用类树种有银杏、枸杞、八角等 190 多种；果树类有脐橙、蜜橘、柚子等 100 多种；胶类树种如板栗、南酸枣、油茶等 200 余种；绿化树种有水杉、苏铁、雪松等 100 余种。另外国家重点保护物种有观光木、钟萼木、香果树、罗汉松、华南玉叶松等 70 种。经济林为农业、工业提供原材料，同是也推动了第三产业的发展。

(3) 林业结构不合理，林农收入低

林业内部结构包含第一产业如林木的培育和种植、木材和竹材的采运和野生动物繁育和利用等产业，第二产业保护木材和竹材加工、家具制造和造纸等产业，第三产业包括林业类旅游、林业技术服务和林业园艺服务等产业。赣南地区 2014 年林业三大产业总产值 883.9 亿元，占全省林业总产值（2654.6 亿元）的 33%，其中第一产业产值 190.1 亿元，占比 21.5%；第二产业产值 664.1 亿元，占比 75.1%；第三产业产值 29.7 亿元，占比 3.4%。林业内部三大产业与国民经济三大产业类似，第一产业是技术含量最低但又最基础的产业，为第二、第三产业的发展提供基础保障。第二产业是对林业资源的加工产业，技术含量比第一产业高，大工业的规模生产以及人们生活的需要使得第二产业发展迅速,产值最高。第三产业是林业相关的服务类行业,技术要求高,产品和服务附加值高,产值效益高。赣南地区的产业结构以第二产业为主,生产大量的木制品,为社会发展提供了更多的物质保障。从林业三产业从业人数来看,第一、第二产业从业人数分别占54%和44%,仅仅有2%的人从事第三产业,这表明第一和第二产业对劳动力的吸附能力较强,但是经济效益低,林农收入较低,林区贫困明显。第三产业属于新型产业,产业发展的市场环境还不完善,需要政府大力扶持第三产业的发展,推进技术创新,转变管理理念,促进林区第三产业的发展,拉动林区经济的发展。

综上所述,赣南原中央苏区林业资源丰富,林区面积广,林木种类多,林业经济潜力大,在开发苏区林业资源时应注重优化林业产业结构,增加林农创收,推动经济发展。

6.1.5 赣南原中央苏区林业资源开发度分析

评价赣南原中央苏区林业资源开发水平可以借鉴矿产资源开发度的标准,但是林业资源与矿产资源又有所区别,受树木的生长时间长的影响,林业的固定资产投资收益需要较长的周期。因此本文采用每年每个县的林业总产值占该县当年 GDP 的比例来评价林业资源的开发度,即林业资源的开发度=林业总产值/GDP×100%。搜集 2010—2014 年赣南原中央苏区 13 个县的相关数据,得出表 6-1-2,可以得出各县的林业资源开发水平。

表 6-1-2   2010—2014 年赣南原中央苏区 13 个县的林业资源开发度情况   单位:%

	2010	2011	2012	2013	2014	平均值	排名
信丰	2.27	1.96	1.95	1.75	1.86	1.96	10
上犹	4.63	4.25	4.79	4.54	4.73	4.59	2
崇义	11.34	9.38	9.27	8.76	9.03	9.55	1
安远	4.91	4.31	4.66	3.96	4.22	4.41	3
宁都	2.27	1.84	2.03	1.94	2.10	2.04	8
于都	1.40	1.26	1.39	1.16	1.22	1.28	12
兴国	1.15	1.24	1.68	1.54	1.62	1.45	11
会昌	2.51	2.29	2.39	2.49	2.57	2.45	7
寻乌	2.18	2.05	2.10	1.77	1.83	1.99	9
石城	4.23	4.28	4.41	4.19	4.27	4.28	4
瑞金	0.90	0.76	0.87	0.84	0.90	0.85	13
黎川	3.91	3.62	1.64	2.83	2.77	2.95	6
广昌	3.63	3.82	3.06	4.19	4.11	3.76	5
平均值	3.49	3.16	3.10	3.07	3.17	3.20	—

如表 6-1-2 所示，赣南原中央苏区林业资源开发水平由 2010 年的 3.49% 降到 2014 年的 3.17%，表明林业资源相关产业带来的产值占 GDP 总值的比例逐年下降，其中 2010 年 13 个县中林业资源开发水平最高的是崇义县和安远县，林业产值占 GDP 比重分别为 11.34% 和 4.91%；2011 年 13 个县中林业资源开发水平最高的是崇义县和安远县，林业产值占 GDP 比重分别为 9.38% 和 4.31%；2012 年 13 个县中林业资源开发水平最高的是崇义县和上犹县，林业产值占 GDP 比重分别为 9.27% 和 4.79%；2013 年 13 个县中林业资源开发水平最高的是崇义县和上犹县，林业产值占 GDP 比重分别为 8.76% 和 4.54%；2014 年 13 个县中林业资源开发水平最高的是崇义县和上犹县，林业产值占 GDP 比重分别为 9.03% 和 4.59%。综合 5 年 13 个县的林业资源开发度的排名来看，崇义县、上犹县和安远县排前三名，林业平均开发度分别为 9.55%、4.73% 和 4.41%；排名后两位的是于都县和瑞金县，分别为 1.28% 和 0.85%。表明赣南原中央苏区内部各县林业资源开发水平差异较大。赣南原中央苏区林业资源整体开发水平呈下降趋势的原因首先是在该区域经济结构和产业结构转变和优化过程中，林业产业在社会经济中的比重逐渐下降，其次是在发展绿色经济和生态经济的要求下，林木砍伐受到限制，减少了森林的砍伐和其他林业资源的开发。

6.2 赣南原中央苏区自然资源对经济增长的影响

在前一节中对赣南原中央苏区的经济发展现状和特色资源分布情况作了比较详细的描述性分析，对赣南原中央苏区县域经济体来说，特色矿产和林业资源的丰裕程度与经济发展密切相关，赣南地区第二产业占比最高，产业的发展所需原材料大多数为就近取材，因此，丰富的资源为产业发展带来巨大的成本优势，同时赣南原中央苏区又存在普遍的贫困现象，经济水平相对落后，优势的特色资源与落后的经济形成鲜明的矛盾。资源对于地区经济发展到底是"诅咒"还是"福音"，这两种观点都有很多学者支持，并且从不同的角度作出实证分析。本文要研究赣南原中央苏区的特色资源对县域经济的影响，从本质上说还是需要实证分析在赣南原中央苏区，资源开发对当地经济造成的影响，是积极的还是消极的，或者双方之间没有影响。

6.2.1 模型设定与变量选取

(1) 模型设定

研究资源与经济之间关系较早的都是采用截面数据模型，后来的学者们意识到经济问题是一个动态的发展的问题，单纯的横向空间与个体比较或者纵向时间比较很难全面地找出资源与经济之间的相互影响关系，截面数据有几个明显的缺陷：一是空间截面数据有限，不利于建立合意有效的截面数据模型，例如研究省级间的相关问题，只是使用截面数据的话，我国就只有 30 多个省，也就是只能利用这 30 多个数据去建立模型，这显然是不合理的；二是时序变量对被解释变量的影响得不到体现，当建立资源与经济发展之间的截面模型时，已经默认了经济增长的自然效应不随时间变化，而这样的假设条件是不合常理的，随着贸易的发展各国之间的贸易往来越来越频繁，进出口越来越方便，资源对经济增长的作用可能已经发生了改变，这种时间带来的变化通过截面数据模型是表现不出来的。近几年开始流行使用面板数据模型研究这类问题，面板数据模型能够反映不同时间和空间上的差异性，分离不可观测的个体和时间效应所产生的影响。经济发展的动态性和观测个体的有限性需要更全面的面板数据模型来分析，因此，本文采用面板数据模型对赣南原中央苏区 13 个县数据进行计量分析来判断资源对苏区经济发展的影响效果。

资源与经济之间并没有确定的公式或者模型，参考以往学者研究"资源诅咒"现象时所用的模型，建立如下面板数据回归模型：

$$EG_{ij} = \alpha_0 + \alpha_1 RD_{it} + \alpha_2 Z_{it} + \varepsilon_i t \qquad 模型(6-2-1)$$

其中，EG 表示人均 GDP 增长率；RD 表示自然资源开发度；Z 为控制变量向量集；i 和 t 分别表示个体和年份；$\alpha_0 \sim \alpha_1$ 为待估参数，ε 为随机干扰项。

在这个模型中，资源开发度 RD 的系数 α_1 如果显著不为零，则可以认为资源与经济发展相关，当该系数小于零，则可以判断资源开发与经济增长之间负相关，资源开发阻碍了经济增长；反之则可以认为资源开发与经济增长存在正相关关系，资源开发促进经济增长。

经济发展过程中，经济变量往往有一定的滞后效应，前期对当期有很大的影响，所以我们必须把滞后一期的经济增长率引入模型中，

$$EG_{ij} = \beta_0 + \lambda EG_{it-1} + \beta_1 X + \mu_i t \qquad 模型(6-2-2)$$

其中，λ 反映前一期经济经济增长水平滞后效应大小；X 是模型(6-2-1)中常数项以外的所有解释变量；$\beta_0 \sim \beta_1$ 为待估参数；μ 为随机干扰项。加入 EG_{it-1} 作为解释变量是为了更好地反映经济增长的动态调节过程。

(2) 变量的选取

根据本文的研究需要和以往的研究经验，研究赣南原中央苏区的特色资源对经济发展的影响作用就需要综合矿产资源与林业资源对经济发展的研究，矿产资源开发度采用的是徐康宁等人用采掘业固定资产投资占固定资产投资总额的比重来确定的，而林业资源开发水平则采用林业产值占 GDP 的比值来计算。

①滞后一期人均 GDP 的自然对数。在解释因变量的时候控制各截面单位初始经济水平的差异，削弱对分析结果所产生的不可控干扰，用 L.lnY 表示。

②矿产资源开发度。矿产资源测度指标有很多种，根据数据的可得性，本文定义地区采矿业固定资产投资占全社会固定资产投资总额的比重为矿产资源开发度。赣南原中央苏区优势矿产资源钨矿、稀土和锡矿占区域资源产出的绝大部分，因此取用采矿业固定资本投资这一数据指标是理论上可行的。用 KC 表示。

③林业资源开发度。林业资源给社会和经济带来的收益是综合性的，本文研究资源与经

济发展之间的关系,侧重于林业所产生的经济效益,林业产值包含了林业内部三大产业的所有产值,可以代表林业在经济发展中的作用,林业开发度等于林业产值除以当年 GDP 总值。用 LY 表示。

④物质资本投资。物质资本投资是经济增长理论中的主要增长驱动,物质资本投资的大小直接影响到经济的发展,故本文参照一般做法,以固定资产投资总额在 GDP 中的占比来测度物质资本投资水平。用 MC 表示。

⑤劳动力素质。劳动力素质是一个比较抽象的概念,且不同职业之间测度标准不一,本文参照以往的研究发现,教育水平在一定程度上能代表社会整体的劳动力素质,但是以往研究省际层面的数据所采用的是统计高校在校人数占人口比重来测度,本文研究的对象是县域经济,所研究的众多县市里没有一所高校。因此,高中(高职)在校人数代表了县域最高教育水平,劳动力素质可以通过高中(高职)在校人数占地区总人口的比重进行度量。用 HC 表示。

⑥制造业发展。制造业发展水平对经济的发展起到促进作用,在不同的经济发展阶段,制造业占 GDP 比重大小有不同的影响。资源丰裕地区的制造业也可能受到制约,因此,制造业发展水平在很大程度上影响着经济增长。本文采用以往的做法,以制造业固定资产投资占全社会固定资产投资的比重来度量制造业发展水平。用 MD 表示。

表 6-2-1　　　　　　　　　　变量定义及预期符号

变量类别	符号	变量定义	度量指标	单位	预期符号
关注变量	EG	人均 GDP 增长率	对数差分法	%	—
	KC	矿产资源开发度	采矿业投资比重	%	不确定
	LY	林业资源开发度	林业产值比重	%	不确定
控制变量	L.EG	人均 GDP 增长率	滞后一期	%	+
	L.lnY	人均 GDP 自然对数	滞后一期	元/人	—
	MC	物质资本投资	总固定资产投资/GDP	%	+
	HC	劳动力素质	高中在校人数/总人口	%	+
	MD	制造业发展	制造业投资/社会总投资	%	+

选取的变量基本包含了经济增长的主要影响因子,关注变量为本文重点研究的资源开发度与经济增长水平,控制变量为一些影响经济增长水平的驱动因子,各变量的定性描述和系数预期符号如表 6-2-1 所示。最终确定模型为:

$$EG_{it} = \beta_0 + \beta_1 KC_{it} + \beta_2 LY_{it} + \beta_3 L.lnY_{it} + \beta_4 MC_{it} + \beta_5 HC_{it} + \beta_6 MD_{it} + \beta_7 L.EG_{it} + \theta_{it}$$

模型(6-2-3)

其中 $\beta_0 \sim \beta_7$ 为待估参数,θ 为随机干扰项。

6.2.2 数据描述

本文以江西省 13 个苏区县为截面单位，选取 2010—2014 年为研究跨度，本文采用的最终面板数据由 13 个截面单位 5 年的数据组成，每个变量有 65 个样本观察值，数据来源于各年《江西省统计年鉴》《赣州市统计年鉴》《抚州市统计年鉴》《中国县域统计年鉴》，数据有缺失的通过取平均数及真实情况补齐，总体样本基本统计量如表 6-2-2 所示：

表 6-2-2　　　　　　　　　　样本总体统计量

变量	样本数	极小值	极大值	均值	标准差	VIF
EG	65	8.600	22.400	11.802	2.880	—
KC	65	1.050	7.120	2.516	1.387	1.270
LY	65	1.150	11.340	3.270	2.180	1.370
L.EG	65	8.700	22.400	12.135	2.834	1.490
L.lnY	65	8.910	10.330	9.434	0.310	1.300
MC	65	17.810	151.500	51.695	25.068	1.590
HC	65	1.410	3.140	2.295	0.430	1.230
MD	65	5.660	76.910	41.772	16.550	2.060

从表 6-2-2 可以看出，2010 年至 2014 年，赣南原中央苏区矿产资源开发度与林业资源开发度均值分别为 2.5% 和 3.2%，标准差分别为 1.38 和 2.83，林业产值最大达到 11.34%，这表明赣南原中央苏区各县资源开发度存在较大差异，特别是矿产资源的优势没有得到发挥。物质资本投资和制造业发展标准差最大，分别为 25 和 16.5，这表明地区之间的工业发展、产业水平有较大差距；均值也是众变量中最大的，分别为 51% 和 41%，赣南原中央苏区经济以制造业为主，2010 年至 2014 年间全社会对物质部门的投资占到 GDP 的一半，这充分表明了工业生产在赣南原中央苏区县的重要地位。劳动力素质指标最低，最高指标仅为 3.14%，平均水平 2.29%。另外，可以观察到表中各自变量的方差膨胀因子（VIF）均小于 10，说明不存在严重的多重共线的问题。

6.3 模型估计结果分析

对模型进行 Hausman 检验，Huasman 检验的原假设个体效应与回归变量无关，应建立随机效应模型，检验结果 P 值为 0.0002，在 1% 的显著水平下通过检验，拒绝原假设，这里选择建立固定效应模型。运用 Eviews 软件对模型（6-3-1）进行回归分析，模型结果如表 6-3-1 所示：

表 6−3−1　　　　　　　　　　　　　模型结果

变量	系数	标准差	T值	P值
C	38.293	10.375	3.690	0.0005
KC	0.027	0.009	2.883	0.0040
LY	0.319	0.157	2.025	0.0476
L.EG	0.310	0.126	2.454	0.0172
L.LnY	−3.65	1.083	−3.375	0.0013
MC	0.038	0.014	2.604	0.0117
HC	0.034	0.759	0.045	0.9641
MD	0.065	0.020	3.223	0.0013

其中 $R^2=0.40788$，调整 $R^2=0.335116$

从模型结果看模型总体 $R^2=0.41$，说明方程对资源开发度与经济发展关系的解释能力一般，各解释变量的 P 值大多数小于 0.05，相关性较高，在一定程度上对因变量有影响。

6.3.1 特色资源对经济增长的影响

由表 6−3−1 可知，矿产资源开发度通过了 1% 的显著性检验，林业资源开发度通过了 5% 的显著性检验，且两者系数为正，这表明赣南地区的特色资源对经济增长起推动作用。"资源诅咒"现象在赣南地区不存在或者不明显，钨矿、稀土等特色资源的开发促进了当地相关产业的建立和发展，推动经济的发展；丰富的林业资源为赣南原中央苏区的生活和生产提供坚实的物质基础，林农能从林业产业发展中获得收益，林业资源的开发也促进了家具产业、造纸产业和旅游产业等二、三产业的发展，从而带来苏区经济的增长。

结合赣南原中央样本矿产资源开发度的均值分析，矿产资源对经济的增长贡献率并不高，这可能是由于本研究仅仅选取采矿业固定投资占比来测度资源开发度造成的，矿产资源在开采与加工和销售阶段的附加值是逐阶地大幅度地提升的，因此，矿产资源将带来巨大的产值增加。同时，矿产资源属于不可再生资源，由于资源的稀缺性，特色矿产资源对经济的边际效应递增，未来很长一段时间里，赣南原苏区的特色矿产资源必然是推动经济增长的重要因素。林业资源对三产业的发展都有不同程度的影响，林业产值在 GDP 中的占比地区差异比较突出，最高的达到 11%，最低的仅占 1.5%，这对林业资源的地域分布以及产业分布有较大影响，赣南地区地域南北跨度大，林区错落分布，林业相关产业因此也集中在其中几个县区，虽然林业资源在赣南地区整体上对经济增长有较大的贡献，但是在个别苏区县作用不明显。

6.3.2 控制变量对经济增长的影响

由表 6−3−1 可知，主要控制变量制造业发展和物质资本投资分别在 5% 和 1% 的显著水平上通过检验,并且符号为正,表明制造业水平的提高和投资水平的提高都能显著地促进经济的发展。当前赣南原中央苏区处于主要由制造业拉动经济增长的发展阶段,第二产业的产值占比最高,制造业不仅生产大量的物质产品而且吸收社会大多数劳动力,缓解了苏区的就业问题,提高人均收入水平,促进经济发展。从制造业发展的标准差来看,赣南原中央苏区内部各县的制造业水平参差不齐,差异较大,要促进苏区经济发展就应该提高制造业发展水平,招商引资,引进外来资金和技术,大力发展优势产业,解决地区就业问题,提高收入水平。

物质资本投资是经济发展的内在驱动,根据经济增长理论,经济增长的动力包括资金、技术和劳动力,固定资产投资占 GDP 的比例代表了一个地区的产业发展所拥有的资金基础,增加资本投资是促进经济增长的重要途径。经济落后地区往往资本力量薄弱,应该加大对外开放力度,改善地区经济发展基础条件,利用好地区优势条件,吸引外资进入本地投资,加强与外界的联系和合作,促进区域经济发展。

劳动力素质水平 P 值没有通过显著性检验,说明在赣南原中央苏区,劳动力素质的提高或减小对地区经济增长作用不明显。造成这一现象的原因可能是所选指标代表性不强,高中(高职)在校人数不能很好地代表一个地区的劳动力素质水平。因为在校人数受人口代际变化影响较大,短期内在校人数的变化不能很好地反映地区劳动力素质水平的变化,因此对经济的影响作用不明显。另一个原因是赣南原中央苏区劳动力流出现象普遍,加上外出接受高等教育的学生,进一步削弱了劳动力素质对区域经济增长的积极作用。

综上所述,通过对赣南原中央苏区特色资源对经济影响的实证分析,得出结论:丰富的特色矿产资源和林业资源不是苏区经济发展落后的原因,"资源诅咒"现象在赣南原中央县不存在,应该引进资金和技术,依附当地优势资源,大力发展地区产业,促进经济发展。

6.4 本章小结

6.4.1 主要结论

为研究赣南原中央苏区特色资源对苏区县域经济的影响,以赣南原中央苏区 13 个县为研究对象,结合区域经济理论、欠发达地区经济发展理论以及"资源诅咒"理论,在详细分析苏区资源与经济发展现状的基础上,实证分析了资源开发对赣南原中央苏区经济增长的影响作用。得出以下主要结论:

(1)赣南原中央苏区资源开发促进了经济增长。运用面板数据模型对赣南原中央苏区 13 个县 5 年的经济数据分析证实了苏区特色矿产资源与林业资源的开发促进了当地经济的发展。从数据回归结果来看,矿产资源开发度与林业资源开发度都在显著水平上通过检验并且系数符号为正。资源禀赋优势一方面对内为区域内产业发展提供充足的发展动力,降低生产成本,促进产业转型升级;另一方面对外吸引外来资金、先进的技术和先进的管理,进一步推动区域内经济发展水平。

(2)制造业是当前赣南原中央苏区县经济的支柱产业。制造业固定资产投资几乎占了全社会固定资产投资占比的一半，这说明苏区现阶段严重依赖制造业的发展，提高制造业发展水平，增强苏区制造业的综合竞争力可以有效地促进经济发展。同时制造业是高耗能，经济效益不高的产业，必将加重地区的资源与环境的压力，应尽快通过提升技术水平、转变经济增长模式等途径实现经济的可持续发展。

(3)增加物质资本投资是促进苏区经济增长的有效途径。从分析结果上看物质资本投资对经济增长的推动效果明显，从经济增长理论上看投资是拉动经济增长的三驾马车之一。赣南原中央苏区现阶段经济水平较低，人均收入和人均储蓄水平不高，内部投资能力不足，因此地区应该积极创造良好投资环境和经济环境，引进外资，促进当地经济增长。

(4)赣南原中央苏区内部经济发展不平衡。从区域内各项经济和资源指标对比来看，区域内部经济发展水平、资源对经济的作用都有较大的差异。地区资源丰裕程度与自然地理位置的优劣程度都不相同，各个县应当结合自身县域条件、发挥差异性优势，发展具有比较优势的产业，实现经济增长。

6.4.2 对策启示

近年来，对赣南原中央苏区的扶持政策越来越多，关于苏区经济该走什么模式的观点也很多，本文描述了赣南原中央苏区经济现状，结合苏区特色资源丰富这一特点，通过数据模型分析了影响苏区经济增长的几个因素，针对这些影响因素和以上结论，提出对策建议如下：

第一，加大资源开发力度，提升资源开发效益。

苏区拥有丰富的特色矿产和林业资源，加大资源开发力度，利用资源禀赋优势推动产业发展，创造更大经济价值，促进区域经济增长。从苏区过去几年的资源与经济数据来看，资源开发度偏低，资源给经济带来的效益偏低，资源的禀赋优势没有发挥出来。在加大资源开发度的同时，应当寻求有效方式提升资源开发效益，创新资源开发技术，提升资源的附加值。资源与生态紧密相连，提升资源开发效益是保护生态环境的一种方式，是绿色发展、可持续发展的要求。因此，企业要创新资源开发技术，提高生产效率，进行合理开发，高效生产；政府要出台相关开发政策和资源保护相关法律，规范资源开发行为，以保证资源的有效利用。

第二，转变苏区经济结构，推进产业结构升级。

从苏区经济数据可以看出，制造业在苏区经济中占有比较大的比例，苏区经济对制造业的依赖度过高，占用了大部分的资源和资金，使得其他产业发展缓慢，导致经济结构单一、产业结构不合理等问题的产生。因此，苏区要从产业结构转变入手，引进和扶持高阶梯产业发展，推进产业结构升级，转变经济发展模式。在发展优势产业的同时注重发展新兴产业，推动科技进步，增强综合竞争力。政府应当创造良好的市场环境，让企业公平竞争；政策扶持新兴行业发展,引进外资企业,推进经济结构优化转型。

第三,强化区域优势条件,大力引进外资技术。

投资对经济的拉动作用突出,赣南原中央苏区由于经济基础薄弱,资本原始积累不足,导致经济发展水平落后。苏区要吸引外资,就应当强化自身优势条件,丰富的特色资源优势、沟通南北的地理位置优势以及廉价的劳动力和土地价格优势都是苏区可以用于吸引外资的优势条件,在招商引资的同时,学习外来的先进技术,提升地区技术水平,促进经济增长。

第四,加强区域合作互助,积极参与外部竞争。

苏区内部经济发展水平差异较大,苏区各县形成一个相对封闭的经济体,贸易往来较少,据统计数据,苏区各县平均贸易进出口总额占GDP的比例仅为不到1%。贸易是资源优化配置的重要途径,苏区各县要发挥自身的优势条件,加强与周边县区的经济贸易往来,互通有无,取长补短,共同进步发展。县域之间不仅仅是合作互助的关系,更是竞争关系,积极参与外部竞争有利于苏区各县发现自身优势和不足,发挥各自优势产业,加强合作和竞争,扩大企业市场,有利于资源的优化配置和企业的成长。合作是双赢的,无论是在经济领域还是政治领域的合作都能够实现双方的互利互惠。

第 7 章

农村电子商务与农村区域减贫研究

进入 21 世纪，电子计算机和信息技术快速发展，社会生活发生巨变，世界的连接变得更加紧密，万物互联正在一步步地实现。科技改变生活的同时，也在催生时代的变革。2014 年起，商务部和财政部开始在全国范围内联合开展电子商务进农村综合示范工作。2015 年 5 月至 9 月，国务院、商务部、农业部、发改委等各部门陆续发布文件，加快推动电子商务进农村，文件包括《关于大力发展电子商务加快培育经济新动力的意见》《互联网＋流通行动计划》《关于加快发展农村电子商务的意见》《推进农村电子商务发展行动计划》等。2016 年 11 月 23 日，电商扶贫作为产业发展脱贫的重要工程之一，被正式列入《"十三五"脱贫攻坚规划》。

立足本土，江西作为革命老区，同时也是我国扶贫工作的重点开展区域，受地理区位、环境因素及历史因素等方面的影响，一直以来就存在经济发展滞后、信息流通慢、贫困人口多、扶贫资源不足等问题。2017 年江西省扶贫办联合省商务厅等六部门联合印发《2017 年江西电商扶贫工程推进方案》，明确江西省电商扶贫目标及内容，加快农村电商扶贫站点建设，整合优势资源，加强质量管控，强化数据管理，努力实现江西电商扶贫工作在全国领跑，走出一条具有江西特色的脱贫攻坚之路。2018 年的"一号文件"及重点涉及农村电商及农村冷链物流内容，重点解决农产品销售中的突出问题。在互联网时代，农村电商基础设施建设和农村冷链物流建设，成为了农产品与更广泛市场之间的必需通道和桥梁。

因此，在社会发展的互联网时代下，在农村电商发展大势所趋的现实环境下，在党的十九大报告中明确要求"确保到 2020 年我国现行标准下农村贫困人口实现脱贫"的政策背景下，电子商务如何在扶贫减贫中发挥作用？怎样有效将扶贫开发与互联网深度融合？将是进一步推进精准扶贫需要明晰的关键问题。

本文基于互联网发展的时代背景以及电商扶贫的政策背景，通过研究扶贫减贫和电子商务相关理论，查阅国内外电商扶贫相关文献，结合江西省的经济发展现状、互联网发展情况和政策推进进展进行分析研究,试图提出电商扶贫减贫的作用机理,为江西省电商扶贫推进工作提出相关对策和建议,同时希望在以下方面有所探索:

(1)理论意义。电商扶贫作为近年来兴起的议题,学界目前多以理论研究为主,研究对象较为零散,还未形成体系化的研究框架。本文将对相关研究及成果进行梳理和提炼,对江西省电商扶贫现状成效进行数据分析,通过搭建电商扶贫的减贫作用体系、检验电商发展与地区经济发展之间的相关关系,进而提出江西省电商扶贫的对策建议。以期为推进我省电商扶贫工作提供理论支撑,为完善电商扶贫相关理论提供研究思路,为扩展扶贫问题的研究领域提供研究样本。

(2)现实意义。在我国扶贫攻坚工作的新阶段,电商扶贫具有深重的时代意义,对于推动全面建成小康社会、维护社会稳定、促进经济发展起着重要作用,并与人民的日常生活息息相关。近年来陆续出台的政策文件,便给出了与时俱进的现实指导方向。2016年9月,农业部颁布的《"十三五"全国农业农村信息化发展规划》中明确指出,为推动信息技术与农业农村全面深度结合,要通过利用物联网、大数据等信息技术推进农业生产信息化,通过发展农业农村电子商务、农产品进城和工业品下乡双向流通推进经营信息化,通过建立国家和省级农业数据中心、完善农业信息数据库推进农业管理信息化,通过建立覆盖部、省、地、县四级的农业门户网站群推动农业服务信息化,从而加快推动全面建设小康社会的历史进程。2018年两会期间,商务部部长钟山指出,"2017年,电商扶贫已经覆盖全国499个国家级贫困县,下一步将作为扶贫的重要手段扩大覆盖范围,带动贫困地区农民增收增产创富。"因此,进一步研究电商扶贫的减贫效应和减贫机制,是时代和政策的要求,也是助推电商扶贫在农村贫困地区发挥更大成效的现实需要。

7.1 江西省电子商务发展基础

7.1.1 农村网民基础落后全国水平

(1)全国互联网规模

对中国互联网络信息中心(CNNIC)每年发布的统计数据进行搜集整理,如图7—1—1所示,从总体来看,近10年来,我国互联网网民规模和互联网普及率均实现了飞跃式发展。如图所示,2007年我国网民规模为2.1亿人,互联网普及率为16.6%。2018年1月CNNIC最新发布的《第41次中国互联网络发展状况统计报告》数据显示截至2017年12月,我国网民规模已达7.72亿,全年共计新增网民4074万人,互联网普及率达到55.8%。其中,2007年至2010年,我国的网民规模增速较快,互联网普及率在3年间翻了一番,达到34.3%。2011年后,互联网普及率增速略有下滑。近3年来,增速开始趋缓,但是整体规模已处于较高水平。

与此同时,我国手机网民规模在 2017 年底达到了 7.53 亿,网络购物用户规模达到 5.33 亿人,较 2007 年增长了 10 倍,网上支付用户规模达到 5.31 亿,较 2007 年增长了 15 倍。可见,在网民规模较 2007 年增长 3 倍左右的情况下,网络购物、网络交易、电子商务正以更快的速度在全国范围内渗透,而电子商务应用在互联网应用中实现领跑式增长的同时,也在逐渐改变着数亿人民的生活方式和消费行为。

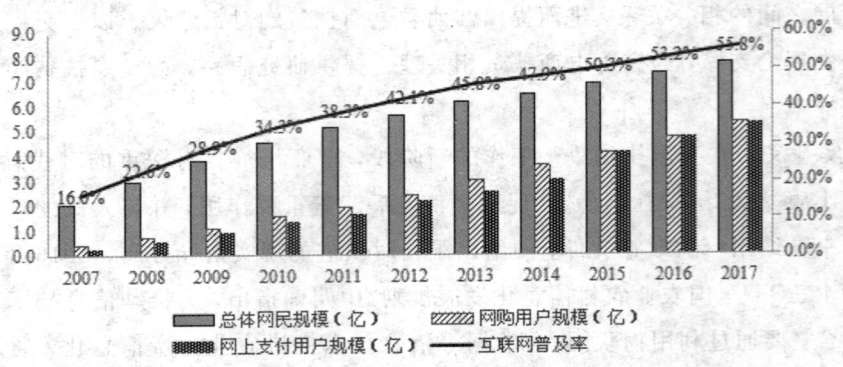

图 7—1—1 2007—2017 年中国网民规模和互联网普及率增长趋势

(2) 农村互联网规模

将我国网民按照农村和城镇进行划分,CNNIC 统计报告数据如图 7—1—2 所示,截至 2017 年底,我国农村网民规模为 2.08 亿人,城镇网名规模为 5.64 亿人,对比 2007 年同期均有近 3 倍增长。其中,农村网民占比为 27%,对比 2007 年增长了 1.8 个百分点。农村互联网普及率从 2012 年的 23.7% 提升至 2017 年的 35.4%。但是从绝对值数量上来看,农村网民和城镇网民的体量差距正在逐渐拉大,城镇网民规模远超农村网民。

这也表明互联网的发展促进信息的流通,信息的流通又反向拉动互联网的发展,所以整体互联网环境的搭建,很大程度上影响着城乡间的互联网水平差距,产生着循环累积效应。

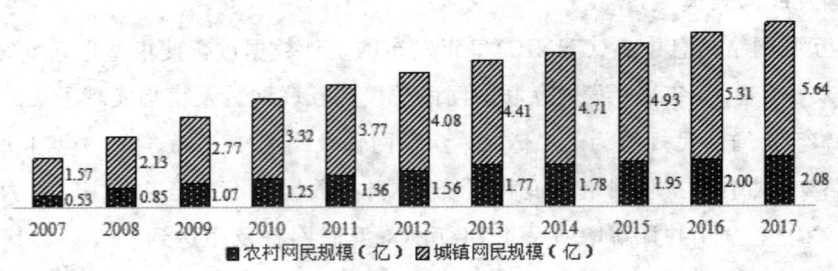

图 7—1—2 2007—2017 年农村网民规模和城镇网民规模增长趋势

(3) 江西省互联网规模

中国互联网络信息中心（CNNIC）的省维度统计数据如图7-1-3显示，截至2016年12月，江西省网民规模数量为2035万人，较2010年同期增长了114%；普及率为44.6%，低于全国互联网普及率水平8.6个百分点，但是较2010年同期增长了23.2%。总体来看，江西省互联网规模增量翻番。

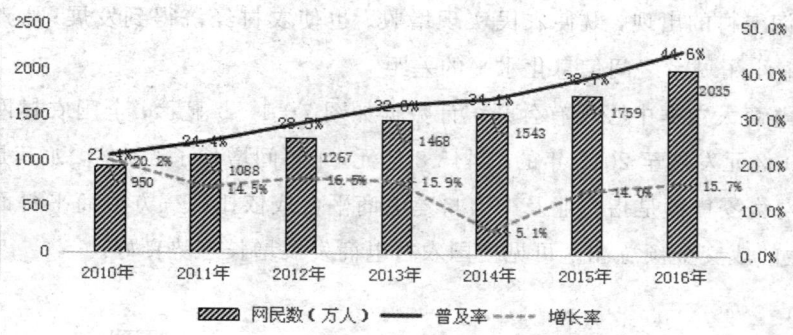

图7-1-3　江西省2010—2016年网民规模增长情况

但是，对比于全国31个省，将2010年至2016年每年的网民增速和普及率分别进行排名，如图7-1-4所示，江西省的互联网发展水平落后于其他省份，全国排名末位。以北上广为代表的经济发达地区，在2010年前后已经进入了互联网的高速发展期，近年来虽增速趋缓但在总体互联网规模上已经遥遥领先。

截至2014年底，江西省的互联网普及率依然处于全国垫底水平，但也说明着还有极大的发展潜力需要进一步挖掘和拉动。可以看到，近几年来，随着政策倾斜和经济环境的互联网化，江西省的互联网规模开始提速发展，网民增速全国排名呈上升趋势。

细化到农村地区，虽然关于各省维度的农村互联网规模统计数据暂时未在公开渠道搜集到，但是基于现有数据，江西省整体互联网规模落后于全国，且作为农业大省，农村人口占比超过50%，江西农村地区的互联网普及程度同样是不容乐观。

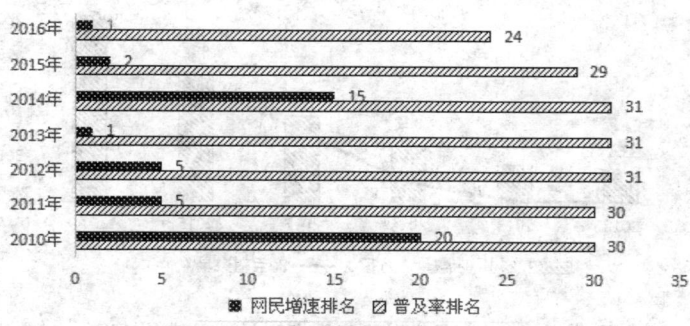

图7-1-4　江西省2010—2016年互联网规模全国排名水平

7.1.2 农村电商自组织基础薄弱

早期的农村电商由农民自发形成,这种自下而上发展的模式,经过演变和扩大之后,最为典型且具有中国特色的形式,就是淘宝村和淘宝镇。他们是中国农村经济和电子商务发生核聚变的典型产物,是一种农村地区从事电商的家庭户数和电商交易额达到一定比例和数量的经济形态。淘宝村的出现,既使农民实现增收,也使农村经济得到发展;既激发农民自主创业就业,也缩小了城乡之间信息化水平的差距。

中国农村电商大数据中心现有公开统计数据如图7-1-5显示,全国农村网络零售额由2014年的1800亿元发展至2017年的12448.8亿元,4年间增长了6.9倍,尤其是近两年加速发展。其中,网络零售额是指企业及个人自建电商平台或依托第三方电商平台面向个人提供商品、服务产生的成交金额总和。可见全国农村电商发展增长态势良好。

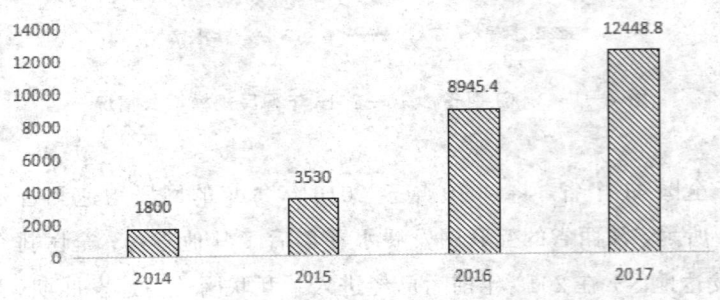

图7-1-5 全国农村网络零售额(单位:亿元)

据阿里研究院数据显示,淘宝村最早产生于2009年,2012年至2017年全国淘宝村及农村网店数量如图7-1-6所示,可见2014年至2017年出现了井喷式发展,并出现了淘宝镇,农村电商集群规模不断扩大。截至2017年,全国农村网店数量已经达到985.6万家,全国淘宝村数量达到2118个,分别较上年增长44.5%和61.56%。

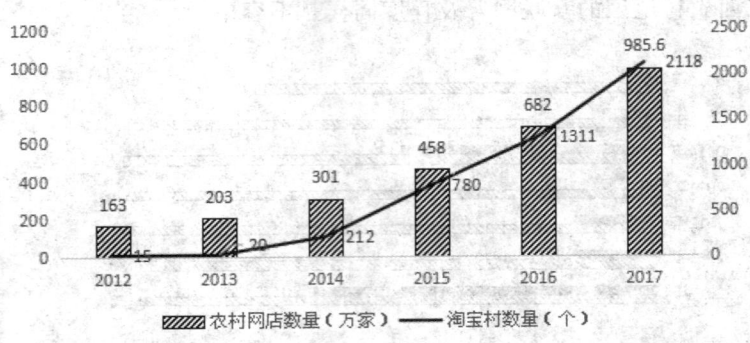

图7-1-6 全国农村网店及淘宝村数量增长情况

截至 2016 年,据阿里研究院公开的最新统计数据如图 7-1-7 显示,全国淘宝村集中分布在东南沿海省份,利用良好的商贸环境、电商基础、跨境电商市场等,起步较早,发展优势良好,其中浙江省淘宝村分布最为密集,数量达到 506 个。

相比之下,江西省淘宝村仅有 4 个,虽然排名处于全国中位水平,但是从绝对数量上来说,远远少于浙江、广东、江苏等省份的淘宝村。其中,江西省的淘宝村分别为景德镇市昌江区三河村、九江市庐山区红星村、南昌市进贤县大道社区以及赣州市南康区龙岭村。其中赣州龙岭村是国家级贫困县中的淘宝村。可以看到农村电商已经开始成为拉动农村贫困地区经济增长、脱贫减贫的新抓手,但是目前江西农村电商发展程度较低,还未形成规模化、产业化的新型经济形态。

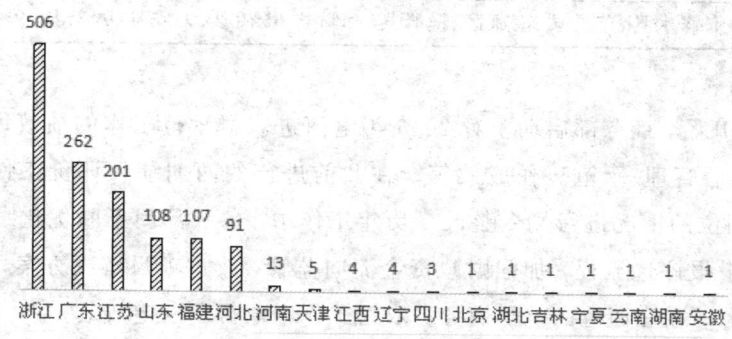

图 7-1-7　2016 年全国各省淘宝村地理分布

综上,在互联网正如火如荼高速发展的大环境下,在电子商务领跑互联网应用并引导全民消费升级的大背景下,江西省面临着整体互联网发展水平及农村互联网水平落后全国,农村电商自组织发展落后头部省份的现实困境。因此,充分重视并利用互联网技术,扩大城乡互联网普及率,深入进行互联网融合,对于促进江西省内经济发展,推动电商扶贫政策步伐,减缓农村贫困地区贫困问题,有着刻不容缓的现实意义。

7.2 江西省电子商务进农村示范工作进展

7.2.1 政策推进紧跟中央步伐

自 2014 年国家财政部、商务部发布《关于电子商务进农村综合示范的通知》起,江西省陆续发布相关评选通知及实施方案,在全省范围内正式开展电子商务进农村示范建设工作,从基础设施、物流体系、市场机制、商业模式、人才培养等方面推进农村电子商务发展,并通过名额申报竞选、资金竞争分配、试点实施、定期汇报的方式进行流程监管。

从 2014 年到 2017 年的四年时间内,江西省共推选并扶持了 45 个电子商务进农村综合示范县，其中江西省24个国家级贫困县全部纳入其中，投入财政资金7亿元，具体名单如表7—2—1所示。

表7—2—1　　　　2014—2017年江西省全国电子商务进农村综合示范县

时间	个数	示范县明细
2014年	13个	宁都县、玉山县、新干县、于都县、广丰县、莲花县、进贤县、共青城市、黎川县、永丰县、分宜县、贵溪市、丰城市
2015年	15个	瑞金市、赣县、信丰县、大余县、上犹县、崇义县、安远县、龙南县、全南县、定南县、兴国县、会昌县、寻乌县、石城县、井冈山市
2016年	7个	星子县、芦溪县、铜鼓县、上饶县、余干县、吉安县、黎川县
2017年	10个	修水县、芦溪县、南康区、横峰县、鄱阳县、遂川县、万安县、永新县、乐安县、南城县

数据来源：江西省商务厅。

2018年1月开始，商务部启动了对2016年电商进农村示范工作的绩效评价，内容包括项目决策、事中事后管理、示范工作成效等。在此前进行的两期绩效评价工作中，均有对政策、资金落实不到位的情况进行勒令整改。历年工作中，各级部门不断优化示范县的选择标准和机制，完善申报评选流程，加强财政资金流向监管，改进项目解决方案，从试水摸索到积累经验改进工作，在江西省的电子商务进农村工作中取得了一定成效。

7.2.2 农村电商助推政府扶贫

江西省农村电商的发展，主要体现在运营商业务的农村下沉，和农业企业的农产品上行。

2014年10月底，电商巨头阿里巴巴集团启动"千村万县"计划，正式推动农村战略项目，建立县级运营中心和村级服务站，至2017年已经覆盖全国29个省、700个县域（含建设中）的3万多个村点，农村淘宝不断升级。与此同时，京东电商集团也启动了"3F战略"，即工业品进农村战略（Factory to Country）、农村金融战略（Finance to Country）和生鲜电商战略（Farm to Table），发挥自身强大的仓储物流资源，通过直营的县级服务中心和合作开设的京东帮服务店这两种经营模式深入拓展农村市场。在我国电商龙头企业的带动下，以及在近年来政策的引导下，愈来愈多中小电商企业也在实现精准脱贫、助推乡村产业兴旺和吸引人才返乡创业上，表现出了日益强大的势能。

立足本土，江西省从2014年起加大了对电子商务的扶持与发展力度，据商务部数据显示，2014年江西电子商务交易额达到1000亿元，2015年翻倍至2800亿元，2016年突破4000亿元，2017年突破5800亿元，每年千亿级的增长速度拉动了经济增长，激发了市场活力，创新了市场机制，而这也与近年来加大农村电商发展力度和加强电商精准扶贫力度密不可分。

2014年12月，江西省正式启动"电商扶贫工程"，着力打造"六个一"电商扶贫"江西模式"，即"选对人，干对事，建平台，帮到位"。具体地，"打造一个电商脱贫站点、选配好一个电商脱贫带头人、打造好一个电商脱贫主打农产品、对接好一个电商脱贫产业合作社、运用好一个电商脱贫线上平台、构建好一条扶贫爱心邮路"，真正走通贫困地区的脱贫减贫电商之路。而这一模式也得到了李克强总理的肯定和高度评价。

从江西省商务厅通知文件知悉，参加江西省电子商务进农村综合示范对接活动的企业包括以阿里巴巴和京东集团为代表的电商龙头企业，以及苏宁云商集团、方正科技集团、中国联通、中国邮政等16家知名五百强企业，通过外部资源技术、人力物力的引入，为江西省电子商务的发展注入活力，为农村电子商务的发展提供了全方位的支持和带动作用。其中，江西省与阿里巴巴集团等大型互联网企业联合打造的农村电商运营平台为精准扶贫提供了广阔的信息化服务支撑，构建了以"扶贫＋大数据""扶贫＋政务信息化""扶贫＋公共文化服务信息化"的扶贫信息服务体系。2017年，江西邮政与省农业厅明确了在农产品电子商务、农业信息技术、农产品物流等方面的合作方式，并签订了电商扶贫战略合作协议。在此期间，江西邮政集团积极推进电商扶贫工作，将1300多个"邮乐购"和"供销e家"电商扶贫站点覆盖至全省100多万贫困农户，助力农产品销售和农民脱贫增收。

据统计，江西省电子商务发展至今已带动5.7万人增收脱贫，销售农产品近2亿元。从政策配套、基础设施建设、物流体系打通、农产品标准化品牌化、电子商务主体搭建等方面，全方位推动了江西省农村电子商务产业及农村电商扶贫的发展。

7.2.3 小结

本章通过对全国各省市各维度大量数据的收集整理与分析，对江西省农村贫困及电商发展情况进行了详细解读，可以看到，在整个过程中，政府部门紧跟中央政策指引，并借助电商企业这一载体，推动电子商务在扶贫工作中的应用和发展，挖掘电子商务发展潜力和成长空间，推动地方电商产业发展、网商自主发展，加大电商扶贫支持力度，促使就业岗位增多、农民收入增加、农产品市场扩大，在一定程度上促进了经济增长和产业发展，这些都是政府、企业和个人三大要素主体在电商扶贫工作进程中相互发挥作用的直接体现，也是电商扶贫减贫效应的现实反映。

但是总体来说，江西省电商扶贫现状仍是喜忧参半，取得了一定成效，也存在着一些问题。第一，贫困人口逐渐减少，但扶贫攻坚问题依然严峻；第二，电商提速发展，但互联网规模和渗透水平明显落后于其他地区；第三，电商扶贫拉动经济增长，但需要提升扶贫效率，使电商扶贫发挥更大的减贫成效。

因此，为了解决江西省电商扶贫工作中面临的现实问题，提升电商扶贫减贫成效，接下来的两节内容，首先会从理论层面进一步梳理电商扶贫的减贫作用机理，然后会用实证检验电商发展和贫困减缓的相关关系，从而为最后的电商扶贫对策建议提供理论和数据支撑。

7.3 电商扶贫的减贫作用机理分析

综合前文电商扶贫理论研究和江西省电商扶贫现状分析，可以初步得出电商扶贫减贫效应的理论框架及经验总结。那么基于系统理论，在电商扶贫工作中，政府、企业及个人这三个关键要素分别扮演着怎样的角色？彼此之间存在着怎样的关系？如何在电商发展的环境下发挥减贫作用？这里将从减贫作用主体、减贫作用途径两方面进行减贫作用体系的归纳总结和详细阐述。

7.3.1 减贫作用主体

由前文大量理论和现实分析可知，在电商扶贫工作中，对减贫起作用的主体主要有三个，即政府、企业和个人，三者之间互相关联互相影响，共同构成了农村电商扶贫的作用体系。汪向东（2016）、魏延安（2016）、牟秋菊（2017）、杨海涛（2017）等也对电商扶贫中政府、企业、个人的主体作用进行了相关研究。

首先，政府在农村电商扶贫减贫过程中起着非常重要的先导作用，尤其是在农村电商扶贫开发的早期，政府对于对电商产业的引入和培植、对精准扶贫对象的评估和筛查、对电商环境的搭建和拓展、对财政资金的分配和投放等，都是农村电商扎稳脚跟的必要前提。而随着电商产业的稳定和拓展，政府又在其中发挥着监督管控、查缺补漏、评估反馈、策略调整等一系列重要功能，是农村电商可持续发展的重要保障。在农村贫困地区，资金、市场、人才、基础设施等资源都十分匮乏的情况下，要与外界建立有效的链接，就不能缺少政府的引导和扶持。

其次，企业在农村电商扶贫减贫的整个过程中都起着关键的主导作用。其中电商企业主要包括通过大型电商平台或自建电商平台进行产品销售的行为主体，也包括B2B、B2C、O2O等平台类企业。通过与全国大市场的对接以及外部大型电商企业的引入，借势借力拉动本地电商企业的成长，是农村电子商务发展的有效途径。需要充分发挥其创造力和生命力，增加收益、带动经济、促进就业、刺激消费，从而改善农村地区的整体经济面貌，实现减贫脱贫的目标。显然，作为直接对接市场、参与经济活动的市场主体，电商企业的发展状况不仅是农村地区经济活力的体现，也是农村电商扶贫减贫效果的直观反映。

最后，农民个人在农村电商扶贫过程中起着不可替代的作用。人是最宝贵的社会资源，具有无穷可能的潜力与创造力。农民不仅是农村电商企业不可或缺的劳动力，也可以成为自负盈亏的经营主体。"沙集模式"中淘宝村的发展就是由"多，小，散"的个体户自发形成。在农村电子商务发展前期，电商个体经营具有门槛低、启动快的优势，且容易辐射周边，迅速增加电商经营从业人数，因此也在发展后期存在产品同质化现象。但总的来说，电商个体能够扩大区域内农村电商的覆盖面，激发农民自主创业的动力，增加农村电商发展的多样性，增加家庭收入，拉动经济增长，从而实现农村脱贫减贫。

7.3.2 减贫作用途径

基于前文构建的电商扶贫理论框架，笔者已将电商扶贫的减贫途径归结为三点，即增收减贫、节支减贫和赋能减贫。陈晓琴、王召（2017）在关于"互联网＋"背景下农村电商扶贫实施路径的探讨中也指出，农村电商具有增收、节支以及提能的扶贫效应，通过增加家庭收入、较少消费支出、提高经营能力，能够促进贫困地区脱贫减贫。

（1）增收减贫

农村电子商务发展，实质上体现的是销售渠道的多元化、农产品的品牌化、基础设施的体系化、以及产业链的规模化，各方相互影响拉动，从而实现农民增收和农村经济发展。

首先，销售渠道的多元化。农村地区的落后很大程度上取决于交通的闭塞和信息的不对称，农民远离市场甚至是脱离市场，往往会导致盲目生产以及销售无门。而电子商务的应用和发展，一方面能够借助大型电商平台打开市场，扩大销售半径，拓展销售对象；另一方面能够及时收集市场信息，提高反应速度和应对效率。这种以第一产业为基础，以电子商务为载体，线上线下相结合的发展方式，为提高农民收益提供了信息化保障。

其次，农产品的品牌化。增加农民收入，就需要促进农产品的规模化和品牌化，从产量和附加值两方面共同促进收益的扩大化。从产量上来说，农产品的标准化生产通过合理分工加快流水作业，能够充分发挥农村剩余劳动力的人效，并保障产品品质安全，从而提高量的产出。从附加值来说，即增加单位产品的收益。随着经济的发展和生活水平的提高，人们的消费更加关注健康、更加讲究绿色纯天然、更加容易被产品背后的故事所吸引，所以也为农产品品牌化增值提供了很大的创造空间。目前市场上能够看到的以阿里巴巴旗下盒马生鲜为代表的生鲜电商品牌，以及江西赣南脐橙等农产品本土品牌，都在一定程度上通过品牌效应扩大了产品价值。但是要充分利用电子商务扩大品牌价值和收益，江西赣南脐橙品牌依然与前者存在着很大差距。

再者，基础设施的体系化。农产品从生产成型到售出汇款，关键就是效率二字，而减少库存，加快货物流通速度和资金周转速度，就需要健全基础配套设施，覆盖通信网络，打通物流体系，一方面加快线上信息的传播反馈，另一方面加快线下产品的流通效率。而这些配套产业的发展，既为农产品"走出去"提供基础必要保障，也为当地农民提供了更多的就业机会和增收途径。不管是自己经营还是加入到电商相关服务业当中，都能释放农村剩余劳动力，实现增产增收。

最后，产业链的规模化。电子商务的发展，一方面会带动配套产业的发展，如餐饮业、娱乐业、金融业等，都会从电商行业发展中受益，从而推动产业链的规模化发展，不断刺激经济体量的增长。另一方面，会带动电商从业人员的增加，促进市场消费需求的增长，激活整个市场主体，"淘宝村""淘宝镇"的集群式发展就是很好的示例。

(2) 节支减贫

开源也需节流,帮助农民节省支出同样是减贫的重要途径。其中,支出包括生产支出和生活支出。而农村电子商务所发挥的作用,主要是平台比价功能和产业集群资源互补功能。

一是平台比价功能。在农业生产方面,扁平化购买渠道减少了中间商的抽成成本,加快了产品流通速度,一般来说售价要低于市面价格,且能够帮助农民对比农资产品价格质量,扩大信息来源,选性价比最高的生产资料,从而降低生产成本,增强产品的市场竞争力,实现增产增收。在日常生活方面,农村地区的消费力和购买力水平正随着网络的普及和电商的发展而不断释放,通过电子商务的发展和渗透,物流网络的打通,农村新零售格局也将发生改变。在满足生活多样化需求的同时也能在比价过程中购买物美价廉的商品,不受货运价格影响,也减少了外出置办生活品的生活成本和出行成本。

二是资源互补功能。随着电子商务在农村实现产业化发展,会逐渐带动资源互补型产业以及配套型产业的发展,打通上下游产业链,实现产业的集群化。这样就能充分利用当地生产资源,加快生产效率,发挥规模经济效应,降低物流成本和货运成本,从而降低生产成本,拉动经济增长,实现农民增收。

(3) 赋能减贫

历年来一直钻研电商扶贫领域的学者、中国社科院信息化研究中心主任汪向东教授,在《电商扶贫的长效机制与贫困主体的获得感——兼论电商扶贫的"PPPS 模型"》中重点谈到,贫困主体物质层面和精神层面的获得感,是构建电商扶贫长效机制的核心基础,是推进电商扶贫发展的基础和动力,将"人"的主体因素放在了重要位置。

赋能减贫主要是指赋予农民进入电商行业、提高收入并减缓贫困的从业技能,属于开发式扶贫的范畴。提供资金的救助和补贴从长远来看只会增强贫困群体对政府资金帮扶的依赖感,只有加强技能培训和从业培养,培养农民的一技之长,创造就业机会并鼓励自主创业,让农民从物质和精神两方面感受到成就感和幸福感,才能从根本上带动农村地区脱贫致富。

所以,这里的赋能就包括基本互联网信息技术的科普,电子商务常识的灌输,电商平台注册、买卖、支付等操作指导,以及品牌管理和产业化生产的教育,通过电商人才的引入带动当地电商人才的培养。对于教育程度较低的农民,同样需要挖掘其潜力,充分发挥当地人力成本优势,进行按需培训和指导,明确分工和职责,进行专业化的岗前培训。通过前期的扶持和培养,一步步引导农民形成工作的自主性和增加收入的目标性,从而实现减贫。

7.3.3 减贫作用体系

结合前文对电商扶贫的减贫作用途径和减贫作用主体的分析,将减贫作用机理进行归纳总结,绘制成图7-3-1,即农村电子商务扶贫以政府主体为先导、以企业主体为主导,充分发挥农民的个体劳动力和创造力,相互影响,相互关联,构建完整的电商扶贫减贫生态体系,并通过增收、节支、赋能三大途径,实现农村地区电商产业和经济的发展,逐渐帮助贫困人口减贫，最终实现脱贫攻坚目标。

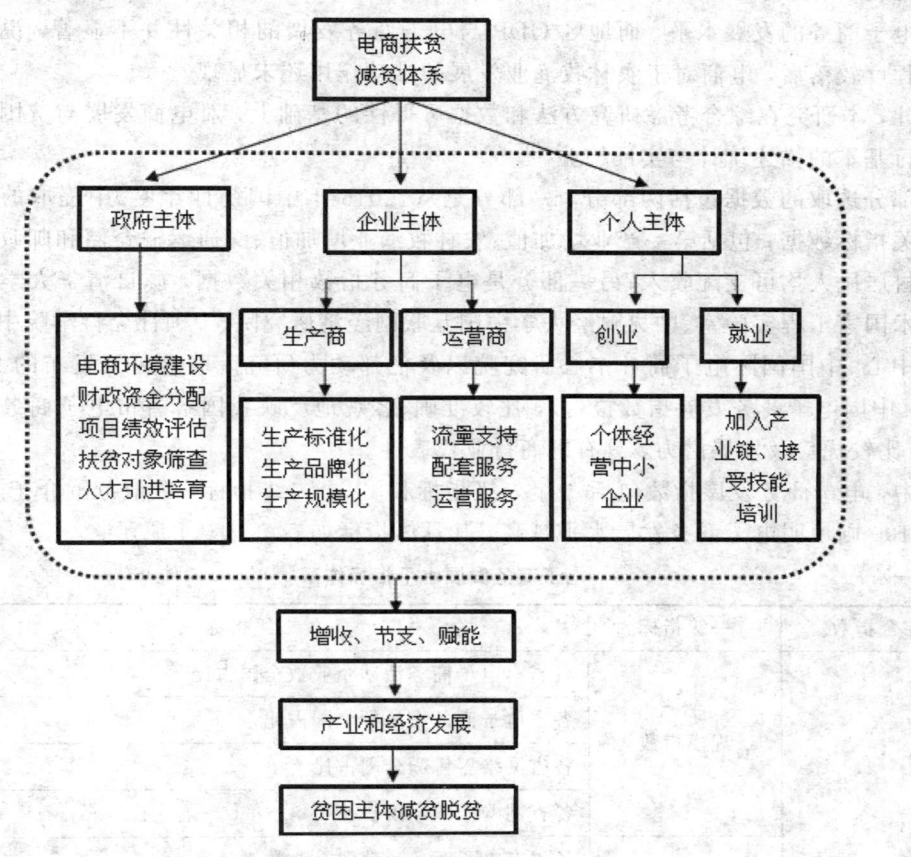

图 7-3-1 电商扶贫减贫作用体系

7.4 电商发展与贫困减缓的相关性检验

7.4.1 数据及指标来源

电商扶贫作为近几年才逐渐引发学者关注研究的议题，统计数据及实证研究方法都尚显单薄，十分有限。严玮玮（2017）利用全国各省贫困发生率与清华大学电子商务交易技术国家工程实验室发布的 2014 年全国 31 个省市电商发展指数数据，进行省间差异的对比分析，利用地图可视化进行数据呈现，直观得出电子商务发展指数与贫困发生率成反比的结论，且高贫困发生率和低电商发展水平是我国大部分省市的现状。

雷兵（2018）在针对农村电子商务发展与地方经济的关系研究中，采用典型相关分析法，利用 2015 年阿里研究院编制的各地区电子商务发展指标中的网商指数和网购指数，与反映地方经济水平指标的农业增加值、牧业增加值、人均 GDP、人均居民储蓄存款余额等指标进行相关性检验，结论显示：地区经济活力影响农村电子商务发展，第二三产业发展程度影响农村地区电子商务的发展水平，而地区 GDP 与电子商务发展的相关性并不显著，说明电子商务发展程度较落后，电商对于农林牧渔业发展的推动作用还未显现。

因此，本研究在综合考虑研究方法和数据可得性的基础上，对电商发展与贫困减缓的相关性进行基本的描述统计与实证检验。

本部分选取的数据包括两部分，一部分是从《2016 年中国统计年鉴》中提取的国民经济发展相关指标数据，包括第一产业增加值、农林牧渔业增加值、交通运输仓储和邮政业增加值以及农村居民人均可支配收入；另一部分是电子商务指数相关数据，源自清华大学电子商务交易技术国家工程实验室、中央财经大学中国互联网经济研究院、中国社会科学院中国社会科学评价中心、中国国际电子商务中心研究院以及亿邦动力研究院联合公开发布的 2014 年至 2016 年《中国电子商务发展指数报告》，比较准确、客观地反映我国各省市电子商务发展的现状水平、比较优势及发展潜力，具有电商行业代表性。

其中，电子商务发展指数包括 4 个一级指标和 14 个二级指标，数值范围介于[0, 100]，越接近 100 则说明电子商务发展水平越高，其具体指标如表 7-4-1 所示。

表 7-4-1　　　　　　　　　电子商务发展水平指标体系

综合指数	一级指标	二级指标
电子商务指数	规模指数	各省有电子商务活动企业数全国占比
		各省电子商务交易额全国占比
		各省网络零售额全国占比
		各省网购人数全国占比
	成长指数	各省有电子商务活动的企业数增长率
		电子商务交易额增长率
		网络零售额增长率
		网络购物人数增长率
	渗透指数	各省有电子商务活动企业数占该省总企业数比重
		各省网购人数占该省网民人数比重
		各省网络零售额占该省社会消费品零售额比重
	支撑指数	基础环境
		物流环境
		人力资本环境

7.4.2 全国及江西电商指数分析

根据清华大学电子商务交易技术国家工程实验室统计研究结果，如表 7-4-2 所示，经济发展水平越高的地区，电商指数越高。其中，广东、浙江、北京、上海、江苏五省电商行业起步早、发展快、规模大、渗透强,2014—2016 年电子商务指数一直位于全国前列;山西、河南、云南、甘肃等中西部地区在政策引导和扶持下,电商发展指数在 2016 年提升较快。可见经济发展水平与电商发展水平基本呈现正相关关系。

表 7-4-2   2014 年至 2016 年全国各省电子商务发展指数

序号	省份	2014 年电商指数	2015 年电商指数	2016 年电商指数
1	广东	71.26	69.67	69.73
2	浙江	56.44	63.55	61.09
3	江苏	41.04	44.71	51.61
4	北京	60.87	58.94	40.44
5	上海	51.61	50.8	39.2
6	福建	27.5	26.23	36.21
7	山东	21.68	22.54	32.58
8	安徽	19.08	20.1	32.53
9	四川	16.94	27.11	30.12
10	重庆	13.04	15.08	28.41
11	河南	11.92	13.37	28.06
12	陕西	12.63	21.34	27.53
13	山西	13.56	12.31	25.93
14	云南	9.46	10.51	25.93
15	辽宁	13.69	13.57	25.69
16	河北	16.09	17.83	25.45
17	湖北	14.16	18.46	25.22
18	江西	9.09	12.86	24.63
19	天津	19.34	15.12	24.62
20	宁夏	10.18	9.52	24.47
21	湖南	13.15	12.02	23.95
22	新疆	11.92	8.22	23.6
23	甘肃	10.31	7.76	22.74
24	海南	13.15	17.88	22.57
25	内蒙古	9.44	8.28	22.27
26	贵州	7.59	12.4	21.6
27	青海	9.06	7.97	20.87
28	广西	8.98	11.12	19.32
29	黑龙江	7.97	10.8	19.13
30	吉林	14.88	9.94	18.31
31	西藏	9.04	11.45	16.13

另对 2014—2016 年全国各省电子商务指数做散点图进行趋势分析，如图 7-4-1 所示，可以看到 2016 年各省电子商务发展整体情况较 2014 年和 2015 年得到了较大提升，且各省之间的电子商务指数差距缩小，落后地区电子商务存在较大发展空间，且开始提速发展。

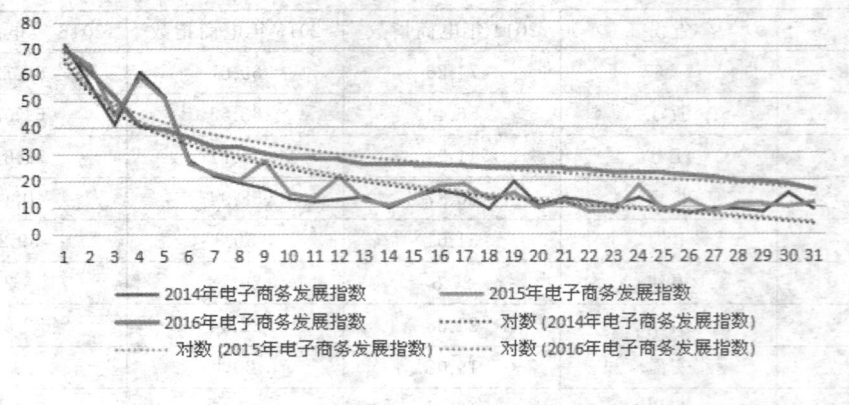

图 7-4-1　2014—2016 年各省电子商务发展水平及趋势

其中，江西作为中部省份，2014 年电子商务发展指数仅 9.09，全国排名第 26 名，2015 年和 2016 年均排名第 18 名，电商指数分别为 12.86 和 24.63，从全国落后水平上升为中坚力量。具体地，截至 2016 年，江西省电子商务指数中，规模指数为 11.26，成长指数为 56.52，渗透指数为 26.23，支撑指数为 6.55。其中，成长指数得分最高且三年间增速最快，其次是渗透指数，可见在近年政策引导扶持下，江西省电子商务正在提速发展，具有很大的成长空间。

但是将江西省数据与排名第一的广东省进行对比，由雷达图 7-4-2 可见，江西省电子商务发展水平与广东省还存在着巨大的差距，需要通过更大力度的外部扶持和自我发展，扩大电商规模，发挥电子商务对经济的促进与拉动作用，加强电子商务在全省尤其是农村地区的渗透作用，借鉴头部省份电子商务发展的经验并努力追赶其步伐。

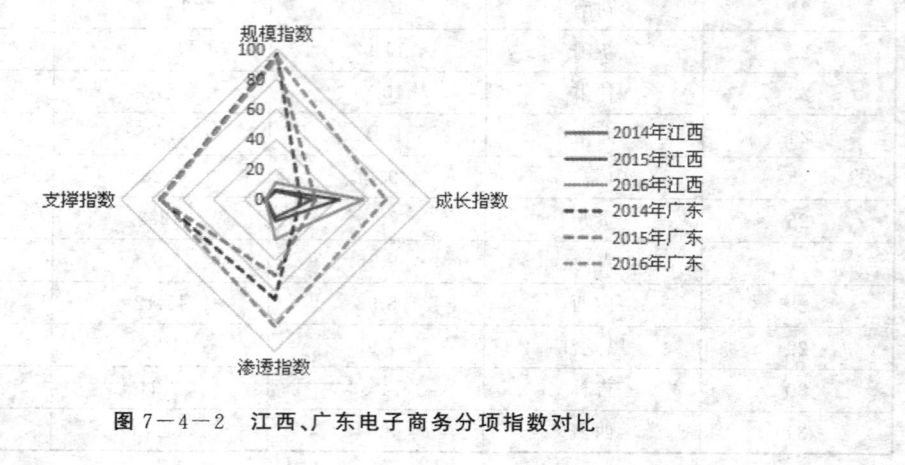

图 7-4-2　江西、广东电子商务分项指数对比

7.4.3 电商发展与贫困减缓相关性检验

为进一步探讨和验证电子商务与促进农村经济发展、助力农村扶贫减贫之间存在的相关关系,考虑到数据的科学性和可得性,本文首先选取《中国统计年鉴》中 2016 年全国 31 个省份的第一产业增加值、农林牧渔业增加值、交通运输仓储和邮政业增加值、农村居民人均可支配收入数据,以及从《电子商务发展指数报告》中 2016 年全国 31 个省份的电商规模指数、电商成长指数、电商渗透指数、电商支撑指数,利用 SPSS 23.0 数据分析软件中的 Pearson 双尾检验法,对电子商务发展与国民经济发展的相关关系进行检验,进而间接得出电子商务与扶贫减贫之间的相关关系。

与此同时,考虑到希望更加精确地检验农村贫困地区的电商发展和经济发展之间的相关关系,但是由于农村电商指数指标暂时无法获取,本文通过抽取国内 10 个典型农业大省的以上数据指标,进行同样的数据相关性检验,省份包括:黑龙江,吉林,辽宁,河南,安徽,山东,四川,湖南,江苏以及江西。

具体数据指标如表 7-4-3 所示:

表 7-4-3　　　　　　　　相关性检验指标体系

度量维度	选取指标
国民经济发展	第一产业增加值(亿元)
	农林牧渔业增加值(亿元)
	交通运输、仓储和邮政业增加值(亿元)
	农村居民人均可支配收入(元)
电子商务发展	电子商务规模指数
	电子商务成长指数
	电子商务渗透指数
	电子商务支撑指数

由于不同的数据指标有不同的度量标准,因此,为减小实证检验的误差,增强数据分析结果的有效性,首先用 SPSS 23.0 对数据进行"Z 标准化处理",以消除数据量纲的影响,符合标准正态分布。然后利用 Pearson 相关分析方法和双尾检验,对国民经济发展指标与电子商务发展指标进行相关分析,两次相关性检验结果如表 7-4-4 和表 7-4-5 所示:

表 7-4-4　　　　全国 31 个省市电商发展与经济发展相关性检验结果

相关性	第一产业增加值	农林牧渔业增加值	交通运输仓储和邮政业增加值	农村居民人均可支配收入	电子商务规模指数	电子商务成长指数	电子商务渗透指数	电子商务支撑指数
第一产业增加值	1	1.000**	0.742**	−0.091	0.478**	−0.217	−0.027	0.107
农林牧渔业增加值	1.000**	1	0.745**	−0.09	0.477**	−0.215	−0.028	0.104
交通运输仓储和邮政业增加值	0.742**	0.745**	1	0.391*	0.831**	0.426*	0.472**	0.608**
农村居民人均可支配收入	−0.091	−0.09	0.391*	1	0.565**	0.514**	0.768**	0.746**
电子商务规模指数	0.478**	0.477**	0.831**	0.565**	1	−0.448*	0.759**	0.867**
电子商务成长指数	−0.217	−0.215	−0.426*	−0.514**	−0.448*	1	−0.543**	−0.524**
电子商务渗透指数	−0.027	−0.028	0.472**	0.768**	0.759**	−0.543**	1	0.886**
电子商务支撑指数	0.107	0.104	0.608**	0.746**	0.867**	−0.524**	0.886**	1

注：** 在0.01级别（双尾），相关性显著。* 在0.05级别（双尾），相关性显著。

表7-4-5　　10个农业大省电商发展与经济发展相关性检验结果

相关性	第一产业增加值	农林牧渔业增加值	交通运输仓储和邮政业增加值	农村居民人均可支配收入	电子商务规模指数	电子商务成长指数	电子商务渗透指数	电子商务支撑指数
第一产业增加值	1	0.999**	0.865**	0.339	0.665*	−0.038	0.358	0.456
农林牧渔业增加值	0.999**	1	0.880**	0.368	0.682*	−0.028	0.372	0.475
交通运输仓储和邮政业增加值	0.865**	0.880**	1	0.728*	0.885**	−0.067	0.636*	0.750*
农村居民人均可支配收入	0.339	0.368	0.728*	1	0.836**	0.055	0.718*	0.865**
电子商务规模指数	0.665*	0.682*	0.885**	0.836**	1	−0.029	0.862**	0.943**
电子商务成长指数	−0.038	−0.028	−0.067	0.055	−0.029	1	−0.209	−0.095
电子商务渗透指数	0.358	0.372	0.636*	0.718*	0.862**	−0.209	1	0.941**
电子商务支撑指数	0.456	0.475	0.750*	0.865**	0.943**	−0.095	0.941**	1

注：** 在0.01级别（双尾），相关性显著。* 在0.05级别（双尾），相关性显著。

根据相关性检验结果可以初步得到以下几条结论：

第一，两次相关性检验结果对比，除电子商务成长指数外，10个农业大省各项指标间的相关关系比全国水平下31个省份各指标相关关系更为显著。间接说明电商发展对于农村发展地区的经济增长和农民收入增长具有一定的促进作用。

第二，电子商务规模指数与国民经济发展各项指标均显著相关。说明通过扩大农村网民规模、电商企业和电商交易规模，从而扩大农村整体电子商务规模，对于推动地区经济增长和产业发展具有重要作用。

第三，电子商务规模指数、电子商务渗透指数、电子商务支撑指数，与农村居民人均可支配收入、交通运输仓储邮政业增加值显著相关。表明农村电子商务从规模、渗透、环境等各方面的发展，都将影响农村居民收入的增长，农村电子商务的不断发展与农村物流体系和基础配套设施的建设息息相关，电商环境的搭建对于农村地区农民增收和产业发展将会产生更大的影响。

7.4.4 小结

因此，结合前文描述性分析和相关性检验的结论可知，经济发达地区电子商务发展具有良好的先天环境，电子商务发展水平与地区经济发展水平正相关。而在农村电商扶贫政策的推动下，电商发展对于促进农村地区产业和经济发展，促进农民增收同样具有显著相关性。由于农村电商扶贫自2014年起才逐渐提上议程，三年时间内初见规模，农村电商发展对于农林牧渔业发展及地区经济增长的助推作用仍有待提升。因此，落后省份面对差距和机遇，若要借助政策红利发展农村电子商务从实现农民脱贫减贫，就需要进一步发挥电商扶贫的减贫效应。

7.5 江西省农村电商扶贫的对策与建议

结合农村电商发展的减贫作用体系，本研究也将围绕政府、企业和个人三大要素主体提出江西省农村电商扶贫的对策与建议。

7.5.1 充分发挥政府职能，加大电商扶贫支持力度

为实现2020年我国现行标准下农村人口实现全面脱贫的十九大目标，我国精准扶贫工作已经进入了最后的攻坚克难阶段，电商扶贫作为新时期的新举措，已经被列入我国的扶贫战略规划，成为产业发展扶贫的重要工程之一。因此，推动农村电商发展，发挥电商扶贫功能，既是互联网环境下的时代要求，也是国家扶贫政策的指引。这就要求地方政府机构认真贯彻落实党和国家的方针政策，对农村电商扶贫工作进行系统的思考和推进。

(1) 深化网商认知，紧跟时代步伐

第一，更新农村电子商务观念。随着近年来互联网用户规模的极速增长和互联网应用的裂变式普及，电子商务在拉动国家经济增长的过程中占据着重要地位。作为地方政府机构应把视角拉大，清晰认识市场全球化背景下，电子商务在信息流通、交易成本、资源集约、渠道扩张、进入门槛等方面的天然优势，深入研究电子商务促进经济增长的作用机理和发展方式，

同时明确电子商务发展中可能存在的风险、问题以及制约电子商务发展的因素，提前做好规划和部署。

第二，借鉴成功经验，助力本地电商扶贫发展。近几年我国已有部分农村贫困地区在电商扶贫方面取得了较为成功的经验积累，如江苏沙集模式、甘肃陇南模式、广东揭阳模式等，其中不论是由民间主导的自下而上倒推电商产业发展的路径，还是由政府主导的自上而下推进电商产业扶贫的模式，都在很大程度上减少了农村地区的贫困人口，降低了贫困发生率。作为政府部门，应积极主动学习借鉴其他地区电商扶贫减贫的成功经验，取其精华为己所用，为电商扶贫工作做好前期部署。

第三，评估本地发展环境，电商扶贫模式初探。万事开头难，成功迈出电商扶贫工作的第一步，需要结合本地市场、资源、人口等综合环境因素，进行全面的评估和考量，并高效推动项目执行，将计划和设想推进到实践中去，用实践检验农村电商扶贫政策的科学性和有效性，与现有扶贫措施相融合，形成具有当地特色的电商扶贫产业和扶贫模式的初探。

(2) 重视前期培育，搭建电商环境

商业发展模式不会一成不变，受市场规律和市场环境的影响，具有特殊性和多样性，因地制宜设计项目发展方案，是推进农村电商扶贫的重要前提。加之农村电子商务的发展环境千变万化，对地方政府机构则提出了更高的要求。

一方面，需要强化领导班子的现代化管理理念和互联网思维模式，提高对互联网和电子商务的接纳度和包容度，以开放创新、兼容并蓄的心态甄选并引入互联网电子商务平台和企业，同时也可以通过提升自己的电商意识和电商运用能力，培植当地中小电商企业发展，为农村贫困地区电子商务发展提供智力支持。

另一方面，需要科学判定自然环境、区位特点和市场环境，精准识别电商项目本土发展潜力，清晰把脉贫困人口发展意愿和从业意向。在电商意识和电商产业极度落后的农村贫困地区，政府的先期培育和引导工作显得尤为重要，从扶贫对象的选取、电商产业的引入、本土企业的扶持、电商个体户的培育，到市场流通环节的打通，"点—线—面"电商帮扶产业链的构建，都需要投入大量的人力物力和精力。

此外，还需要加强互联网基础信息设施建设，完善交通物流和信息网络，建立电子商务服务站点，为农村电子商务发展铺路搭桥、奠定基石。同时建立电商扶贫专项资金预算，为农村电商发展提供资金保障和政策支持，既能让外来电商企业有信心，也能减少本地电商企业发展的后顾之忧。

(3) 推行项目制度，以政府监管为支撑

无规矩不成方圆，弱监管滋生问题。政府工作和项目的开展，需要建立在有法可依、有章可循的基础之上，农村电商扶贫事务同样不会例外。关键历史时期的扶贫新举措，更加需要体系化规范化的规章流程进行统筹推进，以促进农村电子商务有序健康发展，同时取得扶贫减贫的良好成效。

第一，应建立农村电子商务门槛准入机制。结合当地实际情况，对引入电商平台企业的行业背景、注册资本、公司规模等进行分行业分领域的标准化设定，杜绝"一刀切"的情况，视具体情况做好企业项目评估。

第二，应建立农村电子商务监测评估机制。随着农村电商项目的推进，需要对项目推进情况进行跟踪反馈和效果评估，搭建互联网大数据系统进行数据跟踪，及时发现并解决问题，总结经验和不足，为农村电商企业发展提供决策支持，努力实现效益的最大化。

第三，应建立农村电子商务淘汰升级机制。农村电子商务发展前期，尝试和试错是同时进行的，对于好的项目可以加大扶持力度、推动产业升级；对于违规操作、长期亏损的项目则应果断终止并予以淘汰剔除，并且不断注入新鲜血液，带动农村电商市场活力，以期长远健康发展。

总的来说，在农村电子商务发展的整个过程中，政府相关部门都应实现动态监管、实时跟进，推动农村电商制度化发展，并提供有力的政策保障和智力支撑。与此同时，应该坚持以市场为导向，关注市场动向，增强市场活力，重视市场这只"看不见的手"的作用。尤其是当农村电子商务进入规模化体系化发展阶段之后，政府部门应适当放权，激活市场主体功能，调整扶贫政策发展方向。

7.5.2 夯实特色产业基础，推动电商产业集群建设

农村电子商务具有鲜明的地域性和差异性，互联网消费升级新时代，农特产品也具有更为广阔的消费市场以及更有弹性的升值空间，对地方农村电商发展进行准确定位，挖掘农特产品商业价值，是农村电商产业发展的前提，也是农村电商扶贫推进的必然选择。

回顾国内农村电商发展模式，早前缺乏政府干预的由农民自下而上自发形成的"沙集电商模式"，在空间上具有明显的"小、多、散"的分布特征；由政府引导扶持的"陇南电商模式"则从始至终贯穿了"点—线—面"的产业发展过程。以此为鉴，江西省在今后的农村电子商务扶贫推进过程中，应提早进行长远的统筹和布局，并踩稳每个阶段的发展节奏。

（1）挖掘产业特色，发挥品牌效应

创新是民族进步的灵魂，是企业发展的动力，是解决我国一切问题的基础和关键。挖掘农村特色产业，创新农村扶贫方式，也有着异曲同工之妙。随着经济水平发展，人民消费水平提高，品质健康消费成为都市生活的新追求。

一方面，江西自古以来就有着悠久的人文历史和丰富的农特产品，不论是从文化内涵、营养价值，还是天然养生等角度进行产品附加值的塑造，都能为农村电子商务特色化发展提供源源不断的素材。加之农村地区劳动力成本低廉，增加产品附加值意味着利润空间的扩大。而电商平台作为新型宣传推广渠道接入农村，又进一步扩大了农特产品的销售半径，增加产品的销量。简言之，发展农村特色电商产业，能够以较低的成本换取较高的利润，从而实现农民增收、产业发展、减贫脱贫的效应。

另一方面，再小的个体都有自己的品牌，而打造品牌除了要有资源还需要有效的推广渠道。在互联网环境下，农村品牌的推广可以在很大程度上打破时间和空间的界限，但是品牌推广的方式具有多样性，除了利用电商平台的渠道流量，还有很多其他的网络曝光方式，需要进行针对性的挖掘，用更低的成本进行品牌推广，换取更大的转化效率。

(2)发挥正向外部性，打通生态产业链

农村电子商务的发展会起到经济带动作用，而产业关联发展带来的正向外部性能够进一步释放电商活力。随着农村电商从萌芽阶段逐渐过渡到初期发展阶段，原先独立的电商个体必然转向电商产业链发展模式，从而进一步扩大资源存量，提高资源基本生产率，增加资源生产收益，减少农村地区贫困状况。

第一，优选主导产业链，塑造经济发展引擎。在农村地区因地制宜的基础上，应该将当地特色电商企业连接为主导产业链，集中资源进行产业扶持和产业链培育，发挥对当地经济的带动作用。在这个过程中，一方面需要完善农村地区物流体系建设，提高时效降低成本，解决"最后一公里"问题；另一方面需要打通上下游渠道资源，解决产品的集散问题，以减少资源搁置，提高资金流通效率。

第二，引入补链企业，产业链共生发展。为达到规模经济效益，引入或培植互补型电商企业，能够在促进主导产业链经济效益增长的基础上，同时拉动整体经济增长，实现当地资源效益的最大化。这既是对商业形态的丰富和发展，也是农村电商向产业集群发展的过渡。对农村电商扶贫进程的必经之路。

(3)发挥辐射效应，构建产业集群

为保障区域经济在低成本和高效率的情况下实现可持续性发展，进一步释放产业链辐射效应，实现经济结构的稳定性，农村电商产业集群化发展已然成为电商扶贫工作的最终目标。

产业集群作为一种通过纵横网络关系紧密联系在一起的空间经济组织形式，意味着不同规模等级的企业乃至相关企业在当地分工合作、有序共赢地发展。

第一，发展资源型产业集群。农村地区有着丰富的第一产业资源，利用互联网电商平台进行资源整合，有助于提升资源开发利用效率，而且资源型产业的聚集能够基本解决上游供应渠道问题，企业间互相供应原材料能够减少流通成本提升产业效率。而且作为农村电子商务的发展方式，可以区别于传统工业型产业集群，先从轻量型资源开发入手，比如农特产品、手工制造业等，降低企业和政府的投入成本，简化产品生产流程。

第二，发展创新型产业集群。以知识或技术密集型产业和品牌为主，打造现代化文创产业体系，迎合当下社会的主流消费趋势，为产品创造更多的附加价值并转化为收益。通过打造标准化生产流程，让受教育程度较低的劳动力群体也能实现标准化作业。解决贫困地区就业难题，为当地政府企业创收，减少农村地区贫困的发生。

7.5.3 全面激发市场活力,充分重视人的价值

随着社交网络的虚拟化,电商平台作为一种新型的虚拟市场,承接的在线交易比重日益增大。在现代市场经济环境下,农村电商扶贫的推进同样要以遵循价格机制、供求机制、竞争机制、决策机制等一般经济规律为前提,激发市场活力和社会创造力。在这个过程中,充分重视人的价值,既包括尊重农民主体,也包括重视人才培养。因为不管在社会经济发展的哪个阶段,人都是组织中最宝贵的财富,而人的潜力也有待不断挖掘。

(1) 培植本地电商企业,引入大型电商平台

有序竞争促进产业发展,兼容并蓄激发市场活力。在农村电子商务各项配套设施还不完善的发展初期阶段,为了更好地实现农村电商扶贫工作中"助贫、节支、增收"的目标,培植本地电商企业和引入大型电商平台需要同时展开并持续推进。简言之,适当增加区域内市场主体的多样性,对于促进农村电商扶贫工作的发展具有重要作用。

一方面,大力培植本地电商企业,能够从根本上逐渐增强农村贫困地区人民的发展意识和对新事物的认知能力,缩小城乡居民物质上乃至精神上的差距水平。而且本地企业对于当地的人文、地貌、民情、资源更为熟悉,对于方针政策的把握较为准确,不容易出现"水土不服"的状况。

另一方面,引入以阿里巴巴、京东为代表的知名电商平台,能够利用其资源和资金优势,扩大农特产品销售渠道,解决部分农民就业问题,吸引部分年轻务工人员返乡就业创业。同时也能借鉴吸收其优秀的电子商务发展经验,对农村电子商务企业发展起到正向的拉动作用。从扩大品牌效应的角度来说,借助大型电商平台的渠道流量优势,能够对农特产品的推广起到聚势聚力的作用。

(2) 加快电商人才培养,推动贫困农民上岗

"人才"和"人力"是农村电商扶贫过程中最重要的两个内部因素,他们从两个不同的方向推动着电商产业和扶贫工作的进展,且彼此之间息息相关。如何引入电商人才,如何培养电商人才,如何进行受教育程度低的贫困农民岗前培训,都是农村电商扶贫发展过程中需要深入思考的问题。

从电商人才的角度来说,良好的就业环境和发展前景,是吸引优质人才的前提条件,也是吸引外出务工青年返乡就业的主要动因,需要政府提供人才引进鼓励政策方面的支持。但是也会存在着人才流动性大、流失率高等不稳定因素。因此需要重点培养和打造专业化电商人才队伍,进行人才资源储备,同时加大本土化电商人才的培养力度,鼓励本地企事业单位进行人才输送,建立职业化电商人才培养机制,健全城乡之间人才流动机制,为农村电商扶贫工作构建基层人才队伍体系。

从农村贫困群体的角度来说,通过电商扶贫工程解决就业问题,增加收入来源,减缓贫困程度,最终摆脱贫困,是可以预见最为直接的政策意义。但除此之外,贫困群体对于获取

社会尊重和提高自我成就感,同样有着较高的诉求。因此在推进农村电商扶贫工作的过程中,应该尊重农民的主体地位,提供科学规范的电商从业培训,不只是从形式上解决贫困户的就业问题,更要从同理心出发,开启民智挖掘潜力,充分发挥贫困地区劳动人民的创造力,这对于农村地区脱贫减贫乃至社会稳定都有着长远的意义。

7.6 结论与展望

7.6.1 结论

我国扶贫工作已经进入脱贫攻坚的最后阶段,但是贫困问题依然存在,电商扶贫作为一个新兴的时代命题,具有重要的战略意义。本文基于对贫困及电子商务等相关理论的研究,以及对国内外农村电商发展模式对策的探讨,通过分析互联网环境下农村电商扶贫的减贫效应和减贫机理,主要得出以下几点结论:

第一,电商扶贫具有现实基础、取得一定成效但仍然任重道远。以江西省为例,农村贫困人口逐年减少,精准扶贫要求日益提高,扶贫专项支出逐年扩大,产业扶贫中农村电商扶贫的投入越来越多,政企协作程度越来越密切,贫困地区经济发展和人民收入水平进一步提高。一切变化发展、深入拓展都是时代下的变革,具有历史必然性和现实可行性,但是在发展过程中存在的现实问题和差距同样需要解决和改进。

第二,电子商务发展能够促进脱贫减贫。电商发展与地区经济发展之间存在显著正向关系。与发达地区电子商务发展不同,发达地区良好的经济基础和先天环境能够有效促进电子商务的发展,而对农村贫困地区来说,电子商务发展则是推动地区经济发展、农民脱贫减贫的新的有力抓手。

第三,电商扶贫可通过构建以政府、企业和个人为主体的减贫机理体系,发挥扶贫减贫的作用。三者之间相互联系,各司其职。一是发挥政府职能做好电商环境建设、财政资金分配、项目绩效评估、扶贫对象筛查和人才引进培育;二是发挥企业功能实现生产标准化、品牌化、规模化,提供流量支持、配套服务和运营服务;三是激发个人潜力,激励贫困农民从事电商行业、加入产业链、接受技能培训乃至自己创业。共同促进农民收入增长、开支节省、技能强化,从而推动地区经济增长,最终实现脱贫减贫。

第四,基于电子商务发展的减贫效应和减贫机理,应该围绕政府、企业和个人三大主体,进行电商扶贫工作的深化发展,不断提高减贫效应:充分发挥政府职能,加大农村电商扶持力度;夯实特色产业基础,推动电商产业集群建设;全面激发市场活力,充分重视人的价值。从而在农村扶贫工作中获得更大的突破和进展。

7.6.2 创新与不足

本研究存在的创新之处,有以下三点:(1)电商扶贫的命题和研究方向比较新颖,紧跟时代和政策发展方向,具有一定的理论意义和实践价值;(2)结合贫困相关理论、贫困减缓相关理论和电子商务相关理论,构建了电商扶贫减贫效应的理论框架;(3)基于系统理论,从企业、政府、个人三大要素主体出发,构建了电商扶贫减贫体系。

本研究存在的不足之处,有以下两点:(1)本文最初尝试在研究方法上采用面板数据模型进行电商扶贫减贫效应评估,但受限于电子商务相关指标数据采集问题,未在本研究中实施,且本研究中的实证检验方法也缺乏全面的专门针对农村电子商务各个维度的指标数据。(2)由于农村电商扶贫目前还在起步阶段,缺少针对具体试点地方的实证研究,难以将研究精细深入,难以根据地方差异提出针对性的政策建议。

7.6.3 研究展望

通过对大量理论和文献的查阅研究,对政策文件和新闻资讯的搜索浏览,以及对电商扶贫相关数据的搜集整理,本人对于电商扶贫这一议题有了更加深入的了解,对于江西省电商扶贫现状有了整体的认知。社会发展新阶段下,电商扶贫对于我国扶贫事业具有重要意义,是一个值得深入研究和探讨的时代命题。

希望之后的研究可以在以下方面有所探索:(1)农村电子商务扶贫的差异化研究。包括不同行业、不同地区、不同社会文化环境下的扶贫效果差异化研究和对策研究。(2)电子商务减贫效应的实证研究,通过搜集整理面板数据或者问卷调研数据进行实证模型的搭建,用数据进行论证。(3)电商扶贫绩效评价。更加科学客观地对目前电商扶贫工作进行绩效评价,检验实施效果、发现存在问题、针对性做出策略调整,构建科学的评价体系。

第8章

农户健康水平与农户脱贫路径研究

8.1 研究意义

改革开放以来,中国经济持续快速增长,贫困人口大幅下降,截至2016年底,贫困人口减少了6.7亿,中国减贫工作卓有成效。然而,农村贫困状况依旧不容乐观,2014年现行标准下中国仍有7017万贫困人口。据2015年国务院扶贫办统计,7000万农村贫困人口中42%为因病致贫,健康问题俨然成为农户致贫主要因素。由于农村家庭收入普遍依赖于劳动能力,一旦健康水平下降,必然导致其劳动能力受损、收入减少、家庭支出增加,形成因贫致病、因病返贫的恶性循环。基于Sen(1981)对于可行性能力贫困的定义,减少贫困的重点在于提高贫困人口的营养健康水平,改善其收入状况。显然,从家庭收入视角出发,研究健康水平对农村贫困人口退出贫困的影响及其作用机制是基于贫困定义和内涵所衍生的一个基本命题。在全面建成小康社会背景下,研究健康状况与贫困的关系对于探索更有效的扶贫策略具有重要现实意义。

众多研究认为,高额的医疗支出加重贫困群体的医疗经济负担,阻碍贫困人口利用医疗服务改善自身的健康状况,导致其难以脱离贫困(Das et al.,2008)。大部分学者认为通过提高劳动适龄人口的医疗服务利用水平和健康护理意识来改善健康状况,进而提高其劳动能力和劳动效率,减少因疾病造成的劳动时间损失和医疗费用开支,增加家庭收入;同时,减轻非劳动适龄人口的医疗开支来缓解家庭医疗经济负担,有效改善贫困状况(Wagstaff et al.,2010)。因此,健康水平对贫困户脱贫的影响有两条路径:一是健康水平较低的人群医药支付负担较重,从而影响贫困户退出的能力,就算加入医疗保险后,贫困人口的健康状况和医疗经济负担仍然没有改善(Sun et al.,2009)。原因在于,平均报销比例过低、报销起付线高、医疗服务过度提供等(Ma et al.,2011)。Selden(2010)等在对美国医疗救助和儿童医疗保险的研究中发现,较少的自付医疗费用也会对贫困家庭造成严重的医疗经济负担。二是除健康状况恶化带来医疗费用支付增加外，收入明显减少也是其导致贫困户不能退出贫困的重要因素。Mead Over(1992)对坦桑尼亚的研究发现，每例HIV的平均医疗费用会使得贫困人口的人均收入下降8.5%~18.3%。在家庭收入水平一定的情况下，健康水平下降带来医疗费用支出增加，必然导致家庭生产性投资和资本经营支出减少，家庭收入能力进一步收缩，进而阻碍贫困人口生活状况改善。Pelkowwski等(2004)对发达国家贫困居民健康状况的研究发现，健康水平会对工作时间和家庭收入造成负向影响。Tong等针对发展中国家的研究也证实了此观点。

已有研究仍存在进一步拓展的空间：第一，由于研究数据存在区域代表性问题，不同研究结论存在较大分歧。第二，围绕健康水平影响农村贫困退出作用机制的研究文献大多局限于宏观数据判断，缺少贫困户的数据微观判断。鉴于此，文章将重点关注以下问题：一是通过识别出家庭总收入、家庭经营性收入、工资性收入、财产性收入和转移性收入五种中间传导变量，构建"健康水平—中间传导机制—贫困退出"的分析框架；二是基于2016年11月江西省789户贫困户的入户调查数据，采用中介效应模型对健康水平影响农村贫困退出的作用机制进行实证检验，并提出相关政策建议。

8.2 研究设计

8.2.1 研究假说

2000年联合国千年发展目标指出，健康既是经济发展的目标，也是其他减贫目标实现的手段。发展经济学将健康作为个体实现社会功能的关键性能力，健康被剥夺是个体陷入贫困的主要原因。健康水平下降通过加重家庭医疗经济负担和抑制家庭收入增加来影响贫困退出。首先，健康水平下降带来医疗费用支出增加，加剧贫困户的家庭经济负担，造成因病致贫与因病返贫现象。尽管新型农村合作医疗保险实现全覆盖，但报销比例低、报销门槛高等问题，使得家庭自付医疗费用仍然沉重，阻碍贫困户利用医疗服务改善健康状况，对贫困退出产生负向影响(刘生龙，2008)。其次，健康水平下降导致医疗费用支出增加，会对家庭其他生产性投资和资本经营支出产生挤出效应，家庭收入能力进一步收缩，收入来源减少，最终阻碍贫困退出。再次，贫困户健康水平下降将降低其劳动参与程度，抑制家庭收入增加，导致贫困户短时间内难以摆脱贫困状态(Klara，2015)。此外，医疗费用支出会占用原有的教育投资费用，减少劳动适龄人口获取教育培训的机会，阻碍家庭工资水平提高；在医疗费用支出过高的情况下，甚至可能造成部分适龄人口辍学，丧失接受教育的权利和机会，导致未来改变家庭贫困的能力受限(沈扬扬，2012)。最后，健康水平下降会增加家庭成员的心理负担，减弱对未来生活的期望和信心，对当期家庭收入和未来收入产生不利影响。基于以上分析，提出文章研究假说一和研究假说二：

H1：健康水平下降会对贫困退出产生负向影响。

H2：健康水平下降通过减少家庭收入对贫困退出产生负向影响。

进一步地，对家庭收入结构进行区分，探究健康水平通过家庭收入影响贫困退出的内在机制。农村家庭收入基本依赖于家庭成员的身体素质和劳动能力，对身体健康程度要求更高，一旦健康水平下降，会导致其工作能力受损，工作效率下降以及工作时间缩短，不利于其从事农业生产经营和外出务工等，进而减少家庭经营性收入和工资性收入等劳动性收入，阻碍贫困户退出贫困。当然，在健康水平下降导致医疗费用开支增加的情况下，贫困户可能会偏向于增加财产性收入来平滑家庭健康风险，以此缓解家庭经济负担。同时，在现行政策下，健康水平下降，一般来说可能获得更多的公共转移性收入，农村低保及相应的疾病补贴等在一定程度上增加了家庭收入，有利于农村贫困户退出贫困。据此，提出文章研究假说三和研究假说四：

H3：健康水平下降通过减少家庭经营性收入和工资性收入对贫困退出产生负向影响。

H4：健康水平下降通过增加财产性收入和转移性收入对贫困退出产生正向影响。

以下，文章将分为两部分对上述研究假说进行论证：第一部分，考察健康水平对农村贫困户退出贫困的综合影响效应及其在不同样本下的影响效应差异；第二部分，通过验证中介变量——家庭收入的中介作用，对健康水平通过家庭收入这一作用渠道影响农村贫困户退出贫困的机制进行检验。

8.2.2 数据来源

文章所用数据来源于 2016 年 11 月课题组对江西省崇义县、大余县、安福县、吉水县、芦溪县、永修县、瑞昌市、德安县 8 个县（市）贫困户的入户调查。每个县随机抽取 5 个乡镇，每个乡镇随机抽取 2 个村，然后每个村随机抽取 10 个贫困户，如遇贫困户不在家，短时间无法回来的，采用贫困户名单先下后上原则补充样本，补充的样本比例小于总样本的 5%。共发放 800 份调查问卷，实际收回 800 份，剔除关键变量缺失与存在重大逻辑错误的问卷，实际获得有效样本 789 份，问卷有效率 98.63%。

8.2.3 样本描述

如表 8-2-1 所示，退出贫困户占样本总数的 96.45%，脱贫效果显著。从健康水平来看，非退出贫困户的家庭当年自付医疗费支出比退出贫困户平均多 1992.828 元，是退出贫困户的 1.86 倍，表明退出贫困户的健康水平高于非退出贫困户。从收入水平来看，退出贫困户的家庭当年总收入普遍比非退出贫困户高，平均高出 15104.84 元，是非退出贫困户的 1.85 倍。从收入结构来看，退出贫困户当年的工资性收入明显高于非退出贫困户，超出 12769.541 元，是非退出贫困户的 2.56 倍。从收入来源看，退出贫困户的工资性收入占总收入的份额较大，比重为 63.63%。尽管非退出贫困户转移性收入当年的比重较大（46.47%），且高于退出贫困户同类型收入的比重(26.21%),但非退出贫困户的转移性收入水平与退出贫困户相比差别微弱。可见,退出贫困户的健康水平和收入水平都明显高于非退出贫困户,且收入增长更依赖于工资性收入增长,而非退出贫困户则更依赖于转移性收入。退出贫困户与非退出贫困户在健康和收入及其结构上具有明显差异,具备进一步分析的可能性。就其他变量而言,退出贫困户住房、户主年龄、家庭特征的均值均高于非退出贫困户,受教育状况、户主性别、村级特征的均值均低于非退出贫困户。

8.2.4 变量选择

(1)被解释变量

贫困户是否退出贫困。属于二分类变量,取值为 0 时表示贫困户未退出贫困,取值为 1 时表示贫困户退出贫困。

(2)核心解释变量

贫困户的健康水平。相比贫困户自评健康指标,家庭医疗费支出更能客观反映贫困户的健康状况(温忠麟等,2010),家庭医疗费支出越高,贫困户健康状况越差。文章试图回答现有农村医疗保障制度下,贫困户的健康水平对其退出贫困的影响。因此,参考 Selden 等(2010)的研究,采用贫困户的家庭自付医疗费支出对其健康水平进行测度。

(3)中介变量

贫困户的健康水平通过作用于家庭收入进而影响贫困退出,考虑到健康水平对不同收入的影响差异,因此,选取家庭总收入、家庭经营性收入、工资性收入、财产性收入和转移性收入作为中间传导,探究健康水平对贫困退出的作用机制。

(4)控制变量

纳入模型的控制变量包括受教育状况、住房、户主特征、家庭特征、村级特征五个方面。其中,户主特征包括户主性别、户主年龄两个方面;家庭特征包括水稻种植面积、外出务工人数两个方面。

一是受教育状况:选取"7~16 岁儿童的辍学人数"来测量受教育状况。教育所体现的人力资本要素是影响农户贫困的核心因素(Baron 等,1986),教育水平高低代表着未来发展的机会和能力。贫困家庭的适龄儿童如果存在辍学、失学的情况,则意味着其缺少改变现状的能力和可持续发展的机会,未来很有可能继续陷入贫困。

二是住房:选取"是否危房"作为测算住房情况的指标。住房是个体和家庭生活的必需品,属于基本生存范畴,如果一个个体或家庭居住在危房中,表明其还没有能力满足基本生活需要,必然是陷入贫困之中。

三是户主特征:选取"户主性别"和"户主年龄"两个指标衡量户主特征。一般来说,户主性别为男性的家庭更不易陷入贫困,原因在于目前劳动力市场中存在女性就业歧视,而且由于缺乏专业劳动技能和文化水平,贫困户大多从事体力劳动,男性相比女性更具优势。在一定范围内,户主年龄越大,就业经验越丰富,社会资本越多,越容易脱离贫困。

四是家庭特征:选取"水稻种植面积"和"外出务工人数"来测度贫困户的家庭特征。农村贫困户具有传统的小农经济特征,家庭经营主要依赖于土地等生产要素,土地资源越丰富,越有可能脱离贫困。外出务工被认为是目前最有利于贫困户摆脱贫困的方法,相比之下,以务农为主的贫困户更难脱贫困。

五是村级特征:选取"是否贫困村"来衡量贫困户所在区域的经济发展水平。村级特征代表的区域经济发展水平,属于贫困户发展权问题。区域经济发展水平越高的地区,贫困户发展机会越多,越有可能脱离贫困;反之,越难摆脱贫困。

表 8-2-1 变量设置及统计性描述分析

样本类型		全部样本		退出贫困户		非退出贫困户	
变量类型	变量定义	均值	标准差	均值	标准差	均值	标准差
被解释变量							
贫困户是否退出贫困	是=1,否=0	0.965	0.185	1.000	0.000	0.000	0.000
核心自变量							
健康水平	家庭自付医疗费支出(元/年)	2387.75	7134.979	2317.029	6811.172	4309.857	13264.02
中介变量							
家庭收入及结构	家庭总收入/(元/年)	32361.26	24465.66	32897.3	24558.7	17792.46	16252.19
	家庭经营收入/(元/年)	2358.904	6505.902	2428.272	6611.358	473.571	1065.625
	工资性收入/(元/年)	20479.31	22485.04	20932.47	22653.9	8162.929	12110.22
	财产性收入/(元/年)	913.104	1505.964	914.066	1511.82	886.964	1361.532
	转移性收入/(元/年)	8609.946	8545.153	8622.49	8485.828	8269	10199.94
控制变量							
受教育状况	7~16岁儿童的辍学人数/人	0.027	0.169	0.026	0.168	0.036	0.189
住房	是否危房(是=0,否=1)	0.984	0.127	0.986	0.119	0.929	0.262
户主特征	户主性别(男=1,女=0)	0.873	0.333	0.871	0.335	0.929	0.262
	户主年龄/岁	57.513	13.788	57.66	13.641	53.536	17.137
家庭特征	水稻种植面积/亩	1.706	3.843	1.758	3.9	0.303	0.915
	外出务工人数/人	0.496	0.703	0.505	0.705	0.25	0.585
村级特征	是否贫困村(是=0,否=1)	0.636	0.481	0.635	0.482	0.679	0.476
样本数量		789		761		28	

8.2.5 模型构建

中介效应模型被广泛应用于分析自变量对因变量影响的过程和作用机制,相比传统的一般回归模型,中介效应模型能更深入地刻画二者的关系。基于上述分析,健康水平可能通过家庭总收入、家庭经营性收入、工资性收入、财产性收入和转移性收入五种中间传导变量,对农村贫困户退出贫困产生影响作用。因此,借鉴 Baron and Kenny 的方法,构建如下中介效应模型:

$$Y_i = \beta_0 + \beta_i Health_i + \sum \beta_2 X_i + \varepsilon_1 \quad (8-2-1)$$

$$Tran_i = \alpha_0 + \alpha_1 Health_i + \sum \alpha_2 X_i + \varepsilon_2 \quad (8-2-2)$$

$$Y_i = c_0 + c_1 Health + c_2 Tran_i + \sum c_3 X_i + \varepsilon_3 \quad (8-2-3)$$

式(8-2-1)、式(8-2-2)和式(8-2-3)中,Y_i 为贫困户是否退出贫困(退出贫困为1,没有退出贫困为0),$Health_i$ 表示贫困户的健康水平,$Tran_i$ 为中间传导变量(包括家庭总收入、家庭经营性收入、工资性收入、财产性收入和转移性收入),X_i 是可能同时影响家庭收入和贫困退出的控制变量。式(8-2-1)表示贫困户健康水平对贫困退出的总效应。式(8-2-2)表示贫困户健康水平对中间传导变量的影响效应。式(8-2-3)中的系数表示中间传导变量对贫困退出的直接效应。将式(8-2-2)代入式(8-2-3)可以进一步得到中间传导变量的中介效应 $c_2\alpha_1$,即贫困户健康水平通过中间传导变量对贫困退出所产生的影响作用。被解释变量为二分类变量,中间变量为连续型变量,因此对式(8-2-1)和式(8-2-3)进行二元 Logit 估计,对式(8-2-2)家庭收入进行对数转换,并采用 OLS 估计。

8.3 实证检验与分析

8.3.1 健康水平对贫困退出的综合影响

采用 STATA 软件对健康水平的影响效应进行回归分析。更进一步,对于户主为女性、经济发展水平更低的村庄以及致贫原因为因病致贫的贫困户,其健康水平可能产生差异化作用。为此,根据户主性别(是否为男性)、区域经济发展水平(是否为贫困村)以及致贫原因(是否因病致贫)进行分组回归(见表8-3-1)。

表8-3-1中的回归 I 是健康水平对贫困户退出贫困的综合影响,与上文模型设定中的式(8-2-3)相对应。回归 II~VII 分别是基于户主性别、区域经济发展水平以及致贫原因的分组回归结果。从表8-3-1中的卡方检验统计量(LR chi^2)可知,模型回归的拟合效果整体不错,除户主性别为女的样本回归结果不显著外,其余基本都在1%或5%的统计水平上显著,因此具备进一步分析的可能性,具体而言:

首先,从整体上看,贫困户健康水平对其退出贫困具有显著的负向影响(回归 I),与预期一致。可见,现有农村医疗保障制度作用有限,贫困户就医经济负担仍然沉重,阻碍了贫困户退出贫困。家庭总收入、户主年龄和水稻种植面积对贫困户退出贫困具有显著正向影响。户主年龄所隐含的家庭社会经验和人情关系等社会资本越丰富，贫困户越能摆脱贫困；土地作为农村贫困户的一项人格化财产，在农村反贫困中发挥着基础性保障功能，对土地资源的利用在一定程度上有助于农村贫困户脱离贫困。

其次，户主性别为男性的贫困户，健康水平对其退出贫困具有显著阻碍作用；与之相反，户主性别为女性的贫困户，其作用在统计意义上并不显著（回归Ⅱ和Ⅲ）。女性劳动力相比男性具有更高的供给弹性，在缓冲配偶带来的健康冲击上更有效率；当然，也可能是由于劳动力市场中存在性别歧视，男性劳动力市场价值要高于女性，一旦男性遭受疾病，健康水平下降造成的损失通常要大于女性。

表8-3-1 健康水平对贫困退出影响的模型估计结果

变量/统计量	回归Ⅰ 全部贫困户样本	回归Ⅱ 户主性别为男	回归Ⅲ 户主性别为女	回归Ⅳ 贫困村	回归Ⅴ 非贫困村	回归Ⅵ 因病致贫	回归Ⅶ 非因病致贫
家庭自付医疗费支出(ln)	-0.111**	-0.112**	0.003	-0.219**	-0.076	-0.142*	-0.117*
	-0.047	-0.049	-0.206	-0.107	-0.054	-0.081	-0.059
家庭总收入(ln)	0.822***	0.801***	0.644	0.689	0.914***	1.215	0.765**
	-0.339	-0.265	-0.273	-1.326	-0.448	-0.299	-0.502
7~16岁儿童的辍学人数	0.115	0.048		-1.425		-1.98	
	-1.13	-1.161		-1.313		-1.287	
是否危房	1.097	1.156		0.338	1.069	1.089	
	-0.854	-0.885		-1.364	-1.232	-1.207	
户主性别	-0.768			-0.573	-0.993		-0.265
	-0.762			-1.231	-1.053		-0.799
户主年龄	0.028**	0.033**	-0.198	0.031	0.026	0.093***	-0.001
	-0.014	-0.015	-0.142	-0.026	-0.017	-0.029	-0.018
水稻种植面积	0.485**	0.501*	0.198	0.515	0.438	0.582	0.388
	-0.245	-0.258	-0.768	-0.51	-0.276	-0.443	-0.299
外出务工人数	0.068	0.35	-4.898	1.054	0.001	0.001	0.086
	-0.437	-0.503	-3.271	-1.049	-0.008	-0.01	-0.628
是否贫困村	-0.208	-0.264	0.862			-0.57	-0.257
	-0.432	-0.456	-1.756			-0.772	-0.57
常数项	-6.455	-7.37	14.689	-4.345	-7.308	-13.774***	-3.503
	-2.847	-2.782	-18.617	-4.569	-3.312	-5.181	-3.389

续表

观测值	789	689	100	287	502	357	432
对数似然值（Log likelihood）	−103.658	−92.341	−6.355	−31.897	−69.536	−37.666	−60.374
卡方检验（LR chi^2）	34.64***	36.74***	6.9	16.24**	22.62***	29.69***	16.12**
伪拟合优度（Pseudo R^2）	0.143	0.166	0.352	0.203	0.139	0.283	0.118

注：*、**、*** 分别表示在10%、5%和1%的水平上显著，括号中为标准误。

再次，贫困村贫困户的健康水平显著阻碍其退出贫困；反之，非贫困村贫困户的健康水平对其退出贫困影响并不显著（回归IV和V）。非贫困村的贫困户健康水平普遍高于贫困村，其对贫困退出的负向作用小于贫困村。经济发展水平差异也是二者作用不同的主要原因。经济发展水平代表贫困户的发展权，经济发展水平越高，贫困户就业发展机会越多。非贫困村的经济发展水平要高于贫困村，一旦贫困户遭遇健康危机，其自身或者其家庭成员更容易获取合适的就业机会，缓解健康水平下降带来的负向作用。

最后，因病致贫贫困户的健康水平对其退出贫困的负向作用更为明显；反之，非因病致贫贫困户的健康水平对其退出贫困的负向作用相对较弱（回归VI和VII）。显然，因病致贫贫困户的医疗费用支出明显高于非因病致贫贫困户，在家庭经济水平相差较小的情况下，因病致贫贫困户相比非因病致贫贫困户更难摆脱贫困。值得一提的是，无论是因病致贫贫困户还是非因病致贫贫困户，健康水平对其退出贫困都具有显著负向影响。可见，健康问题已经普遍成为贫困户退出贫困的一大障碍，现有农村医疗保障制度有待于进一步完善，以减轻贫困户的就医经济负担，加快贫困退出进程。

8.3.2 健康水平影响贫困退出的作用机制：中介效应分析

在表8−3−2中，路径I、II的系数值分别表示健康水平对中间传导变量、中间传导变量对贫困退出的影响效应，即分别对应于上文模型设定式(8−2−2)与式(8−2−3)中的和。而表8−3−2中的中介效应则表示健康水平通过中间传导变量对贫困户退出贫困所产生的影响作用，即中间传导变量的中介效应。由于因变量为二元分类变量，核心变量和中介变量为连续型变量，因此，需要将上述式(8−2−1)、式(8−2−2)、式(8−2−3)三个方程中的回归系数标准化，使得回归系数尺度具有统一性和可比性，从而求出相应的中介效应以及Sobel检验和Bootstrap检验等的相关统计量，具体公式参考刘红云等[29]。限于篇幅，仅报告核心解释变量（健康水平）影响贫困户退出贫困的估计结果，其他控制变量的估计结果省略。依据温忠麟等[26]的研究，通过对中介效应进行索贝尔检验（Sobel test）和自抽样检验（Bootstrap test），判定中介变量是否显著以及中介效应是否存在。当索贝尔检验（Sobel test）与自抽样检验（Bootstrap test）检验结果不一致时，应偏向于选择自抽样检验（Bootstrap test）的估计结果。

从表8-3-2可见，家庭总收入、家庭经营性收入、工资性收入、财产性收入、转移性收入五个中介变量，仅家庭总收入的中介效应显著；从家庭收入结构来看，工资性收入的中介效应占比最大(-9.441%)，家庭经营性收入次之(-4.836%)，财产性收入的中介效应占比最小(-0.837%)。

首先，健康水平通过家庭总收入对贫困退出产生显著影响，但作用方向为正，与预期不一致。第一，由表8-3-2中介效应的索贝尔检验(Sobel test)和自抽样检验(Bootstrap test)可知，家庭总收入的中介效应在1%的统计水平上显著，且中介效应占总效应的比重为-25.071%。具体而言，健康水平对家庭总收入具有显著的正向影响，家庭自付医疗费支出每增加一个单位，贫困户的家庭总收入增加0.027个单位，并且在1%的统计水平上显著。第二，家庭总收入对贫困退出具有显著的正向影响，家庭总收入每增加一个单位，贫困退出的概率增加0.822，并且在1%的统计水平上显著。考虑到家庭支付能力，在一定情况下家庭自付医疗费支出越高，代表家庭可支付收入越高。第三，在家庭自付医疗费支出增加的情况下，会对贫困户产生"倒逼"机制，迫使贫困户减少家庭其他支出和家庭其他具有劳动能力的成员增加劳动时间、减少闲暇时间，同时激励家庭其他具有劳动能力的成员积极寻找收入更高的工作机会和提高劳动效率。第四，健康水平下降导致家庭自付医疗费支出增加时，政府相应地会给予贫困户更多的补贴，贫困户因此获得更多的转移性收入。因而健康水平下降反而可能会增加家庭收入，从而有利于贫困户退出贫困。

表8-3-2　　　　　　健康水平对贫困退出影响的中介效应

路径I:健康水平对传导机制的影响	系数	路径II:传导机制对贫困退出的影响	系数	健康水平对贫困退出的中介效应	索贝尔检验(Sobel test)	自抽样检验(Bootstrap test)	中介效应占比(%)
健康水平→家庭总收入	0.027*** (0.005)	家庭总收入→贫困退出	0.822*** (0.265)	0.053*** (0.019)	Z值:2.687 P值:0.007	Z值:2.653 P值:0.008	-25.071%
健康水平→家庭经营性收入	0.093*** (0.035)	家庭经营性收入→贫困退出	0.039 (0.050)	0.009 (0.013)	Z值:0.749 P值:0.454	Z值:0.706 P值:0.480	-4.836%
健康水平→工资性收入	0.144*** (0.034)	工资性收入→贫困退出	0.052 (0.039)	0.019 (0.015)	Z值:1.252 P值:0.211	Z值:1.222 P值:0.222	-9.441%
健康水平→财产性收入	0.010 (0.029)	财产性收入→贫困退出	0.062 (0.046)	0.002 (0.005)	Z值:0.326 P值:0.744	Z值:0.265 P值:0.791	-0.837%
健康水平→转移性收入	0.014** (0.006)	转移性收入→贫困退出	0.173 (0.227)	0.006 (0.009)	Z值:0.722 P值:0.470	Z值:0.665 P值:0.506	-3.351%

注：限于篇幅，其他控制变量的估计结果略；*、**、***分别表示在10%、5%和1%的水平上显著，括号中为标准误；Bootstrap的重复次数为1000。

其次，健康水平下降通过家庭经营性收入和工资性收入对贫困退出的影响未通过显著性检验，与预期不一致。由表 8-3-2 中介效应的索贝尔检验(Sobel test)和自抽样检验(Bootstrap test)可知，家庭经营性收入和工资性收入的中介效应在统计意义上不显著，且中介效应占总效应的比重分别是－4.836％和－9.441％，相对较低。具体而言，第一，健康水平下降对家庭经营性收入和工资性收入具有显著的正向影响，家庭自付医疗费支出每增加一个单位，贫困户的家庭经营性收入和工资性收入分别增加 0.093 和 0.144 个单位，并且都在 1％的统计水平上显著。第二，家庭经营性收入和工资性收入对贫困退出影响未通过显著性检验。劳动力市场会对劳动力进行相对严格的筛选，由于存在强的选择过程，劳动力进入农业生产领域或选择外出务工具有一定的门槛，其身体健康状况相对较好，家庭经营性收入和工资性收入受健康水平下降影响的可能性小。第三，健康水平下降导致家庭自付医疗费支出增加，迫使家庭其他相对健康的成员增加劳动时间，减少娱乐休闲时间，提高工作效率和积极寻找工资水平更高的工作以增加家庭收入。第四，健康水平下降带来家庭自付医疗费支出增加，为了缓解家庭经济压力，贫困户相应地会减少家庭其他支出，甚至可能牺牲子女接受教育的机会，迫使他们放弃学业，更早地进入生产领域，从事生产经营活动或者外出务工，导致家庭经营性收入和工资性收入增加，短期内缓解了贫困户的家庭经济压力，但由于贫困户家庭成员的教育水平和劳动技能水平普遍较低，导致其工资水平和生产能力相对较低，收入增长有限。

最后，健康水平下降通过财产性收入和转移性收入对贫困退出的影响未通过显著性检验，与预期不一致。第一，由表 8-3-2 中介效应的索贝尔检验(Sobel test)和自抽样检验(Bootstrap test)可知，财产性收入和转移性收入的中介效应在统计意义上不显著，且中介效应占总效应的比重分别是－0.837％和－3.351％。具体而言，健康水平下降对转移性收入具有显著的正向影响，家庭自付医疗费支出每增加一个单位，贫困户的转移性收入增加 0.014 个单位，并且在 5％的统计水平上显著，但健康水平下降对财产性收入不具有显著影响。第二，财产性收入和转移性收入对贫困退出影响未通过显著性检验。健康水平下降导致家庭自付医疗费支出增加的同时，政府相应地会给予更多财政补贴，使得贫困户转移性收入增加。第三，贫困户经济基础薄弱，财产拥有量少，依靠耕地转出、收取利息红利等途径获取的财产性收入很低，通过增加财产性收入来缓解家庭医疗经济负担的可能性小，因而健康水平对转移性收入具有显著的正向影响，而对财产性收入影响并不显著。由于财产性收入和转移性收入在家庭总收入中的占比相对较小，其对贫困退出的影响并不显著。

8.3.3 稳健性检验

为进一步验证健康水平对家庭收入的影响，文章将"是否因病致贫"这一变量作为健康水平的代理变量，对家庭收入进行估计，观察是否与上述结果一致。表 8-3-3 中，模型 1-5 的因变量分别是家庭总收入、家庭经营性收入、工资性收入、财产性收入和转移性收入。由表

8-3-3 可知,健康水平对家庭总收入、家庭经营性收入和工资性收入具有显著的正向影响,对财产性收入和转移性收入影响未通过显著性检验。表 8-3-3 中健康水平对家庭收入的回归结果通过稳健性检验,具有较高的可靠性和可信性。

表 8-3-3　　　　　　　　　　　稳健性检验

变量/统计量	模型 1	模型 2	模型 3	模型 4	模型 5
是否因病致贫	0.309*** (0.048)	0.857** (0.334)	1.871*** (0.323)	0.031 (0.289)	0.062 (0.062)
7~16 岁儿童的辍学人数	−0.105 (0.144)	−2.761*** (1.005)	−0.630 (0.973)	1.961** (0.869)	0.295 (0.188)
是否危房	0.183 (0.187)	−1.723 (1.305)	−1.512 (1.263)	1.452 (1.128)	0.270 (0.244)
户主性别	0.078 (0.072)	1.084** (0.502)	1.301*** (0.486)	−1.159*** (0.434)	−0.025 (0.094)
户主年龄	−0.008*** (0.002)	0.007 (0.012)	−0.087 (0.012)	0.025** (0.011)	0.009*** (0.002)
水稻种植面积	0.032*** (0.006)	0.474 (0.044)	0.066 (0.043)	−0.127*** (0.038)	0.001 (0.008)
外出务工人数	0.662*** (0.034)	−0.083 (0.237)	3.688*** (0.229)	−0.136 (0.205)	−0.137*** (0.044)
是否贫困村	−0.058 (0.049)	−0.801** (0.344)	−0.044 (0.333)	0.079 (0.297)	−0.054 (0.064)
常数项	9.774*** (0.220)	1.113 (1.536)	9.105*** (1.486)	2.461* (1.328)	7.957*** (0.287)
观测值	789	789	789	789	789
F 值	0.000	0.000	0.000	0.000	0.000
R^2	0.401	0.150	0.347	0.039	0.042

注:*、* *、* * * 分别表示在 10%、5% 和 1% 的水平上显著,括号中为标准误。

8.4 结论与启示

8.4.1 结论

文章通过识别出家庭总收入、家庭经营性收入、工资性收入、财产性收入以及转移性收入五种中间传导变量,构建了健康水平影响农村贫困户退出贫困的分析框架,并采用江西省 789 户贫困户的入户调查数据进行实证检验,结果表明:

(1)健康水平对农村贫困户退出贫困具有显著的负向影响。户主是男性、村庄为贫困村、因病致贫的农村贫困户,健康水平的阻碍作用更为显著;与之相反,户主是女性、村庄为非贫困村的农村贫困户,健康水平对贫困户退出贫困不具有统计意义上的显著影响;对于非因病致贫的贫困户，健康水平对其退出贫困具有显著的负向影响，但作用略小于因病致贫的贫困户。

(2)健康水平通过增加家庭总收入促进农村贫困户退出贫困，但家庭经营性收入、工资性收入、财产性收入以及转移性收入的中介效应并不显著。其中，健康水平对家庭经营性收入、工资性收入以及转移性收入具有显著的正向影响，但对财产性收入不具有统计意义上的显著影响。

(3)通过将"是否因病致贫"替代原有的"家庭自付医疗费用支出"作为健康水平的代理变量，进一步检验健康水平对家庭收入的影响。回归结果表明，健康水平对家庭总收入、家庭经营性收入和工资性收入具有显著的正向影响，对财产性收入和转移性收入影响未通过显著性检验，与前文基本一致，进一步验证了上述实证结果。

8.4.2 启示

健康水平下降可能迫使贫困户采取变卖家产、子女辍学和外出务工等措施获得短期收入增长，实现短期脱贫，而长期有可能再次陷入贫困，因而政府扶贫政策应长期化和精准化，具体而言：

(1)健全和完善农村医疗保障体系，减轻农村贫困居民的医疗经济负担，避免因病致贫和因病返贫情况的发生。可供选择的具体措施包括：第一，全面落实基本医疗保障制度，确保将全部农村贫困居民纳入新型农村合作医疗保险和大病保险范围。扩大农村贫困居民的病种报销范围，提高建档立卡贫困居民的住院费用报销比例和报销金额，充分发挥基本医疗制度的反贫困功能。第二，加大对大病保险的资金投入，对患有大病、重病、重度残疾的农村贫困居民在提供基本医疗报销的基础上，给予二次补贴，且补贴金额不应低于患者自负医疗费用的50%。建立大病患者的医疗绿色通道，实行大病患者先就医后付费的制度，降低大病保险的缴纳费用和起付线，提高报销金额，解决农村贫困居民的就医难问题，进一步减轻农村贫困居民的医疗经济负担，改善农村贫困居民的医疗水平。第三，加强农村医疗救助制度的宣传，鼓励更多的农村贫困居民利用医疗救助制度来保障自身的医疗健康水平。根据贫困程度的大小给予不同的救助比例，对农村五保户、孤儿等特困人员的医疗费用可以实行百分之百的补助。同时鼓励社会慈善机构和爱心人士对贫困患者进行帮扶，避免贫困患者家庭陷入困境。

(2)合理引导贫困户增收，避免因健康水平下降带来家庭收入的"畸形"增长。可供选择的具体措施包括：加大专项扶贫资金投入，促进农村贫困居民收入增长，同时改善扶贫资金结构，从向贫困户直接发放补贴的单一结构转向现金补贴与技术培训、教育扶持等一系列服务相结合的多元结构；在保障贫困户基本生活需求的基础上，更应培养贫困户的生存和发展能力，才能真正实现贫困户的长久脱贫；为有劳动能力的贫困户免费提供技术培训和生产资料等服务，支持并鼓励他们利用已有的耕地、林地等自然资源生产具有更高经济价值的农林产品，实现脱贫致富；同时为贫困家庭提供贫困助学金和奖学金，对贫困家庭的孩子接受高等教育进行扶持，避免因贫困造成优秀的贫困学子错失接受高等教育的机会，从长远上帮助贫困户摆脱贫困。

需要说明的是，文章主要从家庭收入视角考察农村贫困户的健康水平对贫困退出的影响，但是，如果要全面研究健康水平对贫困退出的影响，还需从其他视角深入探究其影响及作用机制，例如劳动力转移视角；并且文章数据来源于江西省，具有一定的局限性。

第 9 章

劳动力转移与区域农户脱贫路径研究

随着经济社会的发展,越来越多农村劳动力向城镇转移,从事非农生产活动,以提高家庭收入。2018年两会政府工作报告指出2017年我国有2.8亿农民工在城镇就业,农村居民收入不断提高,收入结构呈现多元化,贫困人口逐渐减少。截至2017年末,农村贫困人口3046万人,比上年末减少1289万人,贫困发生率降至3.1%,我国的反贫困领域取得巨大成就。随着政府攻坚脱贫的工作力度不断深入,各地政府积极探索出许多脱贫途径,其中鼓励劳动力转移非农就业被认为是贫困户自主造血式脱贫的有效途径之一,即选择进城务工或者移民搬迁,从事非农就业,以期增加非农收入来摆脱贫困。2018年《中共中央国务院关于实施乡村振兴战略的意见》中提出促进农村劳动力转移就业,增加农民增收,特别是促使有条件、有意愿、在城镇有稳定就业和住所的农业转移人口在城镇有序落户,拓宽农民增收渠道,鼓励农民勤劳致富,增加农村低收入者收入,扩大农村中等收入群体。因此,研究政府鼓励下的劳动力转移非农就业对于农户脱贫的影响机理,对于探索农户高效的自主脱贫途径具有重要意义。

与此同时,学术界也对其进行高度关注,许多学者对劳动力转移与减贫之间关系进行研究。有学者认为如果劳动力转移发生在农村贫困地区,则对贫困人口规模的缩减起着积极作用,使贫困发生率显著下降(薛美霞等,2010),因此,政府鼓励劳动力向非农产业进行转移,通过各种路径使农户自我发展来摆脱贫困。在转移政策支持方面,兰景力(2011)认为政府政策引导农村居民合理就业,有利于缓解产业结构中劳动力的供需矛盾;而政府和社会组织所提供的劳动技能培训,提高了农民的技术素质,使农户拥有了转移就业的可能(孙灵,2016),缓解了农村地区的贫困状况。此外,移民搬迁使部分农民失去了赖以生存的土地,迫使他们的生计路径从农业产业转向二三产业(何德桂等,2015),其中许多有技术能力的农户通过创业来实现脱贫;随着农村工业化和城镇化的发展,农民的谋富心理使农村剩余劳动力自发地向非农产业转移,部分农民在农闲时节,从事兼业活动,在本地从事非农工作来提高家庭收入,改善其生产生活状况(毛学峰等,2016),农村非农就业家庭生活改善,不断吸引着更多的农村劳动力从事非农活动,寻求更多的就业机会来摆脱贫困(冯光娣等,2009)。在劳动力转移的影响因素的研究上,有学者发现教育是影响其转移的重要因素,学历高者更倾向于选择非农就业来摆脱贫困(黄俊,2017);家庭成员的健康状况也是影响劳动力外出就业的重要因素,健康状况较好的居民会选择外出就业(秦立建等,2014);农户家庭的中老年人和未成年人数量较多者会影响劳动力的外出就业,而那些人力资本和社会资本较为丰富的家庭其外出就业的可能性更大,外出就业存在着代际相传性,有外出务工经验的贫困家庭,其家庭成员更容易外出(杨云彦等,2008)。与之相反的是,有些学者的研究表明劳动力转移就业并不能改善贫困户的贫困状态,由于农村劳动力受教育水平低,缺乏相应的劳动技能,只能在外从事一些技术含量低的工作,其收入只够在外打工生活,无多余的收入寄回家中(李萌等,2014),劳动力的非农就业加剧了就业竞争,无法保证工作的稳定性,许多劳动者仍然维持在糊口的水平上(高廉,2016),因此劳动力转移不能改变贫困家庭的现状。而在对贫困退出的衡量上,部分地方村干部仅仅以收入作为建档立卡贫困户退出的依据,家庭人均收入仍然是衡量贫困户退出的主要标准,往往那些家中有外出务工的会率先退贫(刘司可,2017)。

综上所述,众多学者在劳动力转移政策支持、非农就业和减贫效果方面进行卓有成效的研究,为本研究奠定了重要的理论基础。本文在前人的研究上进行深入探索,主要有以下三个方面的创新:一是样本选择上,大部分研究是从整个农户层面的微观数据或者统计层面的宏观数据来思考农村劳动力转移对农户的影响,并没有细分到对贫困户的研究;二是研究方法上,众多研究把农户收入作为最终的结果变量进行处理,并未考虑农户收入作为中介变量的效应;三是研究内容上,本文对现有的支持政策进行梳理,以赣南原中央苏区调研数据进行验证农村劳动力转移对农户收入的影响,收入的增加或减少又会对贫困户的生产生活造成何种影响,而劳动力转移对贫困户的贫困退出是否有促进作用。因此,文章以赣南原中央苏区789份建档立卡的贫困户为样本,以贫困户的人均收入为中介变量,分析劳动力转移对贫困户退出的作用机制,为赣南地区贫困户的退出提供科学依据,保证了建档立卡贫困户退出的科学性和合理性。

9.1 研究假说与变量设计

9.1.1 研究区域及数据来源

赣南原中央苏区是中国革命老区,进入21世纪以来,由于地处偏远、基础设施落后和自然条件制约等多方面因素导致其经济发展缓慢,贫困问题突出。目前江西省共有21个国家级贫困县,其中8个贫困县位于赣南地区,贫困阻碍了赣南地区的发展。为了解决赣南地区的贫困问题,2012年6月,国务院印发《国务院关于支持振兴赣南等原中央苏区发展的若干意见》,帮助赣南地区居民摆脱贫困,推动其经济发展。文章利用赣南原中央苏区农村贫困户的抽样调查数据,每个县随机抽取乡镇和一定比例的贫困户,如遇户主不在家或短时间回不来等特殊情况,采用贫困户名单先下后上原则补充样本,并且补充的比例小于总样本的5%,所以样本数据受人为影响程度小。总共派发789份调查问卷,收回789份,实际有效样本789份。

9.1.2 研究理论与变量假说

本文主要通过以贫困家庭人均收入为中介变量,研究劳动力转移对建档立卡贫困户退出的作用机制。贫困户家庭收入的增加是改变贫困现状的重要关键,在利益的驱使下,农村劳动力向城镇非农产业转移就业的愿望和动力就会增强,农民通过在非农产业和城镇就业,会获得超过农业生产的收入(韩秀丽,2010),生活水准也随之提高;在政府政策的推动下,农业劳动力转移利用非农部门创造的就业机会,通过技能培训也可以使其从事农业领域的创业或就近第二、三产业中转移就业,从而达到脱贫或致富的目的(廖文梅等,2017);收入的提高又会反作用于贫困家庭的生产生活,给贫困家庭带来更多的教育和医疗机会,使他们避免重新陷入贫困的局面,无论是健康状况的改善,还是教育水平的提升,均有利于贫困户家庭中劳动力的转移(程名望等,2014),从而形成一个良性循环,促进贫困户摆脱贫困,并且非农就业也会给农民带来更多的自我实现感和社会融入感,提高其摆脱贫困的自信心(倪志良等,2016)。农户将其经济活动拓展到非农领域,农村家庭通过劳动力转移实现了人力资本利用的最大化,不仅分担农业生产的风险的不确定性,还拓宽了农户的收入来源(姚懿桐等,2015)。对此,许多学者将贫困户减贫归功于贫困户家庭收入的提高,这部分学者建议应采取措施加快农村劳动力转移,促进其非农就业,扩大其收入来源,加快农村地区的脱贫进程(张琦等,2016),劳动转移对贫困户收入有何影响,是否能够帮助贫困户退出仍然需要探讨。对此,本文做出以下3个假设:

(1)劳动力转移通过增加家庭收入对贫困退出产生正向影响;

(2)劳动力转移通过增加非农收入对贫困退出产生正向影响;

(3)劳动力转移通过减少农业经营收入对贫困退出产生负向影响。

对该假设的实证研究将分两部分进行:第一部分,考察劳动力转移对贫困户是否退出贫困的影响研究;第二部分,通过验证中介变量——人均收入(本文中主要是家庭人均总收入、人均农业收入、人均非农收入为变量)的中介作用,对劳动力转移通过作用于收入这一作用渠道而对贫困退出产生影响的机制进行检验。

9.1.3 变量设计

(1)被解释变量

贫困户是否退出。刘司可(2011)指出目前贫困动态管理中还是以收入为主要目标,同时也是衡量贫困户是否具备脱贫条件的主要衡量标尺。张琦(2016)提出贫困退出的考量需要建立一套完整的评估体系,主要包括贫困基础、生存环境、人文发展四方面内容,而不是仅仅以单一的收入作为衡量标准。因考虑数据的可获得性,文章直接采用建档立卡贫困户中贫困户是否退出的数据作为被解释变量。

(2) 核心变量

外出务工人数。本文选取外出务工人数来代表劳动力转移的程度,农村外出务工对提高家庭总收入,提高贫困生活水平具有明显的促进作用(韩秀丽,2010;姚懿桐等,2015),并且劳动力转移所得的收入有利于缩小农户间的收入差距。随着农村劳动力不断向城市转移,城市为进城务工人员提供了更多的就业机会,劳动力转移增加了家庭留守成员的人均收入,改善了家庭留守成员的福利状况,收入结构的多元化弥补了农业经营中由各种自然灾害所带来的损失,提高了贫困户抵御风险的能力。因此,促进农村劳动力由农业向非农产业转移是提高农民收入的主要手段,劳动力转移所带来的收入有利于增加贫困户的生活水平,使其率先脱离贫困状态。

(3) 中介变量

人均家庭总收入、人均农业收入、人均非农收入。家庭总收入由农业经营收入、工资性收入、转移收入和财产性收入四部分组成;本文借鉴程名望等(2014)的非农收入标准,将家庭非农经营收入、外出务工收入和工资性收入统称为非农收入。人均非农收入增加也会提高贫困人口的收入并使部分贫困人口脱贫,由于农村家庭劳动力外出务工,老年群体成为农业生产的主要劳动力,通过以农业收入来提高家庭收入的可能性较小,而小农经营和户主从事个体经营农业活动的农户相比大型生产者和户主在公共部门工作的农户更容易陷入贫困(Lu等,2017)。因此,以家庭人均收入、人均农业收入和人均非农收入作为中介变量可以有效地衡量贫困户贫困状态。

(4) 控制变量

户主性别、年龄、人均医药费支出、住房、教育、是否为低保户和是否为贫困村。通过参照已有的文献研究,将研究微观贫困户的家庭特征作为控制变量可以有效地降低模型的干扰,使模型结果更具有可靠性。

9.2 模型选择及变量描述性统计

9.2.1 模型选择

近几十年来,中介效应的理论和应用研究备受关注,中介模型的含义是指自变量 X 通过对中介变量 M 发生影响,进而影响因变量 Y(温忠麟等,2004)。当因变量为分类变量时中介效应模型,应使用 Logistic 回归进行分析,如果使用了通常线性回归分析,会导致中介效应低估、标准误低估、置信区间对真值覆盖比例偏低等问题(刘红云等 2013)。因此,本文针对二分类变量设计中介模型形式如下：

$$Y_1 = \beta_0 + cX + \varepsilon_1 \quad (9-2-1)$$

$$M_1 = \beta_1 + aX + \varepsilon_2 \quad (9-2-2)$$

$$Y_1 = \beta_2 + c'X + bM + \varepsilon_3 \quad (9-2-3)$$

式(9-2-1)、式(9-2-2)、式(9-2-3)中，Y_1为贫困户退出情况(1代表退出贫困户，0代表未退出贫困户)，M_1表示贫困户的家庭人均收入、人均农收入和人均非农收入；X表示外出务工人数。ε_1、ε_2、ε_3表示可能同时影响劳动力转移和贫困退出的控制变量。式(9-2-1)表示劳动力转移对贫困退出的总效应，式(9-2-2)表示劳动力转移对中间传导机制的影响效应，式(9-2-3)中的系数c'表示中间传导机制对贫困退出的直接效应。将式(9-2-2)代入式(9-2-3)可以进一步得到中间传导机制的中介效应ab，即劳动力转移通过中间收入对贫困退出所产生的影响作用。

温忠麟等(2004)指出，只有(9-2-2)式中的c显著才继续检a、b与c'，否则停止中介效应分析。在c通过检验的情况下，如果a与b都显著，表明劳动力转移对贫困退出影响至少有一部分是通过收入实现的。在前面两阶段检验都通过的情况下，如果c'显著，表明收入起着部分中介的作用，否则为完全中介。

9.2.2 变量的描述性统计

文章主要考察以收入为中介变量，研究劳动力转移对贫困户退出的影响。被解释变量为贫困户是否退出，主要由调查人员依据调查结果来判断贫困户是否脱离了贫困状态。由表1可知，从退出贫困户和未退出贫困户的样本数来看，95%以上的建档立卡贫困户都已经退出了贫困。从收入方面来看，退出贫困户年家庭人均总收入为20478.27元，比未退出贫困户高了5131.89元，在农业收入方面，退出贫困户比未退出贫困户高292.62元，在非农收入部分，退出贫困户比未退出贫困户高了3712.37元，是未退出贫困户非农收入的两倍。因此，从收入方面来看，无论是总收入还是农业收入和非农业收入，退出贫困户均高于未退出贫困户。从务工人数所代表的劳动力转移情况来看，未退出贫困户的外出务工人数占比要低于全部样本和退出贫困户，而退出贫困户的外出务工人数占比比全部样本的均值还略高一些，表明未退出贫困户可能是贫困程度较深，无法通过劳动力转移使其脱离贫困状态。就其他控制变量而言，退出贫困户中教育、户主性别、村级状况的均值低于非退出贫困户，尤其是人均医药费支出方面，未退出贫困户的医药费支出远远高于全部样本和退出贫困户的医疗费用，由此可见，人均药费支出是贫困户致贫的主要因素。退出贫困户在住房、户主年龄的均值高于非退出贫困户，具体见表9-2-1。

表 9-2-1　　　　　　　　　　变量设置及描述性统计

变量名称及含义	全部样本		退出贫困户		未退出贫困户	
	均值	标准差	均值	标准差	均值	标准差
1.核心变量						
外出务工人数/人	0.5	0.7	0.5	0.71	0.25	0.59
2.中介变量						
家庭人均收入/(元/年)	20296.15	17482.79	20478.27	17595.1	15346.38	13406.47
人均农业收入/(元/年)	674.38	2443.12	684.76	2480.46	392.14	963.53
人均非农收入/(元/年)	7111.49	8065.54	7243.24	8140.66	3530.87	4405.73
3.控制变量						
户主性别(男性=1,女性=0)	0.87	0.33	0.87	0.34	0.93	0.26
户主年龄/岁	57.73	13.79	57.88	13.65	53.61	17.08
人均医药费支出/(元/年)	956.67	3082.88	931.74	3021.78	1634.16	4456.57
住房(非危房=1,危房=0)	0.98	0.13	0.99	0.12	0.93	0.26
教育(7~16辍学人口数)	0.03	0.17	0.03	0.17	0.04	0.19
是否低保户(低保户=1,非低保户=0)	0.66	0.47	0.66	0.47	0.75	0.44
是否贫困村(贫困村=1,非贫困村=0)	0.64	0.48	0.63	0.48	0.68	0.48
样本数	789		761		28	

在非农就业方面,部分贫困户除外出务工还会在本地打零工以减轻家庭生活负担,文章通过对外出务工人员的就业地区和从事工种进行分析发现,有三分之一的外出务工人员选择去广东打工,30%的贫困家庭选择在本省务工,主要集中在南昌,省会城市经济发展水平较高,工作机会多,工资水平也较为可观,部分外出务工人员的工作地点在浙江、福建、上海等东南沿海的附近省份,主要原因可能是附近省份离家距离相对较近,且经济发展水平高,外出务工收入也比较高,还有部分务工者去其他省份务工,主要是有亲戚朋友在该地区,可以相互照应。从外出务工人员从事的工作类型来看,绝大部分男性外出务工人员以加工制造业、工厂打工或其他各类做工为主,从事体力劳动,女性劳动力主要以保洁、服务生和服装厂工人等职业为主,收入比较低。由于农村劳动力受教育程度低,所从事的技术性工作比较少,缺乏劳动技术成为部分贫困户家庭的致贫原因。

9.3 模型估计及结果分析

9.3.1 模型估计结果

基于789户建档立卡贫困户调查数据,运用Stata14统计软件,以劳动力转移为核心变量进行二元Logistic回归,研究劳动力转移对贫困退出的影响,其模型估计结果为模型1;模型2～7分别为以家庭人均收入、人均农业收入和人均非农收入为中介变量的模型估计结果，为排除劳动力转移与人均非农收入之间存在多重共线性问题，检验其VIF值为3.249且小于10，在合理的接受范围内，模型4结果可靠。估计结果如表9－3－1所示：

表9－3－1　　　　　　　　劳动力转移与贫困退出的中介效应模型结果

变量名称	总收入模型	退出模型	农业收入模型	退出模型	非农收入模型	退出模型	
	模型1	模型2	模型3	模型4	模型5	模型6	模型7
外出务工人数	0.683*	0.849***	-0.163	-0.200	0.707***	2.585***	0.360
	(0.390)	(0.041)	(0.413)	(0.166)	(0.390)	(0.168)	(0.426)
人均家庭收入			0.862***				
			(0.229)				
人均农业收入					0.095		
					(0.069)		
人均非农收入							0.096*
							(0.054)
户主性别	-0.675	0.142	-0.735	0.821**	-0.732	0.781**	-0.726
	(0.756)	(0.088)	(0.761)	(0.351)	(0.760)	(0.356)	(0.756)
户主年龄	0.019	-0.014*	0.027*	0.001	0.019	-0.069*	0.024*
	(0.014)	(0.002)	(0.014)	(0.009)	(0.014)	(0.009)	(0.014)
医药费支出	-0.079	0.067***	-0.164*	0.095***	-0.089*	0.124***	-0.092*
	(0.055)	(0.008)	(0.065)	(0.031)	(0.055)	(0.032)	(0.056)
住房	1.607*	0.222	1.439	-0.354	1.684**	-0.672	1.616*
	(0.857)	(0.229)	(0.900)	(0.917)	(0.857)	(0.930)	(0.876)
教育	0.091	-0.005	0.313	-0.243	0.106	-0.742	0.217
	(1.026)	(0.173)	(1.123)	(0.693)	(1.055)	(0.703)	(1.030)
是否为低保户	-0.484	-0.032	-0.432	-0.895*	-0.395	-0.167	-0.418
	(0.461)	(0.062)	(0.474)	(0.249)	(0.467)	(0.252)	(0.465)
是否贫困村	-0.182	-0.020	-0.131	-0.339	-0.127	-0.108	-0.142
	(0.424)	(0.060)	(0.433)	(0.242)	(0.424)	(0.246)	(0.425)
cons	1.890	10.285***	-6.485*	2.33**	1.657	8.923***	1.163
	(1.314)	(0.268)	(2.556)	(1.077)	(1.323)	(1.091)	(1.378)
索贝尔检验(Z值)		3.697409		0.248198		8.407286	

续表

变量名称	总收入模型	退出模型	农业收入模型	退出模型	非农收入模型	退出模型	
	模型1	模型2	模型3	模型4	模型5	模型6	模型7
（P值）		0.000		0.4027		0.000	
自回归检验（Z值）		3.18		−0.81		1.98	
（P值）		0.001		0.419		0.048	
中介效应占比/%		81.75		2.62		40.82	
N	789.000	789.000	789.000	789.000	789.000	789.000	789.000
R^2/Pseudo R^2	0.056	0.429	0.113	0.042	0.065	0.313	0.069
Prob > chi^2	0.091	0.000	0.001	0.000	0.071	0.000	0.052

注：＊＊＊、＊＊和＊分别表示在1％、5％和10％统计水平上显著，括号内为标准误。

9.3.2 模型结果分析

劳动力转移对贫困退出的影响如表9－3－1所示，无论是人均家庭收入，还是人均农业收入和人均非农收入，其劳动力转移的模型结果如模型1所示，即劳动力转移对贫困退出的正影响在10％的显著性水平下显著，表明劳动力转移对贫困户摆脱贫困具有促进作用。

（1）关键变量在不同模型的实证结果解释

一是劳动力转移通过增加家庭收入对贫困退出产生正向影响。人均家庭收入的中介效应为模型2和模型3，模型2中，劳动力转移对家庭人均总收入具有显著的正向影响，且在1％的水平下显著，这说明劳动力的转移有利于家庭总收入的增长，提高贫困户的生活水平；模型3结果显示，在加入家庭人均总收入这一变量的总模型中，劳动力转移对贫困退出的正向影响未通过显著性检验，而家庭人均总收入对贫困退出的正向影响通过显著性检验，且在1％的水平下显著，家庭人均收入在劳动力转移对贫困户退出之间起完全中介作用，即劳动力转移通过提高家庭人均收入来促进贫困户退出贫困，从而对贫困户的退出没有直接影响。因此，研究进一步证实了非农就业与家庭贫困、家庭人均收入增长有显著相关性，对贫困家庭的减贫效应显著。

二是劳动力转移通过增加非农收入对贫困退出产生正向影响。人均非农收入作为中介变量模型结果为模型6和模型7，根据模型6显示，劳动力转移对人均非农收入的正向影响在1％的显著性水平下显著，说明劳动力转移促进了非农收入的增长；模型7中，劳动力转移对贫困退出的正向影响未通过显著性检验，而人均非农收入对贫困退出的正向影响通过显著性检验，且在5％的显著性水平下显著，劳动力转移与贫困退出之间不存在直接效应，而是通过人均非农收入在劳动力转移对贫困户退出起完全中介作用，即劳动力通过提高人均非农收入来帮助贫困户摆脱贫困。

三是劳动力转移对农业经营收入有阻碍作用。人均农业收入的中介变量模型结果为模型4和模型5，在模型4中，劳动力转移对人均农业收入的负向影响未通过显著性检验，根据温忠麟等(2004)所建议的使用 Sobel 检验进行中介效应的检验，模型未通过 Sobel 检验，且在用自回归检验验证后，也是未通过检验。因此，人均农业收入在劳动力转移对贫困退出之间没有中介效应，意味通过劳动力转移后利用非农就业的工资来增加农业投入产出水平的效果是不明显的。虽然结果不显著，但其方向是负向的说明劳动力转移还是对农业生产产生了不利影响，可能是由于劳动力的转移使从事农业生产的人数减少，导致家庭农业收入降低，表9-3-1中结果也体现了无论是退出贫困户还是未退出贫困户其农业收入占比较低。

将家庭人均收入和人均非农收入的中介效应进行 Sobel 检验和自回归检验，检验其是否存在中介效应及中介效应占比，Li，Schneider 和 Bennett(2007)对中介变量为二分变量时中介模型做了探讨，结果表明校正后的系数乘积法得到的中介效应估计量比系数差异法得到中介效应估计量精确得多，因此本文借鉴刘红云等(2013)的方法将 Sobel 检验得到的系数进行标准化得到模型中的 Z 值和 P 值，表明家庭人均收入和人均非农收入在劳动力转移与贫困退出之间存在部分中介效应和完全中介效应，且中介效应占比分别为81.75％和40.82％。

(2)控制变量对贫困退出的影响

个人特征和家庭特征都会影响劳动力的转移，进而影响贫困家庭的脱贫速率，健康和外出务工是家庭收入增长的重要因素。许庆等(2017)指出在个人特征方面，户主年龄和健康状况与劳动力转移成反向关系，年龄越大、健康状况越不好，越不利于劳动力转移。在模型3、模型5和模型7中，户主年龄和人均医药费支出对退贫困户退出有负向影响，无论是对于贫困农户还是非贫困农户，个人健康是决定家庭人均收入的重要因素，健康状况的改善有利于增加贫困户的劳动供给，保证其收入的稳定。在表1中也同样体现这一结果，未退出贫困户的医疗支出远远高于退出贫困户，由此可见，未退出贫困户可能是由于疾病而导致没有足够的劳动力来增加其家庭收入，使其摆脱贫困。在模型3、模型5和模型7中将因变量设为退出时，户主性别对贫困退出的结果不显著，但其方向为负向，说明户主为女性的贫困户可能不易退出贫困。

9.4 结论与政策建议

9.4.1 结论

文章通过以家庭人均总收入、人均农业收入和人均非农收入为中介变量，研究以外出务工人数为代表的劳动力转移对贫困户退出构建中介效应模型的理论框架，对789户建档立卡贫困户的调研数据进行实证分析，得到以下结论：

鼓励农村劳动力转移就业对贫困户的贫困退出具有明显的政策效果。劳动力转移就业通过增加非农收入、提高家庭总收入来促进贫困户的退出。而通过劳动力转移就业增加非农收入、从而提高农业投入产出水平的论点在本研究中并没有得到支持,研究结果表示发生劳动力转移贫困家庭中使从事农业生产的人数减少,农业收入明显降低,同时未退出贫困户更加依赖于转移性收入和财产性收入,占总收入的74.44%,高于退出贫困户的13.15%。

除了劳动力转移外,户主的性别和健康对贫困户退出有显著影响。户主为男性的家庭更容易退出贫困户,进一步证实程名望(2014)的观点:男性在我国农户家庭经营中的主导地位,而女性户主表现为弱势家庭,表现为各种工资收入来源会受到影响。健康问题是导致大多数贫困户陷入贫困的重要原因,不仅不能为家庭创造收入,还会为整个家庭带来负担,完善医疗保障制度对贫困户脱离贫困具有重要意义。

9.4.2 政策建议

(1) 制定和完善劳动力转移就业的政策措施

一是就业地政府要切实保障转移就业劳动力的合法权益,改善农村劳动力转移就业的工作环境、工作安全、身心健康等,解决由户籍制度所阻碍的农民工子女上学问题;二是加强农村劳动力的就业技术培训,提高农村劳动力的就业机会、提升工资待遇;三是规范农村土地流转的市场,着力解决劳动力流转之后带来耕地抛荒问题,适度引导农户对耕地等土地资源进行流转。

(2) 引导贫困户合理安排劳动力转移人数

目前,由于城市化进程的不断加快,农村大量人口向城市涌入,导致城市人口集聚,尤其是以北上广深等一线城市外来务工者占很大比例。因此,政府应当制定合理的转移人口量,鼓励部分外出务工者返乡就业,尤其是发展产业扶贫的地区,因地制宜地发展特色产业,组织好返乡民工技能培训和创业指导,返乡务工者利用从大城市中学习的先进经验和技术能够带领本地居民更好地创业,增加其家庭收入,从而摆脱贫困。

(3) 完善社会保障体系

扩大社会保障覆盖面,把农民纳入社会保障体系,切实解决农民工、失地农民、灵活就业人员的社会保障问题。使农村居民老有所养,病有所医,改善农村居民对未来的预期,使他们实实在在地感受到农村社会保障就是他们生活的"稳定器",在稳定的基础上,为中国农村经济社会的又好又快发展提供强有力的驱动力。逐步建立统筹城乡的社会保障管理机构,以消除农村劳动力流动过程中存在的社保方面的障碍,不让他们带病返乡或因病返乡,保证他们的基本权益,通过非农就业使其及早摆脱贫困。

第 10 章

易地搬迁农户生计资本与贫困脆弱性研究

易地搬迁扶贫作为精准扶贫的重要模式之一，是我国扶贫工作的重要任务，党中央、国务院十分重视易地搬迁的扶贫效应问题。根据《中国农村扶贫开发纲要（2011—2020 年）》文件精神，扶贫开发政策的重要方式之一就是"易地搬迁扶贫"。2015 年 10 月，党中央召开减贫高层论坛，指出要重视易地搬迁模式，以充分发挥其应有的减少贫困作用。易地搬迁兼顾扶贫开发与保护生态两个方面，是在减少贫困发生率的基础之上而进行的使贫困人口从自然条件较差的地区向生态良好地区的人口迁徙活动及社会经济活动。我国的易地搬迁最早见于 1983 年，位于宁夏，史称宁夏三西移民，截至 2013 年，搬迁人口 700 万人（郑瑞强等，2015）。2016 年，我国开始了新一轮易地搬迁工作，2016 年至 2017 年，共搬迁 589 万人，接近 20 世纪 80 年代至 2013 年的搬迁人口总和，2017 年比 2016 年多搬迁 91 万人，可见国家日益重视易地搬迁工作。

江西省自 2003 年开始，非常重视易地搬迁工作，出台了相关重大文件，如：《关于印发在我省库区深山区开展移民扶贫试点工作会议纪要的通知》（赣府厅字〔2003〕6 号）、《关于在全省开展地质灾害避灾移民搬迁工作的通知》（赣府厅字〔2011〕92 号）。2003 年，江西省将修水县、兴国县、泰和县作为搬迁试点县，2004 年至 2007 年在 21 个贫困县扩大试点，2008 年至 2012 年扩大到 41 个县，其中 2011 年至 2012 年在全省范围内，开展了地质灾害避灾移民搬迁，江西省于 2013 年全面开展易地搬迁工作。江西省自 2003 年启动易地搬迁工程以来，完成了易地搬迁扶贫 60 多万人（郑瑞强等，2015）。

"搬得出还必须稳得住"，如何稳住？这是一个值得深刻思考的问题。长时期以来，经济学界在反贫困测度领域及致贫因素等领域积累了大量积极有益的研究成果（廖冰等，2013；廖文梅、廖冰，2013；王荣党，2006；程晓娟、全春光，2010；胡芳肖等，2012；谢东梅，2009），对决策者制定扶贫政策以及当前我国开展的扶贫攻坚工作发挥了重要的借鉴作用。然而，随着贫困问题日益复杂，今天贫困的人群将来未必贫困，今天脱贫的群体将来可能由于各种风险冲击及抵御风险能力差而返贫,例如:失业、农业歉收、工资拖欠、疾病及遭受自然灾害等(Zhang, et al., 2006)。在易地搬迁扶贫的背景下,政府所关注的焦点逐渐由过去已经发生的贫困向易地搬迁农户未来的贫困状态转变,这就需要贫困研究具有前瞻性与动态性,以分析贫困人口福利状况、抵御风险的能力及其所面临的风险冲击(万广华等,2014)。从已有文献来看,贫困范式涵盖四类:收入贫困(Income Poverty)、能力贫困(Capability Poverty)、脆弱性(Vulnerability)和社会排斥(Social Exclusion)(沈小波,2005)。当前,收入范式更多地倾向于使用贫困发生率这类静态指标,以收入是否低于贫困线作为贫困与非贫困人口的判定标准,具有一定参考价值,从长远看,这类指标不能预测到将来有多大可能会发生贫困,更不能预测收入的波动状况,有研究表明,收入波动较大,则容易遭受风险冲击影响而陷入贫困或者返贫(杨龙、汪三贵,2015)。这类静态指标还包括 Sen 指数、Foster-Greer-Thorbecke 指数(简称 FGT 指数)等,只能用于测度过去的贫困状态。脆弱性范式提倡指标的前瞻性及动态性,具有未卜先知的应用价值,研究某个群体或个体未来陷入贫困的可能性(万广华等,2014;Chaudhuri et al.2002)。脆弱性主要描述研究对象的收入及其波动状况,在参考收入贫困研究范式的同时,吸收了能力贫困范式和社会排斥范式之中的积极有益部分。赣南原中央苏区贫困人口依然庞大、返贫问题仍然突出(廖冰、廖文梅,2013),易地搬迁作为当地积极有效的精准扶贫模式,研究其脆弱性问题,具有较大的应用价值。

(1)研究意义

贫困处于动态、发展过程中,静态性的贫困评估无法预测到人们将来的福利状态(Chaudhuri et al.2002),现在贫困的人口在增强抵御风险能力之后,将来未必会是贫困的,现在的非贫困人口如果受到风险冲击的影响,会增加未来陷入贫困的可能性,如失业、疾病、意外、婚丧嫁娶、教育负担、农业歉收、自然灾害等冲击性事件(Zhang and Wan,2006)。采用脆弱性范式研究贫困问题,能够识别将来容易陷入贫困的家庭,也可以识别将来容易脱离贫困的家庭,对于增加扶贫对象识别度,提高扶贫政策的精准性和效率,具有一定的应用价值。从宏观层面来看,当前的扶贫重点逐步转向易地搬迁,对于全面展开的易地搬迁工作,"搬得出、稳得住"是一个较大的难题,有必要识别出哪些非贫困人口在搬迁之后容易陷入贫困,哪些已经脱离贫困的人口容易返贫,他们又具有什么样的家庭特征、社区特征、搬迁特征?掌握了这些特征、识别出相应的扶持对象之后,分类施策将事半功倍。从微观层面来看,基于脆弱性范式的贫困研究,对于赣南原中央苏区易地搬迁农户个体来说,可以测度出每一个农户个体的贫困脆弱性,能够知道他们将来有多大可能会陷入贫困或者返贫,同时能够分析脆弱性的影响因素,对于农户提高抵御风险的能力,具有一定的参考价值。

随着贫困理论研究以及减贫事业的不断深入,研究贫困脆弱性,对于丰富贫困评价理论、拓宽贫困和减贫战略维度具有一定的理论价值。国内外学者在反贫困测度领域及致贫因素研究领域积累了丰硕有益的成果,对改进扶贫政策、提高扶贫效率产生了较大的作用。然而,当前基于脆弱性范式的文献特别是易地搬迁农户贫困脆弱性文献研究较少,赣南原中央苏区贫困人口规模仍然庞大、返贫问题依然突出、易地搬迁人口众多,当前的反贫困测度研究成果多为事后观测的静态性研究,难以具体分析返贫因素及预测哪些人容易返贫,致使扶贫效率达不到政策要求、精准度较低,贫困脆弱性研究属于事前预测的动态性研究,对于提高扶贫效率、推进精准扶贫战略顺利实施、改进扶贫理论具有重要价值。

(2)研究目的

随着经济发展进入新常态,扶贫攻坚进入新的阶段,难度日益加大,形势愈加严峻,为实现全面建成小康社会奋斗目标,党中央提出精准扶贫政策,以智力扶贫、生态补偿、易地搬迁等模式精准施策,其中,易地搬迁是精准扶贫重要模式。然而,赣南原中央苏区贫困人口依然庞大、返贫问题依旧突出、易地搬迁人口众多,为防范扶贫对象继续返贫、非贫困人口陷入贫困陷阱,需要一个具有前瞻性的测度指数,以解决上述难题。综观国内外研究,贫困脆弱性正是这样的指标,它指的是由于家庭遭受外部风险冲击及生计资本抗风险能力的波动,使家庭未来福利水平维持在贫困线标准以下的可能性。

10.1 贫困、脆弱性与可持续生计的理论关系

10.1.1 贫困与脆弱性

贫困与脆弱性通过对贫困问题研究的回顾,可以将对贫困的定义大致分为三个阶段的变化:最初是把贫困视为人们低收入的结果即因为生活窘困的贫困;随后扩大到包括生活标准在内的其他方面,诸如寿命、个人素质和健康等;随着对贫困认识的不断加深,贫困的概念已经进一步发展到一种反映对脆弱性和风险的关心(于珂,2007)。在研究贫困问题时有学者指出贫困是"复杂的问题复合体",影响贫困的因素一方面处于不断变化之中,另一方面,其中的大部分因素又是贫困主体自身所无法控制的,因此对贫困的理解也从收入贫困转向了能力贫困、脆弱性以及社会排斥等方面(郭劲光,2006;久毛措,2017)。

"脆弱性"在学界的使用源于地理学和自然灾害研究,之后拓展到其他领域。Watts 和 Bohle 认为风险暴露、低风险处理能力和最终的风险是脆弱性的根源,还有学者认为脆弱性是"事前"风险与"事后"风险处理相互博弈的结果,并通过家庭内部机制进行调节。Dercon 在 2011 年提出了一个风险与脆弱性分析框架,认为脆弱性主要受到资产风险、收入风险和福利风险的影响,该框架在一个体系中纳入了农户的各类资源、收入、消费以及制度安排(任军营,2014)。贫困和脆弱性是两个不同的概念,但彼此又相互联系。贫困是能够直接观察得到的,只要有一个确定的贫困线,就很容易判断一个家庭是否贫困。但是脆弱性是未来陷入贫困的可能性,是不能直接观察得到的,需要通过一定的手段来预测。贫困的动态性是指一个家庭现在可能不贫困,但并不代表它将来不贫困,反之亦然。这种进入或退出的变化,既可能由于社会收入水平或经济水平的变化引起的贫困线的变化也可能是由于个人或家庭的原因。贫困脆弱性除了研究持续性

贫困外，也关注家庭潜在的贫困与潜在脱贫家庭，认为一些家庭可能处于贫困边缘，在外界因素波动和自身因素的自适应能力缺乏或充足时陷入贫困或脱贫（王欢，2016）。20 世纪 90 年代世界银行将贫困脆弱性定义为：个人或家庭面临某些风险的可能并且由于遭遇风险而导致财富损失或生活质量下降到某一社会公认的水平之下的可能。已有研究充分证明疾病、自然灾害对农户贫困的巨大风险冲击，同时家庭生计资本的多寡也通过平滑消费和依靠社会关系等影响自适应能力对最终贫困状况产生影响（任军营，2014；久毛措，2017）。

从风险、脆弱性与贫困的关系来看，失业、家庭变故、健康问题或自然灾害等风险都会使不贫困的家庭陷入贫困，使已经贫困的长期陷入贫困的恶性循环。虽然面临风险的家庭或个人也都会采取一些方式来抵御风险的冲击，但其效果一般取决于两个方面：一是家庭的抵御风险能力。即家庭拥有的包括物质资本、人力资本、社会资本等可以提高家庭谋生能力的各种资本，家庭通过利用这些资本就可以创造出可用以满足消费的收入。二是家庭采取的风险抵御行动，分为事前和事后行动。事前家庭可以通过积累资产、增加储蓄来抵御风险；事后可以通过减少支出、降低生活质量、减少投资等方式抵御风险。脆弱性的大小是由风险的冲击和家庭对风险冲击的抵御能力和行动共同决定的。面临同样的风险冲击，家庭抵御风险的能力越强，脆弱性就越小，家庭抵御风险的行动越多、越有效，其脆弱性也就越小（刘伟，2014；久毛措，2017）。

10.1.2 可持续生计

20 世纪 80 年代末，世界环境和发展委员会的报告中首次提出可持续生计概念，"是指个人或家庭为改善长远的生活状况所拥有和获得的谋生的能力、资产和有收入的活动"。目前被学界普遍接受和沿用的可持续生计概念，是由 Scoones 所界定的，"某一个生计由生活所需要的能力、有形和无形资产以及成果组成。如果这种生计能应付压力和冲击进而恢复，并且在不过度消耗其自然资源基础的同时维持或改善其能力和资产，那么该生计具有可持续性"。英国国际发展署（The united kingdom department for international development，DFID）在《可持续生计指南》中提出的可持续生计分析框架目前在世界范围内使用最广，也最有影响力（久毛措，2017）。

10.2 研究区域及样本描述

10.2.1 研究区域概况

赣南原中央苏区位于江西南部，总面积 3.16 万平方千米，占江西省国土总面积（16.69 万平方千米）的 18.91%。根据最新的《江西统计年鉴 2016》及各地市统计年鉴，赣南原中央苏区总人口 854.71 万人，水资源总量 367.79 亿立方米，林业用地面积 303.91 万公顷，森林覆盖率为 76.24%，森林火灾次数 17 次，火场总面积 220.6 公顷，家庭户规模 3.68 人，人口抚养比47.06%，城镇居民人均纯收入25001元，农村居民人均纯收入7786元，住户存款年末余额2014.14亿元，平均每百户农村居民拥有的生产性固定资产原值为1247791元，农林牧渔业总产值480.59亿元，床位数36171张，平均每万人拥有病床数42.32张，贫困人口总量为526662人，贫困发生率为8.64%。研究区域参照之前中央党史研究室确定的13个中央苏区县，包括宁都县、兴国县、石城县、瑞金市、于都县、寻乌县、会昌县、安远县、信丰县、上犹县、崇义县、广昌县、黎川县（廖文梅，廖冰，2013）。

10.2.2 数据来源

本研究数据来源于2017年1月及5月实地调研，分两次进行，调查对象是赣南原中央苏区230个搬迁农户，其中有效问卷209份，问卷有效率为90.87%。调查中从每个县（区）随机抽取1~3个移民村，每个村随机选取6到15户，调查涉及增坊、乌迳、连陂、高田、大湖、樟坊、朱源、王西、观下、椒坑、贵坑、凤凰、小洋、上坎、中心坑、青山、铁树、湖岭、小布脑、池布、乐华、梅江镇、中罗、桃源、钓峰等25个移民村，获取的这些微观调研数据有利于测算赣南原中央苏区搬迁农户贫困脆弱性及生计资本，研究贫困脆弱性的影响因素。

表10-2-1　　　　　　　　各县样本情况

序号	地区	发放样本/份	有效样本/份
	抚州市	40	36
1	黎川县	20	19
2	广昌县	20	17
	赣州市	190	173
3	宁都县	43	39
4	兴国县	16	14
5	石城县	12	10
6	瑞金市	8	7
7	于都县	14	12
8	寻乌县	17	16
9	会昌县	11	11
10	安远县	9	9
11	信丰县	23	21
12	上犹县	15	14
13	崇义县	22	20
	合计	230	209

10.2.3 易地搬迁农户户主及家庭特征

(1)户主特征

2017年1月及5月份调研的样本以男性为主,男性样本占有效样本量的比例为80.9%;在年龄层次上,41～50岁的占有效样本量比重最高,为28.2%;在受教育程度方面,6年到8年也就是初中文化水平的样本占有效样本量比重最高,为46.4,12年及以上也就是大专及以上样本占有效样本量比重最低,为6.7%;党员人数占有效样本量的比重为31.6%;乡村干部占有效样本量的11%。

表10-2-2　　　　　　　　　　　户主特征

变量	选项	有效样本量	频数	占样本比例/%
性别	男	209	169	80.9
	女	209	40	19.1
年龄	18岁以下	209	0	0
	18～30岁	209	20	9.6
	31～40岁	209	50	23.9
	41～50岁	209	59	28.2
	51～60岁	209	38	18.2
	61岁及以上	209	42	20.1
受教育年限	5年以下	209	47	22.5
	6～8年	209	97	46.4
	9～11年	209	51	24.4
	12年及以上	209	14	6.7
是否党员	是	209	66	31.6
	否	209	143	68.4
是否乡村干部	是	209	23	11
	否	209	186	89

(2)家庭特征

家庭规模在3～4人区间的样本占有效样本量的比重最高,为56.9%,家庭规模在7人及以上区间的样本占有效样本量的比重最低,为9.6;在外打工人数为2人和1人的样本占有效样本量比重相对较高,分别为27.8%和24.9,4人及以上的样本占有效样本量比重最低,为2.4%。

表 10-2-3　　　　　　　　　　家庭特征

变量	选项	有效样本量	频数	占样本比例/%
家庭规模	1~2人	209	24	11.5
	3~4人	209	119	56.9
	5~6人	209	46	22
	7人及以上	209	20	9.6
在外打工人数	0人	209	52	24.9
	1人	209	58	27.8
	2人	209	69	33
	3人	209	25	12
	4人及以上	209	5	2.4

10.3 易地搬迁农户生计资本和贫困脆弱性的测度

10.3.1 易地搬迁农户生计资本的测算

(1) 模型构建

采用式(10-3-1)~式(10-3-3)计算出赣南原中央苏区 209 个样本搬迁农户的生计资本，其中以各个具体指标的平均值作为参照值，209 个样本搬迁农户指标值作为实际值。采用式(10-2-4)对各项指标进行无量纲化处理。

正向指标分值：$A_i = \dfrac{X_i}{X_0} \times W_i$ （10-3-1）

负向指标分值：$B_i = \dfrac{X_0}{X_i} \times W_i$ （10-3-2）

生计资本分值：$LCI = \sum\limits_{i=1}^{n} A_i \sum\limits_{i=1}^{n} B_i$ （10-3-3）

指标的无量纲化采用归一化处理方法，对各个指标归一化处理，方法如下：

$$X' = \dfrac{X - X_{min}}{X_{max} - X_{min}}$$ （10-3-4）

式(10-3-1)~式(10-3-3)中 X_i、X_0、W_i、A_i 或者 B_i、LCI 分别表示经过标准化处理之后的第 i 项指标的实际值、第 i 项指标的参照值、第 i 项指标的权重、第 i 项指标的分值以及生计资本分值 The Index Of Livelihood Capital 的简称。式(10-3-4)中的 X' 为经过归一化处理之后的指标，X 为归一化前的指标，X_{max} 和 X_{min} 分别是这个指标的最大值及最小值。

(2)指标选取

根据英国国际发展署提出的可持续生计分析框架,生计资本包括人力、社会、金融、物质、自然五个维度(陈胜东等,2016;杨云彦等,2009),本研究选取如下变量构建生计资本测度指标体系:选取反映自然资本的变量(李小云等,2007;黄小琳,2010;黎洁等,2009;伍艳,2015;黄伟,2008),包括承包耕地面积、耕地质量、迁出地社区地形条件,分别以 N_1、N_2、N_3 表示,其中 N_1、N_2 为正向指标,N_3 为负向指标;选取反映物质资本的变量(万广华等,2014;伍艳,2015;黄伟,2008),包括家庭房屋价值、生产性固定资产原值,分别以 P_1、P_2 表示,均为正向指标;选取反映人力资本的变量(沈小波,2005;万广华等,2014;黄小琳,2010),包括是否有外出务工收入、家庭成员是否参加过非农技术培训,分别以 H_1、H_2 表示,均为正向指标;选取反映金融资本的变量(万广华等,2014;李小云等,2007;刘红丽,2011;伍艳,2015),包括银行贷款信用额度、家庭年末金融资产余额,分别以 F_1、F_2 表示,均为正向指标;选取反映社会资本的变量(杨龙等,2015;万广华等,2014;李小云等,2005;黎洁、邰秀军,2009),包括迁出地邻里关系融洽程度、迁出地距县城路程、是否建档贫困户、政府补助金额,分别以 S_1、S_2、S_3、S_4 表示,S_2、S_3 为负向指标,S_1、S_4 为正向指标。其中,指标权重的确定方法、分值测算公式参照李小云(2007)、胡良文(2017)等所采用的方法,具体指标体系见10-3-1。

表10-3-1 赣南原中央苏区搬迁农户生计资本测度指标体系

变量	具体指标	变量定义	指标权重
自然资本	N_1:承包耕地面积/亩		0.0348
	N_2:耕地质量	差=1,良=2,优=3	0.0348
	N_3:迁出地社区地形条件	平原=1,丘陵=2,山区=3	0.0348
物质资本	P_1:家庭房屋价值/元		0.0948
	P_2:生产性固定资产原值/元		0.0948
人力资本	H_1:是否有外出务工收入	是=1,否=0	0.0828
	H_2:家庭成员是否参加过非农技术培训	是=1,否=0	0.0828
金融资本	F_1:银行贷款信用额度/元		0.0836
	F_2:家庭年末金融资产余额/元		0.0836
社会资本	S_1:迁出地邻里关系融洽程度	不融洽=1,不太融洽=2,融洽=3,比较融洽=4,非常融洽=5	0.0728
	S_2:迁出地距县城路程/公里		0.0728
	S_3:是否建档贫困户	是=1,否=0	0.0728
	S_4:政府补助金额/元		0.0728

(3)测度结果

赣南原中央苏区搬迁农户生计资本的描述性统计结果如表10-3-2所示,测度结果见

表10—3—3。由表10—3—3可以看出，社会资本缺乏型农户，其社会资本分值最低，得分为0.1079，在生计资本的五个维度之中，这类农户金融资本分值最高，得分为0.3151，其生计资本总和为1.1057；自然资本缺乏型农户，其自然资本分值最低，得分为0.1329，在生计资本的五个维度之中，这类农户人力资本分值最高，得分为0.3638；物质资本缺乏型农户，其物质资本分值最低，得分为0.1023，在生计资本的五个维度之中，这类农户人力资本分值最高，得分为0.3305；人力资本缺乏型农户，其人力资本分值最低，得分为0.0629，在生计资本的五个维度之中，这类农户社会资本分值相对较高，得分为0.2334；金融资本缺乏型农户，其金融资本分值最低，得分为0.0839，在生计资本的五个维度之中，这类农户人力资本分值最高，得分为0.3114。

人力资本缺乏型农户和金融资本缺乏型农户其生计资本总和相对较低，分别为0.9074和0.9930，而社会资本缺乏型农户、自然资本缺乏型农户、物质资本缺乏型农户这三类农户的生计资本总和较高，分别为1.1057、1.1698、1.1101。这五种生计资本单一缺乏型农户，在生计资本的五个维度之中，有三类农户的人力资本分值是相对较高的，这三类农户分别为自然资本缺乏型农户、物质资本缺乏型农户、金融资本缺乏型农户，其人力资本相对较高，分别为0.3638、0.3305、0.3114，其生计资本总和分别为1.1698、1.1101、0.9930。反映了拥有不同生计资本结构，生计资本总和会存在较大的差异，尤其是对于人力资本缺乏型农户和金融资本缺乏型农户来说，应该注重改善这两类生计资本状况特别是人力资本状况，对于增加生计资本总和，可能会有一定的作用。相关研究表明，生计资本的单一缺乏是导致农户贫困脆弱性的直接原因（李小云等，2005）。

由表10—3—2可以看出，在生计资本的五个维度之中，均值最高的是社会资本，分值为0.311046，均值最低的是自然资本，分值为0.105586；极大值最高的是物质资本，分值为2.9979，极大值最低的是自然资本，分值为0.2089；极小值最高的是社会资本，分值为0.1113，极小值最小的是人力资本，分值为0；标准差反映数据的波动状况，分值波动最大的是物质资本，标准差为0.2131002，分值波动最小的是自然资本，标准差为0.0267568。

表10—3—2　　　　　　　　生计资本分值测度结果的描述性统计

变量	极小值	极大值	均值	标准差
S:社会资本	0.1113	0.7583	0.311046	0.1301381
N:自然资本	0.0321	0.2089	0.105586	0.0267568
P:物质资本	0.0345	2.9979	0.180305	0.2131002
H:人力资本	0.0000	0.4893	0.165596	0.1685672
F:金融资本	0.0025	0.8692	0.167200	0.1204151

表 10-3-3　　　　　　　　不同类型农户的生计资本状况

农户类型	社会资本	自然资本	物质资本	人力资本	金融资本	生计资本总和
社会资本缺乏型农户	0.1079	0.2007	0.2272	0.2547	0.3151	1.1057
自然资本缺乏型农户	0.2834	0.1329	0.1854	0.3638	0.2043	1.1698
物质资本缺乏型农户	0.2781	0.1946	0.1023	0.3305	0.2045	1.1101
人力资本缺乏型农户	0.2334	0.2071	0.2150	0.0629	0.1890	0.9074
金融资本缺乏型农户	0.1955	0.2137	0.1885	0.3114	0.0839	0.9930

10.3.2 易地搬迁农户贫困脆弱性测度

(1) 模型构建

本研究采用 VEP 方法测度脆弱性，在确定计算方法之后，需要假定合理的未来收入函数分布形式。因为收入帕累托分布的较高值部分尾部密度大于对数正态分布，前者比较有利于描述中上收入，因此，农户未来收入的分布形式一般而言可以假定为服从对数正态分布，对数正态分布形式适用于低收入群体 Chaudhuri et al.(2002)，而贫困脆弱性研究主要关注的对象是易地搬迁农户，属于低收入群体，假定其未来收入服从对数正态分布是基本合理的。在假定未来收入函数的分布形式之后，需要选择合适的模型估计未来收入函数的分布参数。在模型的选择方面，Chaudhuri et al.(2002)、Kühl(2003)、万广华(2014)等学者均采用三阶段可行广义最小二乘(FGLS)回归模型估计未来收入的分布参数，从而预测出期望收入均值及其方差，其理论依据是，根据经济学家 M.Friedman 在 1957 年提出的永久性收入假说，Bhalla(1980)提出了采用回归分析方法测算收入方程的均值及方差，以永久性收入作为未来收入期望，方差用作未来收入的方差的估计值。最后将估计出的均值及方差代入 VEP 公式，测度脆弱性。

计算脆弱性一般需要包含农户收入的面板数据，考虑到面板数据的获取难度大，本研究借鉴 Chaudhuri et al.(2011)的方法，测算赣南原中央苏区搬迁农户贫困脆弱性。

$$V_{it} = P_r(Y_{it+1} \leqslant Z) \tag{10-3-5}$$

式(10-3-5)中，V_{it} 表示第 i 个农户在 t 时期的贫困脆弱性，Y_{it+1} 表示第 i 个农户在 $t+1$ 时期的消费或收入水平，在本研究中表示农户的人均纯收入，Z 表示贫困线。

测算出赣南原中央苏区搬迁农户贫困脆弱性，需要估计农户未来收入函数的参数，测算其未来收入水平。而测度农户未来收入 Y_i 往往以农户生计资本作为关键变量，以风险冲击作为控制变量(杨龙、汪三贵，2015；万广华等，2014)。隐含假设为，农户收入分布服从对数正态分布(万广华等，2014；Chaudhuri et al.2002)。

农户的未来收入产生函数为：

$$lnY_i = aCapital_i + \sigma R_i + \epsilon_i \qquad (10-3-6)$$

式(10—3—6)中,Y_i为第i个农户的人均纯收入;自变量为第i个农户拥有的生计资本特征变量,可将其分解为自然、人力、物质、社会、金融五个维度;R_i为控制变量,代表第i个农户遭受的风险冲击;为待估系数;为随机扰动项。

利用普通最小二乘法估计式(10—3—6)的前提假设是每个搬迁农户的人均纯收入对同方差,但在现实情况中,上述假设难以成立。所以,本研究假设农户人均纯收入随机扰动项的方差如下:

$$\sigma^2\epsilon, i = \theta_1 Capital_i + \theta_2 R_i \qquad (10-3-7)$$

因为异方差的存在,利用普通最小二乘法得到的参数是有偏的,为消除异方差,使估计的参数稳健,借鉴 Chaudhuri et al.(2002)和 Chaudhuri et al.(2011)的方法。

使用三阶段可行广义最小二乘法(Three-step Feasible Generalized Least Squares, FGLS)估计式(10—3—6)和式(10—3—7)。第一步是在式(10—3—6)基础上做 OLS 回归,第二步将第一步所得残差平方的对数对和第一步回归相同的解释变量做回归分析,第三步是用第二步预测值平方根为权重对式(10—3—6)重新回归,从而得到一致且渐进有效的估计量。利用估计的参数α、σ、θ_1、θ_2估计第i个农户预期的人均纯收入对数和人均纯收入对数的方差,如下:

$$\hat{E}[LnY_i | Capital_i, R_i] = \alpha Capital_i + \sigma R_i \qquad (10-3-8)$$

$$\hat{V}[LnY_i | Capital_i, R_i] = \theta_1 Capital_i + \theta_2 R_i \qquad (10-3-9)$$

由于lnY_i服从对数正态分布,利用式(10—3—8)、式(10—3—9)的回归结果,测算第i个农户的脆弱性:

$$V_{it} = P_r(Y_{i,t+1} \leq Z | Caoital_i, R_i) = \varphi\left[\frac{lnZ - \widehat{lnY}}{\sqrt{\hat{\sigma}_{\epsilon,i}^2}}\right] = \varphi\left[\frac{lnZ - (aCapital_i + \sigma R_i)}{\sqrt{\theta_1 Cpital_i + \theta_2 R_i}}\right] \qquad (10-3-10)$$

其中$\varphi(\cdot)$为标准正态分布函数,式(10—3—10)所求概率即为第i个农户的脆弱性。

对于每一个搬迁农户都可以依据式(10—3—10)测算出贫困脆弱性程度,然后根据设定的贫困脆弱线评判农户的贫困脆弱性,脆弱线有两条,一种是以研究区域整体样本贫困发生率作为脆弱线,另一种以50%作为脆弱线,往往视高于50%的概率为高度脆弱性,根据以往研究,一般以50%作为贫困脆弱线(Chaudhuri et al.2011;万广华等,2011)。

(2)指标选取

脆弱性测算的核心是收入产生过程,收入有许多决定因素,其中关键变量生计资本的五个维度,包括自然、物质、社会、金融、人力五个维度,以及控制变量,农户遭受的冲击性事件即风险冲击等(杨龙等,2015;万广华等,2014;Chaudhuri et al.2002;李小云等;刘红丽,2011;黄小琳,2010;黎洁、邰秀军,2009)。参考国内外研究成果,借鉴可持续生计分析(SLA)框架,选取包括自然、物质、社会、金融、人力五个维度的生计资本作为关键变量,选取风险冲击作为控制变量,构建赣南原中央苏区易地搬迁农户贫困脆弱性测度指标体系。

本研究选取关键变量农户生计资本、控制变量风险冲击测度农户贫困脆弱性,测度贫困脆弱性需要以农户人均纯收入的对数以及农户人均纯收入残差平方的对数分别作为因变量估计出农户未来收入的均值及其方差,然后代入 VEP 测度公式,将每一个农户的脆弱性测算出来。在关键变量生计资本及控制变量风险冲击中,选取如下指标:选取反映社会资本的变量(杨龙等,2015;万广华等,2014;李小云、张雪梅等,2005;李小云、董强等,2007;黎洁、邰秀军,2009),包括迁出地邻里关系融洽程度、迁出地距县城路程、是否建档贫困户、政府补助金额,分别以 S_1、S_2、S_3、S_4 表示。选取反映自然资本的变量(李小云等,2007;黄小琳,2010;黎洁、邰秀军 2009,伍艳,2015;黄伟,2008),包括承包耕地面积、耕地质量、迁出地社区地形条件,分别以 N_1、N_2、N_3 表示;选取反映物质资本的变量(万广华等,2014;伍艳,2015;黄伟,2008),包括家庭房屋价值原值、生产性固定资产原值,分别以 P_1、P_2 表示;选取反映人力资本的变量(杨龙、汪三贵,2015;万广华等,2014;黄小琳,2010),包括是否有外出务工收入、家庭成员是否参加过非农技术培训,分别以 H_1、H_2 表示;选取反映金融资本的变量(刘红丽,2011;李小云等,2007;伍艳,2015),包括银行贷款信用额度、家庭年末金融资产余额,以 F_1、F_2 表示;选取反映风险冲击的变量(万广华等,2014;杨龙、汪三贵,2015),作为控制变量,包括近两年是否遭受自然灾害、是否有大病或久病成员,分别以 R_1、R_2 表示。本研究对变量的具体定义及对数据的描述性统计如表 10-3-4、表 10-3-5 所示。

表 10-3-4　2017 年赣南原中央苏区易地搬迁农户贫困脆弱性测度指标体系

变量	具体指标	变量定义
社会资本	S_1:迁出地邻里关系融洽程度	不融洽=1,不太融洽=2,融洽=3,比较融洽=4,非常融洽=5
	S_2:迁出地距县城路程/公里	
	S_3:是否建档贫困户	是=1,否=0
	S_4:政府补助金额/元	
自然资本	N_1:承包耕地面积/亩	
	N_2:耕地质量	差=1,良=2,优=3
	N_3:迁出地社区地形条件	平原=1,丘陵=2,山区=3
物质资本	P_1:房屋价值/元	
	P_2:生产性固定资产原值/元	
人力资本	H_1:是否有外出务工收入	是=1,否=0
	H_2:家庭成员是否参加过非农技术培训	是=1,否=0
金融资本	F_1:银行贷款信用额度/元	
	F_2:家庭年末金融资产余额/元	

续表

风险冲击	R_1:近两年是否遭受自然灾害		是=1,否=0
	R_2:是否有大病或久病成员		是=1,否=0

表10-3-5　　　　贫困脆弱性测度指标的描述性统计结果

分类	变量	平均值	标准差	最小值	最大值
社会资本	S_1:迁出地邻里关系融洽程度	2.02	0.927	1	5
	S_2:迁出地距县城路程/公里	40.05	17.942	6	120
	S_3:是否建档贫困户	0.48	0.501	0	1
	S_4:政府补助金额/元	51851.67	27317.084	7000	120000
自然资本	N_1:承包耕地面积/亩	4.1407	2.56188	0	15
	N_2:耕地质量	2.01	0.772	1	3
	N_3:迁出地社区地形条件	2.77	0.433	1	3
物质资本	P_1:家庭房屋价值原值/元	220148.33	144996.989	20000	790000
	P_2:生产性固定资产原值/元	4856.60	10377.914	400	150000
人力资本	H_1:是否有外出务工收入	0.73	0.455	0	1
	H_2:家庭成员是否参加过非农技术培训	0.22	0.415	0	1
金融资本	F_1:银行贷款信用额度/元	32842.11	36217.146		270000
	F_2:家庭年末金融资产余额/元	11030.66	9917.486	0	75000
风险冲击	R_1:近两年是否遭受自然灾害	0.71	0.456	0	1
	R_2:是否有大病或久病成员	0.43	0.496	0	1

(3)测度结果

选取不同的脆弱线测算的脆弱性结果存在差异,脆弱线标准有两条,一是基于研究区域整体样本贫困发生率,二是以50%作为脆弱线。若以研究区域整体样本贫困发生率作为脆弱线,则情况比较复杂,原因是贫困发生率受贫困线标准的影响,而贫困线标准有1274元、2300元、1.25美元、2美元四个标准。因此,借鉴以往研究(Chaudhuri et al.2011;万广华等,2011),本研究设定赣南原中央苏区搬迁农户贫困脆弱线为50%,将测度结果大于50%的界定为高度脆弱农户,将测度结果小于或等于50%的界定为低度脆弱农户。然后借鉴已有的研究成果,在四条贫困线标准之下,分别将界定的脆弱性和贫困状态划分为四个不同组别,分别是贫困且低度脆弱组、贫困且高度脆弱组、非贫困且高度脆弱组、非贫困且低度脆弱组(杨龙、汪三贵,2015)。脆弱性测度公式依赖于FGLS估计结果,表10-3-6至表10-3-7为2017年赣南原中央苏区易地搬迁农户人均纯收入模型前两阶段的FGLS估计结果。由于农户的人均纯收入及其波动状况共同影响贫困脆弱性测度结果,收入的提高有利于增强农户抵御风险冲击的能力,因此增加农户人均纯收入有利于降低脆弱性(杨龙、汪三贵,2015)。

为克服模型可能存在的共线性问题,需要进行共线性诊断,模型如果存在共线性问题,可能会导致如下后果:参数估计量经济含义不合理;变量的显著性检验失去意义,可能将重要的解释变量排除在模型之外;模型预测功能失效。一般来说,共线性问题的诊断主要依据方差膨胀因子 VIF 值,VIF 值越大,则共线性问题越明显,一般以小于 10 作为判断依据,若 VIF 值小于 10,则模型不存在共线性问题(吴明隆,2010)。由表 10—3—6 至表 10—3—7 中的模型结果可知,共线性统计量 VIF 值均小于 10,模型不存在共线性问题。

表 10—3—6　2017 年赣南原中央苏区易地搬迁农户人均纯收入模型第一阶段的 FGLS 估计结果

解释变量	被解释变量:人均纯收入的对数		共线性统计量
	B	Sig.	VIF
社会资本			
S_1:迁出地邻里关系融洽程度	0.083	0.238	1.055
S_2:迁出地距县城路程	0.01	0.019**	1.407
S_3:是否建档贫困户	−0.926	0.003***	5.827
S_4:政府补助金额对数	0.1479	0.014**	6.575
自然资本			
N_1:承包耕地面积	−0.002	0.958	1.386
N_2:耕地质量	0.184	0.034**	1.110
N_3:迁出地社区地形条件	−0.351	0.049**	1.476
物质资本			
P_1:家庭房屋价值原值对数	−0.245	0.064*	2.289
P_2:生产性固定资产原值对数	0.1489	0.017**	1.039
人力资本			
H_1:是否有外出务工收入	0.39	0.065*	2.304
H_2:家庭成员是否参加过非农技术培训	0.286	0.079*	1.142
金融资本			
F_1:银行贷款信用额度对数	0.3712	0.053*	1.202
F_2:家庭年末金融资产余额对数	0.1242	0.000***	2.331
风险冲击			
R_1:近两年是否遭受自然灾害	−0.3	0.072*	2.055
R_2:是否有大病或久病成员	−0.323	0.03**	2.252
常数	12.454	0.000***	

续表

调整 R^2	0.452	
F 统计值	11.097	0.000***
观察值数	209	

注：*、**、***分别表示估计量在10%，5%，和1%的置信水平上显著

表10-3-7　2017年赣南原中央苏区易地搬迁农户人均纯收入模型第二阶段的FGLS估计结果

解释变量	被解释变量：人均纯收入残差项平方的对数		共线性统计量
	B	Sig.	VIF
社会资本			
S_1：迁出地邻里关系融洽程度	0.080	0.238	1.055
S_2：迁出地距县城路程	−0.015	0.000***	1.407
S_3：是否建档贫困户	−0.017	0.954	5.827
S_4：政府补助金额对数	−0.1703	0.769	6.757
自然资本			
N_1：承包耕地面积	−0.023	0.417	1.386
N_2：耕地质量	−0.153	0.066*	1.110
N_3：迁出地社区地形条件	0.487	0.005***	1.476
物质资本			
P_1：家庭房屋价值原值对数	0.150	0.239	2.289
P_2：生产性固定资产原值对数	−0.1293	0.032**	1.039
人力资本			
H_1：是否有外出务工收入	−0.505	0.014**	2.304
H_2：家庭成员是否参加过非农技术培训	−0.099	0.528	1.142
金融资本			
F_1：银行贷款信用额度对数	0.08578	0.642	1.202
F_2：家庭年末金融资产余额对数	0.3527	0.114	2.331
风险冲击			
R_1：近两年是否遭受自然灾害	0.132	0.091*	2.055
R_2：是否有大病或久病成员	0.774	0.02**	2.252
常数	−3.508	0.037**	
调整 R^2	0.113		
F 统计值	2.556	0.001***	
观察值数	209		

注：*、**、***分别表示估计量在10%，5%，和1%的置信水平上显著。

▆▆▆区域农村贫困现状、脱贫路径及振兴绩效研究

一是社会资本对人均纯收入的影响。从反映社会资本的因素来看,迁出地距县城路程、是否建档贫困户、政府补助金额对人均纯收入对数具有显著影响,迁出地邻里关系融洽程度对人均纯收入对数有正向影响但不显著。

迁出地距县城路程每增加1千米,人均纯收入对数提高1%,可能是由于非农就业的地理距离越远,家庭外出务工指数越高(徐婷婷、李桦,2016),距离县城较远的山区农户由于耕地较少,农业收入有限,导致外出务工人员较多,使得外出务工收入成为家庭主要收入来源,前往广东、福建沿海发达城市务工的农户较多,距离县城较近的农户选择就近在县城务工的较多,一般情况下,县城务工收入往往要低于沿海务工收入。是否建档贫困户对人均纯收入对数具有极显著的负向影响,表明建档贫困户,其人均纯收入较低。政府补助金额对数每增加1个单位,人均纯收入对数提高14.79%。根据调研了解到的情况,赣南原中央苏区易地搬迁的各个县实施了"雨露计划""阳光工程"等项目,以宁都县为例,政府通过优先扶持易地搬迁农户小额贴息贷款,子女免费就读职高,免费创业就业培训和职业介绍,优先安排搬迁农户在工业园、农业产业化龙头企业或产业基地就业,确保有就业需求的家庭有一人实现就业,此外,易地搬迁农户会得到政府发放的建房补助资金,直补到户,标准为贫困人口2万元/人,同步搬迁人口0.8万元/人,一定程度提高了农户收入。

迁出地邻里关系融洽程度对人均纯收入对数有正向影响但不显著,表明,邻里关系越融洽,人均纯收入越高,可能的原因是,与周围邻居关系较好的农户,邻里关系越融洽,人脉越广,每逢婚丧嫁娶、人情往来,送礼送红包越频繁,邻里之间会相互帮助,主要是资金帮助、食物帮助以及劳动力帮助,农户获得家庭外人员的赠送收入也较多。

二是自然资本对人均纯收入的影响。从反映自然资本的因素来看,承包耕地面积对人均纯收入对数有影响但不显著,耕地质量、迁出地社区地形条件对人均纯收入对数有显著影响。承包耕地面积是生产经营规模的重要体现,承包耕地面积对人均纯收入对数具有负向影响但不显著。表明承包耕地面积越大,人均纯收入越低,可能的原因是:经营农业需要承担巨大的自然风险和市场风险。由于台风、旱涝灾害、雪灾等自然灾害,一方面导致粮食大面积减产,另一方面农产品质量较低,价格无法上涨,很多农产品价格甚至比往年还要低,导致农业经营收入较低,承包耕地的农户不仅要支付土地承包费等生产成本,也会受到农业经营收入较低的影响,导致农户人均纯收入下降。耕地质量对农户人均纯收入对数具有较为显著的正向影响,在5%置信水平下显著。表明耕地质量越好,农户人均纯收入越高。迁出地社区地形条件对人均纯收入对数影响较显著。表明位于山区的易地搬迁农户的人均纯收入较低,也就是说,迁出地社区地形条件越差,易地搬迁农户人均纯收入越低。

三是物质资本对人均纯收入的影响。从反映物质资本的因素来看,家庭房屋价值原值对数、家庭拥有生产性固定资产原值对数对人均纯收入对数产生显著影响。家庭房屋价值原值对数对农户人均纯收入对数具有显著的负向影响,这表明,家庭房屋价值原值对数越高,易地搬迁农户的人均纯收入越低,可能的原因是:家庭房屋价值原值高,表明农户对房屋的投

入较高，建房所需开支较大，在许多情况下，农户建房资金需靠外部借贷解决资金不足部分（金媛媛，2007），如向亲戚朋友借钱或者向信用社、邮储等金融机构贷款，导致负债较多，一部分收入用以偿还借贷，人均纯收入下降。家庭拥有生产性固定资产原值对数对农户人均纯收入对数具有较显著的正向影响，生产性固定资产原值对数每增加1个单位，人均纯收入对数增加14.89%。

四是人力资本对人均纯收入的影响。从反映人力资本因素的变量来看，是否有外出务工收入、家庭成员是否参加过非农技术培训、外出务工收入对数、家庭规模、在外打工人数对人均纯收入对数具有显著影响。是否有外出务工收入对农户人均纯收入对数具有显著的正向影响，这表明，具有外出务工收入，农户的人均纯收入越高。家庭成员是否参加过非农技术培训对农户人均纯收入对数具有显著的正向影响，这表明，家庭成员参加过非农技术培训有利于提高劳动技能，增加农户收入，提高农户人均纯收入。

五是金融资本对人均纯收入的影响。从反映金融资本因素的变量来看，银行贷款信用额度对数、家庭年末金融资产余额对数对人均纯收入对数具有显著影响。银行贷款信用额度对数对人均纯收入具有较为显著的正向影响，这表明，银行贷款信用额度对数每增加1个单位，农户人均纯收入对数增加37.12%。家庭年末金融资产余额对数对人均纯收入对数具有极显著的正向影响，这表明，家庭年末金融资产余额对数每增加1个单位，农户人均纯收入增加12.42%。

六是风险冲击对人均纯收入的影响。从反映风险冲击因素的变量来看，近两年是否遭受自然灾害、是否有大病或久病成员对人均纯收入对数具有显著影响。近两年是否遭受自然灾害对人均纯收入对数具有显著负向影响，这表明，近两年遭受过自然灾害的农户，其人均纯收入较低。是否有大病或久病成员对人均纯收入对数具有较为显著的负向影响，这表明，有大病或久病成员的农户，其人均纯收入较低。

10.3.3 易地搬迁农户贫困发生率与贫困脆弱性的相关分析

(1) 不同贫困线标准下搬迁农户贫困发生率与贫困脆弱性结果比较分析

当前，贫困线标准有两条国家标准贫困线和两条国际标准贫困线，不同贫困线标准下，赣南原中央苏区搬迁农户的贫困发生率存在着较大的差异，随着贫困线标准的提高，贫困发生率增大。而且，贫困脆弱性程度与贫困发生率有着相同的变化规律，随着贫困线的提高，贫困脆弱性程度增大，意味着农户陷入贫困或返贫的概率随着贫困线标准的提高而增大，如表10-3-8所示。

表10-3-8　不同贫困线标准下赣南原中央苏区搬迁农户贫困发生率与贫困脆弱性结果

贫困线	贫困发生率/%	贫困脆弱性/%
1274元	3.83	20.43
2300元	6.22	28.48
1.25美元	10.05	31.96
2美元	30.14	39.61

(2)不同贫困线标准下的不同组别搬迁农户占样本比重结果

如表10-3-9所示，在1274元标准之下，赣南原中央苏区易地搬迁农户中有3.35%比例的人群尽管处于贫困状态，却属于脆弱性较低的农户，意味着未来这部分人群具有脱离贫困状态的可能性；赣南原中央苏区易地搬迁农户中有0.47%的农户处于贫困且高脆弱性状态，意味着将来这部分农户可能继续维持贫困状态；赣南原中央苏区易地搬迁农户中有96.17%的农户属于非贫困且低度脆弱群体，表明将来这部分农户很可能不会陷入贫困或者返贫。

在2300元标准之下，赣南原中央苏区易地搬迁农户中有1.44%属于贫困且高度脆弱农户，意味着将来这部分农户很可能继续维持贫困状态；赣南原中央苏区易地搬迁农户中有4.78%比例的人群尽管处于贫困状态，却属于脆弱性较低的农户，意味着未来这部分人群将来具有脱离贫困的可能性；赣南原中央苏区易地搬迁农户中有1.44%的农户尽管处于非贫困状态，却属于脆弱性较高的群体，意味着将来这部分群体会有陷入贫困的可能性；赣南原中央苏区易地搬迁农户中有92.34%的农户属于非贫困且低度脆弱群体，表明将来这部分农户很可能不会陷入贫困或者返贫。

在1.25美元标准之下，赣南原中央苏区易地搬迁农户中有5.26%的农户属于贫困且高度脆弱的群体，说明有5.26%的贫困农户在未来有可能继续维持贫困状态；赣南原中央苏区易地搬迁农户中有4.79%的农户虽然处于贫困状态，但属于低度脆弱农户，意味着将来这部分农户有脱贫可能性；赣南原中央苏区易地搬迁农户中有84.69%的农户处于非贫困且低脆弱状态，表明将来这部分农户很可能不会陷入贫困或者返贫；赣南原中央苏区易地搬迁农户中有5.26%的农户尽管处于非贫困状态，却是脆弱性较高的农户，表明这部分群体在未来具有陷入贫困的可能性。

在2美元标准之下，赣南原中央苏区易地搬迁农户中有19.14%的农户处于贫困且高度脆弱状态，意味着将来这部分农户很可能不能如愿脱贫；赣南原中央苏区易地搬迁农户中有11%比例的群体尽管处于贫困状态，却是脆弱性较低的农户，说明他们具有脱离贫困的可能性；南原中央苏区易地搬迁农户中有65.08%的农户处于非贫困且低度脆弱状态，表明将来这部分农户很可能不会陷入贫困或者返贫；赣南原中央苏区易地搬迁农户中有4.78%的群体尽管处于非贫困状态，却属于脆弱性较高的群体，意味着这部分农户在将来具有陷入贫困的可能性。

以上分析足以说明，贫困测度与脆弱性测度结果并不完全相同，并且随着标准线提升，高度脆弱状态农户占样本比重增大，且这两个指标测度结果的差异性增大，这一研究结论和相关成果类似(杨龙、汪三贵，2015)。在同为非贫困状态的农户中，脆弱性状态并不完全一致，既有一部分农户处于低度脆弱状态，也有一部分农户处于高度脆弱状态，表明非贫困状态下也有一部分高度脆弱农户容易受到生计资产减少或风险冲击影响而陷入贫困，且随着标准线的提升，脆弱性程度较高的群体所占样本比重增加。在同为低度脆弱状态的农户中，贫困状态并不完全一致，既有一部分农户处于非贫困状态，也有一部分群体处于贫困状态，处于贫困状态而脆弱性较低的群体属于暂时贫困农户。意味着将来这部分农户有脱贫的可能性。农户贫困状态并非一成不变，现在贫困的农户在增强抵御风险能力、消除风险冲击影响之后，将来未必贫困，现在的非贫困农户在遭受外部冲击性事件的影响、自身抵御风险能力被削弱之后，将来可能陷入贫困，在党和国家精准扶贫政策扶持下暂时脱贫的农户，如果没有增强自身抵御风险的能力、生计资本没有增加，将来可能在风险冲击下返贫。正因如此，研究贫困问题在关注农户贫困结果的同时，也应关注农户在未来是否可能陷入贫困或者返贫。脆弱性反映未来的贫困状态，贫困状态影响脆弱性，二者紧密依存、相互影响。

表10—3—9　不同贫困线标准下的不同组别搬迁农户占样本比重结果

贫困线	分组	所占比重/%
1274元	非贫困且低度脆弱组	96.17
	贫困且低度脆弱组	3.35
	非贫困且高度脆弱组	0
	贫困且高度脆弱组	0.48
2300元	非贫困且低度脆弱组	92.34
	贫困且低度脆弱组	4.78
	非贫困且高度脆弱组	1.44
	贫困且高度脆弱组	1.44
1.25美元	非贫困且低度脆弱组	84.69
	贫困且低度脆弱组	4.79
	非贫困且高度脆弱组	5.26
	贫困且高度脆弱组	5.26
2美元	非贫困且低度脆弱组	65.08
	贫困且低度脆弱组	11
	非贫困且高度脆弱组	4.78
	贫困且高度脆弱组	19.14

(3) 不同贫困线标准下贫困程度与脆弱程度的分组分析

由表 10—3—10 容易看出,贫困且低度脆弱农户,在不同标准线下,脆弱程度均低于非贫困且高度脆弱农户,这一研究成果验证了相关结论,意味着非贫困群体在未来更容易陷入贫困,可能面临生计资产减少或者各种冲击性事件的影响,如自然灾害、疾病胁迫、教育负担、婚丧嫁娶等,或者由于生计资本结构不合理、生计资本减少、导致抵御风险能力下降(杨龙、汪三贵,2015)。

表 10—3—10　不同贫困线标准下贫困且低度脆弱组与非贫困且高度脆弱组脆弱程度

贫困线	分组	贫困脆弱性/%
1274 元	贫困且低度脆弱组	38
	非贫困且高度脆弱组	—
2300 元	贫困且低度脆弱组	44
	非贫困且高度脆弱组	52
1.25 美元	贫困且低度脆弱组	42
	非贫困且高度脆弱组	53
2 美元	贫困且低度脆弱组	41
	非贫困且高度脆弱组	58

(4) 家庭特征及生计资本各项细分指标与农户贫困及脆弱性的交叉分析

评判脆弱性需分析农户家庭特征及生计资本等状况(杨龙、汪三贵,2015)。在同一标准线下,不同组别农户家庭特征及生计资本等状况存在差异。家庭特征及生计资本特征见表 10—3—11、表 10—3—12、表 10—3—13、表 10—3—14。

一是家庭特征类分析。在 2300 元和 1.25 美元标准线下,非贫困农户家庭规模最大,均处于高度脆弱状态,说明家庭规模较大的非贫困农户脆弱性较高。从第一组到第四组,在外打工人数总体上呈减少趋势,意味着在外打工人数较多的群体脆弱程度更低。

二是人力资本类分析。在 1274 元标准线下,从第一组到第四组,是否具有外出务工收入、家庭成员是否参加过非农技术培训、外出务工收入整体上呈现下降趋势,说明具有外出务工收入、外出务工收入较高、家庭成员参加过非农技术培训的农户脆弱性较低,不同标准线下,上述结论依然成立,表明非贫困且低度脆弱农户的人力资本分析结果较为稳健。

三是社会资本类分析。在 1274 元标准线下,从第一组到第四组,迁出地邻里关系融洽程度、迁出地距县城路程、政府补助金额整体上呈减小趋势,说明邻里关系较好、距县城较远、政府补助金额越多的农户脆弱性较低,在其他三条贫困线标准下,结论依旧如此,表明结果较为稳健;是否建档贫困户整体上均呈现增加趋向,表明建档立卡贫困群体脆弱度更低,换句话说,非贫困户脆弱性较高,四条贫困线标准下均符合。

四是自然资本类分析。从第一组到第四组，承包耕地面积整体上表现为减少趋向，耕地质量表现为变差趋向，说明耕地面积较多、耕地质量较好的农户脆弱性较低，四条贫困线标准下均符合；迁出地社区地形条件总体呈增加趋势，说明迁出地社区地形条件较好的农户脆弱性较低。

五是物质资本类分析。从第一组到第四组，家庭房屋价值原值、生产性固定资产原值呈减少趋向，说明家庭房屋价值原值较高、生产性固定资产原值较高群体处于低度脆弱状态。

六是生计资本总值分析。结合第四章生计资本测度结果，在2300元贫困线下，第一组生计资本分值为0.91，第二组分值为0.61，第三组分值为0.6324，第四组分值为0.71588。总体上，生计资本较高的农户，脆弱性程度较低。在其他贫困线下也表现为这个特征，说明分析结果较为稳健。

从搬迁农户家庭特征及生计资本拥有状态来看，贫困脆弱性较高的农户具有的特征为：家庭规模较大、在外打工人数较少、外出打工收入较低、家庭成员没有参加过非农技术培训，人力资本不足；家庭房屋价值原值较低、生产性固定资产原值较低，物质资本较少；邻里关系较差、政府补助金额较少、非建档贫困户，社会资本不足；耕地面积少、耕地质量差，自然资本不足；脆弱群体多处于社区地形条件较差的山区；这类群体一般生计资本的总值较低。

表10—3—11　不同贫困线标准下的不同组别搬迁农户家庭及生计资本特征(Ⅰ)

分组	X_1	X_2	X_3	X_4	X_5	X_6	X_7	X_8	X_9
1274元贫困线									
非贫困且低度脆弱组	4.16	1.45	4.00	40.16	4.21	3.00	2.76	12.08	0.46
贫困且低度脆弱组	2.00	0	2.00	38.86	2.71	2.57	3.00	11.53	0.86
非贫困且高度脆弱组	—								
贫困且高度脆弱组	4.00	0	2.01	25.00	1.00	1.99	3.00	12.90	1.00
2300元贫困线									
非贫困且低度脆弱组	4.18	1.49	3.00	40.48	4.25	2.67	2.75	12.11	0.45
贫困且低度脆弱组	2.50	0.10	2.03	40.30	2.70	2.50	3.00	11.35	0.90
非贫困且高度脆弱组	5.00	1.00	2.00	28.00	3.50	2.33	3.00	11.93	0.33
贫困且高度脆弱组	2.67	0	1.70	23.33	2.33	1.97	3.00	11.68	1.00

表10—3—12　不同贫困线标准下的不同组别搬迁农户家庭及生计资本特征(Ⅱ)

分组	X_{10}	X_{11}	X_{12}	X_{13}	X_{14}	X_{15}	X_{16}	X_{17}
1274元贫困线								
非贫困且低度脆弱组	52462.69	4925.02	0.76	39487.06	0.23	33144.28	0.71	0.53
贫困且低度脆弱组	36571.29	0	0	0	0	21714.29	0.57	0.43
非贫困且高度脆弱组								

续表

贫困且高度脆弱组	36000.00	4000.00	0	0	0	50000.00	1.00	0
2300 元贫困线								
非贫困且低度脆弱组	52569.95	4992.49	0.78	40904.15	0.24	33430.05	0.72	0.53
贫困且低度脆弱组	47600.00	3473.00	0.10	1000.00	0	33200.00	0.50	0.50
非贫困且高度脆弱组	33000.00	2550.00	0.33	10800.00	0	10000.00	1.00	0.67
贫困且高度脆弱组	38666.67	3033.33	0	0	0	16666.67	0.67	0

表 10-3-13 不同贫困线标准下的不同组别搬迁农户家庭及生计资本特征(Ⅲ)

分组	X_1	X_2	X_3	X_4	X_5	X_6	X_7	X_8	X_9
1.25 美元贫困线									
非贫困且低度脆弱组	4.13	1.58	2.03	40.36	4.38	2.45	2.73	12.15	0.43
贫困且低度脆弱组	4.30	0.70	2.10	43.00	2.92	2.40	3.00	11.53	0.50
非贫困且高度脆弱组	4.64	0.27	1.82	33.18	2.50	2.36	3.00	11.67	0.82
贫困且高度脆弱组	3.00	0.27	2.00	36.64	3.09	1.94	3.00	11.59	0.91
2 美元贫困线									
非贫困且低度脆弱组	4.18	1.82	1.98	41.47	4.54	2.60	2.68	12.34	0.33
贫困且低度脆弱组	4.70	1.17	2.39	36.17	3.59	2.15	2.87	11.56	0.61
非贫困且高度脆弱组	3.70	0.50	2.10	39.70	2.23	1.96	3.00	11.52	0.90
贫困且高度脆弱组	3.65	0.30	1.93	36.80	3.57	1.94	2.98	11.55	0.80

表 10-3-14 不同贫困线标准下的不同组别搬迁农户家庭及生计资本特征(Ⅳ)

分组	X_{10}	X_{11}	X_{12}	X_{13}	X_{14}	X_{15}	X_{16}	X_{17}
1.25 美元贫困线								
非贫困且低度脆弱组	50657.30	5122.47	0.83	44201.69	0.25	33550.56	0.72	0.53
贫困且低度脆弱组	60800.00	3865.00	0.50	6900.00	0	23200.00	0.70	0.50
非贫困且高度脆弱组	65727.27	3177.27	0.09	2945.45	0.18	32727.27	0.64	0.55
贫困且高度脆弱组	45090.91	2770.91	0	0	0	27272.73	0.64	0.45
2 美元贫困线								
非贫困且低度脆弱组	46255.47	5639.78	0.93	55186.86	0.25	32299.27	0.75	0.55
贫困且低度脆弱组	70956.52	4265.22	0.87	12621.74	0.26	34565.22	0.57	0.43
非贫困且高度脆弱组	69200.00	3070.00	0.20	3000.00	0.10	37000.00	0.70	0.30
贫困且高度脆弱组	54575.00	2860.75	0.10	2210.00	0.13	31850.00	0.65	0.55

10.4 易地搬迁农户贫困脆弱性的影响因素

10.4.1 指标选取

关于贫困脆弱性影响因素研究方面的成果较多,由于研究对象不同、研究方法和研究思路的差异性,对指标的选取也略有差别。李聪(2018)采用 FGLS 模型估计出农户人均消费函数的均值和方差之后,代入 VEP 公式测度出了农户的贫困脆弱性,然后从搬迁因素、家庭特征、社区特征等几个维度构建了贫困脆弱性影响因素指标体系,实证检验了陕南山区易地搬迁农户贫困脆弱性的影响因素。杨龙(2015)主要是从家庭特征、社区特征、风险冲击三个维度探讨了贫困地区农户贫困脆弱性的影响因素。根据相关研究发现,在测度出贫困脆弱性之后,需要选取与研究对象密切相关的因素,探讨贫困脆弱性的响应机制。本研究的研究对象是赣南原中央苏区易地搬迁农户,借鉴已有的研究成果,同时结合赣南原中央苏区贫困现状,首先应该考虑的因素应该是搬迁特征变量,其次是农户的家庭特征变量,最后还应考虑社区特征对贫困脆弱性的影响。

因此,本研究选取如下变量构建贫困脆弱性影响因素指标体系:

选取反映搬迁特征的变量,包括移民类型、安置方式、迁入年数、搬迁意愿,分别以 R_1、R_2、R_3、R_4 表示。由于户主是一个家庭的主要决策者,其年龄和教育背景等方面的特征对一个家庭具有较大影响,在家庭特征因素中,户主特征至关重要(李聪,2018)。所以,本研究选取反映家庭特征的变量主要涵盖户主特征,选取的指标包括家庭规模、在外打工人数、户主性别、户主年龄、户主受教育年限、户主是否党员、户主是否乡村干部(杨龙、汪三贵,2015;万广华,2014;李聪,2018),分别以 F_1、F_2、F_3、F_4、F_5、F_6、F_7 表示。选取反映社区特征的变量(杨龙、汪三贵,2015;李小云、张雪梅等,2005;李小云、董强等,2007;黎洁、邰秀军,2009)包括安置地邻里关系融洽程度、安置地距县城路程、安置地社区地形条件,分别以 C_1、C_2、C_3 表示。

10.4.2 模型构建

在测度出赣南原中央苏区易地搬迁农户第 i 个样本的贫困脆弱性之后,以农户的贫困脆弱性作为被解释变量,以农户的搬迁特征、家庭特征及社区特征作为解释变量,建立线性回归模型,研究赣南原中央苏区易地搬迁农户贫困脆弱性的影响因素。

构建回归模型如下:

$$V_i = \lambda_1 R_i + \lambda_2 F_i + \lambda_3 C_i + \epsilon_i \qquad (10-4-1)$$

式 10-4-1 中,V_i 表示第 i 个农户的贫困脆弱性(Poverty Vulnerability),R_i 表示第 i 个农户的搬迁特征(Relocation characteristics),F_i 表示第 i 个农户的家庭特征(Family characteristics），C_i 表示第 i 个农户所在的社区特征（Community characteristics），λ_1、λ_2、λ_3 分别为搬迁特征、家庭特征、社区特征的待估系数，ϵ_i 为随机扰动项。

表 10－4－1 为赣南原中央苏区易地搬迁农户贫困脆弱性影响因素指标体系，包含对变量的定义以及对变量预期变动方向的理性判断，表 10－4－2 为数据的描述性统计结果。

表 10－4－1　赣南原中央苏区易地搬迁农户贫困脆弱性影响因素指标体系

变量	变量定义	对变量预期变动方向的理性判断
搬迁特征		
R_1：移民类型	深山移民＝1；扶贫移民＝2；水库移民＝3	－
R_2：安置方式	集中安置＝1；分散安置＝0	－
R_3：迁入年数/年		＋
R_4：搬迁意愿	自发性移民＝1；政府主导移民＝0	－
家庭特征		
F_1：家庭规模/人		＋
F_2：在外打工人数/人		－
F_3：户主性别	男＝1；女＝0	＋
F_4：户主年龄/周岁		＋
F_5：户主受教育年限/年		－
F_6：户主是否党员	是＝1；否＝0	－
F_7：户主是否乡村干部	是＝1；否＝0	－
社区特征		
C_1：安置地邻里关系融洽程度	不融洽＝1，不太融洽＝2，融洽＝3，比较融洽＝4，非常融洽＝5	－
C_2：安置地距县城路程/公里		＋
C_3：安置地社区地形条件	平原＝1；丘陵＝2；山区＝3	＋

表 10－4－2　贫困脆弱性影响因素各项指标的描述性统计结果

变量	平均值	标准差	极小值	极大值
搬迁特征				
R_1：移民类型	1.44	0.498	1	3
R_2：安置方式	0.52	0.501	0	1
R_3：迁入年数/年	1.90	2.072	0	15

续表

变量	平均值	标准差	极小值	极大值
R_4:搬迁意愿	0.6172	0.48723	0	1
家庭特征				
F_1:家庭规模/人	4.09	1.453	1	8
F_2:在外打工人数/人	1.39	1.060	0	4
F_3:户主性别	0.81	0.394	0	1
F_4:户主年龄/周岁	47.59	13.438	24	86
F_5:户主受教育年限/年	8.03	2.727	2	18
F_6:户主是否党员	0.32	0.466	0	1
搬迁特征				
F_7:户主是否乡村干部	0.19	0.314	0	1
社区特征				
C_1:安置地邻里关系融洽程度	2.61	1.126	1	5
C_2:安置地距县城路程/公里	26.04	16.697	0	58
C_3:安置地社区地形条件	1.35	0.642	1	3

10.4.3 模型结果

模型估计结果如表 10—4—3 至表 10—4—6 所示,其被解释变量分别表示赣南原中央苏区易地搬迁农户在 1274 元、2300 元、1.25 美元、2 美元贫困线标准下的贫困脆弱性,解释变量为搬迁特征、家庭特征、社区特征等。从四个模型的共线性诊断结果来看,方差膨胀因子 VIF 值小于 10,这表明四个模型不存在共线性问题,模型的参数估计量具有显著的经济学意义,也排除了遗漏重要的解释变量的可能性,调整 R 均大于 0.7,不同贫困线标准下的贫困脆弱性影响因素回归模型整体拟合度较好,方程效果较为显著,模型估计结果具有较强的预测效果和解释力。

(1)搬迁特征因素

如表 10—4—3 至表 10—3—6 所示,移民类型对赣南原中央苏区易地搬迁农户的贫困脆弱性均呈现极显著的负向影响,表明越倾向于深山移民,脆弱性越高。安置方式对农户脆弱性均呈现极显著的负向影响,表明越倾向于集中安置,脆弱性越低。在前三条贫困线下,迁入年数对农户脆弱性均呈较显著的正向影响,在 2 美元贫困线下,呈显著的正向影响,表明迁入年数越久,脆弱性越高。在不同贫困线下,搬迁意愿对农户贫困脆弱性的负向影响显著性水平不同,在 1274 元贫困线下,呈极为显著的负向影响,在 2300 元贫困线下 5% 水平显著，在1.25美元贫困线下10%水平显著，在2美元贫困线下不显著，表明倾向于自发性移民的农户，脆弱性更低。模型结果符合相关假设。

(2) 家庭特征因素

如表10-4-3至表10-3-6所示，家庭规模对农户贫困脆弱性均呈正向影响，仅在1274元贫困线下10%水平显著，在其他贫困线下不显著，呈正向影响表明家庭规模越大，脆弱性越高，可能是由于家庭规模大，导致人均纯收入或人均消费水平较低，从而使脆弱性较高，这个结论与前文所得结论类似，家庭规模较大的非贫困农户脆弱性较高。在外打工人数对农户贫困脆弱性均呈极显著的正相关关系，表明在外打工人数越多，脆弱性越低，在1274元、2300元、1.25美元、2美元贫困线下，在外打工人数每增加1人，脆弱性分别降低2.6%、3.6%、4%、4.9%。从表10-4-3至表10-3-6中可以看出，户主性别对脆弱性呈正向影响但均不显著，户主年龄对脆弱性均表现为极显著正相关，表明户主年龄越大，脆弱性越高，在表10-4-3中，户主年龄每增加1周岁，脆弱性增加0.1%，在表10-4-4到表10-4-6中，户主年龄每增加1周岁，脆弱性增加0.2%。户主受教育程度均呈显著负相关，表明户主受教育年限越高，脆弱性越低，在1274元贫困线下，户主受教育年限每增加1年，脆弱性降低0.3%，其他贫困线下，降低0.4%。在不同模型中，户主是否党员对脆弱性均呈极显著负相关，表明倾向于是党员的农户，脆弱性更低。户主是否乡村干部在不同模型中，对脆弱性均呈较显著负相关关系，表明倾向于为乡村干部的农户，脆弱性更低。

(3) 社区特征因素

如表10-4-3至表10-4-6所示，安置地邻里关系融洽程度对脆弱性均表现为极显著的负向影响，表明邻里关系越好，脆弱性越低。表10-4-3至表10-4-4中安置地距县城路程对脆弱性影响均不显著，在表10-4-5至表10-4-6中，安置地距县城路程对脆弱性分别在10%和1%水平下显著，均为负相关，表明安置地距县城路程越远，脆弱性越低，可能是由于非农就业的地理距离越远，家庭外出务工指数越高（万广华等，2011），距离县城较远的山区农户由于耕地较少，农业收入有限，导致外出务工人员较多，使得外出务工收入成为家庭主要收入来源，前往广东、福建沿海发达城市务工的农户较多，距离县城较近的农户选择就近在县城务工的较多，一般情况下，县城务工收入往往要低于沿海务工收入，使得部分距离县城较远的农户人均纯收入较高，风险抵御能力增强，脆弱性降低。从表10-4-3至10-4-6中，安置地社区地形条件对脆弱性均具有较为显著的正向影响，表明在其他条件不变的情况下，安置地社区地形条件倾向于为平原的农户，脆弱性更低。

表 10-4-3 1274 元贫困线标准下赣南原中央苏区易地搬迁农户贫困脆弱性影响因素回归模型

解释变量	被解释变量:1274 元贫困线标准下的贫困脆弱性		共线性统计量
	B	Sig.	VIF
搬迁特征			
R_1:移民类型	−0.051	0.000***	2.512
R_2:安置方式	−0.037	0.001***	2.279
R_3:迁入年数/年	0.005	0.012**	1.309
R_4:搬迁意愿	−0.023	0.009***	1.262
家庭特征			
F_1:家庭规模/人	0.005	0.107	1.410
F_2:在外打工人数/人	−0.026	0.000***	2.046
F_3:户主性别	0.004	0.714	1.185
F_4:户主年龄/周岁	0.001	0.001***	1.730
F_5:户主受教育年限/年	−0.003	0.089*	1.734
F_6:户主是否党员	−0.035	0.001***	1.762
F_7:户主是否乡村干部	−0.032	0.022**	1.366
搬迁特征			
社区特征			
C_1:安置地邻里关系融洽程度	−0.013	0.001***	1.449
C_2:安置地距县城路程/千米	−2.901E−5	0.905	1.373
C_3:安置地社区地形条件	0.024	0.023**	1.441
常数	0.290	0.000***	
调整 R^2	0.710		
F 统计值	37.414	0.000	
观察值数	209		

注:*、**、*** 分别表示估计量在 10%,5% 和 1% 的置信水平上显著。

表 10-4-4 2300 元贫困线标准下赣南原中央苏区易地搬迁农户贫困脆弱性影响因素回归模型

解释变量	被解释变量:2300 元贫困线标准下的贫困脆弱性		共线性统计量
	B	Sig.	VIF
搬迁特征			
R_1:移民类型	−0.057	0.000***	2.512
R_2:安置方式	−0.040	0.001***	2.279

续表

解释变量	被解释变量:2300元贫困线标准下的贫困脆弱性		共线性统计量
	B	Sig.	VIF
R_3:迁入年数/年	0.005	0.026**	1.309
R_4:搬迁意愿	−0.020	0.034**	1.262
家庭特征			
F_1:家庭规模/人	0.004	0.183	1.410
F_2:在外打工人数/人	−0.036	0.000***	2.046
F_3:户主性别	0.009	0.443	1.185
F_4:户主年龄/周岁	0.002	0.000***	1.730
F_5:户主受教育年限/年	−0.004	0.064*	1.734
F_6:户主是否党员	−0.043	0.000***	1.762
F_7:户主是否乡村干部	−0.036	0.020**	1.366
社区特征			
C_1:安置地邻里关系融洽程度	−0.015	0.001***	1.449
C_2:安置地距县城路程/千米	0.000	0.157	1.373
C_3:安置地社区地形条件	0.028	0.016**	1.441
常数	0.397	0.000***	
调整 R^2	0.755		
F 统计值	46.764	0.000***	
观察值数	209		

注:*、* *、* * *分别表示估计量在10%,5%和1%的置信水平上显著。

表 10−4−5　1.25美元贫困线标准下赣南原中央苏区易地搬迁农户贫困脆弱性影响因素回归模型

解释变量	被解释变量:1.25美元贫困线标准下的贫困脆弱性		共线性统计量
	B	Sig.	VIF
搬迁特征			
R_1:移民类型	−0.058	0.000***	2.512
R_2:安置方式	−0.040	0.002***	2.279
R_3:迁入年数/年	0.005	0.040**	1.309
R_4:搬迁意愿	−0.019	0.059*	1.262
家庭特征			

续表

解释变量	被解释变量:1.25美元贫困线标准下的贫困脆弱性		共线性统计量
	B	Sig.	VIF
F_1:家庭规模/人	0.004	0.218	1.410
F_2:在外打工人数/人	−0.040	0.000***	2.046
F_3:户主性别	0.011	0.371	1.185
F_4:户主年龄/周岁	0.002	0.000***	1.730
F_5:户主受教育年限/年	−0.004	0.062*	1.734
F_6:户主是否党员	−0.045	0.000***	1.762
F_7:户主是否乡村干部	−0.037	0.020**	1.366
社区特征			
C_1:安置地邻里关系融洽程度	−0.016	0.000***	1.449
C_2:安置地距县城路程/千米	−0.001	0.051*	1.373
C_3:安置地社区地形条件	0.029	0.015**	1.441
常数	0.441	0.000***	
调整 R^2	0.763		
F 统计值	48.933	0.000***	
观察值数	209		

注:*、**、***分别表示估计量在10%,5%和1%的置信水平上显著。

表10−4−6　2美元贫困线标准下赣南原中央苏区易地搬迁农户贫困脆弱性影响因素回归模型

解释变量	被解释变量:2美元贫困线标准下的贫困脆弱性		共线性统计量
	B	Sig.	VIF
搬迁特征			
R_1:移民类型	−0.058	0.000***	2.512
R_2:安置方式	−0.039	0.006***	2.279
R_3:迁入年数/年	0.004	0.099*	1.309
搬迁特征			
R_4:搬迁意愿	−0.015	0.178	1.262
家庭特征			
F_1:家庭规模/人	0.004	0.289	1.410
F_2:在外打工人数/人	−0.049	0.000***	2.046

续表

解释变量	被解释变量:2美元贫困线标准下的贫困脆弱性		共线性统计量
	B	Sig.	VIF
F_3:户主性别	0.014	0.285	1.185
F_4:户主年龄/周岁	0.002	0.000***	1.730
F_5:户主受教育年限/年	−0.004	0.070*	1.734
F_6:户主是否党员	−0.050	0.000***	1.762
F_7:户主是否乡村干部	−0.039	0.025**	1.366
社区特征			
C_1:安置地邻里关系融洽程度	−0.017	0.001***	1.449
C_2:安置地距县城路程/千米	−0.001	0.003***	1.373
C_3:安置地社区地形条件	0.031	0.018**	1.441
常数	0.535	0.000***	
调整 R^2	0.765		
F 统计值	49.255	0.000***	
观察值数	209		

注:*、**、*** 分别表示估计量在 10%、5% 和 1% 的置信水平上显著。

10.5 主要结论及政策建议

农户贫困脆弱性测度结果主要由农户抵御风险冲击的能力和遭受的风险冲击来衡量。首先,生计资本是贫困脆弱性测度的重要维度,用以衡量农户抵御风险冲击的能力。本研究在 2017 年 1 月及 5 月赣南原中央苏区 209 户搬迁农户微观调研数据的基础上,结合相关研究,构建模型测度农户生计资本并对其进行描述性分析。其次,根据三阶段可行广义最小二乘(FGLS)回归结果,使用预期贫困脆弱性(VEP)测算方法,测度出了农户的贫困脆弱性,并且分别在 1274 元、2300 元、1.25 美元、2 美元四条贫困线标准下,根据不同的贫困线标准确定四组脆弱性状态和贫困状态,即贫困且低度脆弱组、贫困且高度脆弱组、非贫困且高度脆弱组、非贫困且低度脆弱组,对赣南原中央苏区搬迁农户贫困状态、脆弱性状态、生计资本状况等特征进行描述性分析。然后,借鉴已有的研究成果,从搬迁特征、家庭特征、社区特征三个维度出发,建立线性回归模型,研究赣南原中央苏区易地搬迁农户贫困脆弱性的影响因素。最后,根据文章研究内容得出主要研究结论之后,提出相应的政策建议。

10.5.1 主要研究结论

(1) 贫困测量与贫困脆弱性测度结果并不完全一致

贫困测量与贫困脆弱性测度结果并不完全一致,并且随着贫困标准的提高,高度脆弱状态的农户占样本比重增大,贫困测量与脆弱性测度不一致程度增大。

在同为非贫困状态的农户中,脆弱性状态并不完全一致,既有一部分农户处于低度脆弱状态,也有一部分农户处于高度脆弱状态,表明非贫困状态下也有一部分高度脆弱农户容易受到生计资产减少或风险冲击影响而陷入贫困。总体上,随着贫困标准的提高,高度脆弱状态的农户占样本比重增大。在同为低度脆弱状态的农户中,贫困状态并不完全一致,既有一部分农户处于非贫困状态,也有一部分农户是处于贫困状态,处于贫困但属于低度脆弱状态的农户是暂时贫困农户,意味着将来这部分农户有脱贫的可能性。

(2) 赣南原中央苏区易地搬迁农户的贫困发生率存在差异

不同贫困线标准下,赣南原中央苏区易地搬迁农户的贫困发生率存在差异,随着贫困线标准的提高,贫困发生率增大。在1274元、2300元、1.25美元、2美元贫困线标准下,贫困发生率分别为3.83%、6.22%、10.05%、30.14%。表明贫困发生率测度结果的精确性受到贫困线标准的影响,选择不同的贫困线标准,其准确程度存在差异。

(3) 赣南原中央苏区易地搬迁农户的脆弱性程度存在差异

不同贫困线标准下,赣南原中央苏区搬迁农户的脆弱性程度存在差异,随着贫困线的提高,贫困脆弱性程度增大。在1274元、2300元、1.25美元、2美元贫困线标准下,贫困脆弱性程度分别为20.43%、28.48%、31.96%、39.61%,也就是说所有农户在未来陷入贫困的可能性分别为20.43%、28.48%、31.96%、39.61%。表明贫困脆弱性测度结果的精确性受到贫困线标准的影响,选择不同的贫困线标准,其准确程度存在差异。

(4) 非贫困群体在未来更容易陷入贫困

贫困且低度脆弱的农户,在不同的贫困线标准下,贫困脆弱性程度均低于非贫困且高度脆弱的农户,意味着非贫困群体在未来更容易陷入贫困。非贫困农户可能面临各种冲击性事件的影响[3],如自然灾害、疾病胁迫、教育负担、婚丧嫁娶等,或者由于生计资本结构不合理、生计资本减少,导致抵御风险能力下降。

(5) 贫困脆弱性较高的农户具有的特征

从搬迁农户家庭特征及生计资本拥有状态来看,贫困脆弱性较高的农户具有如下特征:家庭规模较大、在外打工人数较少、外出打工收入较低、家庭成员没有参加过非农技术培训,人力资本不足;房屋价值较低、生产性固定资产原值较低,物质资本较少;邻里关系较差、政府补助金额较少、非建档贫困户,社会资本不足;耕地面积较少、耕地质量较差,自然资本较少。贫困脆弱性群体更多地分布于社区地形条件较差的山区。

(6) 生计资本结构的差异导致生计资本总和存在差异

人力资本缺乏型农户的人力资本仅为 0.0629，金融资本缺乏型农户的金融资本仅为 0.0839，人力资本缺乏型农户和金融资本缺乏型农户其生计资本总和相对较低，分别为 0.9074 和 0.9930，而社会资本缺乏型农户、自然资本缺乏型农户、物质资本缺乏型农户这三类农户的生计资本总和较高，分别为 1.1057、1.1698、1.1101。反映了拥有不同生计资本结构，生计资本总和也会有较大的差别，尤其是对于人力资本缺乏型农户和金融资本缺乏型农户来说，应该注重改善这两类生计资本状况，对于增加生计资本总和，可能会有一定的作用。相关研究表明，生计资本的单一缺乏是导致农户贫困脆弱性的直接原因（李小云等，2007）。

(7) 赣南原中央苏区易地搬迁农户贫困脆弱性影响因素

户主受教育程度、户主是否党员、户主是否乡村干部、在外打工人数、移民类型、安置方式、安置地距县城路程、安置地邻里关系融洽程度对赣南原中央苏区易地搬迁农户的贫困脆弱性均呈现极显著的负向影响。户主年龄、家庭规模、安置地社区地形条件对农户贫困脆弱性均呈极显著的正相关关系。

10.5.2 政策建议

发展经济学家 Chaudhuri et al.(2002) 提出，农户对抗未来贫困的关键在于测度贫困脆弱性[14]。反贫困脆弱性政策可分为提高农户人均纯收入和提升农户应对风险能力两类政策，一方面，对于收入水平较低的农户，需要政府进行转移支付，改善农户的生计资本结构，增加农户的生计资本，增强农户抵御风险冲击的能力，提高农户收入水平，另一方面，对于收入波动较大的农户，可以通过事前干涉降低风险、健全社会保障制度、完善社会保险制度、减小农户陷入贫困的概率（Gloede et al.2012）。

(1) 改善易地搬迁农户的生计资本状况

由生计资本匮乏导致的贫困脆弱性属于结构性贫困（Glauben et al.，2012），要降低农户的贫困脆弱性，需要改善农户的生计资本状况。对于结构性因素导致的贫困脆弱性，需要我们更多地完善宏观经济政策，改善生计资本结构，增加生计资本，提高农户人均纯收入，增强农户抵御风险冲击的能力，减小陷入贫困或者返贫的可能性。

应针对不同原因导致的贫困脆弱性类型，实施差异化的政策（Ward，2016）。从赣南原中央苏区易地搬迁农户贫困脆弱性测度结果来看，主要从人力资本、社会资本、自然资本、物质资本和金融资本五个方面进行阐述。对于人力资本缺乏型农户，一方面，政府应提供更多的非农技术培训机会，帮助农户提高谋生能力，增加人力资本，提高农户人均纯收入；另一方面，鼓励农户从事非农产业，增加务工收入，提高农户人均纯收入。对于社会资本缺乏型农户，政府应出台相关优惠政策，引进企业，积极引导社会资本向贫困地区流动，给偏远地区的农户提供就业机会，提高农户的非农收入，改善收入结构，提高人均纯收入，降低贫困脆弱性。这种效应在国外得到了验证,政府通过引导商业资本延伸至偏远农村,促进当地基础设施建设,增加了农户的教育以及健康投资,显著地降低了贫困脆弱性(ImaiK et al.,2015;Celidoni,2013)。对于自然资本缺乏型农户,特别是社区地形条件较差、贫困脆弱性较高的丘陵和山区,积极引导农户保护好利用好耕地、林地等自然资源,对从事种植养殖业的农户给予更多补助;对于物质资本缺乏型农户和金融资本缺乏型农户,一方面引导农户增加生产性固定资产,对此给予适度财政补贴或者提供优惠贷款政策支持,另一方面,对建房的农户给予贷款方面的优惠以及现金补助。

(2)建立农户应对风险冲击的预警机制

由风险冲击导致的贫困脆弱性属于暂时性贫困,要降低贫困脆弱性,需要根据历史数据,对农户即将遭受的风险冲击有所了解。对于随机性因素导致的贫困脆弱性,需要我们更多地关注农户近期收入的波动状况,制定与这类农户相匹配的微观经济政策,完善社会保险和商业保险制度,有针对性地瞄准这类农户进行补贴,减小风险冲击,降低农户陷入贫困的可能性(Glauben etal.,2012)。

众所周知,现在贫困的农户在政府政策扶持之下,虽然能够暂时脱贫,但在遭受风险冲击的影响之下,一些农户会陆续返贫,许多非贫困农户在风险冲击下也容易陷入贫困。为何会出现这种现象?一个重要的原因在于,现在的精准扶贫政策更多地依赖于贫困发生率这种静态指标,评估的是过去遭受的风险冲击对农户人均纯收入造成的影响,扶贫政策的制定也被动地随形势的变化而变化,往往在某种灾害发生之后,才采取补救措施救灾抗险、减小灾害影响,这种事后应对型策略与当前日益复杂严峻的贫困形势不相匹配。而贫困脆弱性指标正是这种事前预测型指标,具有前瞻性特征,根据截面数据预测出农户在未来的贫困状态,对其所处的位置、家庭特征、生计资本状况、脆弱性程度等有所了解。由于贫困测量与贫困脆弱性测度结果并不完全一致,并且随着贫困标准的提高,贫困测量与脆弱性测度结果的不一致程度增大。

在未来的扶贫政策中,在关注贫困测量结果的同时,更应着重关注贫困脆弱性测度结果,将贫困脆弱性纳入贫困评估框架之中,作为相关部门贫困评估框架的一项重要内容。建立农户应对风险冲击的预警机制,健全农户失业后以及就业前的基本生活保障制度、最低生活保障制度,完善社会保险和商业保险制度,有针对性地对遭受风险冲击的农户进行补贴,在教育、医疗、贷款、保险、住房等方面给予政策倾斜(Ziliak,2015),完善农村社会养老保险制度,减小非贫困农户在未来陷入贫困的可能性,降低贫困农户在将来返贫的概率(Walker,and Ryan,1990;Sebastian,2010),以此提高精准扶贫的效率。

(3)转移赣南原中央苏区易地搬迁扶贫工作重点

从生计资本结构来看,贫困脆弱性较高的农户呈现如下特征:家庭规模较大、在外打工人数较少、外出打工收入较低、家庭成员没有参加过非农技术培训,人力资本不足;家庭房屋价值原值较低、生产性固定资产原值较低,物质资本较少;迁出地邻里关系较差、政府补助金额较少,非建档贫困户,社会资本不足;耕地面积少、耕地质量差、迁出地处于社区地形条件较差的山区,自然资本不足;生计资本总值较低。从农户搬迁特征等因素来看,贫困脆弱性较高的农户呈现如下特征:移民类型倾向于深山移民;安置方式倾向于分散安置;迁入年数较为长久;户主年龄偏大;户主受教育年限较少;户主非党员和非乡村干部;安置地邻里关系较差;安置地社区地形条件较差。具有上述特征的农户贫困脆弱程度更深,在未来更容易陷入贫困,政府未来易地搬迁扶贫工作重点应该逐渐转移,对具有上述特征的农户给予更多关注,扶贫重点应该由建档立卡贫困户转移到具有上述特征的非贫困农户,对仍然处于深山之中还没有搬迁出来的农户继续实施易地搬迁,出台优惠的创业、就业政策,积极实施非农技术培训项目,以提高劳动力素质,增强农户抵御风险的能力,此外,鼓励支持仍处于深山之中的农户自主搬迁,采取集中安置的方式将农户尽量安置于社区地形条件较好的地区,降低农户贫困脆弱性。

(4)制定一条更加合理有效的贫困线标准

由于在不同的贫困线标准下,赣南原中央苏区易地搬迁农户的贫困脆弱性和贫困发生率均存在着较大的差异,尤其是我国的贫困线标准下的贫困脆弱性与国际贫困线标准下的贫困脆弱性存在的差异较大,在一定程度上会影响未来贫困评估的精确性;其次,我国的贫困线标准之下的贫困发生率远远低于国际贫困线标准之下的贫困发生率。这个结论启示我们,从基本国情出发,结合国际贫困线,相关部门应尽快着手制定出一条更加合理有效、与国际标准更为接近的贫困线标准。

第 11 章

易地搬迁政策与农户满意度研究

在赣南原中央苏区推进实施易地扶贫搬迁等生态移民政策的过程中,移民政策在制定执行的过程中是否做到了积极有效地听取采纳农户的意见和想法?易地扶贫搬迁农户对于该项移民政策究竟持怎样的态度?移民政策的执行协商可否影响农户的移民政策满意度?这些问题都是本研究需要重点研究的问题。本研究通过分析实地调研获取的农户数据,研究移民政策的执行协商对农户的移民政策满意度的影响,首先通过描述性统计分析了调研农户对于移民政策执行协商参与度情况和农户对于移民政策的满意度评价状况,同时还将调研农户按照不同县进行区分,分析了农户的政策满意度和政策执行协商的情况;其次,在选取了合适的控制变量后,运用有序 probit 模型实证分析出移民政策的执行协商对于农户的政策满意度的影响;最后,为了解决移民政策的执行协商与农户的政策满意度二者间存在的内生性问题,通过选择合适的工具变量再运用双变量有序 probit 模型开展进一步的实证检验并做出研究结果的稳健性讨论,得出可靠的研究结论。为如何科学判定移民政策的执行协商对于农户的政策满意度影响作用提供了正确的指导意见和方法。

(1)理论意义:本研究在综合参考已有文献资料基础上,运用科学的理论和研究方法多视角多维度地把握研究对象,通过实际调研数据科学地分析出移民政策的执行协商对农户的政策满意度的影响作用,并且在研究方法的使用以及对于内生性问题的处理上吸取了已有研究的经验方法,在工具变量的选取上进行改进和创新,使用"对村干部信赖程度"这一工具变量能够更好地反映出不同农户间的个体区别。研究具有较高的理论价值,并为今后的相关研究提供了一定的参考作用,具有一定的理论意义。

(2)现实意义:生态移民对全面建成小康社会具有重大意义,是贫困地区人民脱贫致富实现小康的重要途径之一,是实现经济与生态和谐共生的现实选择。赣南原中央苏区生态移民政策实施对象主要是居住在生存条件恶劣、受自然灾害威胁以及生活在极其贫困的深山区、库区、地质灾害区及自然保护区的人口,政府部门以集中连片特殊困难地区为重点,以扶贫开发工作重点县和移民集中安置区为重点,以扶贫和移民"民生工程"为重点,通过实施移民搬迁扶贫和易地扶贫搬迁等措施,促进库区、山区贫困群众增收致富。本研究调查了赣南原中央苏区易地扶贫搬迁农户的政策满意度以及政策的执行协商参与情况,为赣南中央苏区生态移民政策的实施优化提出理论依据,对于优化政府和农户行为并提高农户参与生态移民政策的满意度有着重要的现实指导意义。

11.1 理论假设

11.1.1 "最后通牒博弈"实验

本研究旨在分析移民政策的执行协商对于农户政策满意度的影响,其中关注移民政策的执行协商可以反映为对政策执行过程中的"公平关注",而政策满意度则是农户对于移民政策实施效果的真实反映,反映了农户对于移民政策的感知和期望价值。"公平关注"是政策执行过程中农户参与度的动机性驱动力,可理解为农户在自行比较自我收益和他人收益,基于这种自我收益和他人收益间的相互比较,传统的主流经济学关于"理性经纪人"的假设可能就不再适用,因为在面对这样一项由政府主导实施的具有利民性质的移民政策时,农户可能会因为公平感等非理性因素的影响而改变其在政策实施过程中的参与选择行为。

近些年来,实验经济学家在考虑了这种由"公平关注"引起的"公平偏好"属性后,运用"最后通牒博弈"实验模拟人们的决策行为,并分析发现决策过程中的公平参与对于人们决策行为的影响甚至高于决策实施结果(陈叶烽,2011;王益文,2014)。"最后通牒博弈"实验是于1982年由古斯(Güth,Schmittberger and Schwarz,1982)教授等人最早设计进行,实验的内容为有一笔固定的钱分给提议者 A 和响应者 B,提议者 A 有权利对分配方案 W 作出设定,而响应者 B 则有权选择接受方案或是拒绝方案,基本原则是只有当方案被通过时 A、B 双方才可以按照方案得到钱,若方案无法被响应者 B 通过,则所有钱都将上交,此时 A、B 收益均为0。"最后通牒博弈"实验的结果是提议者 A 愿意分配给响应者 B 的平均金额为总金额的37%,而响应者 B 对于给予其金额小于20%的分配方案有一半的可能性会选择拒绝此分配方案。该实验结果能够很直观地反映出在博弈过程中原本占据优势位置的提议者 A 若在分配方案设计过程中过于不公平时,此时的响应者 B 将不再符合"理性人假设"中追求自身利益最大化的原则去接受提议者 A 的分配方案,而会选择拒绝提议者 A 提出的分配方案,最终导致的结果是提议者和响应者双方都无法获得任何收益。

而在实际生活中,占据优势地位的提议者一般会提出一个相对公正的分配方案(Binmore et al.,2002),这是因为响应者多将"公平参与"视作一种公认的"社会准则",公平感作为重要的心理因素可能比物质利益更能够影响响应者的决策。

将这一理论应用到本文的分析研究上,可以假设移民政策的执行者为"最后通牒博弈"实验中的提议者 A，政策实施的执行协商程度可视为分配方案 W，易地扶贫搬迁农户可视为响应者 B，而政策满意度与农户的收益具有重要关联，且可假设为正向的作用关系。因此，"最后通牒博弈"被视为本研究开展进行的重要理论基础，基于此我们也提出本研究的基本假设即：

H1：移民政策的执行协商可能会正向影响农户的政策满意度。

11.1.2 "非公平厌恶"模型

在前文的理论分析中提到本研究的基本假设是移民政策的执行协商可能会正向影响农户的政策满意度，而在易地扶贫搬迁政策实施的过程中，移民农户不仅只关心自身的利益需求，同时还会比较政策实施后自身的利益所得与其他农户的利益所得，若移民农户预期其自身收益低于其他农户的收益时，移民农户会具有明显的不公平参与感，且预期收益的落差会引起农户的心理效用损失。这也是本研究重点关注"移民政策的执行协商"的原因，因为只有在政策执行者与农户做到了尽可能多的公平公正的协商交流后，移民农户才会更易减少自身利益比较与他人利益比较时产生的落差感与期望偏差，有利于促进政策实施的公平度（即"最后通牒博弈"实验中的分配方案 W），进而达到实现移民政策的最优扶贫效果，有利于提升移民农户的政策满意度。此外，本研究借鉴 Fehr and Schmidt 于 1999 年提出的非公平厌恶模型予以论证，在易地扶贫搬迁政策实施过程中，当移民农户的自身收益多于或者少于其他移民农户的收益时，移民农户的政策参与公平感会发生变化。假设移民农户的政策满意度是正向关联于移民农户的效用水平，且移民农户的效用水平受移民政策收益分配的不公平影响，则其效用函数是：

$$U_i(x)=x_i-\partial_i \frac{1}{n-1}\sum_{j\neq i}max\{x_j-x_i,0\}-\beta_i\sum_{j\neq i}max\{xj-xi,0\} \quad (11-1-1)$$

其中，n 为博弈主体移民农户的数量；U 为移民农户的效用水平；x 为移民农户的收益；∂_i 为移民农户的嫉妒心理参数；β_i 为移民农户的同情心理参数，且 $0\leq\beta_i<\partial_i<1$。该效用函数不仅考虑了移民农户的收益因素，同时还计算了由于移民农户的收益差距所引起的公平心理效用损失。在移民农户 i 的个人收益小于移民农户 j 的个人收益时，移民农户 i 因此产生的公平心理效用损失则为 $\partial_i\frac{1}{n-1}(x_j-x_i)$，此时的效用损失主要来自于农户的嫉妒心理；而在移民农户 i 的个人收益大于移民农户 j 的个人收益时，移民农户 i 产生的心理效用损失则为 $\beta_i\frac{1}{n-1}(x_j-x_i)$，这部分的心理效用损失则主要来自于农户的同情心理。因此在 $0\leq\beta_i<\partial_i<1$ 的假设条件下，移民农户 $x_j>x_i$ 时的农户心理效用损失大于 $x_i>x_j$，这在一定程度上又符合了"理性人假设"，因为农户在面对利益分配的问题上仍然是以保护自身利益为基本行为原则。而在效用函数中，当 $x_i=x_j$ 时，作为博弈主体的移民农户 i 的效用达到了最大值。这一模型结果也反映出移民农户在参与易地扶贫搬迁政策的实施过程中，移民农户的公平参与感能够直接影响到农户的效用情况,进而会影响农户的政策满意度。而实现农户最大效用的前提条件 $x_i = x_j$ 能够进一步论证 2.1 中的研究假设,即移民政策的执行协商可能会正向影响农户的政策满意度。

11.2 数据来源与描述性统计

11.2.1 数据来源

本文所使用的数据来源于国家自然科学基金项目《基于多时空尺度与农户减贫目标的集中连片地区生态补偿标准及瞄准机制——以原中央苏区为例》(71463025)的研究调查。调研数据的获取方式主要为自主下乡调研和调查总队辅助调研两种形式,采用的方法为随机抽样调研。而本研究使用的相关数据是针对赣南原中央苏区 13 个县中的宁都县、于都县、会昌县和上犹县四个县市的易地扶贫搬迁农户的调研数据,其中每个县发放 120 份问卷,各个县抽样选取 4 个乡镇实地调研,共计发放 480 份问卷,有效问卷数 433 份,有效率达到 90.2%(如表 11-2-1 所示)。

表 11-2-1　　　　　　　　调研乡镇的选取及问卷发放

调研县	调研乡镇	发放问卷	有效问卷	调研县	调研乡镇	发放问卷	有效问卷
	清塘镇	30	29	会昌县	周田镇	30	27
宁都县	肖田乡	30	28		高排乡	30	26
	对坊乡	30	28		庄口镇	30	28
	黄坡镇	30	27		麻州镇	30	27
	罗坳镇	30	26	上犹县	营前镇	30	26
于都县	银坑镇	30	27		水岩乡	30	25
	马安乡	30	28		梅水乡	30	26
	岭背镇	30	28		双溪乡	30	27

11.2.2 数据的描述性统计

(1)调研农户的个体特征

问卷中针对农户的个体特征状况设计了多个指标,因为指标属性分类的不同,故作表 11-2-2 分别汇报调研农户的个体特征指标:性别、文化程度和家庭经营主业是否为农业这三个指标的比例状况。表 11-2-3 汇报了四个县调研农户的年龄、家庭年总收入和家庭中依赖人口比例(家庭中小于 16 岁和大于 70 岁占家庭总人口的比例)三个指标的平均值。根据表

11—2—2 的显示结果,调研农户对象中有 269 人是男性,占比为 62.12%,有 164 人是女性,占比为 37.88%;调研农户对象的文化程度中有 73 人处于文盲水平,占比为 16.86%,有 123 人处于小学水平,占比为 28.41%,有 125 人为初中文化程度,占比为 28.87%,有 81 人处于高中文化程度,占比为 18.71%,有 31 人处于大专及以上的文化程度,占比为 7.15%;而调研农户中以农业为家庭经营主业的有 308 户,占比达到 71.13%。

表 11—2—2　　　　　　　调研农户的个体特征(一)

变量	定义	频率	百分比/%	累计百分比/%
性别	男	269	62.12	62.12
	女	164	37.88	100
文化程度	文盲	73	16.86	16.86
	小学	123	28.41	45.27
	初中	125	28.87	74.14
	高中	81	18.71	92.85
	大专及以上	31	7.15	100
是否农业为经营主业	否	125	28.87	28.87
	是	308	71.13	100

根据表 11—2—3,调研的 433 份易地扶贫搬迁农户的平均年龄为 45.11 岁,其中宁都县、于都县、会昌县和上犹县调研农户的平均年龄分别为 40.13 岁、43.83 岁、47.56 岁和 49.25 岁;调研农户的平均家庭总收入为 53381.4 元,其中宁都县、于都县、会昌县和上犹县调研农户的平均家庭总收入分别为 56849.1 元、56455.9 元、49793.9 元和 50150 元;调研农户的平均人口依赖比例为 0.322,其中宁都县、于都县、会昌县和上犹县调研农户的平均依赖人口比例分别为 0.305、0.280、0.315 和 0.393。

表 11—2—3　　　　　　　调研农户的个体特征(二)

地区/变量	农户样本量/份	平均年龄/岁	平均年总收入/元	平均依赖人口比例
宁都县	112	40.13	56849.1	0.305
于都县	109	43.83	56455.9	0.280
会昌县	108	47.56	49793.9	0.315
上犹县	104	49.25	50150	0.393
农户总体情况	433	45.11	53381.4	0.322

(2)调研农户所在地的区域特征

针对调研农户所在地的区域特征主要从距离乡政府的里程数、所在村的第一产业占财政收入比重和所在村外出务工占村总人口比例这三个指标予以说明。由表11-2-4可知,调研的433份易地扶贫搬迁农户所在地的平均到乡镇政府的距离为4.592千米,其中宁都县、于都县、会昌县和上犹县调研农户所在地的平均到乡政府距离分别为4.411千米、6.202千米、4.131千米和3.553千米;调研农户所在村的第一产业占财政收入比重为57.265%,其中宁都县、于都县、会昌县和上犹县调研农户所在村的第一产业占财政收入比重分别为56.089%、58.484%、60.042%和53.885%;调研农户所在村外出务工占村总人口比例为0.41,其中宁都县、于都县、会昌县和上犹县调研农户所在村外出务工占村总人口比例分别为0.513、0.386、0.366和0.371。

表11-2-4　　　　　　　　　调研农户所在地的区域特征

地区/变量	农户样本量/份	到乡镇政府的距离/公里	所在村第一产业收入占财政比重/%	所在村外出务工占村总人口比例
宁都县	112	4.411	56.089	0.513
于都县	109	6.202	58.484	0.386
会昌县	108	4.131	60.042	0.366
上犹县	104	3.553	53.885	0.371
农户总体情况	433	4.592	57.265	0.410

(3) 调研农户的移民政策满意度

针对本研究重点关注的政策满意度问题,在问卷中设计的问题是"总体而言,您对该移民政策(易地扶贫搬迁政策)实施效果的满意程度如何?",要求被调查的农户在"非常不满意、较不满意、一般、较满意、非常满意"之间做出相应的选择。并按照满意程度由低到高分别赋值1~5的数值进行表达。表11-2-5和图11-2-1汇报了调研的433份农户的政策满意度情况以及4个不同县的农户政策满意度情况,调研农户的移民政策满意度为非常不满意的有3户,占比0.69%;移民政策满意度为较不满意的有34户,占比7.85%;移民政策满意度为一般的有204户,占比47.11%;移民政策满意度为较满意的有153户,占比35.33%;移民政策满意度为非常满意的有39户,占比9.01%。表明农户对于易地扶贫搬迁政策的满意度总体情况较一般,农户的政策满意度为较满意和非常满意的占比和仅为44.34%。

而按照4个不同县区的移民政策满意度来看,宁都县112份调研农户的移民政策满意度从"非常不满意"到"非常满意"的户数分别为0户、8户、38户、53户和13户,占比分别为0%、7.14%、33.93%、47.32%和11.61%,移民政策满意度为较满意和非常满意的占比和为58.93%;于都县109份调研农户的移民政策满意度从"非常不满意"到"非常满意"的户数分别为1户、19户、46户、25户和8户,占比分别为0.92%、17.43%、45.87%、27.52%和8.26%,移民政策满意度为较满意和非常满意的占比和为35.78%;会昌县108份调研农户的移民政策满意度从"非常不满意"到"非常满意"的户数分别为2户、5户、48户、44户和9户,占比分别为1.85%、4.63%、44.44%、40.74%和8.33%,移民政策满意度为较满意和非常满意的占比和为49.07%;上犹县104份调研农户的移民政策满意度从"非常不满意"到"非常满意"的户数分别为0户、2户、68户、26户和8户,占比分别为0%、1.92%、65.38%、25%和7.69%,移民政策满意度为较满意和非常满意的占比和为32.69%;表明4个县的调研农户对易地扶贫搬迁政策满意度在较满意及以上的比例之和由高到低排序为宁都县、会昌县、于都县和上犹县,且各县间农户移民政策满意度的差距较明显。

表11-2-5 调研农户的移民政策满意度情况

地区/变量	农户样本量	非常不满意	较不满意	一般	较满意	非常满意
总体	433	3	34	204	153	39
宁都县	112	0	8	38	53	13
于都县	109	1	19	50	30	9
会昌县	108	2	5	48	44	9
上犹县	104	0	2	68	26	8

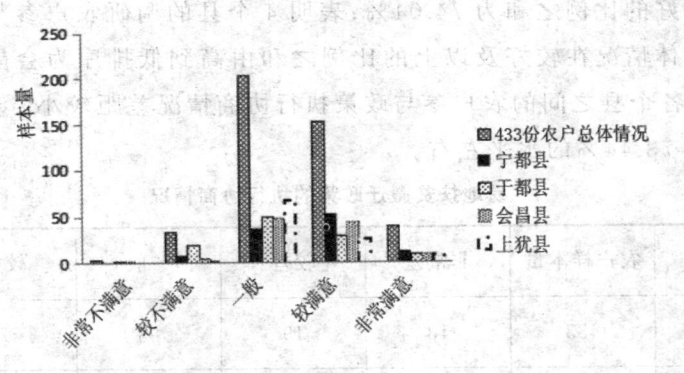

图11-2-1 调研农户的移民政策满意度情况

(4)易地扶贫搬迁政策的执行协商情况

问卷中对于量化"移民政策的执行协商"指标的问题设计是"您对于移民政策在制定实施过程中征集询问农户意见的工作完成情况如何评价?",要求被调查农户在"非常差、较差、一般、较好、非常好"之间做出相应的选择,并按照1~5的数值进行赋值。表11-2-6和图11-2-2汇报了调研的433份农户参与易地扶贫搬迁政策的执行协商情况,调研农户中认为易地扶贫搬迁政策的执行协商工作完成非常差的有13户,占比3%;认为易地扶贫搬迁政策的执行协商工作完成较差的有19户,占比4.39%;认为易地扶贫搬迁政策的执行协商工作完成一般的有83户,占比19.17%;认为易地扶贫搬迁政策的执行协商工作完成较好的有 271 户,占比 62.59%;认为易地扶贫搬迁政策的执行协商工作完成非常好的有 47 户,占比 10.85%。表明调研农户参与易地扶贫搬迁政策的执行协商的总体情况较好,易地扶贫搬迁政策执行协商情况在较好及非常好的比例之和达到 73.44%。

而按照 4 个不同县区移民政策的执行协商情况来看,宁都县 112 份调研农户参与易地扶贫搬迁政策的执行协商情况从"非常差"到"非常好"的户数分别为 9 户、1 户、23 户、65 户和 14 户,占比分别为 8.04%、0.89%、20.54%、58.04% 和 12.5%,易地扶贫搬迁政策执行协商情况在较好及非常好的比例之和为 70.54%;于都县 109 份调研农户参与易地扶贫搬迁政策的执行协商情况从"非常差"到"非常好"的户数分别为 2 户、8 户、21 户、62 户和 16 户,占比分别为 1.83%、7.34%、19.27%、56.88% 和 14.68%,易地扶贫搬迁政策执行协商情况在较好及非常好的比例之和为 71.56%;会昌县 108 份调研农户参与易地扶贫搬迁政策的执行协商情况从"非常差"到"非常好"的户数分别为 1 户、5 户、18 户、70 户和 14 户,占比分别为 0.93%、4.63%、16.67%、64.81% 和 12.96%,易地扶贫搬迁政策执行协商情况在较好及非常好的比例之和为 77.78%;上犹县 104 份调研农户参与易地扶贫搬迁政策的执行协商情况从"非常差"到"非常好"的户数分别为 1 户、5 户、21 户、74 户和 3 户,占比分别为 0.96%、4.81%、20.19%、71.15% 和 2.88%,易地扶贫搬迁政策执行协商情况在较好及非常好的比例之和为 74.04%;表明 4 个县的调研农户参与易地扶贫搬迁政策的执行协商总体情况在较好及以上的比例之和由高到低排序为会昌县、上犹县、于都县和宁都县,但各个县之间的农户参与政策执行协商情况差距较小,基本都维持在所有调研农户平均值 73.44% 的水平左右。

表 11-2-6　　　　　　易地扶贫搬迁政策的执行协商情况

地区/变量	农户样本量	非常差	较差	一般	较好	非常好
总体	433	13	19	83	271	47
宁都县	112	9	1	23	65	14
于都县	109	2	8	21	62	16
会昌县	108	1	5	18	70	14
上犹县	104	1	5	21	74	3

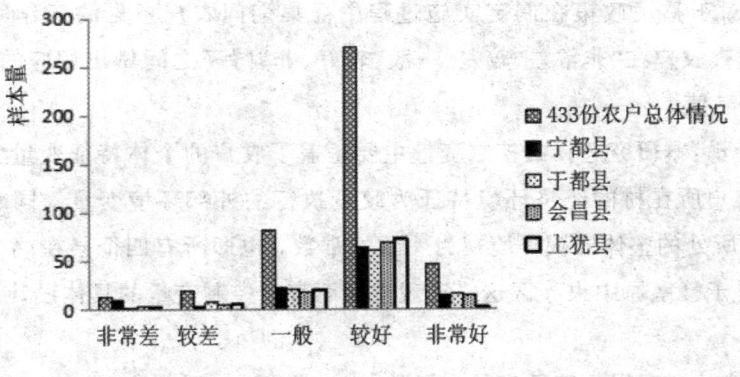

图 11-2-2 易地扶贫搬迁政策的执行协商情况

11.3 研究方法与变量选取

11.3.1 研究方法

本研究测度的被解释变量为"易地扶贫搬迁农户对于移民政策的满意度评价",研究中选择使用 1~5 的序数表达移民政策满意度从"非常不满意"至"非常满意",被解释变量属于多分类有序变量,因此本研究选择使用 Ordered Probit 模型进行回归分析。而本研究的自变量为易地扶贫搬迁移民政策的执行协商,同时还包括了农户个体特征变量与移民政策执行时的外部环境特征变量的若干个控制变量。

此外,还有部分学者在分析有序离散型变量为被解释变量的相关问题时选择使用了有序 Logit 模型方法进行估计分析,而 Ferreri-Carbonell(2004)研究论证不论选择的是有序 Probit 模型、有序 Logit 模型或者普通 OLS 模型,最终得到的回归系数符号及其显著性均是相同的。因此为了便于比较,本研究在实证结果中不仅汇报了使用有序 probit 模型的回归结果,还汇报了使用有序 Logit 模型和 OLS 模型的回归结果。

11.3.2 变量选取

被解释变量:移民农户的政策满意度。本研究在问卷中设计了如下问题"总体而言,您对该移民政策(易地扶贫搬迁政策)实施效果的满意程度如何?",要求被调查的农户在"非常不满意、较不满意、一般、较满意、非常满意"之间做出相应的选择。并按照满意程度由低到高分别用 1~5 的数值进行赋值。

核心解释变量:易地扶贫搬迁政策的执行协商指标。本研究参照已有研究中对这一指标问题的量化设计(吴比,2016;刘向南,2016),问卷中对于量化"移民政策的执行协商"指标的问题设计是"您对于移民政策在制定实施过程中征集询问农户意见的工作完成情况如何评价?",要求被调查农户在"非常差、较差、一般、较好、非常好"之间做出相应的选择,并按照1～5的数值进行赋值。

其他控制变量:本研究选择的控制变量主要涵盖了农户的个体特征变量为个体微观层面的变量和反映农户所在村的经济环境特征为政策执行的外部环境变量。同时研究中将所有433份调研农户所处的整体宏观环境视为一致的常数,也即所有四个县在同一时期所面临的整体环境均是对于赣南原中央苏区这一宏观整体而言。控制变量的具体设计从以下两个方面予以说明:

(1)农户个体的微观层面特征变量

主要涵盖了以下指标:性别特征。①男女社会地位在农村地区还无法做到完全平等,因此有关政策在执行协商过程中往往会因为性别的差异而区别对待,因此有必要在控制变量中引入性别变量。②年龄变量。年龄作为个体特征的重要变量之一,对于政策的执行协商会产生一定的影响,同时不同年龄段的农户对于政策满意度的评价标准也不一样。③文化程度。调研农户的文化程度能够影响农户参与政策执行协商的参与度和有效性,通常而言,文化程度越高的农户对于政策的理解能力越强,也更容易与政策执行者进行沟通交流。④农户家庭中的依赖人口比例。家庭中的依赖人口比例指的是家庭中小于16岁和大于70岁人数占家庭总人口的比例,该项指标值的增大表明农户所承担的家庭负担更重,进而使得移民家庭对于政策实施后的期望值较高,因此会影响到农户最终的政策满意度。⑤是否以农业为家庭经营主业。调研农户的家庭经营主业是否非农业也会对于农户的政策预期与政策满意度产生一定的影响,本研究未将不同经营主业进行分类,只是以"是否以农业为经营主业"进行二分类赋值。⑥个人家庭年总收入。政策制定执行的重要目标之一就是为了改善农民生活,提高农民收入。因此,经济收入的变化对于农户的政策满意度评价起着重要的影响作用。

(2)政策执行的外部环境变量

主要涵盖了以下指标:①所在村距离乡镇政府的距离。距离乡镇政府较近的村一般会在政策执行时具有更快的反应速度和更好的执行力,因此可能会有更优越的政策执行条件。②所在村的经济发展程度。该指标可以直观地为农户评价政策实施效果提供评价标准,因为政策实施所在村的经济发展程度比本县其他村的经济发展高,其农户的政策满意度可能会更高。③所在村的人均收入情况。该指标是农村经济发展水平的重要指标之一,对农户的政策满意度会产生一定的影响。④所在村的第一产业收入占村财政总收入的比重。该指标反映了农业产业对于本村财政收入的贡献程度,贡献度越高的地区农业产业依赖性越强,移民政策实施后的影响与改变可能更大,这也会造成农户的政策满意度的变化。⑤所在村的外出务工人员占村总人口的比例。该指标表示了农户所在村经济发展的人口基础,同时外出务工人员比例的变化也会对农户政策满意度评价产生改变。

具体的各个变量的度量标准和描述性统计如表11-3-1所示。

表 11-3-1　　　　　　　　变量定义和描述性统计

变量名	变量定义	最小值	最大值	均值
政策满意度	按照农户的回答：非常不满意＝1，较不满意＝2，一般＝3，较满意＝4，非常满意＝5	1	5	3.441
政策的执行协商	按照农户的移民政策参与度回答：非常差＝1，较差＝2，一般＝3，较好＝4，非常好＝5	1	5	3.739
性别	男＝1，女＝2	1	2	1.379
年龄	被调研农户的周岁年龄	19	77	45.106
文化程度	文盲＝1，小学＝2，初中＝3，高中＝4，大专及以上学历＝5	1	5	2.709
家庭依赖人口比例	家庭中年龄小于16周岁和大于70周岁人口占家庭总人口的比例	0	1	0.322
是否以农业为家庭经营主业	非农业为经营主业＝0，农业为经营主业＝1	0	1	0.711
家庭年总收入	调研农户的家庭年总收入实际值：0～19999＝1；20000～39999＝2；40000～59999＝3；60000～79999＝4；≥80000＝5	1	5	3.083
至乡镇政府的距离	农户所在村距离乡镇政府距离的公里数	1	28	4.592
村经济发展程度	调研农户所在村经济发展程度在其县所处的水平：下等＝1，中下等＝2，中等＝3，中上等＝4，上等＝5	1	4	2.718
村民人均收入	调研农户所在村的村民人均收入值	3180	8500	5544
村第一产业占财政收入比重	调研农户所在村的第一产业收入占村财政总收入的比重	0.25	0.85	0.573
村外出务工占总人口比例	调研农户所在村的外出务工人口占村总人口的比例	0.104	0.632	0.41

11.4 实证结果分析

11.4.1 回归结果

表 11-4-1 汇报了移民政策的执行协商对于农户政策满意度的回归结果，其中第(1)列和第(2)列采用的方法是有序 probit 模型估计，同时第(1)列未控制政策执行的外部环境变量。为

了与有序 probit 模型结果比较，在表 11-4-1 的第（3）列和第（4）列分别汇报了采用 OLS 模型和有序 Logit 模型的估计结果。表 11-4-2 则是利用有序 probit 模型估计结果测算的各个自变量对于因变量农户政策满意度的边际效果。根据表 11-4-1 的第（2）列有序 probit 模型显示结果，移民政策的执行协商变量在 5% 的显著性水平下正向影响着农户的政策满意度，表示当执行易地扶贫搬迁政策时征求移民农户的意见可显著性地提升农户对于移民政策的满意度。而分析移民政策的执行协商对于农户政策满意度的边际概念影响后发现，移民政策的执行协商完成度越高（从"非常差"—"较差"—"一般"—"较好"—"非常好"），可使得农户政策满意度为"非常不满意"的概率下降 0.2%；使农户政策满意度为"较不满意"的概率下降 2.1%；使农户政策满意度为"一般"的概率下降 4.3%；使农户政策满意度为"较满意"的概率上升 4.2%；使农户政策满意度为"非常满意"的概率上升 2.4%。移民政策的执行协商对农户政策满意度边际效果的结果反映出：农户参与移民政策的执行协商，可以降低农户政策满意度为"一般"和"不满意"的概率，同时还能提升农户政策满意度为"满意"的概率。

对于控制变量中农户个体的微观层面特征变量的回归结果显示，移民农户的性别、文化程度和家庭依赖人口比例对于农户政策满意度具有显著的影响。反映为性别为女的调研农户对于移民政策满意度评价更低，这可能是因为女性因长时间居住在农村地区，对于移民政策的参与感更强，导致其对政策的期望值可能会更高，因此对政策满意度的评价会低于男性；调研农户的文化程度指标的影响系数为负数，说明农户文化程度的提升使得农户对于移民政策满意度评价会降低，主要是因为文化程度高的农户对信息知识的掌握度更高，对于政策认知感也更强烈，所以文化程度越高的农户对于政策满意评价的标准也越高。因此移民政策在实施过程中对于文化程度高的农户要更加注重交流和沟通；调研农户的家庭依赖人口比例的增加会显著地提升农户政策满意度，这是因为易地扶贫搬迁政策主要是为了改善贫困深山区的农户长期积贫积弱的现象而实施的利民政策，因此对于家庭中小孩和老人人口较多的农户家庭，参与易地扶贫搬迁政策会改善其长期较差的生活条件，有利于小孩成长环境和老人养老环境的改善，因此家庭依赖人口比例高的农户对于移民政策满意度评价更高。且其边际效果反映为农户政策满意度为"非常不满意"的概率降低 1%，"较不满意"的概念降低 8.6%，"一般"的概率降低 17.9%，"较满意"的概率上升 17.5%，"非常满意"的概率上升 10%。

对于控制变量中政策执行的外部环境变量的回归结果显示，被调研农户所在村的经济发展程度对于农户政策满意度具有显著的正向影响，即所在村的经济发展程度越高，农户对于移民政策的满意度评价越好；调研农户所在村至乡镇政府的距离在 1% 的显著性水平下正向影响移民农户的政策满意度，正如 4.2 节变量选取中所述，距离乡镇政府距离越近的村对于政策反应速度越快，农户对于政策的认知度和参与度也会优于距离较远村的农户，故对政策期望值和满意标准会更高，因此移民政策在实施过程中更要注重加强与距离乡镇政府较近村的农户的沟通交流，提升地区政策的执行协商程度才能有利于提升农户的政策满意度。除此之外，调研农户所在村外出务工人口占总人口比例也显著地正向影响移民农户的政策满意度。

表 11-4-1　移民政策的执行协商与农户政策满意度的实证结果

自变量	有序 Probit(1)	有序 Probit(2)	OLS(3)	有序 Logit(4)
移民政策的执行协商	0.159**(0.065)	0.166**(0.067)	0.116**(0.046)	0.289**(0.114)
性别	−0.203(0.133)	−0.253*(0.135)	−0.173*(0.094)	−0.502**(0.238)
年龄	−0.005(0.005)	−0.002(0.005)	−0.001(0.004)	−0.005(0.01)
文化程度	−0.061(0.056)	−0.097*(0.057)	−0.068*(0.04)	−0.21**(0.102)
家庭依赖人口比例	0.505**(0.247)	0.697**(0.258)	0.482***(0.179)	1.205***(0.449)
经营主业是否农业	−0.105(0.12)	−0.107(0.125)	−0.077(0.087)	−0.161(0.218)
家庭年总收入	−0.027(0.05)	−0.009(0.051)	−0.008(0.036)	0.012(0.089)
至乡镇政府的距离	—	0.023***(0.009)	0.016***(0.006)	0.044***(0.016)
村经济发展程度	—	−0.182**(0.08)	−0.123**(0.055)	−0.364**(0.14)
村民人均收入	—	0.000(0.000)	0.000(0.000)	0.000(0.000)
村第一产业收入占比	—	0.004(0.002)	0.003(0.002)	0.008(0.004)
村外出务工人数占比	—	1.246**(0.471)	0.871**(0.328)	2.405***(0.833)
Log likelihood	−500.47	−485.31		−483.17
Prob > chi2	0.035	0.000	—	0.000
Pseudo R^2	0.015	0.045		0.049
R^2	—	—	0.099	—
Adj R^2	—	—	0.074	—
样本数	433	433	433	433

注：***、**、*分别表示在1%、5%和10%的统计显著水平上显著，回归系数对应的括号内为标准误。

表 11-4-2　移民政策的执行协商对农户政策满意度影响的边际效果

自变量	非常不满意	较不满意	一般	较满意	非常满意
移民政策的执行协商	−0.002*(0.002)	−0.021**(0.009)	−0.043**(0.018)	0.042**(0.017)	0.024**(0.01)
性别	0.004(0.003)	0.031*(0.017)	0.065*(0.035)	−0.064*(0.034)	−0.036*(0.02)
年龄	0.000(0.000)	0.000(0.001)	0.000(0.001)	−0.000(0.001)	0.000(0.001)
文化程度	0.001(0.001)	0.012*(0.007)	0.025*(0.015)	−0.024*(0.015)	−0.014(0.008)
家庭依赖人口比例	−0.01*(0.007)	−0.086***(0.034)	−0.179***(0.068)	0.175***(0.067)	0.01***(0.038)
经营主业是否农业	0.001(0.002)	0.013(0.015)	0.028(0.033)	−0.026(0.031)	−0.016(0.019)
家庭年总收入	0.000(0.001)	0.001(0.006)	0.002(0.013)	−0.002(0.013)	−0.001(0.007)

续表

自变量	非常不满意	较不满意	一般	较满意	非常满意
至乡镇政府的距离	0.000(0.000)	−0.003** (0.001)	−0.006** (0.002)	0.006*** (0.002)	0.003** (0.001)
村经济发展程度	0.003(0.002)	0.022** (0.01)	0.047** (0.021)	0.046** (0.02)	−0.026** (0.011)
村民人均收入	0.000(0.000)	0.000(0.000)	0.000(0.000)	0.000(0.000)	0.000(0.000)
村第一产业收入占比	0.000(0.000)	0.000(0.000)	−0.001(0.001)	0.001(0.001)	0.001(0.000)
村外出务工人数占比	−0.018 (0.012)	−0.154** (0.061)	−0.319*** (0.124)	0.313** (0.122)	0.178*** (0.069)

注：***、**、*分别表示在1%、5%和10%的统计显著水平上显著，回归系数对应的括号内为标准误。

11.4.2 移民政策的执行协商与农户政策满意度内生性问题的讨论

前文的基本回归结果表明移民政策的执行协商有利于提升农户的政策满意度。但已有学者指出政策的执行协商与农户的政策满意度之间可能存在内生性问题（吴比，2016）：一是因为方程存在联立性偏误问题，即移民政策在具体的落实执行过程中，村干部等具体的移民政策执行人可能会偏向于选择征求询问政策满意度评价较高农户的意见，同时对于政策满意度评价较低农户的意见会置若罔闻，甚至在政策的执行协商过程中不愿意去征求这部分农户的意见，因此二者间存在着双向因果关系。二是调研农户数据的测量误差，因为不论是对移民政策的执行协商测量还是农户的政策满意度评价都属于主观自评量表方法，数据本身之间可能存在测量误差。三是遗漏了部分自变量。这些问题使得移民政策的执行协商与农户的政策满意度二者间可能存在内生性问题，因此认为11−4−1中有序Probit模型的回归结果为有偏性而非一致性的。

为了解决二者间存在的内生性问题，计量经济学中常用的方法是工具变量法，即寻找一个与因变量"移民农户的政策满意度"无关却又与内生自变量"移民政策的执行协商"相关的外生变量，同时还需与模型的随机扰动项无关。但值得注意的是，由于本研究中的被解释变量和关键解释变量均为离散数据，此时若用两阶段最小二乘法（2SLS）则无法有效解决模型中的内生性问题（Angrist，2001）。针对该问题，学术界研究发现使用双变量有序Probit模型可以有效解决模型中解释变量和被解释变量均为离散变量时的内生性问题（Sajaia，2008；Russo，2012），因此本研究在合理选取工具变量的前提下，使用双变量有序Probit模型解决移民政策的执行协商与农户政策满意度之间的内生性问题。

在已有研究中，吴比（2016）研究使用了"村干部实际人数"作为政策执行协商的工具变量，他认为"村干部的人数"是衡量村级行政能力和政策执行能力的重要指标，同时农户的政策满意度又不受村干部的实际人数控制,所以选取了该外生变量作为政策执行协商的工具变量。但本研究认为,由于"村干部的实际人数"在调研农户的村级层面均为相同的指标,无法很好地反映每个调研农户的个体差别,在替代不同农户的政策执行协商参与度上不具有完整的代表性,且该指标受不同村的规模大小以及政策导向的影响较大。因此,本研究选择的工具变量是调研农户的"对村干部的信赖程度",因为每一个被调研的农户"对村干部的信赖程度"有各自的看法,可以体现出调研农户的个体差异性,同时农户对于村干部信赖程度越高,在移民政策的制定执行过程中若有意见想法会更愿意主动进行协商交流,村干部在执行协商过程中工作开展也更加流畅。而"对村干部的信赖程度"并不会影响农户的政策满意度,这是因为农户对于政策满意度的评价工作主要是受政策实施后其生活状况的改善结果影响,或许"对村干部的信赖程度"越高的农户一旦发现政策实施效果未达到其预期标准,可能政策满意度会更低于"对村干部信赖程度"低的农户,因此我们认为该指标是外生的,符合工具变量的相关要求。本研究对该指标的设计为"对村干部的信赖程度"由"非常低""较低""一般""较高""非常高"分别赋值1～5进行表达。

表11－4－3汇报了双变量有序Probit模型的检验结果,内生性检验辅助参数的估计系数在10%的显著性水平下显著,拒绝了移民政策的执行协商为外生变量的原假设,说明了该指标是内生变量。从表11－4－3的检验结果可知,"对村干部的信赖程度"在1%的显著性水平下正向影响着移民政策的执行协商,与前文的假设分析相一致。同时,在引入"对村干部的信赖程度"作为"移民政策的执行协商"的工具变量后,"移民政策的执行协商"变量依然在5%的显著性水平下正向影响着农户的政策满意度,但其估计系数由原来0.17上升至0.229。除此之外,其他控制变量的显著性和回归系数符号均未发生变化,仅在估计系数上有细微变动。因此,在控制了移民政策的执行协商与农户的政策满意度二者间内生性问题后,依然可以得出结论:移民政策的执行协商显著地正向影响农户的政策满意度。

表11－4－3 移民政策的执行协商与农户的政策满意度:双变量有序probit模型结果

解释变量	工具变量:对村干部的信赖程度	
	农户的移民政策满意度	移民政策的执行协商
移民政策的执行协商	0.229** (0.103)	—
农户个体的微观层面变量	已控制	未控制
政策执行的外部环境变量	已控制	未控制
对村干部的信赖程度	—	0.840*** (0.112)
$athp$	0.107* (0.063)	
Wald检验		
chi2(1)	2.94	
Prob > chi2	0.087	
样本数	433	

注:***、**、*分别表示在1%、5%和10%的统计显著水平上显著,回归系数对应的括号内为标准误。

11.4.3 稳健性检验

为保证研究结论的可靠性，本研究采用的稳健性检验方法是将调研的 433 份易地扶贫搬迁农户按照四个不同样本县进行分组回归，并对每个县分别计算出采用有序 Probit 模型的回归结果和引入工具变量后采用的双变量有序 Probit 模型的回归结果，以检验解释变量的显著性和回归系数符号是否会发生改变。表 11-4-4 汇报了稳健性检验的结果，在使用有序 Probit 模型进行各个县的分样本估计时，宁都县、于都县和会昌县的移民政策执行协商指标均显著地正向影响农户的政策满意度，只有上犹县的回归结果不显著。而在使用双变量有序 Probit 模型进行各个县的分样本估计时，宁都县和会昌县的样本农户通过了内生性检验并且回归结果依旧是移民政策执行协商指标均显著地正向影响农户的政策满意度。由上述检验结果表明，不论是分样本估计还是使用不同模型方法进行估计，回归结果基本与上文一致，均反映出移民政策的执行协商能够显著性地正向提升农户的政策满意度，说明本研究结论较为稳健。

表 11-4-4 稳健性检验结果

解释变量	宁都县		于都县		会昌县		上犹县	
	有序 probit	双变量有序 probit	有序 probit	双变量有序 probit	有序 probit	双变量有序 probit	有序 probit	双变量有序 probit
移民政策的执行协商	0.192* (0.119)	0.062 (0.129)	0.204* (0.138)	0.209* (0.122)	0.350** (0.178)	0.472*** (0.140)	−0.05 (0.206)	0.096 (0.182)
农户个体的微观层面变量	控制	控制	控制	控制	控制	控制	控制	控制
政策执行的外部环境变量	控制	控制	控制	控制	控制	控制	控制	控制
$athp$	—	0.384*** (0.143)	—	0.147 (0.128)	—	0.141* (0.129)	—	−0.101 (0.142)
Pseudo	0.127	—	0.161	—	0.101	—	0.164	—
样本数	112		109		108		104	

注：***、**、* 分别表示在 1%、5% 和 10% 的统计显著水平上显著，回归系数对应的括号内为标准误。

11.4.4 实证结论

运用有序 Probit 模型进行实证分析后的研究结果表明，移民政策的执行协商在 5% 的显著性水平下正向影响着农户的政策满意度，说明了当执行易地扶贫搬迁政策时征求移民农户的意见可以显著性地提升农户对于移民政策的满意度。同时，在分析移民政策的执行协商对于农户政策满意度的边际概念影响后发现，移民政策的执行协商完成度越高（从"非常差"—"较差"—"一般"—"较好"—"非常好"），可使得农户政策满意度为"非常不满意"的概率下降 0.2%、"较不满意"的概率下降 2.1%、"一般"的概率下降 4.4%、"较满意"的概率上升 4.3%、

"非常满意"的概率上升 2.4%。这一结果同样反映出：农户参与移民政策的执行协商，不仅可以降低农户政策满意度为"一般"和"不满意"的概率，同时还能提升农户政策满意度为"满意"的概率。而考虑到移民政策的执行协商与农户政策满意度间存在内生性问题后，本研究通过选取"对村干部的信赖程度"为工具变量，再运用双变量有序 probit 模型进行回归估计，计量回归的结果同样支持上述论断，并且移民政策的执行协商的回归系数从 0.17 上升至 0.229。本研究还将所有 443 份农户数据进行了分地区（4 个样本县）的有序 probit 模型估计和双变量有序 probit 模型估计，回归结果也基本与上述结论保持一致，基本都反映出移民政策的执行协商能够显著性地正向提升农户的政策满意度，通过了对于计量回归结果的稳健性检验。

除了移民政策的执行协商这一核心解释变量之外，值得提出的还有控制变量中的"农户的文化程度"对于移民政策的满意度评价影响显著为负，说明移民政策在制定和执行过程中，对于文化程度较高的农户更要注重加强沟通交流，农户的知识层面越宽、见识度越广，其对政策满意评价的标准可能会更高，因此需要重点加强与这部分农户的政策协商交流。"家庭依赖人口比例"对于农户的政策满意度评价为显著的正向影响作用，原因是家庭依赖人口比例高的农户由于小孩和老人较多，因此更为迫切地希望能够改善其生活环境，易地扶贫搬迁政策就是一项旨在帮助贫困农户远离生活环境恶劣的偏远山区，提升其生活质量，因此村干部在执行易地扶贫搬迁政策过程中要重点关注小孩和老人人口比例高的家庭，帮助他们顺利完成扶贫搬迁工作。"农户所在村的经济发展程度"也是显著地正向影响移民农户的政策满意度，因此需要大力发展农村地区的经济，提高农户的生活水平，才能真正有效地实现移民政策的扶贫目标并提升农户的政策满意度。

11.5 研究结论与政策建议

11.5.1 研究结论

首先，本研究对赣南原中央苏区 433 户易地扶贫搬迁农户进行实地调研后发现，调研农户的移民政策满意度为较满意和非常满意的占比和仅为 44.34%。表明赣南原中央苏区的易地扶贫搬迁农户对于易地扶贫搬迁政策的满意度总体情况较一般，因此政府今后在对赣南原中央苏区的农户开展扶贫搬迁工作时，需要注重满足农户的切身需求，在制定移民政策前需要大量调研征集农户的个人意见，争取制定符合农户自身需求的有效政策，改善政策实施效果并提升农户的政策满意度；此外，根据调研数据结果显示，农户参与易地扶贫搬迁政策的执行协商在较好及非常好的比例达到了 73.44%，表明调研农户参与易地扶贫搬迁政策的执行协商的总体情况较好，但仍然存在着较大的进步空间，因为政策的执行协商理应顾及到村里的家家户户，村干部在执行重要的政策时应对所有参与农户进行意见交流和征集，只有工作做到百分之百，才能更好地提升政策的实施效果和农户的政策满意度。

其次,对数据进行分样本县估计后发现农户对易地扶贫搬迁政策满意度评价由高到低排序为宁都县、会昌县、于都县和上犹县,且各县间农户移民政策满意度的差距较明显;各县调研农户参与易地扶贫搬迁政策的执行协商总体情况由高到低排序依次为会昌县、上犹县、于都县和宁都县,但各县间的农户参与政策执行协商情况差距较小,基本都维持在所有调研农户73.44%的平均水平左右。

最后,在实证分析部分,本研究首先运用有序 Probit 模型回归估计移民政策的执行协商与农户的政策满意度之间的关系,之后在考虑了二者间可能存在的内生性问题后,通过选择"对村干部的信赖程度"作为工具变量,运用双变量有序 Probit 模型进行回归估计,研究表明,移民政策的执行协商能够显著地正向影响农户的政策满意度,且研究结论通过了稳健性检验。研究结果发现,完善贫困地区的基层协商民主制度,扩大移民农户参与易地扶贫搬迁政策的执行协商力度,能够更加有效地实现政策扶贫目标,提升农户的政策满意度。

11.5.2 政策建议

本研究对赣南原中央苏区易地扶贫搬迁农户的调研数据进行实证分析后得出的主要结论是"移民政策的执行协商可以显著提升农户的政策满意度",其政策启示在于向政府部门的政策制定者和执行者反映在实施生态移民政策过程中,应多多加强与农户的沟通与交流,尽可能地收集农户对于政策的真实需求和相关建议,这样才能有效保证移民政策的实施效果,缓解或者消除政策在执行过程中的农村基层矛盾突出等问题,提升农户对于移民政策的满意度。此外,对于家庭依赖人口比例高的农户应优先重点地解决其对于扶贫搬迁的更为迫切的需求。还需要大力发展乡村经济,提升农户所在村的生活居住环境。尽管农户的文化程度与政策满意度是负向作用的关系,我们仍然应当大力倡导提升农民的受教育程度,提高农户的文化知识水平,农民的文化程度提高后对于政策满意度评价标准的提升从侧面而言也是执政者提升执政能力的"好机遇",只有政策制定者和执行者真正能够妥善应对农民对于移民政策的高标准和严要求后,才能更好地保证移民扶贫工作的实施效果,尽快实现贫困人口的精准扶贫、精准脱贫的终极目标。具体来说,可以从以下几个方面提升移民政策执行协商的有效性:

(1) 加强移民政策的宣传力度,提升农户对移民政策的认知度

生态移民政策是由政府主导的一项利民扶贫工程,在制定和执行移民政策前政府部门应加大宣传力度,向农民普及有关生态移民政策的相关法律法规和基本知识,让移民农户清楚移民搬迁的原因、移民迁入地的实际情况、政府所提供的生活保障以及农民自身需要做出哪些努力,只有切实地提升农户对生态移民政策的认知度,才能减少移民农户由于对生态移民政策的知识匮乏而导致的矛盾和政策抱怨。

(2) 加强行政和司法监督,提升移民政策执行协商的有效性

生态移民政策对于普通农民而言意味着改变长期已有的生活环境,重新投入到新的环境中,这对移民农户而言是一项重要的家庭决策,因此在制定执行有关政策前,应给予移民农户充分参与政策协商讨论的权利,使其有机会合理地表达自身利益诉求。而针对每个村的具体情况可以是鼓励移民农户参与所在村的村民大会进行讨论,尤其是对于移民中涉及的补偿金额、政府保障的内容应重点采纳移民农户的意见。同时还要加大对村干部的行政监督和司法监督,避免村干部在执行政策过程中贪污腐败,对于移民农户的补偿资金、实物补贴和其他有关保障等应落到实处,确保农户在移民过程中得到足够的补贴。并且纪检部门也要介入移民补偿工作,严查生态移民过程中的违法违纪行为,对于触犯法律法规的有关人员应严格追究其责任并移送有关司法部门处理。除此之外,还应保障政策执行协商后的落实效果,使得执行协商内容切实地落到实处,而不是口头性质的无效承诺,做到切实提升移民政策执行协商的有效性。

(3)提升政府工作效率,树立良好的干部形象

为帮助类似于赣南原中央苏区这样的贫困老区农民早日脱贫致富,实施生态移民工程是一项关键的且行之有效的政策。由于政府在移民扶贫过程中起着主导作用,因此政策的执行部门应提升其工作效率,加强执政队伍中的基层干部作风建设工作,提升村干部的整体素质,树立良好的工作形象,增强农民对于干部的信任度才能切实帮助移民农户在政策执行时更好地与执行干部进行沟通交流,表达自身的真实诉求。

(4)努力提升移民农户的文化教育程度

贫困地区的农民文化水平普遍不高,因此需要重视农户受教育程度的提升。对于生态移民政策的农户而言,其自身文化素质的提高,可以更好地反映为对移民政策知识掌握的提升,也能更加精确地反映出农户对于移民政策的合理要求,尽管对于移民政策的满意度会有所提升,但这也要求移民政策的制定执行部门需要制定出更加完善的并且更加符合各个村实际情况的生态移民政策。

(5)加快移民落户村的经济发展速度,提升农民生活的外部环境质量

移民落户村的经济发展程度能够很大程度地影响农户的政策满意度,因此对于移民落户村的经济建设就显得至关重要,改善移民安置区的外部环境、提升移民落户村的生活舒适度可以从移民落户村的基础设施建设中进行改善。例如加强移民安置区的精神文化建设,积极开展各类农村文体活动,加强移民和原住民的交流;严格监督移民安置区的工程建设质量,并在安置区合理修建公共厕所、改善移民安置区的下水道等措施,切实提升农民生活的外部环境质量。

第 12 章

区域脱贫成效研究

农业是我国国民经济发展的基础产业,"中央一号"文件多年来一直聚焦着农业产业的发展和农民生活质量的提高,2016年的"中央一号"文件更是提出要积极推进农业供给侧结构性改革,加快农业发展方式的转变,从而达到保持农业产业的稳定有序发展和农民收入的持续增长;也要求各级政府要大力推进农业现代化发展水平,促进现代种植业进一步发展;在农业规模生产上要努力推广农田水利和高标准农田建设;同时加快农民市民化进程的推进和农村劳动力不断向外转移,完善土地流转制度并深化农村土地改革。但由于农业生产的周期较其他产业而言相对较长,且受自然气候影响较大,生产风险一直存在。同时,由于农产品自身具有较低的需求弹性特质,使得"谷贱伤农"等现象长期存在着,因此农业一方面是国民基础产业,另一方面却也是风险产业,故在发展农业时需要较多地对其进行资金支持和政策扶持,而农民增收更是农业产业发展中的重要问题。中国经济未来将仍处于不断增长的发展趋势,但政府仍在积极调整着产业结构,农业也要更加适应"新常态"发展,在这样一个深化改革的关键期,农业产业的发展面临着更大的挑战,农民收入的增长也会受到更大的影响。在此背景下,通过研究分析农民纯收入的现状特征以及影响农民收入的因素变化,对于稳步提升农民纯收入有着重要的现实意义。

江西省作为我国重要的粮食产量大省,农业在经济发展中的地位更加重要。截至2016年,江西省粮食产量已经实现了"十二连增"的重大突破,2016年江西省粮食播种面积为3686.2千公顷,单位面积产量为5800.3千克/公顷,粮食总产量达到了2138.1万吨,为我国的粮食供给和安全发展作出了巨大的贡献。这也有利于保持江西省农民纯收入处于不断上升的趋势,但是持续上升的农民人均纯收入是否就可以代表江西省农民生活条件质量的大幅提高呢?城镇化进程的推进过程中城市居民和农村居民的收入差距、生活质量和发展机遇等一系列问题在不断加重,农民作为社会上地位"相对较低"的群体,仅仅只依靠当前的收入增长率是否能够真正意义上衔接上现代社会的发展速度和不断上升的生活水平?通过何种手段和哪些因素能够有效地提升农民纯收入？而江西省又属于革命老区根据地，从革命战争时期就为新中国的成立和发展作出了巨大的贡献，但是目前仍有许多山区的农民处于贫困线之下，革命老区的贫困现象依然严重，帮助他们精准脱贫，了解江西省农民收入增长的现状并找出有利于提升农民收入增长的措施对策，都是当前江西省发展过程中所急需解决的难题。

江西省农业产业的发展在所有产业经济发展中占据着基础地位，而江西省农村人口占人口总数的一半之多，农民纯收入的变化反映着江西省整体经济发展状况。目前党中央高度重视"精准脱贫"工作，要求各级政府努力提高农民收入，改善农民生活质量，减少贫困人口是江西省长期以来必须重视和完成的工作。本文首先通过描述性统计分析方法分析近20年来江西省农民收入变化状况，了解江西省农民收入整体变化趋势、收入结构变动、城乡居民收入差距变化和省内各地市农民收入发展水平，后运用主成分回归分析法定量地分析影响江西省农民收入变动的影响因素作用方向和大小，已达到为如何有效地提升江西省农民收入提供科学的指导意见和方法。

本部分通过对农民收入相关问题的文献综述分析了解了当前我国经济发展过程中主要关心的农民扶贫绩效，随后就江西省农民收入1993—2016年的变动情况进行了描述性分析，定性地分析了在近20年来江西省农民增收工作中主要所处的发展阶段，以及各阶段中存在哪些问题或是优秀的发展经验，最后以科学的计量分析方法，定量分析出江西省农民收入的影响因素及其作用程度，然后有针对性地就相关结论给出相应的措施建议，为江西省农民增收工作的有序开展提供一定的决策参考，具有较强的现实意义。

12.1 江西省区域扶贫成效及其驱动力研究

12.1.1 农民收入基本现状分析

江西省作为我国重要的粮食产出大省之一，农业产业的发展在我国占有重要的地位。自从实施改革开放政策以来，农业产业的市场在不断扩大，农村生产力也在迅速提高。而家庭联产承包责任制的实施，使得农民生产积极性不断提升，更加有利于江西省农业产业的发展并促进了江西省农民收入的增长。随着我国城镇化进程的推进，江西省农民人均纯收入不仅在经济收入总量上发生变化，其收入结构也在不断地丰富发展，但城镇化带来的还有城乡收入分配不均和地区收入分配不均等问题，因此研究江西省近二十年来农民人均纯收入的变动情况、收入来源结构变化情况、城乡居民收入差距变动情况和地区间农民收入差距这一系列现实问题，能够帮助我们更好地认识江西省经济发展过程中农业产业经济所处的发展阶段和面临的相关难题。本节从上述4个方面分析江西省农民收入现状，有利于更准确地认识江西省农村发展现状，并就相关问题提出建议和对策。

(1)江西省农民人均纯收入总体情况及变化趋势分析

我国自 1978 年实施改革开放政策以来,江西省农民人均纯收入总体上呈不断上升趋势,除 1997—1998 年农民人均纯收入由 2107 元下降至 2048 元,减少了 59 元之外,其余年份均为增长趋势。根据图 12-1-1,1993 年江西省农民人均纯收入为 869.81 元,而 2016 年的江西省农民人均纯收入已经上升到 12137.72 元,农民人均纯收入的上升幅度达到 11267.91 元,2016 年较 1993 年的农民人均纯收入增加了 13.95 倍。

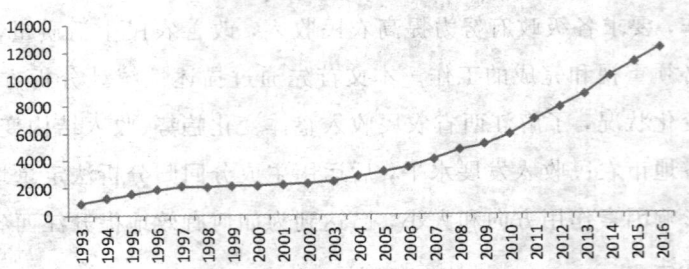

图 12-1-1　1993—2016 年江西省农民人均纯收入(元)变化趋势图

数据来源:1994—2017 年《中国农村统计年鉴》。

而要判断江西省农民人均纯收入的变动规律,仅凭图 12-1-1 的折线图不能很好地反映出近 20 年来的波动变化状况。因此,再做出江西省 1993—2016 年的农民人均纯收入的增长(或减少)率趋势图(如图 12-1-2),能够为我们分析 20 年来江西省农民人均纯收入的增减变化幅度和阶段性分析提供更加直观的依据。

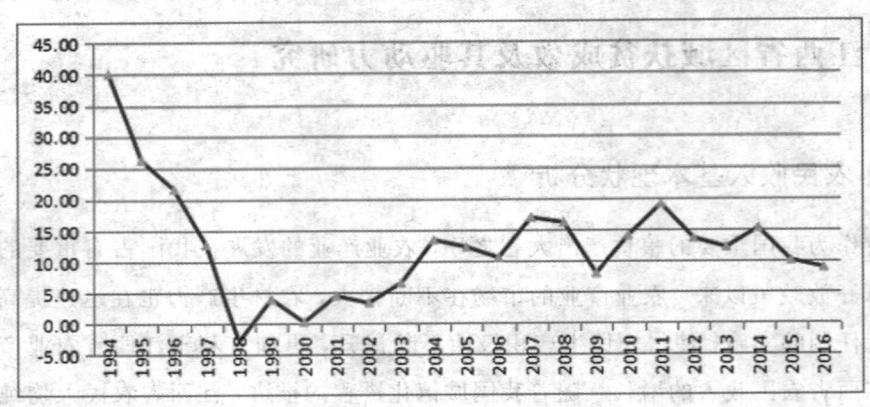

图 12-1-2　1994—2016 年江西省农民人均纯收入变化率(%)

数据来源:1994—2017 年《中国农村统计年鉴》。

依据图 12-1-2,能够发现在江西省近 20 年的发展过程中,农民人均纯收入变化情况大致可以分为三个阶段,不同的阶段的农民人均纯收入变化反映不出不同的特点。

增长率的持续下降期:该阶段的年份为 1993—1997 年,特点为该阶段农民人均纯收入呈不断上升趋势,由 1993 年的人均纯收入 869.81 元上升至 1997 年的 2107.28 元,上升幅度较大且每年的增长率均在 10% 以上,但农民人均纯收入的增长率呈下降趋势,由 1994 年的 40.05% 的增长率下降至 1997 年的 12.71%。一方面,分析该阶段农民人均纯收入上升的主要原因为:我国从 1992 起开始逐步实施社会主义市场经济体制改革,改变了自新中国成立以来长期实施的计划经济体制。同时以公有制为主体,多种所有制经济共同发展的模式能够极大地提高农民生产积极性和生产效率。而且江西省本就属于粮食产量大省,农业基础较好,能够更好更快地适应市场经济体制改革带来的变化,使得江西省农民农作物生产面积不断提高,粮食生产产量不断提升。在 1993—1997 年这一阶段,更多的农民受经济改革和政策激励的影响选择独自承包土地并加入农业专业合作社,使得农民收入迅速增长。与此同时,政府多次采取相关措施提高农产品的收购价格,更为农民人均纯收入的增加起到积极作用。另一方面,分析该阶段农民纯收入增长率下降的主要原因是:1993 年的农民人均纯收入基准值较低,固在初始阶段收入上升空间大且成效显著,1993—1997 年间每年的农民人均纯收入均为 230~350 元,但因基准值的不同故增长率会出现放缓趋势。同时,随着该阶段农业生产资料价格的上升和农民消费水平的提高,也会使得农民人均纯收入增长率放缓。

增长率的波动低水平上升期:该阶段的年份为 1998—2003 年,特点是农民人均纯收入首次出现下降趋势(1998 年较 1997 年下降了 59.28 元),并在之后始终维持着较低的增长率(所有年份均未超过 7% 的增长率)缓慢发展,江西省 2003 年的农民人均纯收入 2457.53 元较 1998 年的 2048 元一共只上升了 409.53 元。分析认为江西省部分地区受 1998 年长江流域百年一遇的洪涝灾害影响,农户生产粮田受到较大影响,农业生产设施也遭到一定破坏,使得 1998 年及之后几年内的农民人均纯收入受到负面影响。但该时期农民人均纯收入总体上仍处在不断上升趋势,一方面是因为农业生产资料的价格逐渐下降,同时江西省政府对农业产业的发展给予了更多的资金和政策上的支持,政府财政上的农业支出比例均为 10% 以上。

增长率的波动高水平上升期:该阶段的年份为 2004—2016 年,特点是农民人均纯收入增长率开始回升,除 2009 年 8.04% 的增长率之外,其余年份均保持在 10% 以上的增长率,上升幅度大,农民人均纯收入由 2004 年的 2786.78 元上升至 2013 年的 8781.5 元。分析该阶段特点的主要原因有:我国政府进一步加大了对农业产业发展的帮扶力度,并逐步免除农业各项税收至中央政府于 2006 年取消了农业税,通过采取切实可行的手段改善农业产业结构,提高农业生产效率,促进农民增收和农村发展。并对农民种粮基于直接的资金补助,努力保证生产资料的价格处于合理稳定的水平,对农民在生产过程中购买大型农机具给予一定的资金补贴。而江西省同样在逐年增大财政农业支出,保证农业产业作为第一产业的重要发展地位,积极推进农民纯收入增加工作。

表 12-1-1   1993—2016 年江西省农民人均纯收入的各单项收入额   （元）

年份	农民人均纯收入	工资性收入	家庭经营纯收入	财产性收入	转移性收入
1993	869.81	169.49	662.64	34.22	3.46
1994	1218.19	252.38	915.94	37.1	12.77
1995	1537.36	319.69	1161.46	41.69	14.52
1996	1869.63	409.23	1395.7	53.47	11.23
1997	2107.28	461.71	1570.4	58.94	16.22
1998	2048	505.44	1436.08	88.02	18.46
1999	2129.45	614.98	1396.65	98.57	19.25
2000	2135.3	744.47	1319.94	52.09	18.8
2001	2231.60	805.09	1353.20	21.33	51.97
2002	2306.45	927.35	1302.62	20.65	55.83
2003	2457.53	1022.14	1357.37	28.93	49.09
2004	2786.78	1017.51	1670.18	24.48	74.60
2005	3128.89	1227.94	1786.41	25.78	88.76
2006	3459.53	1441.34	1863.50	35.13	119.57
2007	4044.7	1611.5	2212.7	56	164.6
2008	4697.2	1842.4	2552.6	66.6	235.7
2009	5075	2019	2685.3	80.4	290.3
2010	5788.6	2394.6	2919.4	100.2	374.3
2011	6891.6	2994.5	3421.4	111.5	364.2
2012	7829.4	3532.7	3742.4	120.9	433.4
2013	8781.5	4422.1	3683.8	191	484.6
2014	10116.58	3937.44	4106.54	153.27	1919.33
2015	11139.08	4393.04	4431.28	184.55	2130.2
2016	12137.72	4954.66	4692.3	204.37	2286.39

数据来源：1994—2017 年《中国农村统计年鉴》。

（2）江西省农民人均纯收入的结构变化

参考国家统计局对农民人均纯收入的不同来源划分，农民人均纯收入主要由工资性收入、家庭经营纯收入、财产性收入和转移性收入四个方面构成。通过分析不同收入来源下的江西省农民人均纯收入，可以更好地发现近 20 年来江西省农民收入结构的变动情况，而掌握了农民收入结构的变化规律有利于采取相关措施调整农业产业结构，对于提高农业生产效率和促进农民纯收入的增加有着积极作用。本小节部分基于江西省农民人均纯收入结构变化出发，观测江西省在近20年中农民收入结构变化规律并找出收入结构变化的原因，从而为促进江西省农民收入结构合理调整和相关政策的制定提供科学的依据。

表12-1-2　　　1993—2016年江西省农民人均纯收入的各单项收入额占比　　　　　（％）

年份	工资性收入占比	家庭经营纯收入占比	财产性收入占比	转移性收入占比	（工资+家庭经营）收入和占比	（财产+转移）收入和占比
1993	19.49	76.18	3.93	0.40	95.67	4.33
1994	20.72	75.19	3.05	1.05	95.91	4.09
1995	20.79	75.55	2.71	0.94	96.34	3.66
1996	21.89	74.65	2.86	0.60	96.54	3.46
1997	21.91	74.52	2.80	0.77	96.43	3.57
1998	24.68	70.12	4.30	0.90	94.80	5.20
1999	28.88	65.59	4.63	0.90	94.47	5.53
2000	34.86	61.82	2.44	0.88	96.68	3.32
2001	36.08	60.64	0.96	2.33	96.71	3.28
2002	40.21	56.48	0.90	2.42	96.68	3.32
2003	41.59	55.23	1.18	2.00	96.83	3.17
2004	36.51	59.93	0.88	2.68	96.44	3.56
2005	39.25	57.09	0.82	2.84	96.34	3.66
2006	41.66	53.87	1.02	3.46	95.53	4.47
2007	39.84	54.71	1.38	4.07	94.55	5.45
2008	39.22	54.34	1.42	5.02	93.57	6.44
2009	39.78	52.91	1.58	5.72	92.70	7.30
2010	41.37	50.43	1.73	6.47	91.80	8.20
2011	43.45	49.65	1.62	5.28	93.10	6.90
2012	45.12	47.80	1.54	5.54	92.92	7.08
2013	50.36	41.95	2.18	5.52	92.31	7.69
2014	38.92	40.59	1.52	18.97	79.51	20.49
2015	39.44	39.78	1.66	19.12	79.22	20.78
2016	40.82	38.66	1.68	18.84	79.48	20.52

数据来源：1994—2017年《中国农村统计年鉴》。

如表12-1-1和表12-1-2所示：①近20年来，江西省农民人均纯收入中占据主要比重的是工资性收入和家庭经营纯收入，二者共同为农民人均纯收入贡献了90％以上的占比，而财产性收入和转移性收入仅占不足10％的贡献率。②四类收入中，家庭经营纯收入在农民人均纯收入中除2013年和2016年外,均为第1位占比。但随着时间的发展,家庭经营纯收入的比重不断下降,由1993年的76.81%下降至2016年的38.66%,而工资性收入所占比重有所上升,由1993年的19.49%上升至2013年的50.36%,并于2013年超过家庭经营收入,成为江西省农民人均纯收入的最大来源,但2014年至2016年有所下降,但占比依旧较大。说明随着改革开放进程的迅速推进,我国城市化进程加快,对我国城乡二元经济体制的冲击效应较大,使得农民外出务工的比例不断上升,农村劳动力不断向城镇方向转移,这也使得农民的家庭经营纯收入在逐渐下降,而工资性收入在不断上升。③财产性收入和转移性收入的比重尽管占农民人均纯收入的比重较小,但近20年来仍处于不断上升趋势。二者的占比由1993年的4.33%上升至2013年的7.69%,其中转移性收入由1993年的0.40%上升至2016年的18.84%。这也说明江西省农民收入结构在不断丰富,已经不仅仅只受家庭经营收入和工资收入影响,农民的创收意识和创收渠道在不断完善,这也有利于江西省农民人均纯收入不断增长,使得江西省农民人均纯收入结构也在向多元化方向发展。

(3) 江西省城乡居民收入差距的比较分析

我国在改革开放之前的人均生活水平城乡差距并非特别大,但由于实施改革开放政策后,经济迅速发展的过程中必然会在一定程度上使城乡居民收入差距不断上升,这也成为我国城镇化发展进程中必须重视和解决的问题。从农村居民角度上思考这一问题,农村居民对城乡居民收入差距的关注也反映了因收入差距而产生的自卑心理以及对社会公平性的一定程度上的质疑。而从我国经济发展的长远角度来看,城镇化进程中的城乡差距问题是当前我国必须面对的问题,因为城乡差距的产生本质上是由于经济不断运行发展的产物,而且与经济发展效率息息相关,若不重视这一问题,最终有可能导致城乡差距不断地向恶化方向发展,进而影响到整个社会的稳定发展。当今世界就有许多国家因为城乡居民收入差距不断扩大,使得地区政治、经济和社会不稳定,因此,如何缩小城乡收入差距是关系着我国经济全面可持续发展和全面建成小康社会的重要难题。

表12-1-3　江西省1993—2016年城乡居民收入差距变化

年份	城镇居民人均可支配收入/元	城镇收入增长率/%	农村居民人均纯收入/元	农村收入增长率/%	城乡收入之差/元	城乡收入相对比
1993	1985	—	869.81	—	1115.19	2.28
1994	2777	39.90	1218.19	40.05	1558.81	2.28
1995	3377	21.61	1537.36	26.20	1839.64	2.20
1996	3780.24	11.94	1869.63	21.61	1910.61	2.02
1997	4071.4	7.70	2107.28	12.71	1964.12	1.93
1998	4251.5	4.42	2048	−2.81	2203.5	2.08
1999	4721	11.04	2129.45	3.98	2591.55	2.22

续表

年份	城镇居民人均可支配收入/元	城镇收入增长率/%	农村居民人均纯收入/元	农村收入增长率/%	城乡收入之差/元	城乡收入相对比
2000	5104	8.11	2135.3	0.27	2968.7	2.39
2001	5506.1	7.88	2231.60	4.51	3274.5	2.47
2002	6336	15.07	2306.45	3.35	4029.55	2.75
2003	6901.42	8.92	2457.53	6.55	4443.89	2.81
2004	7560	9.54	2786.78	13.40	4773.22	2.71
2005	8620	14.02	3128.89	12.28	5491.11	2.75
2006	9551.12	10.80	3459.53	10.57	6091.59	2.76
2007	11451.69	19.90	4044.7	16.91	7406.99	2.83
2008	12866.44	12.35	4697.2	16.13	8169.24	2.74
2009	14022	8.98	5075	8.04	8947	2.76
2010	15481.12	10.41	5788.6	14.06	9692.52	2.67
2011	17494.87	13.01	6891.6	19.05	10603.27	2.54
2012	19860.36	13.52	7829.4	13.61	12030.96	2.54
2013	21873	10.13	8781.5	12.16	13091.5	2.49
2014	24309.2	11.14	10116.58	15.20	14192.62	2.40
2015	26500.1	9.01	11139.08	10.11	15361.02	2.38
2016	28673.3	8.20	12137.72	8.97	16535.58	2.36

数据来源：1994—2017年《中国农村统计年鉴》《江西省统计年鉴》。

近年来，尽管江西省农民人均纯收入以较快的速度增长，但城镇居民人均可支配收入也在不断朝上升方向变化，且江西省城乡居民收入差距扩大的趋势也在不断保持着。如表12-1-3所示，1993年江西省城镇居民人均可支配收入为1985元，农村居民人均纯收入为869.81元，城乡居民收入相对比为2.28，其差距为1115.19元。而随着江西省经济社会的高速发展，2016年城镇居民人均可支配收入已达到28673.3元，较1993年翻了14倍，同时农村居民人均纯收入也达到12137.72元，此时的城乡居民收入相对比为2.36，看似与1993年的城乡收入相对比差距仅上升了0.08，实际上城乡居民收入的绝对差2016年上升至16535.58元，是1993年的14.8倍，且2016年的江西省农民人均收入水平尚未超过2006年的城镇居民人均可支配收入，江西省的城乡收入差距可以说至少相差了7年之多，而且城乡收入差距依然保持着不断增长的趋势（如图12-1-3、图12-1-4、图12-1-5和图12-1-6所示）。因此，缩小江西省的城乡收入差距已经成为需解决的重大社会问题。

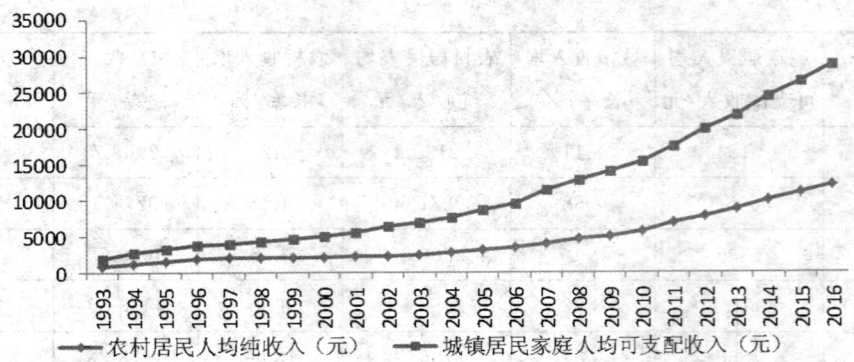

图 12-1-3　江西省城乡居民人均收入

数据来源:1994—2017 年《中国农村统计年鉴》《江西省统计年鉴》。

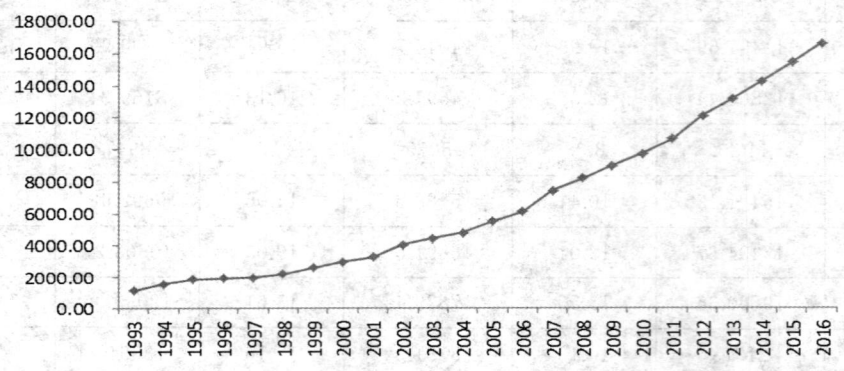

图 12-1-4　1993—2016 年江西省城乡居民收入之差(单位:元)

数据来源:1994—2017 年《中国农村统计年鉴》《江西省统计年鉴》。

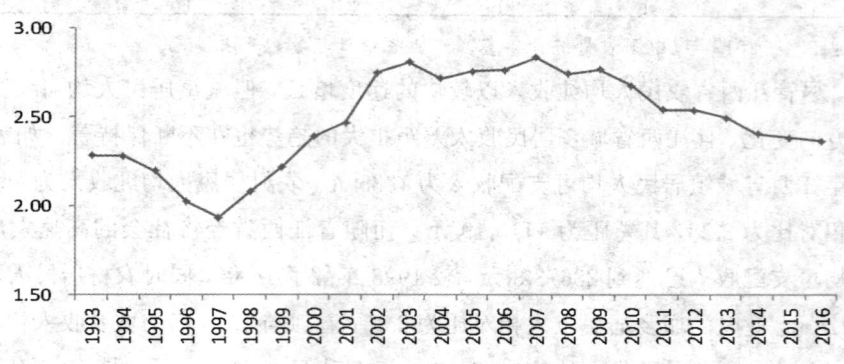

图 12-1-5　1993—2016 年江西省城乡居民收入相对比

数据来源:1994—2017 年《中国农村统计年鉴》《江西省统计年鉴》。

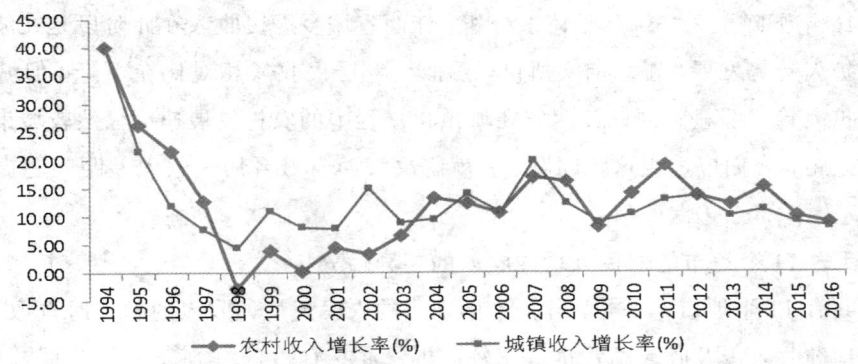

图 12—1—6 1993—2016 年江西省城乡居民收入增长率

数据来源：1994—2017 年《中国农村统计年鉴》《江西省统计年鉴》。

通过分析图 12—1—5 的江西省城乡居民收入相对比和图 12—1—6 的城乡居民收入增长率，可以将江西省城乡居民收入的变化趋势分为以下几个阶段：

西省在 1993—1997 年，城乡居民收入相对比不断减少，且城镇居民收入增长率小于农村居民收入增长率。其中 1993 年城乡居民收入相对比为 2.28，至 1997 年下降为 1.93，而关于收入增长率方面，城镇居民由 1994 年的 39.9% 下降至 1997 年的 7.7%，农村居民由 1994 年的 40.05% 下降至 12.71%，下降趋势显著。因在上文已分析过收入增长率下降原因，故在此不做重复描述。该阶段的显著特点是城乡居民收入差距在减小，这是因为市场经济在不断向前发展，农村劳动力向城镇方向转移趋势扩大，使得江西省农民的非农收入在不断提高，工资性收入逐渐在农民收入结构中占据重要地位。同时，相关农产品的价格上涨也有利于农民收入的不断提高，而江西省在城镇化过程中居民的相关社会保障、医疗卫生保险等问题仍然普遍存在，对城市发展起到不利影响，因此使得江西省城镇居民的收入提升速度不及农村居民收入上升速度。

江西省在 1997—2003 年，城乡居民收入相对比在不断上升，且城镇居民收入增长率开始大于农村居民收入增长率。1997 年的城乡居民收入相对比为 1.93，到 2003 年上升至 2.81，且逐年保持上升趋势，因此该阶段的城乡居民收入差距扩大趋势明显。而城镇居民收入增长率也能够很好地验证这一说法，自 1998 年以来，城镇居民收入增长率一直大于农村居民收入增长率。这主要是由于城镇化进程的迅速发展，使得江西省绝大多数较低文化素质的农民无法很好地适应工业化、科技化社会的发展需求，而城镇居民能够更好地从事更高要求的工作。同时江西省大多乡镇企业的发展缺乏科学的管理模式，以及生产效率低下，这也使得农民收入增长与城镇居民收入之间的差距越来越大。

江西省在 2003—2016 年，城乡居民收入相对比基本稳定在 2.5~2.8 浮动，且城乡居民收入增长率也浮动变化着。其中 2003—2006 年，城乡居民收入相对比由 2.81 下降至 2.76，然后 2006—2007 年出现小幅上升，2007 年又上升为 2.83，再从 2007 年至今一直保持下降趋势,直至2016年下降至2.36。从整体上分析,江西省城乡居民收入在此阶段是在波动起伏的变化中朝着扩大趋势发展,正如前文所讲,看似城乡居民收入相对比在下降,但城乡居民收入的绝对差扩大趋势明显。因此江西省在城镇化进程中的农村发展速度显然较城市发展速度还有很大的差距,我们应重视这一问题,并就解决江西省城乡居民收入差距问题提出相应解决办法。

(4) 江西省11个地市的农民人均纯收入的差异性分析

江西省共有11个地市,在本节分析不同地市的农民人均纯收入的差异时选取2013年的各市农民人均纯收入以及收入结构进行比较分析,如表12-1-4所示。

与2013年全省农民人均纯收入8781.5元相比,发现江西省11个地市中南昌市、景德镇市、萍乡市、新余市和鹰潭市超过平均水平,而其余7个地市均低于平均值。其中农民人均纯收入排名前三位的地市分别为新余市、萍乡市和南昌市,均超过10000元,而排名末三位的地市分别为赣州市、上饶市和吉安市。这其中主要原因为受地区经济发展水平和所辖行政县域数量影响较大,新余市排名第一,其行政区划所辖区域仅含渝水区和分宜县,且矿产资源丰富,农村贫困人口较少。而排名最末位的赣州市所辖18县市,地理环境复杂,且大片区域属于集中连片贫困区,有11个县属赣南原中央苏区县,贫困历史悠久且贫困人口众多,且农民文化素质普遍不高,故导致了农民人均纯收入难以上升,这也是江西省实施精准脱贫政策的重点扶贫区域。

表12-1-4　　　　2013年江西省11个地市农民人均纯收入及收入来源　　　　(元)

2013年	农民人均纯收入	工资性纯收入	家庭经营纯收入	财产性纯收入	转移性纯收入
南昌市	10327	4882	4868	267	310
景德镇市	9534	4808	3550	525	651
萍乡市	10620	5735	4311	273	300
九江市	8326	5107	2502	282	435
新余市	10694	5725	4002	242	725
鹰潭市	9353	4576	4298	111	368
赣州市	5535	2813	2321	90	311
吉安市	7551	3363	3600	151	437
宜春市	8636	3868	4155	162	450
抚州市	8580	2698	5426	140	316
上饶市	7440	4556	2529	45	310

数据来源:2014年《江西省统计年鉴》。

而依据图12-1-7,2013年江西省各市农村人均纯收入来源中,九江市和上饶市的工资性收入占比最高,均达到61%,剩余地市中工资性收入超过50%的有景德镇市、萍乡市、新余市和赣州市;而家庭经营纯收入占比最高的为抚州市,达到了63.24%,也是唯一一个超过50%比重的城市,而家庭经营纯收入占比最低的为九江市30.05%;同时,财产性收入和转移性收入仍然在江西省各市的比重较低,且江西省所有11个地市的财产性收入占比均低于转移性收入占比。其中景德镇市财产性收入和转移性收入之和在农民收入中占比超过10%,达到了12.33%。通过江西省11个地市的农民收入来源结构分析,基本符合了上文3.2节中不同收入来源视角下的江西省农民人均纯收入变化规律,也从侧面反映出江西省各个城市的农民收入来源在不断变化,我们在帮助农民增加收入的情况下,丰富其收入来源,完善其收入结构也是切实可行的方法之一。

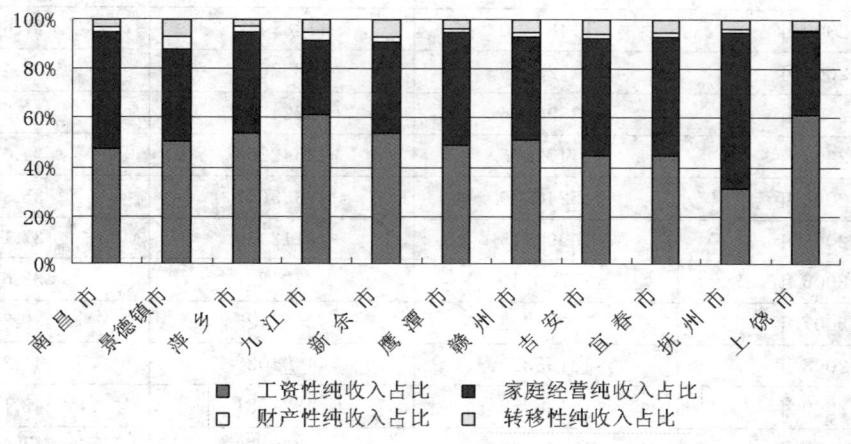

图12-1-7　2013年江西省11个地市农民人均纯收入的各项收入来源占比

数据来源:2014年《江西省统计年鉴》。

12.1.2 江西省农民收入变动相关的驱动力分析

(1)城镇化水平

城镇化水平是一个地区社会经济发展程度的重要体现。武小龙(2014)认为要想进一步增加农民收入,需要通过缩小城乡经济差距并加大农民的受教育程度,使之能够更好地适应地区城镇化发展,使得城市和乡村能够真正地互动衔接起来。故本文在分析江西省的农民收入变动状况时选取该指标作为农民收入变动的影响因素之一,根据张占贞(2010)年的研究,城镇化水平可以通过城镇化率体现,而城镇化率的计算方法为年末城镇人口与年末总人口的比例。收集江西省1993—2016年相关统计数据并将其城镇化率变化趋势作表12-1-5,可以发现江西省城镇化率处于不断上升趋势,其中1993年为22.55%,2016年上升至53.10%,增长幅度达30.55%,这也能够与江西省农民收入增长的趋势相符合。

表 12-1-5　　　　　　　1993—2016 年的江西省城镇化率

时间	年末城镇人口/人	年末总人口/人	城镇化率/%
1993 年	8944215	39660405	22.55
1994 年	9350367	40154459	23.29
1995 年	9689159	40625406	23.85
1996 年	10092871	41054635	24.58
1997 年	10507815	41503338	25.32
1998 年	10918934	41912074	26.05
1999 年	11333623	42311742	26.79
2000 年	11487320	41485447	27.69
2001 年	12728919	41857676	30.41
2002 年	13596216	42224273	32.20
2003 年	14472875	42542255	34.02
2004 年	15240930	42835667	35.58
2005 年	15994715	43112439	37.10
2006 年	16783750	43391287	38.68
2007 年	17386282	43684125	39.80
2008 年	18198829	44001038	41.36
2009 年	19138059	44321581	43.18
2010 年	19660669	44622489	44.06
2011 年	20512156	44884367	45.70
2012 年	21398181	45039321	47.51
2013 年	22099731	45221468	48.87
2014 年	22810731	45421607	50.22
2015 年	23567790	45656316	51.62
2016 年	24384924	45922644	53.10

数据来源:1994—2017 年《江西省统计年鉴》。

(2) 城乡居民收入比

城乡居民收入比主要是对城乡居民收入差距的反映,缩小农村居民和城镇居民间的收入差距是关系地区稳定发展的重要基础,更是农民增收的一大重要影响因素。本文在 3.3 节中已对城乡居民收入比作出了详细的描述,故在此不做重复分析。

(3) 第一产业从业人员比重和第一产业产值比重

张艳芳(2012)分析农民收入变动影响因素时发现农业规模化经营对农民收入的增加起着积极作用,可以通过增加农业生产的物质投入和人力投入达到最有效的提升农民收入的目的。第一产业从业人员比重可以体现出在农业生产过程中的人力资本投入量,而第一产业产值比重反映的是江西省产业结构的内在情况。相关统计数据如图 12-1-8 所示,其中一产比重和一产从业人员的比重均呈下降趋势,反映出经济高速发展过程中农业产业的经济贡献力度在不断减小,同时江西省农业产业的人员投入力度也在缩小。1993年的第一产业产值比重为31.2%,第一产业从业人员比重为57.3%,以超过半数的人力投入但经济贡献率仅为31.2%。2016年的一产产值比重和一产从业人员比重分别为10.3%和29.3%,经济贡献率下降显著,且社会对农业人力投入力度也在不断减少。

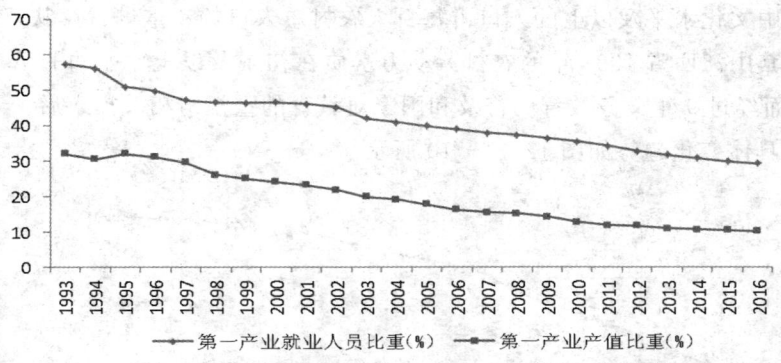

图12-1-8 1993—2016年江西省第一产业从业人员比重和第一产业产值比重

(4) 财政支农支出和农村固定资产投资

财政支农支出和农村固定资产投资是政府对农业产业发展给予资金支持的重要体现(茆晓颖,2014),对促进江西省农民收入的增加起着重要的影响作用。长期以来,江西省对农业产业的发展相当重视并给予了巨大的资金投入,财政支农支出近20年来一直保持着较高的增长率,2013年的江西省财政支农支出达到了438.54亿元,这较1993年的4.3亿元相比显然是一个巨大的提升,到2016年的江西省财政支农支出达到580.90亿元。而农民人均财政支农支出更能够反映出政府对农业产业的支持力度,1993年仅为13.41元/人,而到2013年为1326.13元/人,上升幅度显著,尤其是2003年以来的人均财政支农支出增长幅度迅速提升。农村人均固定资产投资额由1993年的106.99元/人上升至2018年的2697.11元/人,且农村人均固定资产投资额增速在2005—2016年保持较高的幅度上升变化。具体的变动趋势如图12-1-9所示。

图12-1-9 2005—2016年江西省农民人均财政支农支出(单位:万元)

(5) 农村劳动力素质

已有文献研究中,大部分研究都发现农村劳动力素质的提高对于提升农民收入起着积极作用(娄厦 2014;胡伟华,2013),因为农村劳动力素质的提高有利于农民从业范围的扩大,获取更多的非农收入,同时也会在农业生产过程中更便捷地使用新技术和新管理理念,有利于生产效率的不断提升。本部分在选取该项指标分析江西省农民收入影响因素时主要是通过农村人口中初中文化水平及以上的人口占每百人农村总人口的比重进行反映,数据来源于人口普查数据。其中江西省 1993 年的农村劳动力素质在初中及以上水平每百人农村人口的占比为 40.5%,而经过 9 年义务教育的普及和国家对教育的重视与相关投入后,至 2013 年已上升为 65.9%。具体变化趋势如图 12-1-10 所示。

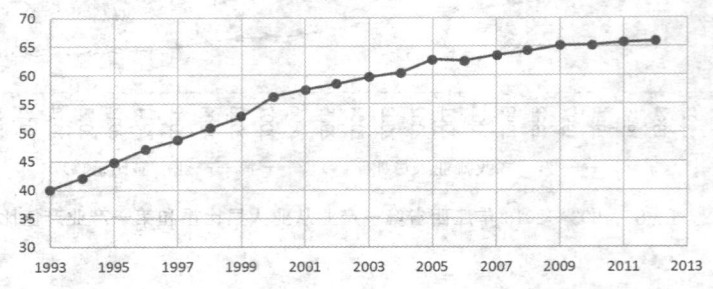

图 12-1-10　1993—2013 年江西省农村劳动力素质

(6) 农村公路里程数

吴云勇(2012)和娄厦(2014)等学者的研究均发现农村居民家庭经营耕地面积这一指标对农民收入的提升具有显著的正向促进作用。而公路里程数可以反映一个地区的交通实际状况,通常而言,公路里程数是农户生产成本的一项重要指标,地区公路交通条件越优越,越是有利于降低农户生产过程中的运输成本,进而有效降低农户的生产成本,有利于提高农户纯收入,因此本文选取上述两个指标作为影响江西省农民纯收入变动的影响因素。根据统计数据所示,1993 年农村公路里程数分别为 34207 千米,而至 2016 年为 161909 千米,这也反映出经济的高速发展促使公路交通等公共基础设施发展速度提升,具体变化趋势如图 12-1-11 所示。

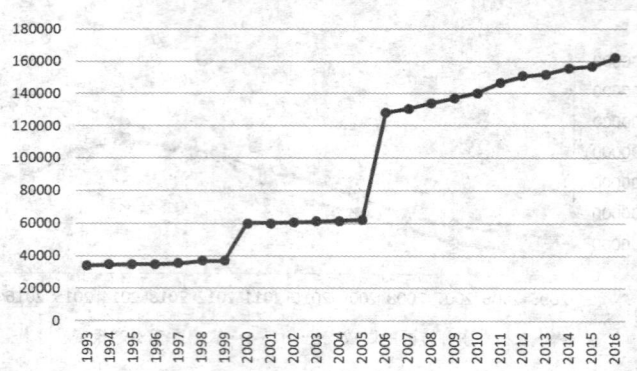

图 12-1-11　1993—2016 年的江西省农村居民家庭经营耕地面积和农村居民人均住房面积

(7) 农业生产的外部性条件

农业生产受外部性因素制约较多,例如地区发展程度、政策环境因素(张东辉,2012)和农业机械化程度等(蔡飞凤,2015),本文选取其中的农业机械化程度和农业贸易条件作为影响江西省农民收入变动的两项影响因素指标。其中农业机械化程度的量化由农机机械使用总动力这一指标来体现;而农业贸易条件则由历年来江西省的农业生产资料价格指数和农村商品零售价格指数的比值计算得出,能够更好地体现出农民在生产过程中的投入产出效益,依次收集了江西省1993—2016年的相关统计数据。

12.1.3 研究结论与政策建议

(1) 研究结论

一是通过分析1993—2016年江西省农民纯收入的总体情况和变化趋势,发现江西省农民纯收入在近20年来基本保持着不断上升的趋势,截至2013年,江西省农民纯收入人均可达8781.5元,并且在接下来几年还将保持不断上升的趋势。纵观这20来年的江西省农民收入变化趋势,本文将其划分为了三个发展阶段,分别是1993—1997年、1998—2003年和2014—2016年。这三个阶段的特点分别是江西省农民人均纯收入处于10%以上的增速水平在上升,但收入增长率处于下滑趋势;江西省农民人均纯收入在1998年首次出现下降趋势,但随后保持较低的增长率(小于10%)保持上升趋势;江西省农民人均纯收入的增长速度不断增加,并增速基本保持在10%水平以上。分析这三个阶段的成因和特点,可以发现江西省近些年来的农民增收工作开展较为有效,农民收入的增收幅度较大。江西作为一个农业大省,农业和农民发展所处的地位是至关重要的,只有实现农民收入不断上升,才能有效地保证贫困人口在不断减少,这也有利于"精准脱贫"这一党中央高度关注的民生问题的解决。只有保证了农民收入的提高,才真正有可能实现全面建成小康社会的目标。

二是通过分析1993—2016年江西省农民纯收入结构的变化情况,发现江西省农民纯收入中占据主要贡献率的为工资性收入和家庭经营收入,20年来基本保持贡献率在90%以上。而随着城镇化进程的迅速发展,江西省农村劳动力转移现象较为突出,使得农民纯收入中的工资性收入于2013年正式超过家庭经营纯收入。而经济的发展和农民观念的不断开放,也在不断丰富着江西省农民纯收入的来源结构,最为显著的是近几年的农民纯收入中财产性收入和转移性收入的比重开始上升,至2013年这两项指标占农民纯收入的贡献率已达7.69%,这也表明江西省农民不仅仅只将农业生产作为增收致富的唯一渠道,不断丰富的收入来源结构是有利于江西省农民收入的持续上升的。

三是通过分析1993—2016年江西省城乡居民收入现状,发现江西省农村居民较城镇居民相比的收入差距较大,且收入差距的扩大趋势越发严重。本文同样将江西省城乡居民收入差距变化趋势划分为三个阶段,这三个阶段基本与第(1)点结论中的农民收入变化趋势相吻合。每一阶段的特点分别是城乡居民收入相对比在减少,且收入增长率方面城镇居民慢于农村居民;城乡居民收入相对比在增长,且收入增长率方面城镇居民开始快于农村居民;城乡居民收入相对比处于相对稳定阶段,而收入增长率城镇居民和农村居民呈波动上升变化。综合来说,江西省的城乡居民收入差距扩大化问题应该予以重视,因为农民作为全社会的第一产业奉献者,其劳动地位相对较低,但劳动付出和生产价值是极为重要的,尤其是江西省农民中很大一部分为赣南原中央苏区人民,在革命战争时期就为新中国的成立作出了巨大贡献,我们应该对革命老区人民的生活予以重视和扶持,帮助他们迅速摆脱贫困不仅是江西省一方的任务,也是我国对革命老区人民所做出脱贫致富承诺的重要实现。

四是通过分析2013年的江西省11个地市间的农民收入差距,发现新余市、南昌市和吉安市三市农民收入已经超过一万元,但最低水平的赣州市农民人均纯收入仅为5535元,几乎只达到了上述3市的一半水平。而赣州市特殊的地理条件又为农业产业的发展和农民增收增加了难度,但是作为赣南原中央苏区的这一重要革命老区,江西省应在今后的发展过程中对于赣州地区的农业发展给予更多的资金项目支持、人才技术支持和政策扶持,使其能够尽快地提升农民收入。同时也应就农民收入较高地市的优秀发展模式进行相关推广,因地制宜就不同地区的农业发展设计出最适宜的发展模式和路径选择。

(2)政策建议

第一,加速推进江西省的城镇化进程,提升公路交通等基础设施的建设力度,同时努力缩小城乡居民收入差距。

尽管江西省城镇化进程在迅速推进,但作为中部地区经济相对较落后的省份,江西省的城镇化进程发展速度还有待提高,同时,江西省推进城镇化进程中产生的城乡居民收入差距扩大、产业结构发展不合理和资源依赖度较高等问题还在影响着经济的可持续发展和居民收入的有效提升,尤其是农村地区居民收入增长不应与城镇居民收入增长差距过大。政府应该积极发挥其指导功能,积极调整江西省产业结构使其不断优化升级,可以通过增加农业产业化综合开发资金和加强企业间的产业链合作,结合江西省自然环境好、旅游资源丰富的特点积极开展生态农业和绿色农业的建设,使得江西省农业产业的发展在城镇化进程中形成具有较强区域优势的发展特点,并有效提升江西省农业产业化经营规模程度和生产经营效率。同时,政府还应不断加强公路交通等基础设施的建设,只有地方公路设施不断完善,农户生产经营过程中的运输成本才会不断减少,进而降低农户总体的生产成本,这也有利于农民收入的大幅提高,对城乡居民收入差距的缩小起着积极的促进作用。

第二,加大对江西省农村居民的文化教育力度,提升农村劳动力素质与核心竞争力。

农村劳动力素质对江西省农民收入增长起着较大的正向影响作用,因此需要我们不断地贯彻实施免费的义务教育,并且对农村地区的文化教育投入予以增加,改善农村地区的教育环境和基础设施,提高农村地区的教师工资水平和其他福利待遇。同时江西省还要积极开展针对农民的职业技能培训工作,使农民能够根据各自的特长选择最适合自己的职业发展方向,成为更适应社会需求的专业化劳动力,只有农户自身的素质和职业能力提升了,其核心竞争力才会有所提高，农民增收的保障就有了更坚实的基础。

第三，积极推动江西省农业机械化发展，努力提升农业产业生产效率。

江西省目前的农业机械化发展水平还不高，很多省内贫困地区的农业生产方式还是传统的人耕模式，总体的特点为人力投入较大但农业生产效率相对低下，因此江西省在今后的农业生产工作中，应积极加大农业机械化的普及率，使各类农业机械在农业生产过程中发挥重要作用，这样一方面可以有效增加农作物的产量，另一方面可将因机械化而节省下来的人力投入重新置于新的生产作业当中去，可丰富农民的收入来源，增加新的收入方式，能够真正有效地提升农民收入水平。

第四，加大江西省财政支农支出比例和农业固定资产的投入比例，促进农村居民生产方式多样化发展。

政府的财政支农支出和农业固定资产投资是政府对农业生产和农民生计关注的重要反映，切实有效地提升以上两项指标有利于改善农村地区的经济发展环境，有利于创造更多的农民就业机会和岗位。江西省目前的农民人均财政支农支出为1326.13元/人，农村人均固定资产投入为1255.85元/人，还有较高的提升空间。政府可以通过在财政预算设计中形成一套完整可行的支农助农方案，同时还应建立完善的监督机制保证支农资金的使用到位情况，使得资金能真正落实到农业生产当中去。同时加大对农业固定资产的投资，有利于丰富农民生产经营方式和生产经营规模的扩大，促进农村居民生产方式多样化发展。

第五，稳定农业生产资料价格，保证农产品市场的有序发展。

农产品生产资料价格的波动会导致农业贸易条件发生变化，进而影响着江西省农民收入变化情况。江西省如何做到稳定农业生产资料价格，进而保证农产品市场的有序发展是当前急需解决的重要问题。主要可以通过以下几个手段予以解决：首先加强对农业生产资料的监督和管理，严厉打击部分销售商或企业的恶意抬高价格行为；同时还应积极建设现代农业的生产流通体系，通过减少中间环节，降低农产品销售成本，通过更加便捷的销售模式（例如农超对接、农社对接等模式）减少农业生产资料在物流中的损耗，使得农民能够更直接地与消费者对接；最后，还要完善农业生产资料的储备制度。就部分生产资料如化肥等进行储备控制，使得在价格波动期政府有能力通过储备物资调节市场价格。同时健全科技服务体系，通过加强对农民的科技培训服务使农民能够更有效地利用农业生产资料，从而更好应对农业生产资料价格的波动，保证农产品市场的有序发展。

12.2 赣南原中央苏区扶贫绩效评价

贫困问题一直是全球经济发展的主要障碍，中国作为发展中国家，贫困问题尤为突出。林区是贫困人口高度集中的区域，贫困人口分布呈现出点、线、面并存的状态（韩建民等，2007）。在全面建设小康社会的历史时期，赣南原中央苏区属于典型的林区，森林覆盖率为

76%，因此林区贫困不仅影响了林业发展，而且已经成为整个社会发展亟待解决的问题。林区贫困问题不仅与社会经济发展息息相关，而且还具有明显的地理区域特征，呈现出多元化的特征（康晓光，2001）。由于林业具有经济效益和生态效益的双重属性，因此促进林区经济发展和解决林农贫困问题不仅是经济社会发展的必然要求，而且对保护生态环境安全也具有重要意义。从1986年至今，政府扶贫工作已经走过了将近30年的时间，如何解决林区贫困问题，一直是政府扶贫工作的重点和难点。关于扶贫效果的研究，国内许多学者已经作了卓有成效的探索。有学者利用江西、四川、重庆三省在2013年和2015年的农户面板数据，研究了链式融资模式对农户减贫的效果，结果表明产业链融资在农户减贫中发挥着重要的作用（申云等，2016）；通过对彩票公益金整村推进项目的研究，对土地租赁流转型、"龙头"组织与农户合作型、土地股份制合作型等七种农业产业发展扶贫模式的效益和影响因素进行了探讨（张磊等，2016）；基于海南省贫困地区的调查数据，从是否能精准提高贫困人口的经济收入和满意度两个方面，分析了不同旅游扶贫模式的精准扶贫效果（张侨等，2016）。还有一些学者则利用结构方程模型和多层次分析法，通过构建相关指标体系，对民族地区的扶贫绩效进行了评价（张琳等，2017；陈小丽，2015）。但现有许多文章通过构建指标体系来评价扶贫政策的效果，很少通过比较贫困地区和非贫困地区之间的发展动态变化来反映政策扶贫效果，而且贫困问题具有明显的区域特征，不同地区贫困问题有所不同，相应的扶贫政策也不同，扶贫效果也存在明显差异。正如现在提出的"精准扶贫"一样，解决贫困问题要因地制宜。2007年国务院印发《关于在全国建立农村最低生活保障制度的通知》（国发〔2007〕19号），从此中国农村扶贫进入了开发式扶贫与救助式扶贫双轨并行的新阶段，2013年国务院印发《关于创新机制扎实推进农村扶贫开发工作的意见》，标志着中国农村进入了精准扶贫的新阶段。赣南原中央苏区是典型的集中连片特别困难地区，属于区域性贫困。2012年国务院下达《关于支持赣南等原中央苏区振兴发展的若干意见》，标志着赣南原中央苏区区域扶贫振兴发展上升到了国家战略，随着国家在金融、投资、国土、生态补偿、产业发展和人才政策方面给予了大力支持和明显倾斜，并且这些政策支持和倾斜的力度在贫困县和非贫困县之间也存在较大的差异，其政策差异会给赣南原中央苏区贫困县和非贫困县的经济振兴和农民收入带来多大程度的影响？基于以上的分析，利用2008—2014年赣州市15个林业县的数据，比较赣州市林业贫困县与林业非贫困县在经济发展与农村居民收入方面存在的差异，通过方差分析法和构建回归模型，探究造成林业贫困县和林业非贫困县经济发展与农村居民纯收入差异的影响因素，对提高区域扶贫开发的针对性，科学合理、因地制宜地制定扶贫政策具有一定的参考作用，对促进赣南中央苏区经济发展具有指导意义。

12.2.1 变量选择和理论模型的构建

中国处于全面建设小康社会的历史时期，贫困问题已经成为全面建设小康社会必须首先解决的问题。解决贫困问题是一个长期探索的过程,厘清现阶段政府开展扶贫工作的效果,对优化扶贫政策具有一定的参考作用。衡量政府扶贫效果的一个重要指标是贫困地区和非贫困地区之间的经济差异是否缩减。地区之间的经济差异一般是由自然资源、地理区位、历史文化等多种因素造成的,适当的经济差异不仅可以提高资源的配置效率还可以优化产业结构,促进产业的结构升级和合理转移,但过大的经济差异容易造成社会的不稳定(白永平,2013)。对地区经济差异的现状以及影响因素进行研究,不仅能为经济发达地区继续保持发展优势提供依据,还能为经济欠发达地区的发展提供政策参考(蔡芳芳等,2012)。统计法、模型法以及公理法等方法经常被用来研究区域差异问题(潘竟虎,2014)。因此,首先通过描述性统计,明确了林业贫困县与林业非贫困县之间的经济差异,然后采用方差分析法实证检验林业贫困县与林业非贫困县之间的经济差异是否显著,最后构建回归模型,将是否为林业贫困县设置为虚拟变量代入回归模型中,分析出影响林业贫困县和林业非贫困县经济差异的因素。

(1)变量选取及其依据

依据国定贫困县的划定标准,选取人均 GDP 和农村居民人均纯收入两个指标作为分析林业贫困县和林业非贫困县经济差异的代理变量。

一是人均 GDP 的影响因素。宏观经济学认为经济增长取决于总供给和总需求,当总需求大于总供给时,总供给是制约经济增长的主要因素;而当总供给大于总需求时,总需求成为制约经济增长的主要因素。在现代市场经济中,一国的经济增长一般取决于总需求的增长。总需求的构成因素主要包括投资需求、消费需求和出口需求。很多学者在研究经济增长的影响因素时,经常将投资、消费、出口作为重要的解释变量纳入研究模型中。因此,选取人均固定资产投资额、人均消费额和人均出口额这 3 项指标作为人均 GDP 的解释变量,同时为了比较出林业贫困县和林业非贫困县的差异,将是否为林业贫困县设置为虚拟变量,与人均固定资产投资额、人均消费额、人均出口额这 3 项指标一起作为人均 GDP 的解释变量放入模型中,进行实证检验。

二是农村居民人均纯收入的影响因素。参考已有文献中常用的影响农民收入的因素,并结合柯布道格拉斯生产函数,选取代表人力资本因素的农村从业人员数和代表物质资本因素的农村人均固定资产投资额以及代表土地资本因素的农村人均土地面积这 3 项指标作为农村居民人均纯收入的解释变量,同时为了比较出林业贫困县和林业非贫困县的差异,将是否为林业贫困县设置为虚拟变量,与农村从业人员数、农村人均固定资产投资额、农村人均土地面积这 3 项指标一起作为农村居民人均纯收入的解释变量放入模型中,进行实证检验。其中农村人均土地面积由农村人均耕地面积、农村人均茶园和果园面积加总而得。

(2)模型的构建

常用的含有虚拟变量的面板数据回归模型根据虚拟变量作用不同,可以分为 3 种。第一种是影响截距变动的变截距回归模型，第二种是影响解释变量系数变动的变系数回归模型，第三种是同时影响截距和解释变量系数的混合回归模型。为了厘清林业贫困县和林业非贫困县之间的经济差异是如何形成的，采用影响解释变量系数变动的含虚拟变量的 OLS 回归模型。形式如下：

$$Y_{it} = \beta_0 + \beta_1 I_{it} + \beta_2 C_{it} + \beta_3 E_{it} + \beta_4 D_{it} I_{it} + \beta_5 D_{it} C_{it} + \beta_6 D_{it} E_{it} + \varepsilon_{it} \quad (12-2-1)$$

式中，Y_{it}、I_{it}、C_{it}、E_{it}、$D_{it}I_{it}$、$D_{it}C_{it}$、$D_{it}E_{it}$ 分别表示赣州市第 i 县第 t 年的人均 GDP、人均固定资产投资额、人均消费额、人均出口额、人均固定资产投资额与虚拟变量的乘积、人均消费额与虚拟变量的乘积、人均出口额与虚拟变量的乘积；β_1、β_2、β_3、β_4、β_5、β_6 分别表示各解释变量的系数；其中 D 表示是否为林业贫困县的虚拟变量，D=1 为林业贫困县，D=0 为林业非贫困县；ε_{it} 为随机干扰项，表示其他影响人均 GDP 的因素。

$$P_{it} = \beta_0 + \beta_7 A_{it} + \beta_8 I_{it} + \beta_9 L_{it} + \beta_{10} D_{it} A_{it} + \beta_{11} D_{it} I_{it} + \beta_{12} D_{it} L_{it} + \varepsilon_{it} \quad (12-2-2)$$

式中，P_{it}、A_{it}、I_{it}、L_{it}、$D_{it}A_{it}$、$D_{it}I_{it}$、$D_{it}L_{it}$ 分别表示赣州市第 i 县第 t 年的农村居民人均纯收入、农村从业人员数、农村人均固定资产投资额、农村人均土地面积、农村从业人员数与虚拟变量的乘积、农村人均固定资产投资额与虚拟变量的乘积、农村人均土地面积与虚拟变量的乘积；β_7、β_8、β_9、β_{10}、β_{11}、β_{12} 分别表示各解释变量的系数；其中 D 表示是否为林业贫困县的虚拟变量，D=1 为林业贫困县，D=0 为林业非贫困县；ε_{it} 为随机干扰项，表示其他影响农村居民人均纯收入的因素。

12.2.2 研究区域与数据来源

赣州市位于江西省南部，属于著名的红色革命老区，也是江西省重点林区，总人口 921 万人，国土面积 393.80 万 hm^2，森林覆盖率为 76.24%。由于历史、地理等因素，赣州市在经济发展中一直处于落后状态，其中有 8 个国定贫困县，数量超过赣州市县总数 15 个县的一半以上和江西省国定贫困县总数的三分之一，也是江西省重点林区贫困县。赣州市的 8 个国定贫困县分别为：赣县、上犹县、安远县、宁都县、于都县、兴国县、会昌县、寻乌县，其余 7 个林业非贫困县分别为：信丰县、大余县、崇义县、龙南县、定南县、全南县、石城县。为考察赣州市林业贫困县和林业非贫困县之间的经济差异，选用 2008—2014 年江西省赣州市 8 个林业贫困县与 7 个林业非贫困县进行比较分析，数据均来源于《江西省赣州市统计年鉴》，样本总量为 105。

12.2.3 描述性统计分析

分别从人均 GDP 和农村居民人均纯收入两个方面反映了林业贫困县和林业非贫困县的差距（表 12-2-1）。表中的数据是由每年各个县的数据加总再平均所得，将 8 个林业贫困县的数据加总再平均得到林业贫困县的数据，将 7 个林业非贫困县的数据加总再平均得到林业非贫困县的数据。

表12-2-1　　　林业贫困县与林业非贫困县人均GDP和农村居民人均纯收入情况　　万元·人

年度	2008	2009	2010	2011	2012	2013	2014
林业贫困县人均GDP	0.789	0.878	1.028	1.242	1.401	1.563	1.733
林业非贫困县人均GDP	1.250	1.392	1.583	1.967	2.257	2.554	2.805
林业贫困县农村居民人均纯收入	0.248	0.279	0.317	0.376	0.436	0.509	0.681
林业非贫困县农村居民人均纯收入	0.345	0.371	0.405	0.456	0.516	0.583	0.687

(1)人均GDP及其影响因素比较

林业贫困县人均GDP和林业非贫困县人均GDP呈逐年增长趋势。2008年，林业贫困县人均GDP为0.789万元，到2014年增长了1.2倍，增量为0.944万元；2011年增长最快，比2010年，增长了20.82%，即为0.214万元。林业非贫困县人均GDP增长十分迅速，2008年到2014年期间增长了将近1.25倍，增量为1.555万元；同样在2011年增长最快，较2010年增长了24.26%，即为0.384万元，比林业贫困县增长速度高3.44%。2008年林业贫困县与林业非贫困县人均GDP相差0.461万元，2014年两者相差了1.072万元，扩大了2.3倍，2008—2014年林业贫困县的人均GDP增长量仅为林业非贫困县的60.73%。总体来看，林业贫困县和林业非贫困县之间人均GDP基数差距大，林业非贫困县的人均GDP增长速度快于贫困县；两类型人均GDP均在波动地增长并且增长量存在一定的差距，两类型的人均GDP增长量的差距在2011年骤然拉大之后有了不断缩小的趋势，非贫困县的人均GDP增长速度开始下降，而贫困县的人均GDP增长速度也开始趋于平稳。国家对贫困县的一系列扶持政策使得贫困县经济得以快速发展，但是由于经济基础薄弱，贫困县与非贫困县之间的差距仍然很大，且政策的扶贫作用有减弱的趋势，政府应根据实际情况，对政策进行调整和优化。

2008年林业贫困县的人均固定资产投资额为2548.347元(表12-2-2)，与林业非贫困县相差2229.749元，2014年两者差距进一步拉大，相差7740.458元，扩大了3.5倍，2008—2014年林业贫困县的人均固定资产投资额增长量仅为林业非贫困县的58.96%。2008年林业贫困县人均消费额为2214.339元，低于林业非贫困县805.507元，2014年两者的差距为1724.979元，扩大了2.1倍，2008—2014年林业贫困县的人均消费额增长量仅为林业非贫困县的66.87%。2008年林业贫困县人均出口额为77.057美元，低于林业非贫困县88.164美元，2014年两者相差259.015美元，扩大了2.9倍，2008—2014年林业贫困县的人均出口额增长量仅为林业非贫困县的27.26%。随着经济的快速增长，地区经济发展不平衡问题越发突出。林业贫困县和林业非贫困县在人均GDP上的差距并没有因为扶贫政策的实施而消除或减小，反而在不断扩大。

表 12-2-2　林业贫困县与林业非贫困县人均固定资产投资额和人均消费额以及人均出口额情况

年度	2008	2009	2010	2011	2012	2013	2014
林业贫困县人均固定资产投资额/(元·人$^{-1}$)	2548.347	3558.269	4506.678	5266.416	6645.002	8450.448	10465.113
林业非贫困县人均固定资产投资额/(元·人$^{-1}$)	4778.096	6888.078	8344.628	10018.954	12491.027	15766.588	18205.571
林业贫困县人均消费额/(元·人$^{-1}$)	2214.339	2590.237	2991.130	3392.924	3178.544	3583.518	4070.193
林业非贫困县人均消费额/(元·人$^{-1}$)	3019.846	3596.421	4105.226	4695.759	4422.092	4985.602	5795.172
林业贫困县人均出口额/(美元·人$^{-1}$)	77.057	52.280	85.129	175.773	167.288	128.883	141.078
林业非贫困县人均出口额/(美元·人$^{-1}$)	165.221	175.781	250.738	346.327	376.747	380.986	400.093

(2) 农村居民人均纯收入及其影响因素比较

林业贫困县和林业非贫困县农村居民人均纯收入呈逐年增长趋势，其中林业贫困县农村居民人均纯收入从 2008 年到 2014 年增长了 1.75 倍，即 0.433 万元；2014 年增长最快，相比 2013 年，增长了 34%，即 0.171 万元。林业非贫困县农村居民人均纯收入从 2008 年到 2014 年增长了 99%，即 0.342 万元；林业非贫困县农村居民人均纯收入每年的增长速度基本维持在 10% 左右，同样在 2014 增长最快，相比 2013 年增长了 18%，即 0.104 万元，具体如表 12-2-1 所示。林业贫困县与林业非贫困县的农村居民人均纯收入呈递增趋势，但是两者增长速度不同，前者的增长速度快于后者，2008—2014 年林业贫困县的农村居民人均纯收入增长量为林业非贫困县的 126.85%；两者的农村居民人均纯收入的增速有不断拉大的趋势，即两者之间的农村居民人均纯收入的差距在不断缩小，2008 年林业贫困县和林业非贫困县农村居民人均纯收入相差了 0.097 万元，到了 2014 年林业贫困县与林业非贫困县农村居民人均纯收入只相差 0.006 万元。政府扶贫政策对农民收入的增长起到了很大的促进作用，政府应通过精准扶贫体制机制的创新，构建农村贫困人口脱贫致富的长效机制，实现农村贫困人口的增收。

2008 年林业贫困县农村从业人员数为 246223 万人（表 12-2-3），与林业非贫困县相差 116545 万人，到 2014 年，两者相差 121544 万人，扩大了 1.04 倍；2008—2014 年期间，林业贫困县的农村从业人员数增长量为林业非贫困县的 137.22%。2008 年林业贫困县农村人均固定资产投资额 284.431 元，与林业非贫困县相差 124.739 元，到了 2014 年两者相差

1710.931元,扩大了13.7倍,2008—2014年期间,林业贫困县的农村人均固定资产投资额增长量仅为林业非贫困县的47.80%。2008年林业贫困县农村人均土地面积为0.145 hm^2,与林业非贫困县相差0.01 hm^2,到了2014年两者相差0.006 hm^2,缩减了0.68倍,2008—2014年期间,林业贫困县的农村人均土地面积减少量为林业非贫困县的233.33%。林业贫困县农村居民相对于林业非贫困县农村居民,教育水平更低,就业能力更弱,更倾向于从事农业等一些技术水平要求不高的工作;尽管政府加大了对林业贫困县的农村固定资产投资力度,但是相比林业非贫困县的投资力度还是不足;林业贫困县相比林业非贫困县,农村土地资源更丰富,如何充分利用丰富的土地资源,将其转化为有利的经济优势,成为林业贫困县农村居民脱贫致富的关键。仅通过变化趋势,还无法很好地刻画出林业贫困县和林业非贫困县在人均GDP和农村居民人均纯收入上的差异,需要进一步实证检验。

表12-2-3

林业贫困县与林业非贫困县农村从业人员数和农村人均固定资产投资额以及农村人均土地面积情况

年度	2008	2009	2010	2011	2012	2013	2014
林业贫困县农村从业人员数/万人	246223	249676	252079	251475	254274	259525	264654
林业非贫困县农村从业人员数/万人	129678	130703	132035	132894	133763	136037	143110
林业贫困县农村人均固定资产投资额/(元·$人^{-1}$)	284.431	295.797	311.938	178.282	903.915	1659.467	1736.630
林业非贫困县农村人均固定资产投资额/(元·$人^{-1}$)	409.170	530.566	761.090	519.815	1443.400	2289.752	3447.561
林业贫困县农村人均土地面积/(hm·$人^{-1}$)	0.145	0.144	0.143	0.145	0.144	0.145	0.138
林业非贫困县农村人均土地面积/(hm·$人^{-1}$)	0.135	0.135	0.134	0.132	0.134	0.138	0.132

12.2.4 结果及分析

首先将是否为林业贫困县设置为虚拟变量,其中D=1表示林业贫困县,D=0表示林业非贫困县。运用Eviews软件对人均GDP与虚拟变量,农村居民人均纯收入与虚拟变量分别进行单因素方差分析,检验结果显示:人均GDP和农村居民人均纯收入的R^2分别为0.88和0.40,Anova F-test的P值都为0.0000。因此,拒绝林业贫困县和林业非贫困县在人均GDP、农村居民人均纯收入上没有显著差异的原假设,接受林业贫困县与林业非贫困县在人均 GDP、农村居民人均纯收入上有显著差异的备择假设。在方差分析的检验基础之上，运用 Eviews 软件对式(1)、式(2)分别进行含有虚拟变量的 OLS 回归，得到回归结果(表 12-2-4)。

表 12-2-4　林业贫困县和林业非贫困县人均 GDP 以及农村居民人均纯收入差异的实证结果

变量	Y_{it}		变量	P_{it}	
	系数	T 值		系数	T 值
常数项	2722.2120**	2.4714	常数项	3313.5260***	5.1358
I_{it}	0.5322***	5.5713	A_{it}	0.0074***	3.4032
C_{it}	2.4862***	5.7406	I_{it}	0.4698***	4.2186
E_{it}	−0.0033	−0.0025	L_{it}	−1000.4410	−0.2072
$D_{it}I_{it}$	0.2755*	1.8083	$D_{it}A_{it}$	−0.0072***	−2.8697
$D_{it}C_{it}$	−0.8793**	−2.5843	$D_{it}I_{it}$	0.3690*	1.9059
$D_{it}E_{it}$	−1.7733	−0.6552	$D_{it}L_{it}$	1552.2660	0.4220

说明：*、**、*** 分别表示在 10%、5%、1% 的水平上显著。

(1) 人均固定资产投资额和人均消费额对人均 GDP 都具有显著影响

从人均 GDP 来看，无论是林业贫困县还是林业非贫困县，人均固定资产投资额、人均消费额对人均 GDP 都具有显著影响，而人均出口额对人均 GDP 并无显著影响。在其他因素不变的情况下，林业非贫困县人均固定资产投资额每增加 1 个单位，人均 GDP 平均增加 0.5322 个单位；人均消费额每增加 1 个单位，人均 GDP 平均增加 2.4862 个单位。在其他因素不变的情况下，林业贫困县人均固定资产投资额每增加 1 个单位，人均 GDP 平均增加 0.8077 个单位；人均消费额每增加 1 个单位，人均 GDP 平均增加 1.6069 个单位。对比林业贫困县和林业非贫困县，当人均固定资产投资额每增加 1 个单位时，林业贫困县人均 GDP 比林业非贫困县人均 GDP 平均多增加 0.2755 个单位；当人均消费额每增加 1 个单位时，林业贫困县人均 GDP 比林业非贫困县人均 GDP 平均少增加 0.8793 个单位。2012 年《国务院关于支持赣南等原中央苏区振兴发展的若干意见》中指出，要加快赣南原中央苏区，特别是贫困县交通枢纽、交通和水利基础设施、能源保障等固定资产投资建设，增强赣南原中央苏区振兴发展的支撑能力，说明扶贫政策的驱动下，人均固定资产额对林业贫困县的人均 GDP 增长更具有明显的促进效应，林业贫困县经济基础薄弱，基础设施建设不完善，处于投资效益的边际效应递增阶段，同时增加固定资产投资有利于创造就业机会，对地方经济发展有很大的驱动作用；而林业非贫困县的经济基础较好，基础设施建设相对完善，工业化程度也较高，产业面临结构转型和升级，投资效益的边际效应开始递减。因此，林业贫困县的固定资产投资额对于人均 GDP 增长的促进作用比林业非贫困县更显著。林业贫困县经济发展落后，消费水平不高，相对于林业非贫困县的消费水平，林业贫困县的低消费水平对经济增长的拉动作用不明显。赣州市处于内陆地区，出口贸易相对较少。因此，无论是林业贫困县还是林业非贫困县，出口对于人均 GDP 的带动作用都不显著。

（2）农村从业人员数和农村人均固定资产投资额对农村居民人均纯收入都具有显著影响

从农村居民人均纯收入来看，无论是林业贫困县还是林业非贫困县，农村从业人员数和农村人均固定资产投资额对农村居民人均纯收入都具有显著影响，而农村人均土地面积对农村居民人均纯收入并无显著影响。在其他因素不变的情况下，林业非贫困县农村从业人员数每增加 1 个单位，农村居民人均纯收入平均增加 0.0074 个单位；农村人均固定资产投资额每增加 1 个单位，农村居民人均纯收入平均增加 0.4698 个单位。在其他因素不变的情况下，林业贫困县农村从业人员数每增加 1 个单位，农村居民人均纯收入平均增加 0.0002 个单位；农村固定资产投资额每增加 1 个单位，农村居民人均纯收入平均增加 0.8388 个单位。对比林业贫困县和林业非贫困县，当农村从业人员数每增加 1 个单位时，林业贫困县农村居民人均纯收入比林业非贫困县农村居民人均纯收入平均少增加 0.0072 个单位；当农村人均固定资产投资额每增加 1 个单位时，林业贫困县农村居民人均纯收入比林业非贫困县农村居民人均纯收入平均多增加 0.3690 个单位。林业贫困县农村居民人均纯收入落后于林业非贫困县，受制于贫困县的农村教育基础薄弱、居民受教育水平低，从而造成了林业贫困县农村从业人员数量低于林业非贫困县。因此，林业贫困县农村从业人员数对农村居民人均纯收入增长的促进作用小于林业非贫困县，但两者相差不大。农村水、电、路等公共基础设施的改善能较大程度地提高贫困地区农村居民的收入水平，而加大对林业贫困县农村地区的固定资产投资，完善基础设施建设，有利于当地产业的发展和就业机会的增加，从而提高当地农村居民的纯收入水平。林业贫困县相对于林业非贫困县来看，农村基础设施建设不完善，不利于当地农业特色产业的发展。无论是林业贫困县还是林业非贫困县，都面临着农村人均耕地面积少、农产品产出效益低的问题。因此，无论是林业贫困县还是林业非贫困县，农村人均土地面积对于农村居民人均纯收入都无显著影响。

12.2.5 结论与建议

（1）结论

基于 2008—2014 年赣州市 8 个林业贫困县和 7 个林业非贫困县的面板数据，首先通过描述性统计分析，比较了林业贫困县和林业非贫困县的经济增长与农村居民纯收入差异，结果表明：在 2008—2014 年期间的赣南林区，贫困县的人均 GDP 增长量仅为非贫困县的 60.73%；而对于农村居民人均纯收入而言，贫困县的农村居民人均纯收入增长量为非贫困县的 126.85%。然后利用含虚拟变量的面板数据方差分析方法，实证检验了林业贫困县与林业非贫困县在人均 GDP 和农村居民人均纯收入上存在显著差异。最后进行模型回归，从人均 GDP 和农村居民人均纯收入两个方面探讨了林业贫困县和林业非贫困县经济差异背后的影响因素。结果表明：人均固定资产投资额和人均消费额对林业贫困县和林业非贫困县的人均 GDP 具有显著影响；农村从业人员数和农村人均固定资产投资额对林业贫困县和林业非贫困县的农村居民人均纯收入具有显著影响。从总体来看，政府扶贫政策对林业贫困县农户的减贫具有明显的效果，但是林业贫困县和林业非贫困县的经济差距仍然很大。

(2) 建议

基于模型回归的结果分析，提出以下4点建议，以期为政府扶贫工作提供政策参考，缩减赣南林区贫困县和非贫困县的差距。

第一，加大对贫困县的固定资产投资力度，提高贫困县的固定资产投资水平。采取以政府为主导，鼓励社会资本积极参与的投资形式。政府可以设立专项扶贫基金，用于贫困地区基础设施建设以及扶持贫困地区的特色产业发展。脐橙、茶叶、油茶、莲子、烟叶等一直是赣州市的特色农产品，政府应当创建良好的市场环境，完善相关配套设施建设，鼓励企业等社会资本的进入，充分发挥市场的优势，将脐橙等特色农产品打造成赣州市的特色品牌，带动当地的经济发展和实现人民增收。

第二，引导贫困县居民转变消费观念，提高贫困县居民的消费水平。要提高贫困县居民的消费水平，根本上还是要靠发展。通过转变贫困地区的经济发展方式和推动经济结构的优化升级，将脐橙、茶叶等具有当地特色的农产品产业进行产业升级，对产品进行深加工来延伸产业链条，增加就业机会，提高居民的收入水平；同时完善社会保障制度和加强宏观调控，运用相关的货币政策和财政政策稳定物价，从而刺激居民的消费需求，促进经济发展。

第三，加大对贫困县农村从业人员的技能培训。政府应积极组织各种免费培训班帮助贫困地区的人们接受从业技能培训，提高农村从业人员的从业能力和素质，使其能更好地适应社会发展的要求，找到更好更稳定的工作，从而获得更高的报酬，实现贫困地区人员的增收和逐渐摆脱贫困。

第四，加大对贫困县农村地区的固定资产投资力度，提高贫困县农村地区的固定资产投资水平。完善农村地区道路建设以及相关配套基础设施建设，建设社会主义新农村；同时加大对乡镇企业的固定资产投资，促进当地经济发展。鼓励农民通过使用机械化的作业方式和科学的管理方法，提高林农产品的产出效率和收益，为农民增收创造长期稳定的环境。

第 13 章

区域脱贫攻坚与乡村振兴绩效研究

13.1 江西省乡村振兴水平研究

乡村是具有自然、社会、经济特征的地域综合体，兼具生产、生活、生态、文化等多重功能，与城镇互促互进、共生共存，共同构成人类活动的主要空间。乡村兴则国家兴，乡村衰则国家衰。我国人民日益增长的美好生活需要和不平衡不充分的发展之间的矛盾在乡村最为突出，我国仍处于并将长期处于社会主义初级阶段的特征很大程度上表现于乡村。全面建成小康社会和全面建设社会主义现代化强国，最艰巨最繁重的任务在农村，最广泛最深厚的基础在农村，最大的潜力和后劲也在农村。产业兴旺是乡村振兴的重点，深化农业供给侧结构性改革，构建现代农业产业体系、生产体系、经营体系，实现农村一二三产业深度融合发展。乡风文明是乡村振兴的保障，深入挖掘农耕文化蕴含的优秀思想观念、人文精神、道德规范，结合时代要求在保护传承的基础上创造性转化、创新性发展。治理有效是乡村振兴的基础，加强农村基层基础工作，健全乡村治理体系，确保广大农民安居乐业、农村社会安定有序。生活富裕是乡村振兴的根本，不断拓宽农民增收渠道，全面改善农村生产生活条件，促进社会公平正义。本研究将从产业兴旺、生态宜居、生活富裕、乡风文明和治理有效五个维度来构建乡村振兴综合水平评价体系，建立了 5 个乡村振兴二级指标以及 21 个乡村振兴三级指标。

13.1.1 乡村振兴指标体系

本研究从产业兴旺、生态宜居、乡风文明、治理有效、生活富裕五个方面构建江西省乡村振兴水平的测度指标体系，分析江西省不同区域、不同阶段乡村振兴水平，寻求各区域、各阶段的乡村振兴水平差异。指标数据来源于 2007—2017 年的《中国统计年鉴》《江西统计年鉴》以及各地市的统计公报。

(1)产业兴旺指标构建

产业兴旺是乡村振兴的经济基础,没有产业的推动,乡村振兴不能顺利推展。其中一二三产业融合发展的现代农业综合体是振兴乡村建设的一个重要思路,要以城乡融合助力乡村振兴,建立健全城乡融合发展新机制体制;通过优化产业结构,因地制宜发展乡村旅游,促进农民增收;利用科技创新引领现代农业发展,提高农民收益。综合考虑乡村振兴战略规划主要指标和数据的可获得性,本研究选取人均GDP、农业劳动生产率、土地利用效率、接待游客人次四个指标来作为产业兴旺的评价指标。

①人均GDP。该指标代表了该区域总体经济运行水平,且指标越大,表明产业兴旺条件越好,设为正指标。②农业劳动生产率。本研究借鉴(钱龙,2018;李谷成,2010)的研究,使用第一产业增加值与第一产业就业人数的比值得出单位劳动力第一产业增加值来作为农业劳动生产率的衡量指标,指标越大,表明产业兴旺条件越好,设为正指标。③土地利用效率。本研究参考(Lamb,2003)等人的研究,采用粮食作物的单位面积产量来衡量土地利用效率,粮食作物单产的计算方法为粮食作物年总产值与年粮食作物播种面积的比值,该指标为正指标。④接待游客人次。该指标代表了第三产业的发展情况,考虑数据的可获得性及准确性,利用每年国内接待游客人次加上国际接待游客人次的总和来表示接待游客人次,该指标也为正指标。

(2)生态宜居指标构建

乡村振兴战略是党的十九大报告中提出的,"三农"问题一直是关系国计民生的根本性问题,必须始终把解决好"三农"问题作为全党工作重中之重。其中乡村振兴中的生态宜居也是关乎农民切身利益的,良好生态环境是农村最大优势和宝贵财富。必须尊重自然、顺应自然、保护自然,推动乡村自然资本加快增值,实现百姓富、生态美的统一。对此我们选取了废污水排放量、森林覆盖率、自然保护区占辖区面积比重、床位数以及用水量这五个指标来构建生态宜居评价体系。

①废污水排放量。是指工业、第三产业和城镇居民生活等用水户排放的水量,包括经本企业净化处理,达到环保排放标准的废水、未经过净化处理的废水和虽经净化处理但未达到环保排放标准的废水。②森林覆盖率。是指森林面积占土地总面积的比率。是反映一个国家(或地区)森林资源和林地占有的实际水平的重要指标。胡艳琳等(2005)对城市森林生态系统生态服务功能的评价中运用森林覆盖率指标进行分析,并根据结论进行合理的森林规划。③自然保护区占辖区面积比重。自然保护区是指对有代表性的自然生态系统、珍稀濒危野生动植物物种的天然集中分布、有特殊意义的自然遗迹等保护对象所在的陆地、陆地水域或海域,依法划出一定面积予以特殊保护和管理的区域。④床位数。是指通过每个地区的人口数量以及医院床位数,计算每万人口医院床位数用来说明一个地方医疗资源的情况。通过这个指标来判断地区医疗资源总量、配置结构是否与就医需求量一

致。⑤用水量。水资源是世界上分布最广，数量最大，也是最为宝贵的一部分资源。我国水资源分布不均匀，需要合理利用现有的水资源。本研究选取农田灌溉用水、林牧渔畜用水以及农村居民用水占总用水量的比重这一指标，对江西省各市用水量与全国现有水平进行对比。

(3)乡风文明指标构建

乡风文明建设既是乡村振兴的重要内容，也是乡村振兴的重要推动力量和软件基础。加强乡风文明建设，既要传承优秀传统文化，更要发挥好先进文化的引领作用，同时，充分尊重乡村本位和农民主体地位，围绕农民需要提供文化服务，组织农民开展文化活动，提升农民素质和乡风文明程度。理论上，乡风文明建设是乡村振兴的软件基础，这个软件不能软；实践上，乡风文明建设是乡村振兴的难点，这个难点要突破。综合考虑乡村振兴战略规划主要指标和数据的可获得性，本研究选取文化事业单位数、小学及特殊教育毕业生数、出生政策符合率、中专毕业生和中学毕业生及教职工的总数四个指标来作为乡风文明的评价指标。

①文化事业单位数。该指标代表了该区域文化事业单位的总数，且指标越大，表明乡风文明基础条件越好，设为正指标。②小学及特殊教育毕业生数量。该指标代表了区域内接受基础教育的人数规模，指标越大，表明乡风文明条件越好，设为正指标。③出生政策符合率。本研究采用出生政策符合率为衡量乡风文明的正指标。④中专毕业生、初中毕业生、高中毕业生及教职工数量。该指标代表了该区域受中等教育的程度和规模，设为正指标。

(4)治理有效指标构建

治理有效是国家治理体系和治理能力现代化建设向广大乡村的历史性延伸，是对乡村治理在新时代提出的更高要求。治理有效是整个乡村振兴大政策方略的基础，如果乡村振兴的基石不牢固，那么整个战略道路将走得泥泞坎坷，不能顺利达到政策目标。

①离婚率。离婚是指夫妻双方通过协议或诉讼的方式解除婚姻关系，终止夫妻间权利和义务的法律行为。各地区离婚率是指各地区离婚数和结婚数之比，即人们结婚后又离婚的比例，可以反映一个地区的幸福指数，也代表一个地区的治理成果，是否有效。②火灾发生数。火灾一直是危害各地区人民人身财产的代表性灾害之一，消防工作也是各地区政府工作的重点，全国消防工作由国务院领导，由地方各级人民政府负责。火灾发生的数量可以代表各地区政府预防工作有没有做到位，社会治理工作有没有成效。③交通事故数。道路交通事故是指车辆在道路上因过错或者意外造成的人身伤亡或者财产损失的事件。交通事故数可以反映一个地区道路是否畅通，相关政策法规是否完善，执法人员执法是否坚决贯彻，是反映社会治理是否有效的一个重要指标。

(5)生活富裕指标构建

生活富裕是乡村振兴战略最根本的要求，实现生活富裕，必须提高农民收入、完成脱贫攻坚的任务、促进农民的全面发展。

①城乡居民收入之比。城乡收入比是衡量城乡收入差距的一个重要指标，也是衡量农村居民生活水平的一个重要指标。②城乡居民消费水平之比。生活水平不仅仅看收入，也要看居民的消费水平，收入很高消费水平却不高，居民生活质量也没有处于很好的水平。③恩格尔系数。是食品支出总额占个人消费支出总额的比重。19世纪德国统计学家恩格尔根据统计资料，对消费结构的变化得出一个规律：一个家庭收入越少，家庭收入中（或总支出中）用来购买食物的支出所占的比例就越大，随着家庭收入的增加，家庭收入中（或总支出中）用来购买食物的支出比例则会下降。推而广之，一个国家越穷，每个国民的平均收入中（或平均支出中）用于购买食物的支出所占比例就越大，随着国家的富裕，这个比例呈下降趋势。④公路里程数。民间有句谚语"要想富，先修路"，公路里程数一定程度上代表了一个地区的经济水平和发达程度。

13.1.2 乡村振兴各指标发展水平

(1) 产业兴旺发展水平

①人均 GDP。我国 2017 年人均 GDP 达到 59660 元，且近 11 年一直保持稳定增长，江西省 2017 年人均 GDP 为 45187 元，较 2007 年 13278 元提高了 31909 元。近十一年也同样保持了稳定增长，但总体水平依旧低于全国平均水平，说明江西省的经济发展水平与全国平均水平仍有一定差距。从江西省内来看，人均 GDP 最高的两个市分别为南昌市、新余市，分别为 95360 元、94165 元，而最低的两个市为赣州、上饶，分别为 29308 元、30372 元。江西省内地区之间经济发展水平差距明显，具体数据见图 13-1-1。

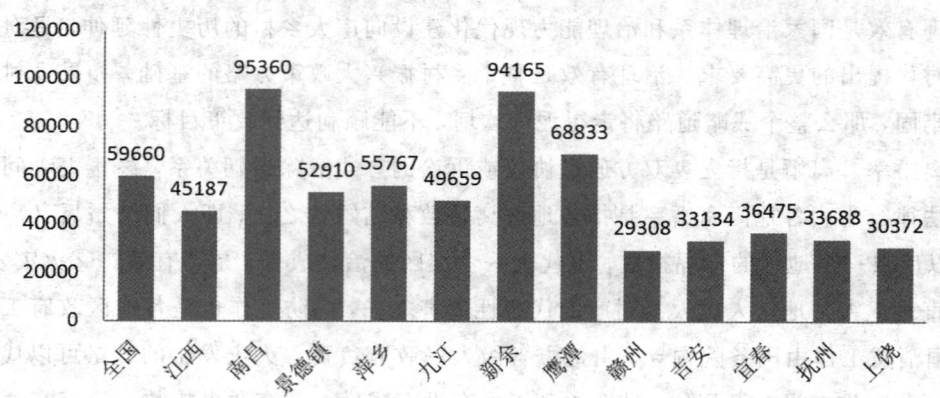

图 13-1-1 2017 年江西各市人均 GDP（单位：元）

另外从近 11 年来看，全国及江西各省市都呈稳定增长趋势，增长较快的市有南昌、新余、景德镇，其中增幅最快的为新余市，由 2007 年的 25103 元提高到 2017 年的 9416 元，在 2010—2011 年增幅最快，达到 22.71%。南昌市人均 GDP 增幅也较快，并在 2017 年首次超过新余市,成为江西省内人均 GDP 最高的市。此外赣州市的人均 GDP 一直处于较低水平,虽然逐年在增长,但赣南山区经济发展由于一些条件的制约,增长速度较其他市慢,具体数据见图 13-1-2。

图 13-1-2　2007—2017 年部分地区人均 GDP(单位:元)

②农业劳动生产率偏低,产业附加值不高。如图 13-1-3 所示,2017 年我国单位劳动力第一产业增加值为 59660 元,高于江西省平均水平 45187 元,江西各市中仅有南昌、新余、鹰潭高于全国值,其余 8 个市均低于全国值,且赣州、上饶、吉安均处于 30000 元左右的较低水平,说明农业产业的产值偏低,产业附加值亟待提升。

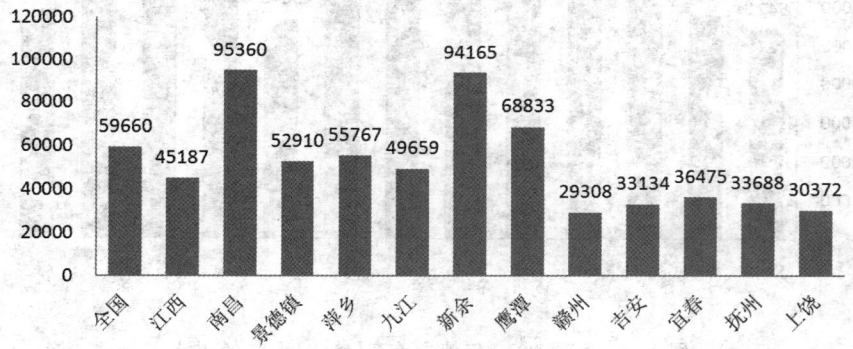

图 13-1-3　2017 年单位劳动力第一产业增加值(单位:元)

另外从近 11 年的增长趋势来看,全国和江西以及各市都呈现增长趋势,但江西省增长速度明显低于全国平均水平,在江西省内,新余市、南昌市一直处于一个较高水平并持续保持增长,在 2016 年的时候,新余市的同比增长率达到 19.44%,在 2017 年南昌市同比增长 9.44%。其中景德镇市在 2007—2015 年保持稳定增长,但在 2016 年下降至 18132 元;另外上饶市的农业劳动生产率在江西省处于最低水平,2017 年的单位劳动第一产业增加值为 30372 元,低于江西省平均水平,与增长较快的南昌市、新余市差距逐渐拉大,具体如图 13-1-4 所示。

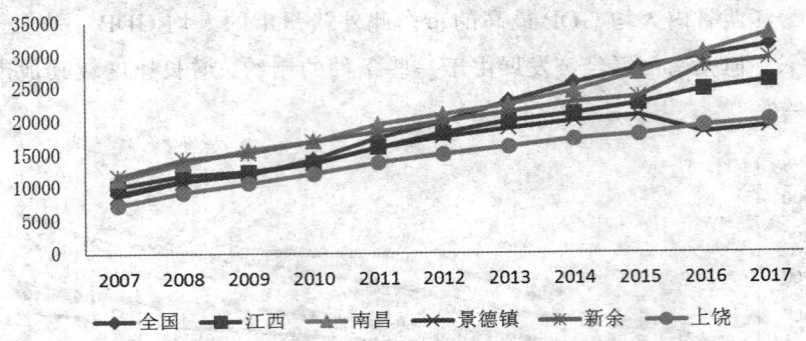

图 13-1-4 2007—2017 年部分地区单位劳动力第一产业增加值(单位:元)

③土地利用效率高于全国水平。2017 年我国平均每公顷粮食产量为 5421 千克,江西平均每公顷粮食产量 5800 千克,江西省的平均粮食单位产量略高于全国平均水平,根据统计数据显示,江西各市的粮食单位产量均高于全国水平,其中南昌市的粮食单位产量最高为 7138 千克每公顷,其次萍乡市为 7067 千克每公顷,最低的赣州市为 5648 千克每公顷。说明江西省的粮食单产较高,土地利用率处于比较高的水平。具体数据如图 13-1-5 所示:

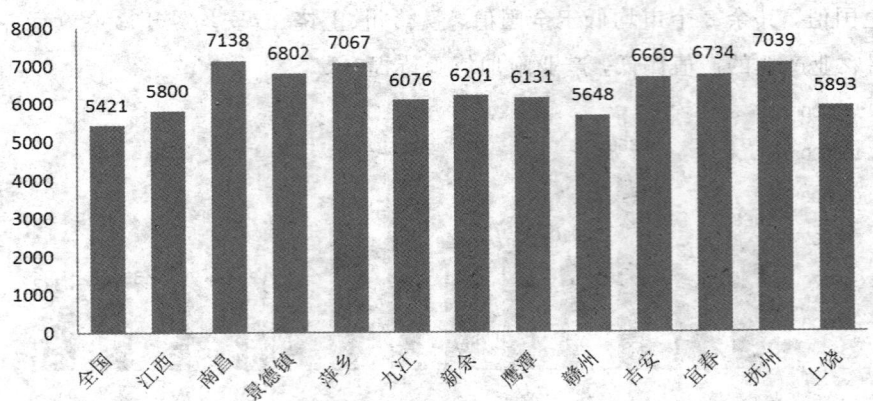

图 13-1-5 2017 年粮食单产(单位:千克/公顷)

另外从近 11 年的增长趋势来看,全国和江西以及各市大致呈增长趋势。除在 2009 年全国有小幅下降,2009 年、2010 年江西省有小幅下降外,全国及江西省均保持增长。从江西省内来看,萍乡市的粮食单产较高,但波动也最大,其中在 2009 年同比下降了 15.68%,在 2015 年同比增长 4.63%;抚州市的粮食单产也处于较高水平,且一直处于平稳增长趋势;赣州市与鹰潭市也呈大致增长趋势,但两市的粮食单产有在 2010 年小幅提升到 2011 年又下降的过程。总体而言,我国的粮食单产处于良好水平,土地利用效率呈现逐步优化的趋势。具体如图 13-1-6 所示。

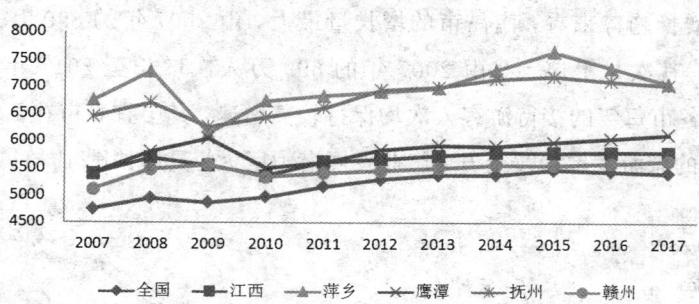

图 13-1-6　2007—2017 年部分地区粮食单产(单位:千克/公顷)

④接待游客人次。如图 13-1-7 所示,我国接待游客人次从 2007 年 16.1 亿人次增长到 2017 年的 50.3 亿人次,并保持每年持续稳定地增长,其中 2011 年增速较快,同比增长率高达 25.31%,在 2011 年之后接待游客人次均保持 10% 以上的增长率。2017 年的江西接待游客人次为 57239 万人次,近 11 年来江西省的接待游客人次保持高速增长,在 2011 年和 2012 年同比增长率分别高达 47.79% 和 56.36%,并且在 2014 年至 2017 年接待游客人次同比增长率均在 20% 以上。如图 13-1-8 所示,根据统计数据显示,江西各市接待游客人次存在比较大的差异,2017 年接待游客人次最多的为南昌市的 7219 万人次,其次为九江市 6723 万人次和上饶市 6603 万人次,新余市的接待游客人次最低,2017 年接待游客人次为 3003 万人次。

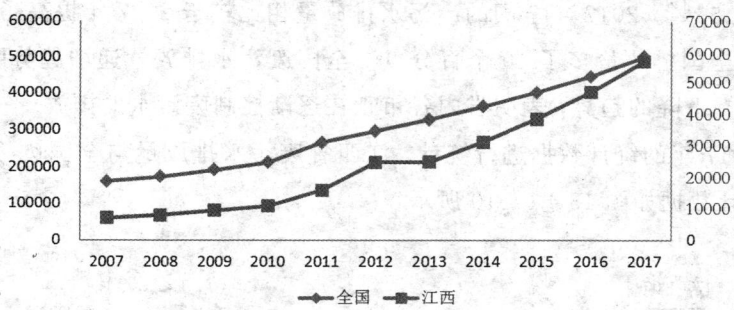

图 13-1-7　2007—2017 年全国及江西游客接待人次(单位:万人次)

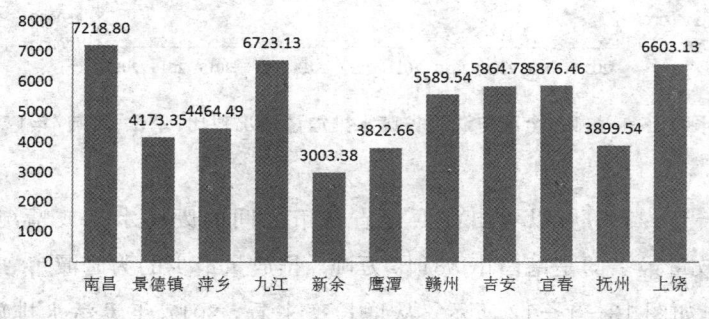

图 13-1-8　2017 年接待游客人次(单位:万人次)

从近11年的增长趋势来看,南昌市的增长量最大,由2007年的899万人次增长至2017年的7218万人次,其次是上饶市,由2007年的699万人次增长至2017年的6603万人次,增长近10倍;江西各市每年的接待游客人次均保持较高增速,其中宜春市在2017年的增速高达74.40%,说明我省的旅游发展稳步上升,产业发展潜力巨大,具体如图13-1-9所示。

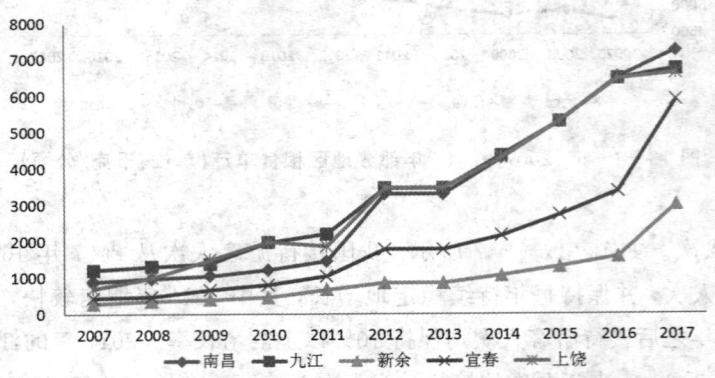

图13-1-9 2007—2017年部分地区接待游客人次(单位:万人次)

(2)生态宜居发展水平

①废污水排放量情况。2017年江西省废污水排放量达到439075万吨,比2007年废污水排放量提高了59.56%。2017年全国的废污水排放量相比较于2007年提高了49.56%,江西废污水排放量比全国排放量多了10个百分点。全国废污水排放量递增趋势明显,江西省废污水排放量有缓慢下降的趋势,表明省内各市正在逐渐控制废污水的排放。

由2007—2017年的统计数据进行统计,江西省废污水排放量与全国废污水排放量进行对比,得到的统计数据如图13-1-10所示:

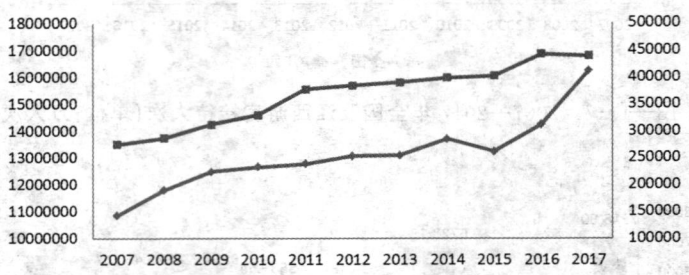

图13-1-10 全国与江西省废水排放量情况对比(单位:万吨/年)

但是从图13-1-11中可以看出江西全省各市之间的废污水排放情况差距异常明显,2017年废污水排放量最多的是南昌市88145万吨,排放量最少的为鹰潭市17530万吨,两者相差70615万吨。如图13-1-12所示,从增长率来看,2017年废污水排放量相比于2007年排放量增长幅度最大为吉安、赣州,分别增加了94.90%、63.71%。从中可以看出省内各市废污水排放量差距较大,但整体增长水平略低于全国增长水平,存在缓慢增长的趋势。

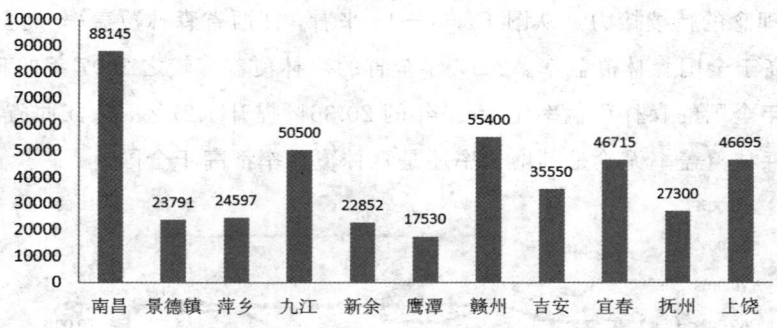

图13-1-11 2017年江西省各市废水排放量情况(单位:万吨/年)

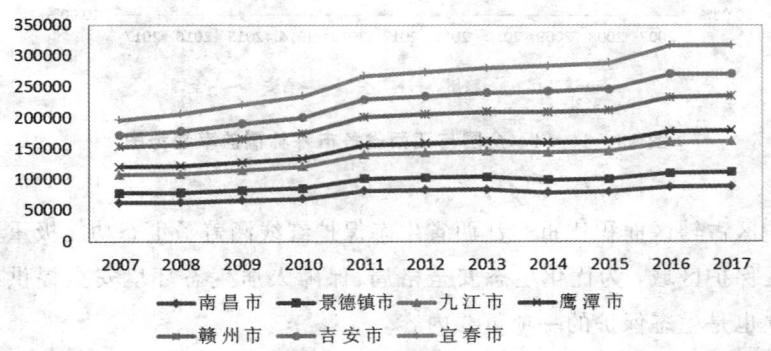

图13-1-12 江西省各市废水排放量情况趋势图(单位:万吨/年)

②森林覆盖率情况。2017年江西省11个市的森林覆盖率如图13-1-13所示,从图中我们可以看出,2017年江西省各市的森林覆盖率水平最高的是赣州的76.20%,最低的是南昌的21.96%,但其最低森林覆盖率依旧高于全国水平;江西省平均森林覆盖率水平为59.26%,其中有5个市的森林覆盖率低于全省平均水平,这表明江西省内部各市的森林覆盖率存在一定的差距。

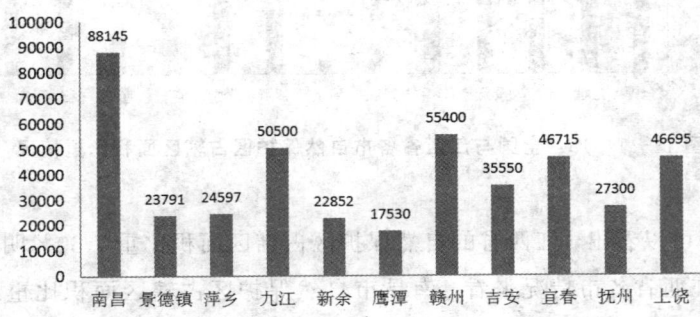

图13-1-13 2017年江西省各市森林覆盖率情况对比

2017年,江西省森林覆盖率高达63.10%,这是人与自然和谐共生的生动诠释,是江西秉持绿色发展理念的持续接力。从图13—1—14来看,江西省森林覆盖率一直保持平稳上升的态势,远远高于全国森林覆盖率。2017年全省的森林覆盖率较之2007年的55.86%上升了7.24%,2017年全国的森林覆盖率比2007年的20.36%提升1.27%,从江西省与全国的比较来说,江西省森林覆盖率无论是其增长率还是森林覆盖率都高于全国。

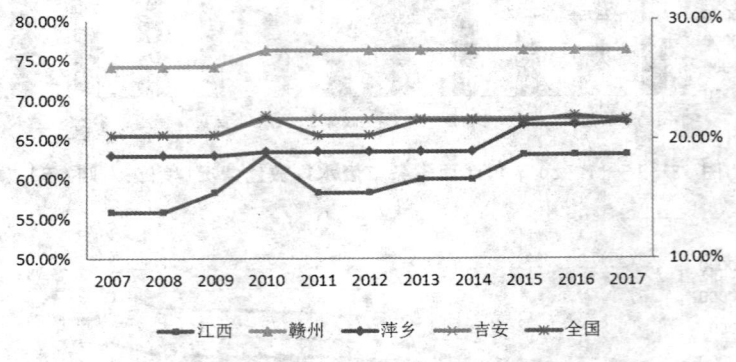

图13—1—14 全国与江西省各市森林覆盖率趋势图

③自然保护区占辖区面积比重。江西省生态保护红线涵盖了生态功能极重要区和生态极敏感区及各类受保护区域,为优化生态安全格局、保障人居生态环境安全提供有力保障,自然保护区的设立也是生态保护的一项重要内容。

从自然保护区占辖区面积比重情况来看,江西省自然保护区所占面积相对较少。其具体统计数据如图13—1—15所示:

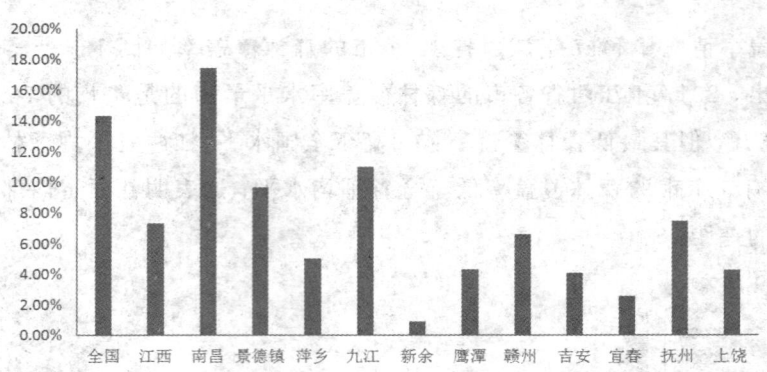

图13—1—15 全国与江西省各市自然保护区占辖区面积比重情况

通过统计数据可以看出,江西省的自然保护区占辖区面积比重7.30%明显低于全国水平14.30%。其中从江西省各市情况来看,南昌市自然保护区占辖区面积比重最高为17.43%,最低的为新余市仅有0.88%,两者差距较大,省内各市有关自然保护区的设立存在不平衡的现象。从图13—1—16中可以看出江西省自然保护区占辖区面积比重近几年波动较大,2017

年较2016年增长了0.95%,全国自然保护区占辖区面积比重近些年一直较为平稳,处在一个较高的水平。江西省自然保护区面积整体处于上升阶段,与全国趋势趋于一致,但总量较全国更少,应加强自然保护区的设立,创造更加良好的生态生活环境。

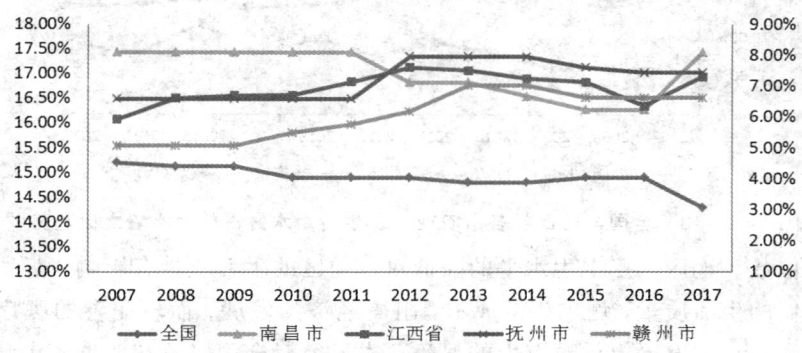

图13-1-16 全国与江西省各市自然保护区占辖区面积比重趋势图

④农业以及生活用水量占总用水量之比。江西省是江南"鱼米之乡",古有"吴头楚尾,粤户闽庭"之称。选取农田灌溉用水、林牧渔畜用水以及农村居民用水占总用水量的比重作为生态宜居的评价指标之一。

从图13-1-17可以看到,江西省内有4个市农业以及农村居民用水量所占比重大于全国水平。2017年全国农田灌溉用水、林牧渔畜用水以及农村居民用水占总用水量的比重为74.07%,高于江西省的68.92%,差距较小,这也体现出江西省农业大省的本质。从图13-1-18中看出全国以及江西省各市农田灌溉用水、林牧渔畜用水以及农村居民用水占总用水量的比重增长趋势基本一致,呈现出平稳态势,每年以较小的幅度在增长。2017年全国用水量占比为74.07%,相较于2007年的76.19%下降了2.12%,江西省2017年农田灌溉用水、林牧渔畜用水以及农村居民用水占总用水量的比重则相较于2007年上升了2.90%。这也进一步表明江西省农业较为发达,一直重视农业的不断发展,坚守耕地红线的准则。

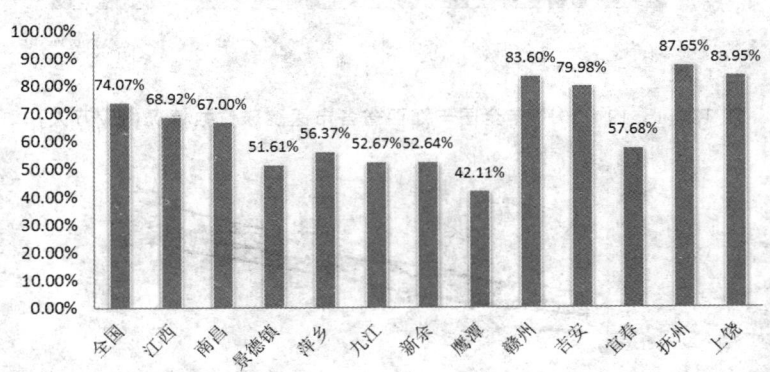

图13-1-17 2017年全国与江西省各市农业及生活用水量占总用水量之比

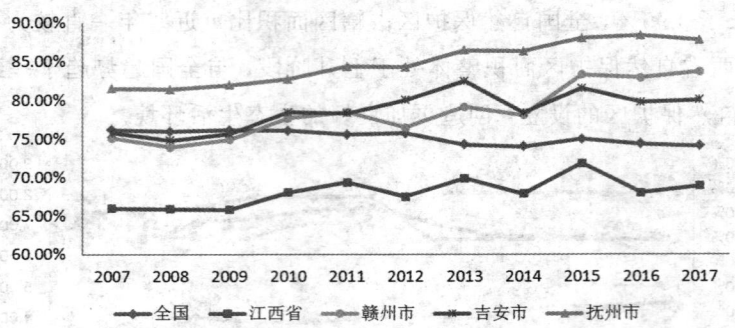

图13—1—18 全国与江西省各市农业以及生活用水量占总用水量之比趋势图

⑤医院床位数。地区医疗卫生水平的高低对该地区的生活质量有影响,落后的医疗卫生条件会降低人们的生活质量,增加生活成本,阻碍经济的发展,而较完善的医疗卫生系统则为人们的健康和经济的发展提供更有力的保障。本研究对全国以及江西省各市每万人拥有的医院病床位数这一指标进行统计,测度江西省各市的医疗卫生水平的高低。

由图13—1—19中可以看出,2017年江西省各市每万人拥有医院病床位数有较大差距,其中鹰潭市每万人拥有62.05张床位,而同年抚州每万人仅拥有33.92张床位,小于全省平均水平每万人49.71张床位,这反映在医疗卫生水平上各市之间存在较大差距,还可以发现江西省部分市的每万人床位数低于全省和全国的平均水平,医疗卫生建设还有待加强;与此同时,从增速的角度来看,如图13—1—20所示,全省各市正与全国的增长势头趋于一致,现在全省床位数平均水平已经高于全国标准。这也使得省内各市之间医疗资源的合理配置显得更加重要,将有限的资源充分利用。

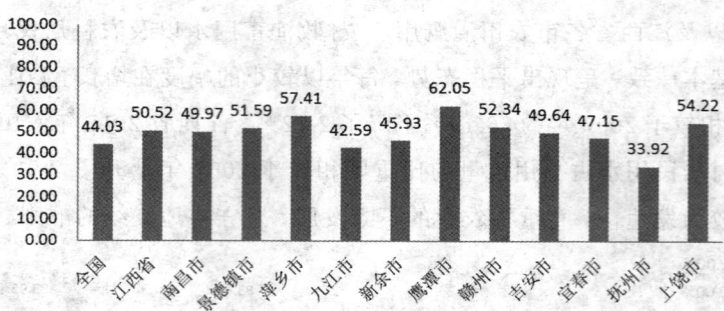

图13—1—19 2017年全国与江西省各市医院床位数情况(张/万人)

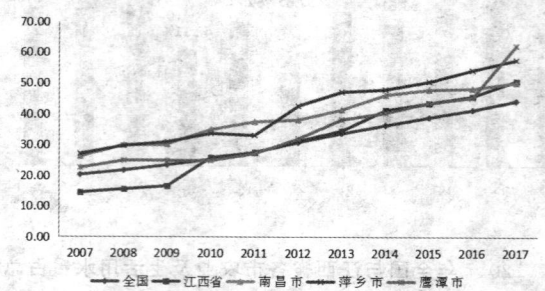

图13—1—20 全国与江西省各市医院床位数量趋势图(张/万人)

(3)乡风文明发展水平

①文化事业单位数。乡风文明建设是乡村振兴战略不可或缺的一部分,在积极实施政策的同时也离不开各级政府的大力支持,由此我们选择近11年文化事业单位数量的变化作为衡量乡风文明的指标之一。由图13-1-21我们可以看出,2017年各市文化事业单位的数量中,最多的是赣州市66个,最少的是新余市11个,两者相差较大,这表明省内各市关于乡村文化体系的建设存在差距。

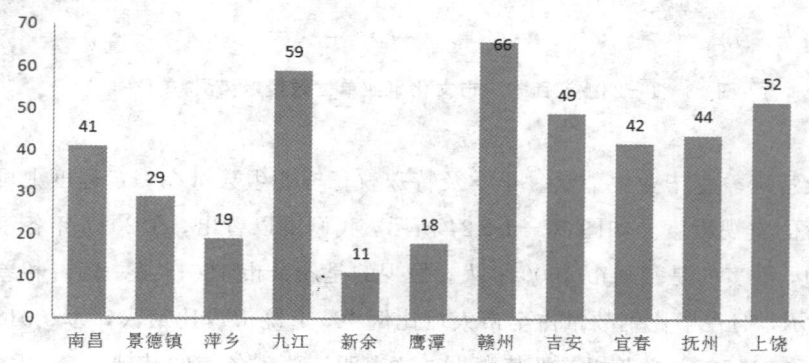

图13-1-21 2017年江西省各市文化事业单位数量(单位:个)

如图13-1-22所示,2007年至2015年,我国文化事业单位数量由7146个增至9475个,在2015—2016年存在下降趋势,由9475个减少至7809个,但在2017年上升至9168个。11年来我国文化事业单位数量呈上升趋势,共增加2022个,增长率为28%。如图13-1-23所示,江西省文化事业单位数量由379个增至437个,增加了58个,增长率为15%。这表明全国和江西省文化事业单位数量都呈上升趋势,但江西的增长速度慢于全国。江西省各个市中仅有吉安市文化事业单位数量减少,11年来由53个减至49个;萍乡、新余等10市均以较慢涨幅稳定增长。

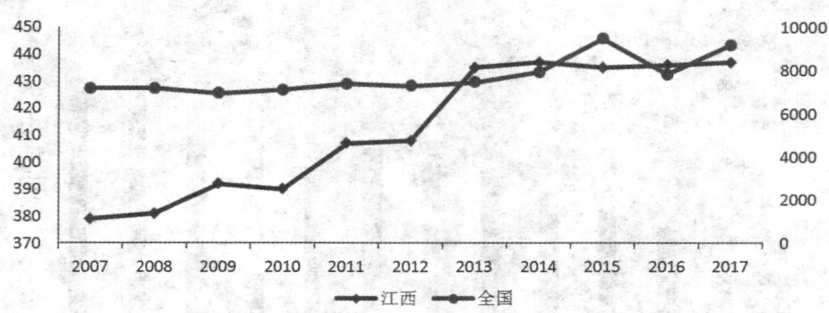

图13-1-22 全国与江西省文化事业单位趋势图(单位:个)

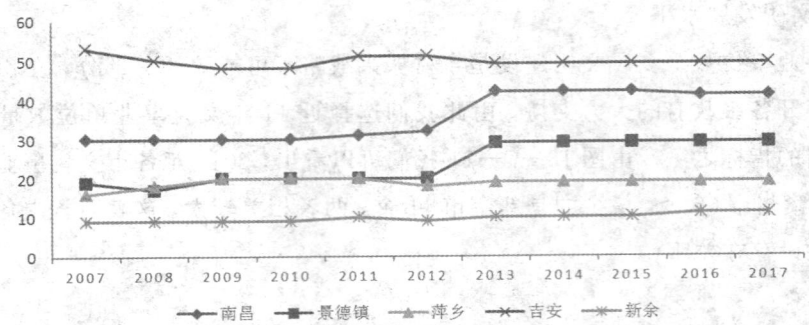

图 13-1-23 江西省5市文化事业单位数量趋势图(单位:个)

②小学及特殊教育毕业生数量。小学及特殊教育毕业生数量在一定程度上可以体现农村对于文化教育的重视程度。如图13-1-24所示,我们可以看出,在2017年各市小学及特殊教育毕业生中,最多的是赣州市150046人,最少的是新余市16611人,两者相差很大。如图13-1-25所示,但在毕业生数量占全市人口比例中,上饶市占比最大,为0.011940;南昌市占比最小,为0.011938,两者相差极其微小。这表明江西省各市的基础教育差距非常小。

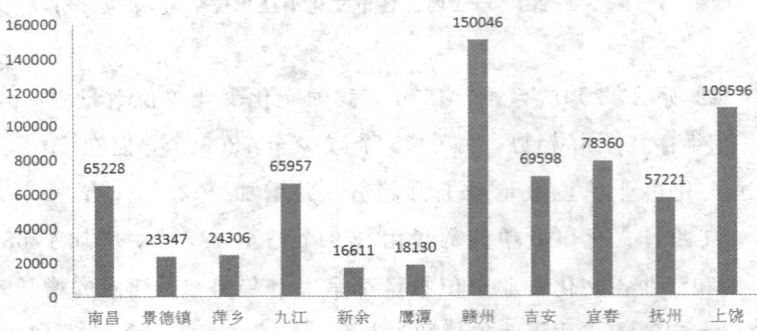

图 13-1-24 2017年江西省各市小学及特殊教育毕业生数量(单位:人)

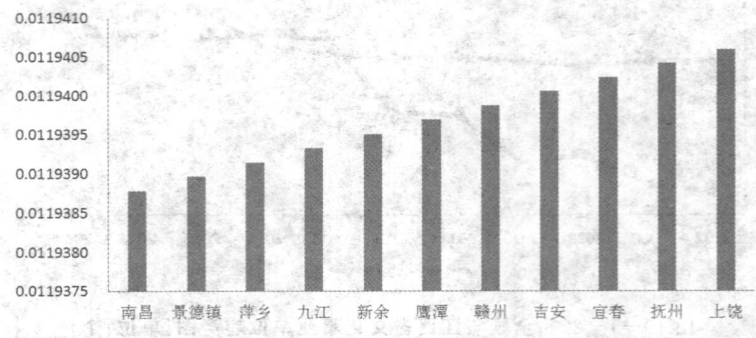

图 13-1-25 2017年各市小学生、特殊教育毕业生数量占全市人口比例

如图13-1-26所示,在2007—2015年,全国小学及特殊教育毕业生数量持续减少,由18752000人减少至12882800人,但在2015年至2017年上升至13912401人。10年内总体数量呈下降趋势,减少人数为4839599人。江西省小学及特殊教育毕业生数量在2007年至2009年由542814人上升至694818人,但从2009年至2015年数量逐年减少,由678534人下降至593894人,随后到2017年上升为678400人。这表明自2009年开始,江西省与全国小学及特殊教育毕业生数量增减趋势几乎相同。

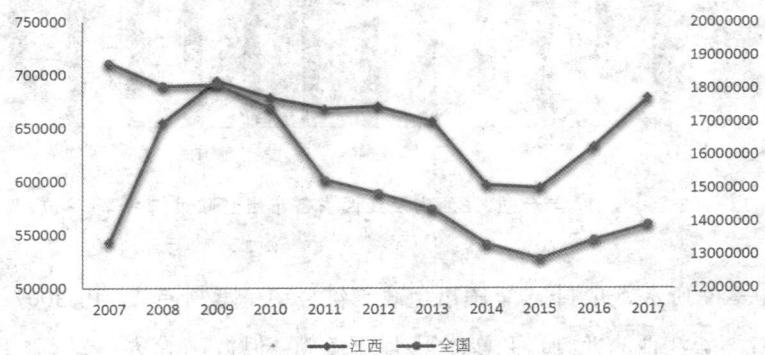

图13-1-26 全国和江西省小学及特殊教育毕业生数量趋势图(单位:人)

如图13-1-27所示,从江西省内各市十年趋势来看,新余市、鹰潭市、赣州市毕业生人数在2007年至2009年快速增长后达到平稳,直至2015年再次开始快速增长,10年内增长近一倍,其余各市毕业生变化不大。这表明新余市、鹰潭市、赣州市10年内基础教育的人数规模增长迅速,其余各市应加大教育投入。

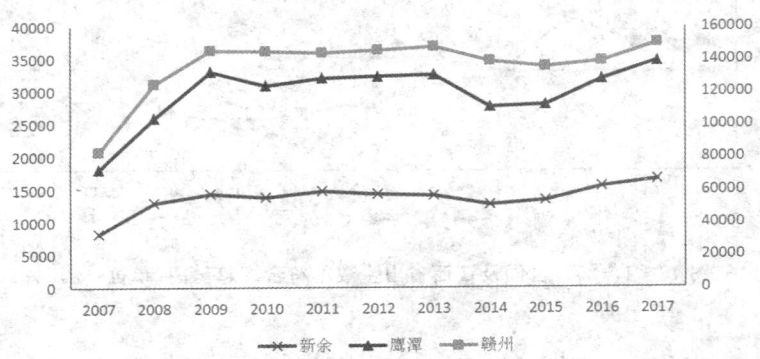

图13-1-27 江西省三市小学及特殊教育毕业生数量趋势图(单位:人)

③出生政策符合率。如图13-1-28所示,2017年全国出生政策符合率为87%,江西省为91.65%,这表明江西省出生政策的符合程度高于全国平均水平。江西省各市出生政策符合率最高的是新余市95.42%,最低的是赣州市89.38%。但江西省最低符合率的赣州市仍然高于全国水平。

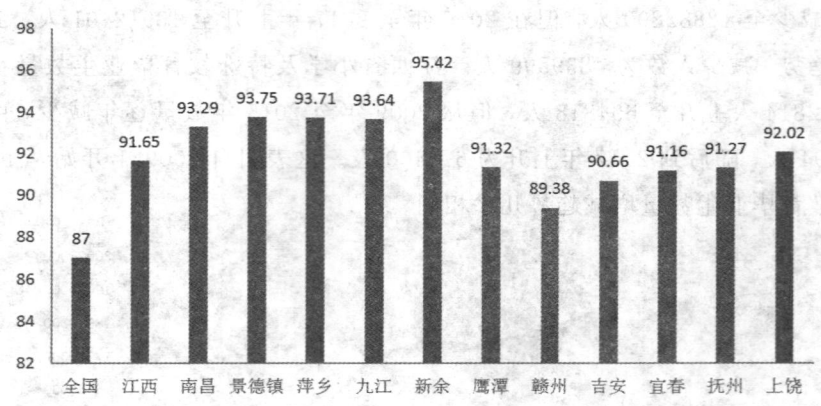

图 13-1-28 2017年全国、江西省及江西省各市出生政策符合率(单位:%)

如图 13-1-29 所示,近 11 年全国出生政策符合率呈增高趋势,由 2007 年的 83% 增长至 2017 年的 87%,江西省近 11 年总体呈上升趋势,但波动较大。2007 年至 2009 年由 85.17%增长至 86.87%;在 2010 年至 2014 年波动下降至 79.44%达到最低;2015 年至 2017 年快速增长至 91.65%。这表明 2015 年后,江西省出生政策符合率处于快速上升阶段,与全国趋势一致,但增长速度远远高于全国水平。

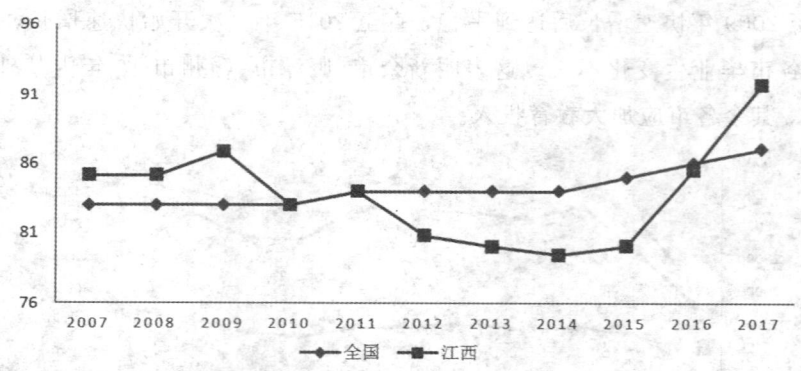

图 13-1-29 全国及江西省出生政策符合率趋势图(单位:%)

如图 13-1-30 所示,江西省各市出生政策符合率 10 年内总体呈增长趋势,但在 2010 年,景德镇、吉安等市出生政策符合率都出现下降,在 80%左右,低于 2010 年全国平均标准 83%;在 2011—2013 年,各市小幅度增长;在 2013 年,各市再次出现出生率下降情况,降至 80%左右,低于 2013 年全国水平。在 2014—2017 年,各市出生政策符合率大幅度提升,除赣州为 89.38%外,其余各市全部增至 90%以上。

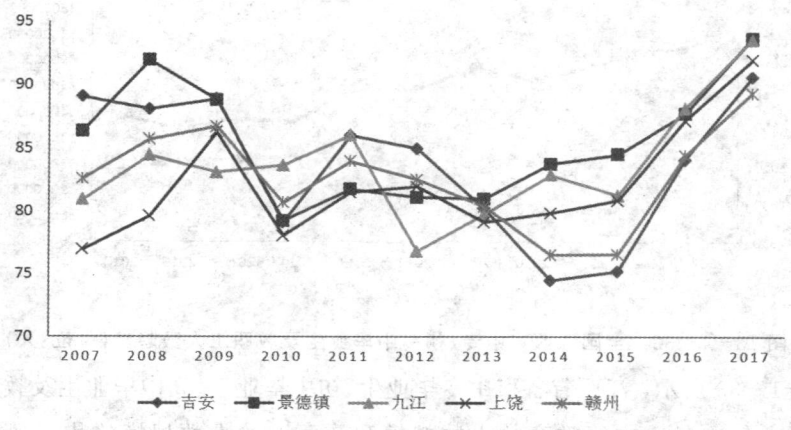

图 13-1-30　江西省各市出生政策符合率趋势图(单位:%)

④中专毕业生、初中毕业生、高中毕业生及教职工数量。如图 13-1-31 所示,我们可以看出,2017 年各市中专毕业生、初中毕业生、高中毕业生及教职工数量中,最多的是赣州市 246188 人,最少的是鹰潭市 25227 人,两者相差较大。

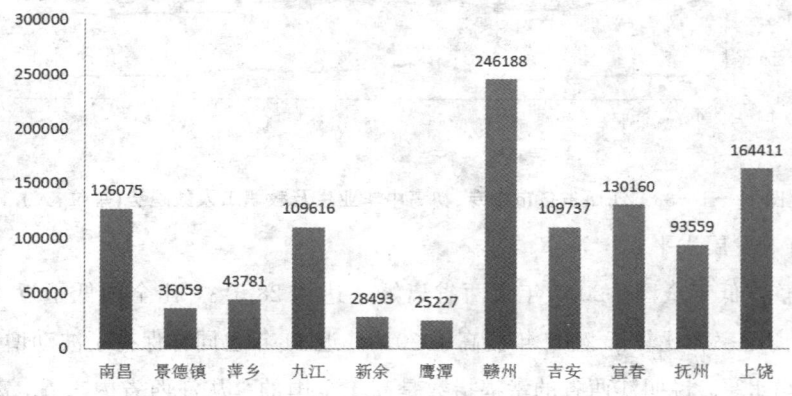

图 3-1-31　2017 年江西省各市中专、初高中毕业生及教职工数量(单位:人)

从图 13-1-32 可知,全国中专毕业生、初中毕业生、高中毕业生及教职工数量总体呈下降趋势。2007 年至 2010 年由 36738397 人下降至 35281267 人;在 2011 年上升至 35767606 人后,于 2012 年至 2017 年下降至 31769002 人,其中在 2013 年至 2014 年大幅度减少,减少数量为 2582405 人。江西省中专毕业生、初中毕业生、高中毕业生及教职工数量波动较大,在 2009 年大幅度下降至 1052925 人;但在 2011 年则大幅度增至 1195672 人;之后在 2011 年至 2017 年波动下降至 1113296 人。这表明全国十年内中专毕业生、初中毕业生、高中毕业生及教职工人数呈下降趋势,减少人数为 4969395,下降幅度为 13.52%。这表明全国中等教育毕业生人数及教职工数量呈下降趋势,江西省 2011 年后与全国趋势保持一致。

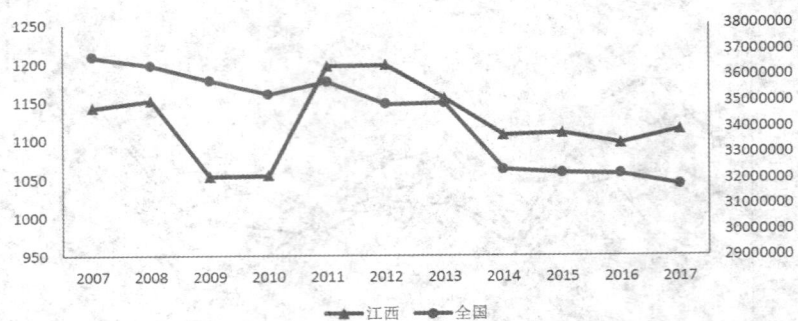

图13-1-32 全国江西省中专、初高中毕业生及教职工人数趋势(单位:人)

如图13-1-33所示,江西省各市中专毕业生、初中毕业生、高中毕业生及教职工数量波动不大,这表明10年内各市中等教育的人数规模和江西省的人数规模趋势一致,都处于稳定状态。

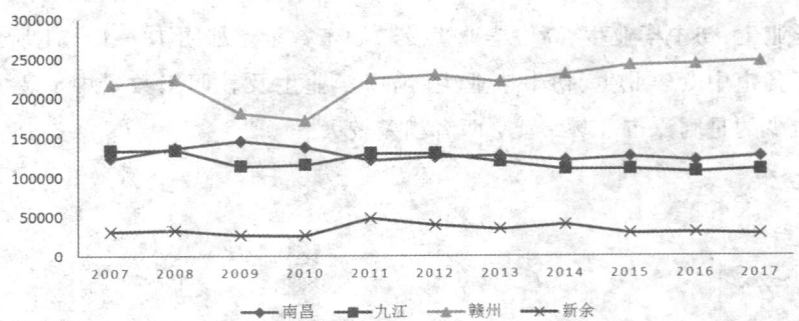

图13-1-33 江西省各市中专、初高中毕业生及教职工人数趋势(单位:人)

(4)治理有效发展水平

①离婚率整体低于全国。2017年江西省离婚率达到28.6%,比全国低了近13个百分点。2017年全国的离婚率相比较于2007年提高了20%。近11年也同样保持了波动增长,但总体水平低于全国平均水平,说明江西省的幸福指数是高于全国的。从江西省内来看,离婚率最低的两个市分别为吉安市、上饶市,分别为24.06%、21.7%,而最高的两个市为景德镇市、新余市,分别为41.76%、37.57%。江西省内地区之间离婚率差距明显,具体数据见图13-1-34。

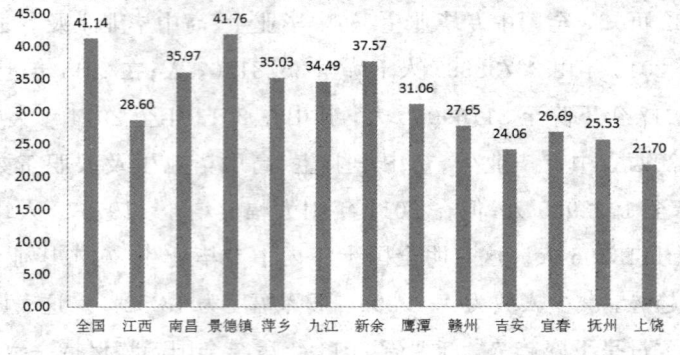

图13-1-34 2017年各地区离婚发生率(%)

另外,从近11年来看,全国及江西各市都呈稳定增长趋势,增长较快的市有南昌、九江、景德镇、萍乡,其中增幅最快的为南昌市,离婚率由2007年的20.6%提高到2016年的46%,之后在2017年下降到35.9%。此外赣州市的离婚率一直处于较低水平,虽然逐年在增长,但赣南山区离婚率一直不高,增长速度较其他市慢,说明山清水秀的慢速环境有利于幸福指数的提高,具体数据见图13-1-35。

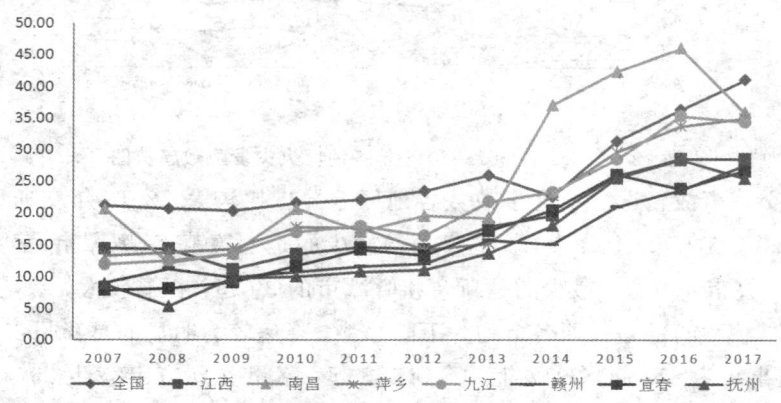

图13-1-35 2007—2017年各地区离婚发生率趋势图(%)

②火灾发生情况地区差异较大。我国火灾发生数从2007年的16.4万次增长到2017年的20.3万次,但是从图13-1-36中可以看出江西全省各市之间的火灾发生情况差距异常明显,火灾发生数较多的是南昌市、赣州市、宜春市、上饶市,火灾发生数较少的是景德镇市、抚州市、萍乡市、新余市。2017年火灾发生数最多的是南昌市1562次,火灾数最少的为景德镇市189次,两者相差1373次。从中可以看出省内各市火灾发生情况差距较大,区域面积较大的地市火灾发生数较多,经济发达建筑物密集的地区次数较多。

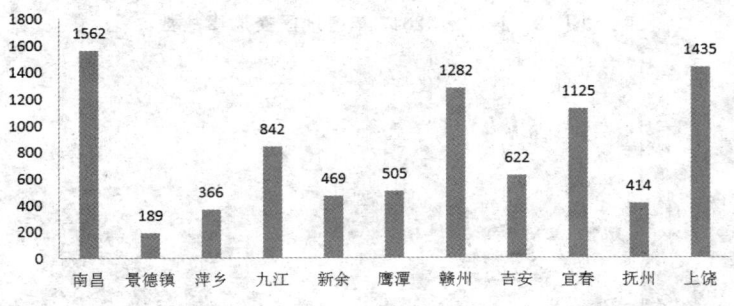

图13-1-36 2017年各地区火灾发生数

从近11年的增长趋势来看(如图13-1-37所示),南昌市的波动最大,波动大可能是受经济发展和制度完善影响,其次是赣州,由2007年的407次增长至2017年的1282次,增长近3倍,2012—2013年增幅最大。江西其他各市每年的火灾发生数均保持稳定低速增长,说明江西省在经济发展的同时，消防安全问题也控制较为良好。

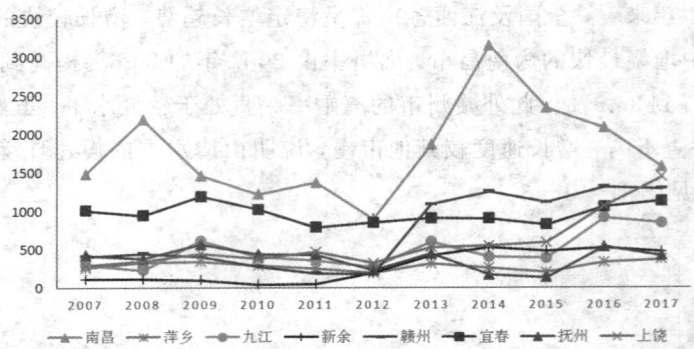

图13-1-37　2007—2017年各地区火灾发生数趋势图

③各地区交通事故情况。交通事故数各地区差异也比较大，2017年交通事故数较多的是九江市、赣州市、吉安市、上饶市，交通事故数较少的是景德镇市、鹰潭市、萍乡市、新余市。其中最多的是上饶市466起，最少的是新余和鹰潭市的39起，相差较大，数值为427起（见图13-1-38）。但可喜的是江西各市均为下降趋势，降速较为明显的是赣州市和南昌市，南昌2007年交通事故为811起，2017年下降到145起，赣州市2007年发生2574起交通事故，2017年下降到411起。其他地级市则平稳下降，截至2017年，江西省各地级市交通事故数均低于500起以下（见图13-1-39）。这得益于交通政策法规的日益完善和人民素质的提高。

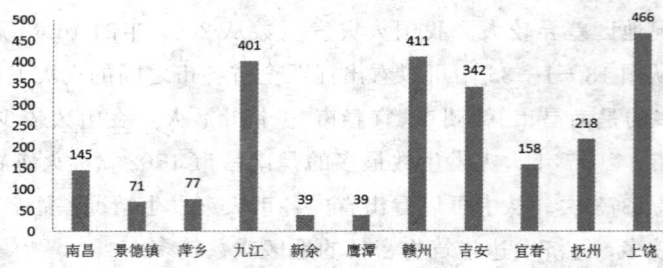

图13-1-38　2017年各地区交通事故数

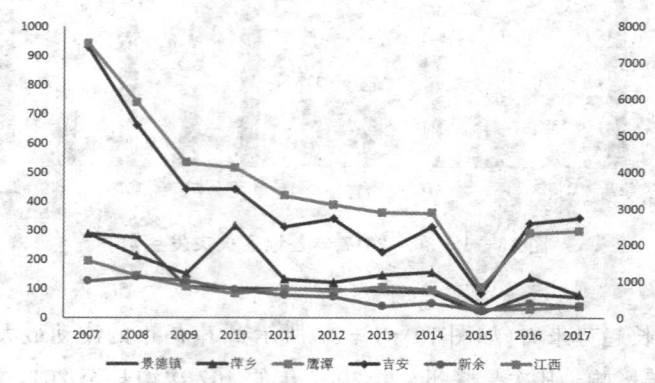

图13-1-39　2007—2017年江西及部分地区交通事故数趋势图

(5)生活富裕发展水平

①城乡居民收入之比。如图13－1－40所示，城乡居民收入之比，属于负向指数，整体上除赣州贫困山区外，其他地市及江西省指标均低于全国，处于全国平均以上水平。如图13－1－41所示，就2007—2017年趋势来看，呈下降趋势，说明城乡收入差距进一步缩小，正在实现共同富裕。

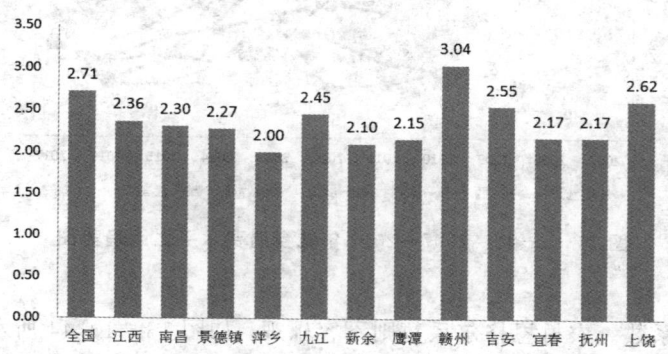

图13－1－40　2017年城乡收入之比(倍)

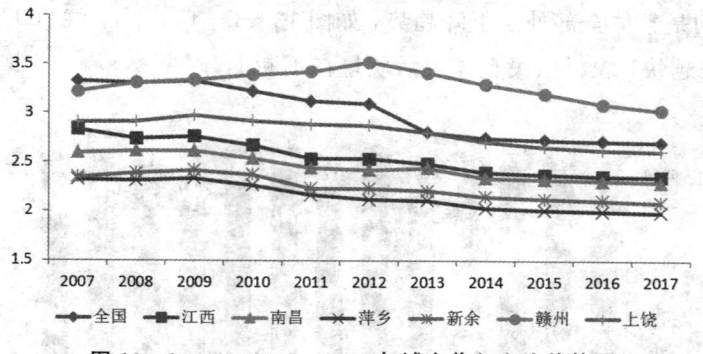

图13－1－41　2007—2017年城乡收入之比趋势图

②城乡居民消费水平。如图13－1－42所示，城乡居民消费水平之比江西各市均低于全国平均水平，一方面说明江西省的城乡消费水平差距不大，另一方面也可以说明江西农村消费水平较高。如图13－1－43所示，2007—2017年江西各地级市城乡消费水平差距在波动下降，2013年到达一个小峰值，之后继续下降，城乡居民消费水平差距也在逐步缩小。

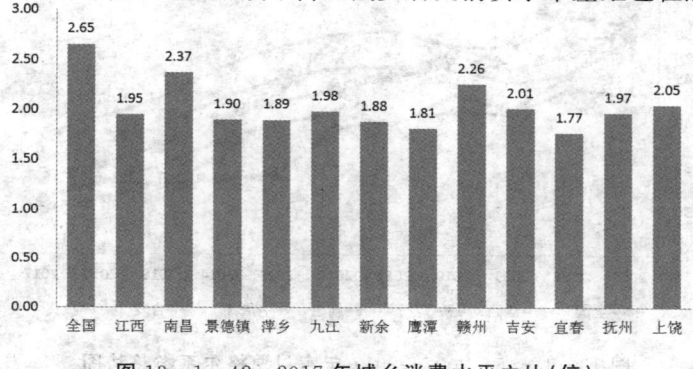

图13－1－42　2017年城乡消费水平之比(倍)

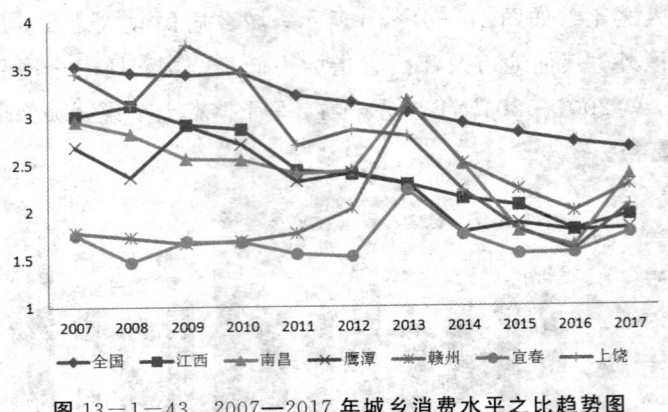

图 13-1-43 2007—2017 年城乡消费水平之比趋势图

③农村恩格尔系数。农村恩格尔系数则不容乐观，如图 13-1-44 所示，2017 年除吉安外，其他地市和江西省均高于全国，江西省大部分农村居民食品支出占总支出比重超过 30%。不过可喜的是整体全部处于下降趋势，如图 13-1-45 所示，就 2007—2017 年趋势来看，下降速度越来越快，农村居民整体生活质量在不断上升。

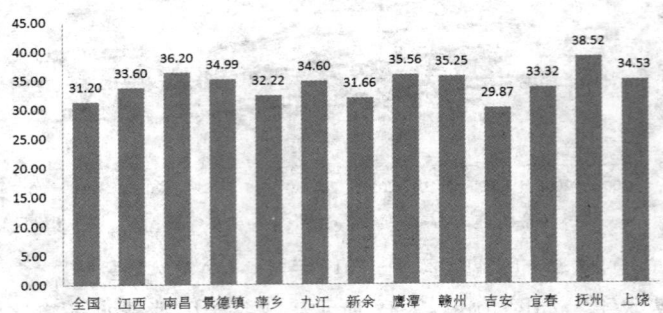

图 13-1-44 2017 年农村恩格尔系数(%)

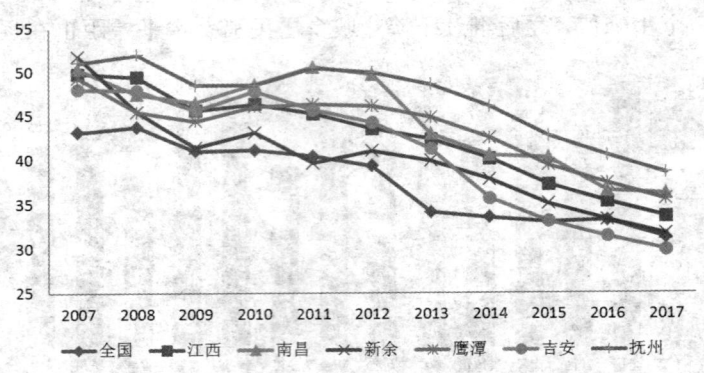

图 13-1-45 2007—2017 年农村恩格尔系数趋势图

④公路里程数。公路里程数整体稳步上升，公路里程数是反映公路建设发展规模的重要指标，也是社会经济发展水平的重要标志。如图 13-1-46 所示，从各地级市横向看，宜春、抚州、吉安、上饶、赣州、九江六市区域面积大，公路里程基数大，南昌、景德镇、萍乡、新余、鹰潭五市区域面积相对较小，公路里程基数小。从 2007—2017 年纵向来看，除赣州市增速稍快，其他地级市增速不快，慢速平稳上升，一定程度上反映江西省社会经济发展水平稳步上升。

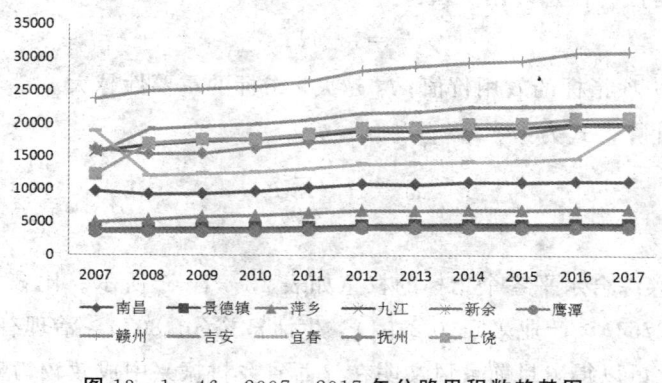

图 13-1-46　2007—2017 年公路里程数趋势图

13.1.3 乡村振兴综合指标水平

(1)研究方法

乡村振兴系统的综合发展水平计算公式如下：

$$U_{s=1,2} = \sum_{j=1}^{n} \omega_{sj} u_{sj} \tag{13-1-1}$$

其中，U_1 表示乡村振兴系统的综合评价函数；U_2 表示脱贫攻坚系统的综合评价函数；u_{sj} 为 s 系统的第 j 项指标值；ω_{sj} 为指标权重，本研究采用熵权法来计算指标权重，具体步骤如下：

第一步，构建初始指标判断矩阵。对于 m 个研究城市，n 项乡村振兴与脱贫攻坚综合发展水平评价指标，可构建初始矩阵 $X = \{x_{ij}\}_{m \times n}$，其中，$x_{ij}$ 为区域 i 的第 j 项指标值($i=1, 2, \cdots, m; j=1, 2, \cdots, n$)。

第二步，指标数据的标准化。由于各指标的计量单位存在差异，需要对指标做无量纲化处理，计算公式如下：

正向指标：$x_{ij} = x_{ij} - \min(x_{ij}) / \max(x_{ij}) - \min(x_{ij})$

负向指标：$x_{ij} = \max(x_{ij}) - x_{ij} / \max(x_{ij}) - \min(x_{ij})$

其中，$\max(x_{ij})$、$\min(x_{ij})$ 分别为指标的最大值和最小值。

第三步，指标同度量化：

$$P_{ij} = x_{ij} / \sum_{i=1}^{n} x_{ij} \tag{13-1-2}$$

其中，P_{ij} 为第 j 项指标下第 i 个区域所占的相对比重。

第四步,计算第 j 项指标的熵值 H_j:

$$H_j = -\frac{1}{\ln m}\sum P_{ij}\ln P_{ij} \qquad (13-1-3)$$

其中,H_j 为第 j 项指标的熵值;$\frac{1}{\ln m}$ 为信息熵系数。

第五步,计算指标的信息效用价值:

$$d_j = 1 - H_j \qquad (13-1-4)$$

其中,d_j 为第 j 项指标的效用价值;d_j 越大,指标的重要性越大。

最后,权重的计算公式为:

$$\omega_j = d_j \Big/ \sum_{j=1}^{n} d_j \qquad (13-1-5)$$

(2)权重计算

江西省乡村振兴综合水平各个指标的权重如表 13-1-1 所示。比较 5 个一级指标可以发现,乡风文明(0.2754)＞产业兴旺(0.2191)＞生活富裕(0.1807)＞治理有效(0.1711)＞生态宜居(0.1536),由此可以得出目前乡风文明在江西省乡村振兴中成效较为显著。

表 13-1-1　　　　　　　乡村振兴综合水平评价体系

目标层	准则层		指标层	性质	权重
乡村振兴	产业兴旺	0.2191	人均 GDP	＋	0.3907
			农业劳动生产率	＋	0.1854
			粮食作物单产	＋	0.2107
			接待游客人次	＋	0.2131
	生态宜居	0.1536	废污水排放量	－	0.1098
			森林覆盖率	＋	0.1003
			自然保护区占辖区面积比重	＋	0.2426
			床位数	＋	0.3127
			用水量	＋	0.2346
	乡风文明	0.2754	文化事业数	＋	0.1938
			小学及特殊教育毕业生数	＋	0.3222
			出生政策符合率	＋	0.1773
			初中、高中、中专毕业生及教职工数量	＋	0.3067
	生活富裕	0.1807	城乡收入之比	－	0.2557
			消费水平之比	－	0.2517
			恩格尔系数	－	0.2521
			公路里程	＋	0.2404
	治理有效	0.1711	离婚率	－	0.3507
			火灾发生起数	－	0.3152
			道路交通事故发生起数	－	0.3341

(3) 乡村振兴水平评价

①产业兴旺指标水平评价

江西省各个城市产业兴旺综合水平变动趋势如图 13-1-47 所示。2007—2017 年江西省各市间的产业兴旺综合水平波动较小，南昌市产业兴旺指数 2007—2009 年下降，2009—2017 年一直在上升。从各个城市产业兴旺指标数值的绝对增量来看，11 年间产业兴旺指数上升最快的是南昌市，共增加 0.1733，并且这几年上升速度在加快。下降最快的是景德镇市，共减少 0.1093。江西省内产业兴旺指数变化不大，只有南昌市增长速度较快，作为省会具有一定的优势，更能够吸引投资商的到来。但其余城市产业发展并不活跃，需要相关部门及时进行调整。赣州市产业兴旺指数存在下降的趋势，表明其相关产业在市场上的反响并不是很好，政府需要给予支持，积极引导。从 11 个城市的产业兴旺指标的均值来看，由大到小依次排列为：南昌(0.8127)、新余(0.6120)、萍乡(0.5103)、景德镇(0.4578)、九江(0.3696)、鹰潭(0.3388)、吉安(0.3225)、宜春(0.3221)、抚州(0.3101)、上饶(0.2552)、赣州(0.1723)。

江西省是一个产业繁多的省份，各地都有自己的优势产业，但将其发展成为名牌产业仍有一定的差距。各地政府在积极引进优质投资商的同时，也要树立自己的品牌，将产业做好做精。

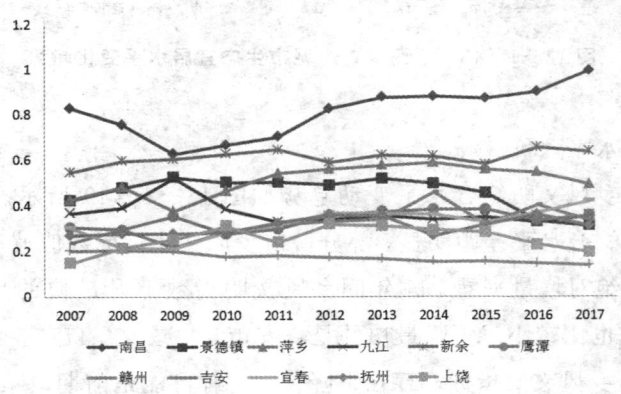

图 13-1-47 江西省各个城市产业兴旺水平变化趋势

②生态宜居指标水平评价

江西省各个城市生态宜居综合水平变动趋势如图 13-1-48 所示。2007—2017 年江西省各市间的生态宜居综合水平差距明显，部分城市生态指标数值波动较大。从各个城市生态宜居指标数值的绝对增量来看，11 年间生态宜居指数上升最快的是赣州市，共增加 0.05971，并且赣州市生态指标一直处于省内前列。下降最快的是宜春市，共减少 0.1849。深入发现，宜春市近些年生态宜居指标一直在缓慢下降，归结于其产业主要是建材、机电等，企业废污水排放量较多，对于城市整体的生态环境有所影响，但是 2018 年以来宜春已经在做产业转换，将新能源作为重点发展产业。南昌市作为省会城市其生态宜居指标波动较大，处于一个低水平状态,这跟近几年南昌在加快城市建设,到处施工有一定的关系。新余市生态宜居指标位于全省最后一位,2015—2017年有缓慢的增长。从11个城市的生态宜居指标的均值来看,由大到小依次排列为:赣州(0.7417)、上饶(0.6776)、吉安(0.5932)、抚州(0.5917)、南昌(0.5860)、九江(0.5132)、宜春(0.4869)、景德镇(0.3834)、鹰潭(0.3200)、萍乡(0.3150)、新余(0.1934)。

从未来的发展趋势来看,江西省各市的发展潜力还很巨大,部分生态宜居指标较低的地区还有很多可利用的资源优势没有发挥出来,也在不断地改变现有的产业结构,努力创造出更加宜居的生活环境。

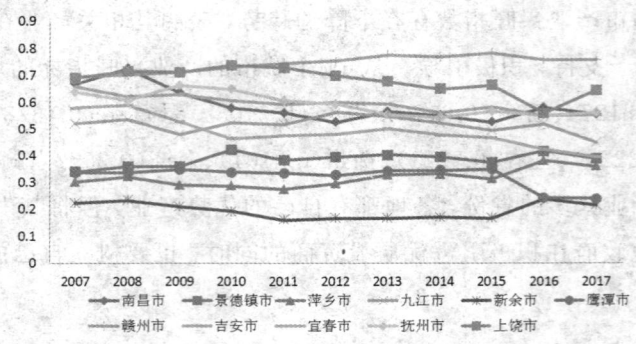

图13-1-48 江西省各个城市生态宜居水平变化趋势

③乡风文明指标水平评价

江西省各个城市乡风文明综合水平变动趋势如图13-1-49所示。2007—2017年江西省各市间的乡风文明综合水平差距明显,部分城市乡风文明指标数值波动较大。从各个城市乡村文明指标数值的绝对增量来看,11年间乡风文明指数上升最快的是景德镇市,共增加0.06763,其波动水平也比较小。下降最快的是吉安市,共减少0.1776。深入发现,在2010—2011年江西省部分市乡风文明指标都存在下降情况,有可能是前期政策实施反馈的滞后性,相关建设还在探索阶段出现波动属于正常现象,但是2011年各市就加强了乡风文明的相关建设。赣州市乡风文明指标明显高于全省平均水平,这与其注重自身客家文化的发展有关,一直在不断地对传统文化风俗进行保护。鹰潭市乡风文明指标位于全省最后一位,2015—2017年处于一个平稳的状态。从11个城市的乡风文明指标的均值来看,由大到小依次排列为:赣州(0.8620)、上饶(0.6438)、南昌(0.5117)、九江(0.5025)、宜春(0.4963)、吉安(0.4627)、抚州(0.4023)、萍乡(0.1862)、景德镇(0.1735)、新余(0.1808)、鹰潭(0.0995)。

从目前情况来看,江西省各市的有关乡风文明的建设差距较大,需要各级政府对其加强重视,创建文明的乡村,让乡村文化不断地传承下去,不仅仅是注重经济建设,更要重视农村乡风建设,传承农耕文化。

第13章 区域脱贫攻坚与乡村振兴绩效研究

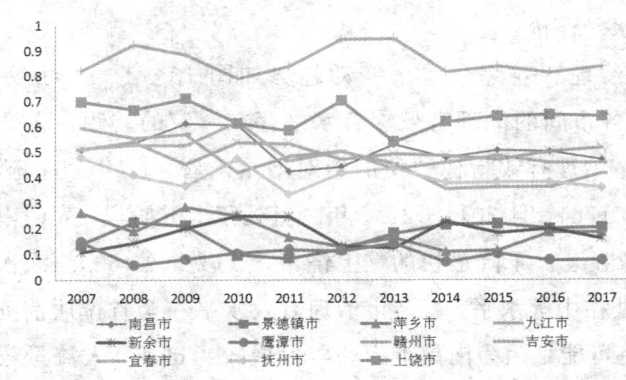

图13－1－49　江西省各个城市乡风文明水平变化趋势

④生活富裕指标水平评价

江西省各个城市生活富裕综合水平变动趋势如图13－1－50所示。2007—2017年江西省各市间的生活富裕综合水平存在一定的波动，但整体水平处于上升的趋势，部分城市生活富裕指标数值波动较大。从各个城市生活富裕指标数值的绝对增量来看，11年间生活富裕指数上升最快的是上饶市，共增加0.3119，上升趋势明显，这跟近些年上饶市积极发展旅游产业有关，为当地增加收入使得人民生活水平得到较大的提高。下降最快的是赣州市，共减少0.2186。省内贫富差距不大，都处在一个中等水平，个别城市因为产业调整的原因，生活富裕指标的增速较快。宜春是市生活富裕指标在省内排在前列，这表明宜春市产业发展较为均衡，人民生活水平较高。上饶市从2010年开始，生活富裕指标上升速度很快，体现了上饶市旅游产业发展情况较好，带动当地的经济发展。其余城市处在一个中等水平，生活富裕指标相差不大。南昌市作为省会城市其生活富裕指标波动较大，有下降的趋势，这几年南昌在加快城市建设，建立生态城市，进行了产业调整，处于转型期。从11个城市的生活富裕指标的均值来看，由大到小依次排列为：宜春（0.6930）、萍乡（0.6119）、九江（0.5932）、新余（0.5664）、吉安（0.5659）、抚州（0.5305）、赣州（0.4912）、鹰潭（0.4751）、景德镇（0.4694）、南昌（0.4261）、上饶（0.4038）。

江西省各地资源都很丰富，正在不断探索适合本城市的产业，带动当地经济发展使得人民生活水平提高。从发展趋势来看，江西省各市经济状况呈上升态势，整体情况较好。

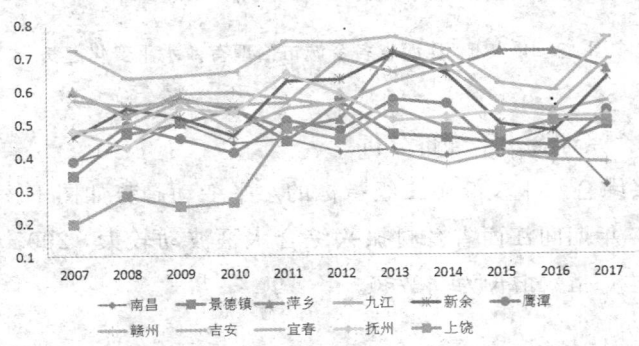

图13－1－50　江西省各个城市生活富裕水平变化趋势

⑤治理有效指标水平评价

江西省各个城市治理有效综合水平变动趋势如图 13-1-51 所示。由图可以看出，2007—2017 年江西省各市间的治理有效综合水平存在一定的差距，这跟各个城市的治理方案有关联。从各个城市治理有效指标数值的绝对增量来看，11 年间生态宜居指数上升最快的是南昌市，共增加 0.1764，且 2015—2017 年一直处于上升阶段，表明南昌市近几年对于城市治理较为重视，成效显著。下降最快的是上饶市，共减少 0.4602。深入发现，省内大部分城市治理有效水平都处在中等水平，新余市治理有效水平在全省位居前列，南昌市一直处于省内的最后一个，这有可能是因为南昌市近些年发展较为迅速，人流量较大，治理方面较小城市来说会更加复杂，从数据的体现就会出现指标数值较低的情况。这一点也提示南昌市相关管理部门需要加强各方面的治理，展示出南昌英雄城的风貌。新余市虽治理有效水平一直在前列，但近几年处于一个下降的趋势，需要引起相关部门的重视，面对经济的不断发展，新余产业的转换，要不断根据环境的变化做出调整，提高治理效率。从 11 个城市的生态宜居指标的均值来看，由大到小依次排列为：新余(0.8966)、鹰潭(0.7695)、抚州(0.7617)、萍乡(0.7165)、吉安(0.6855)、景德镇(0.6708)、上饶(0.6265)、宜春(0.6055)、九江(0.5625)、赣州(0.4655)、南昌(0.2642)。

治理有效水平跟各地区的环境有很大的关系，随着现在人口流动的加快，发达城市所面临的治理压力会更大，这也标志着发展迅速的地区要提高自身治理能力。从未来的发展趋势来看，江西省各市的治理水平普遍较高，也在不断地加强治理效率，呈现上升的趋势。

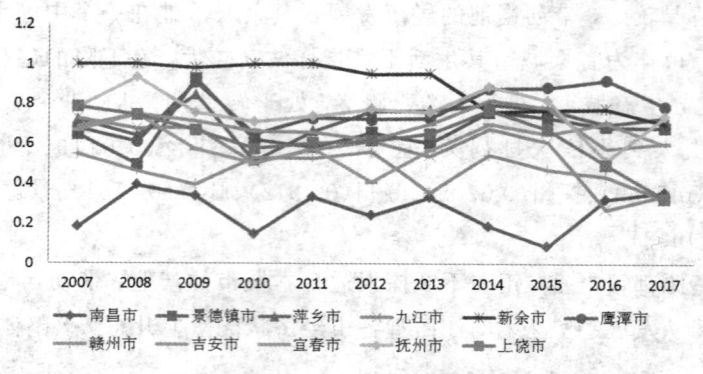

图 13-1-51 江西省各个城市治理有效水平变化趋势

(4) 江西省乡村振兴综合水平评价分析

江西省乡村振兴综合水平及 5 个二级指标的水平变动趋势如图 13-1-52 所示。从图中可知，2007—2017 年期间江西省乡村振兴综合水平波动较大，2007 年乡村振兴指数为 0.4768，到 2017 年这一指数增长为 0.3750。

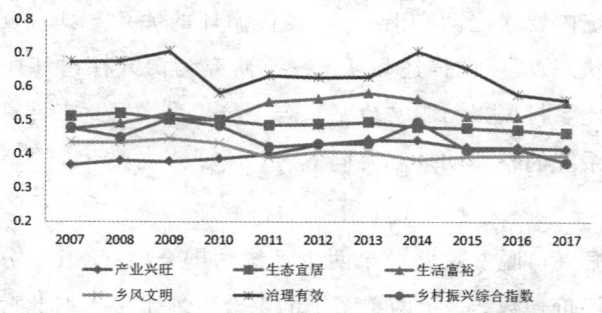

图 13-1-52 江西省乡村振兴综合水平及各层面变化趋势

从乡村振兴指数的变化趋势来看，江西省乡村振兴进程比较缓慢，11 年间乡村振兴指数有所下降。究其原因，这与江西省一直以来是农业大省，经济发展起步晚，乡村振兴水平制约于整体水平有关。从未来的发展趋势来看，江西省的发展潜力还很巨大，还有很多可利用的资源优势没有发挥出来。从 5 个二级指标的变化趋势可以看出，乡风文明与治理有效 11 年间的波动趋势大致相似。可以认为近些年江西省对于管理层面比较注重，坚持将政策落实到基层。产业兴旺仅仅保持稳定上升的趋势，从 2013 年的 0.1768 增长到 2017 年的 0.2211，经历过 2008 年的金融危机，在 2008—2012 年期间一直处于剧烈波动的状态，近几年的稳定表明省内对经济的发展一直保持较高的重视程度。而生活富裕呈现波动趋势的同时在 2015—2017 年下降趋势明显，这表明在我国经济快速发展的时期，人民对于生活水平的要求也在不断提高。因此，在实施乡村振兴战略中，要促进经济又快又好发展，也要重视人民对于生活水平的要求，同时加大社会保障力度和建设乡村基础设施，这样才能将乡村振兴战略这支"弓箭"做强大。

13.2 脱贫攻坚与乡村振兴耦合协调度分析

13.2.1 指标选取

利用指标—指数耦合链方法，对土地、资金、劳动力、技术等生产要素的协同需求，构建江西省脱贫攻坚能力与乡村振兴水平协同耦合理论模型。运用耦合模型评价不同区域乡村振兴水平的协同现状，找寻不同区域、不同阶段脱贫攻坚能力与乡村振兴水平协同瓶颈。

(1) 脱贫攻坚水平指数：1-贫困发生率。
(2) 乡村振兴水平指数：上文层次熵分析得出的乡村振兴水平综合指数。

13.2.2 耦合评价模型

耦合是物理学中的概念，是指两个(或两个以上的)系统或运动形式通过各种相互作用而彼此影响的现象(王毅等，2015)。协调是两个或两个以上系统或要素之间一种良性的相互关联,是系统之间或系统内要素之间和谐一致、良性循环的关系。耦合度与协调度是对系统或要素之间耦合与协调状态、程度的描述和度量。本研究为深入探讨江西省乡村振兴与脱贫攻坚之间的耦合关系构建乡村振兴与脱贫攻坚耦合评价模型,以此来计算和分析二者之间的耦合关系以及反映两个系统的整体功效和协同效应,计算公式如下:

$$C=2\sqrt{U_1U_2}/(U_1+U_2) \qquad (13-2-1)$$

其中,C 为乡村振兴与脱贫攻坚效果两个系统的耦合度;U_1、U_2 分别为乡村振兴与脱贫攻坚两个系统的综合评价指数,表示两个系统的综合发展水平。但此模型无法判断耦合是否为良性,当两系统的综合发展水平都比较低时,仍然能够得到较高的耦合度,为了避免此模型的不足,本文引入耦合协调度模型,以此客观地反映乡村振兴与脱贫攻坚之间的协调发展水平,计算公式如下:

$$D=\sqrt{C\times T}, T=\partial U_1+\beta U_2 \qquad (13-2-2)$$

其中,D 为耦合协调度;T 为乡村振兴与脱贫攻坚两系统的综合协调指数,反映两系统的综合发展水平对协调度的贡献;∂、β 为待定系数,分别表示乡村振兴与脱贫攻坚的贡献系数。在两系统的耦合协调发展过程中,我们认为乡村振兴与脱贫攻坚是具有同等重要性的,根据前期研究,本研究均取 ∂、β 为 0.5。

表 13—2—1 脱贫攻坚与乡村振兴耦合协调划分类型

D	协调度等级	$U_1>U_2$	$U_1<U_2$
$0.8<D\leqslant 1$	良好协调	脱贫攻坚滞后	乡村振兴滞后
$0.6<D\leqslant 0.8$	中度协调	脱贫攻坚滞后	乡村振兴滞后
$0.4<D\leqslant 0.6$	低度协调	脱贫攻坚滞后	乡村振兴滞后
$0.2<D\leqslant 0.4$	中度失调	脱贫攻坚滞后	乡村振兴滞后
$0<D\leqslant 0.2$	严重失调	脱贫攻坚滞后	乡村振兴滞后

13.2.3 脱贫攻坚与乡村振兴耦合协调度测算结果

(1)脱贫攻坚与乡村振兴耦合协调度的总体均值分布

利用耦合协调度模型(13—2—2)得出 2007—2017 年江西 11 个市脱贫攻坚与乡村振兴耦合协调度。2007—2017 年江西省各市的乡村振兴与脱贫攻坚耦合协同关系均处于中度协调、良好协调状态,整体来看,从表 13—2—2 中可以看出,2007—2017 年江西各市的平均耦合协调度排名依次为:宜春市(0.8421)＞吉安市(0.8264)＞抚州市(0.8260)＞南昌市(0.8254)＞赣州市(0.8246)＞九江市(0.8218)＞上饶市(0.8197)＞新余市(0.8062)＞萍乡市(0.7928)＞景德镇市(0.747)＞鹰潭市(0.7140)。其中八个市处于良好协调状态,另外三个市处于中度协调状态。其中宜春市 2007—2017 年平均耦合协调度最高,高达 0.8421,达到良好协调,宜春市乡村振兴水平与脱贫攻坚两个系统整体协作能力良好;最低的为鹰潭市,耦合协调度为 0.7104，处于中度协调状态，鹰潭市实施乡村振兴战略与脱贫攻坚两者的工作得到了比较好的协调。

表 13-2-2　　　　　　江西各市 2007—2017 年平均耦合协调度类型

城市	乡村振兴指数	脱贫攻坚指数	协调度	耦合协调度类型
南昌市	0.4832	0.9903	0.8254	良好协调
景德镇市	0.3256	0.9844	0.7473	中度协调
萍乡市	0.4115	0.9766	0.7928	中度协调
九江市	0.4865	0.9541	0.8218	良好协调
新余市	0.4355	0.9873	0.8062	良好协调
鹰潭市	0.2654	0.9811	0.7104	中度协调
赣州市	0.5147	0.9112	0.8246	良好协调
吉安市	0.4947	0.9468	0.8264	良好协调
宜春市	0.5161	0.9798	0.8421	良好协调
抚州市	0.4844	0.9648	0.8260	良好协调
上饶市	0.4810	0.9466	0.8197	良好协调

（2）脱贫攻坚与乡村振兴耦合协调度的时间演变过程

从图 13-2-1 中可以看出 2007—2017 年江西各市的耦合协调趋势，可以看出各市的耦合协调度变化处于一种较为平稳的趋势，耦合协调度在中度协调与良好协调之间波动。其中南昌市在 2007 年达到耦合协调度最高值，南昌市的乡村振兴与脱贫攻坚两个系统达到十分良好的协调度，但耦合协调度在 2017 年有小幅度的下降，不过在系统的协调中也处于中度协调水平；景德镇市在 2009 年、2010 年处于良好协调状态，其他年份处于中度协调；萍乡市的耦合协调度自 2013 年之后从中度协调上升到良好协调，两个系统之间的协作关系越来越强；鹰潭市的耦合协调度一直处于小幅波动状态，2015 年开始持续上升，至 2017 年耦合协调度达到 0.7683，达到了一个较高的协调度水平；宜春市除 2009 年处于中度协调外，其他年份一直处于良好协调状态。

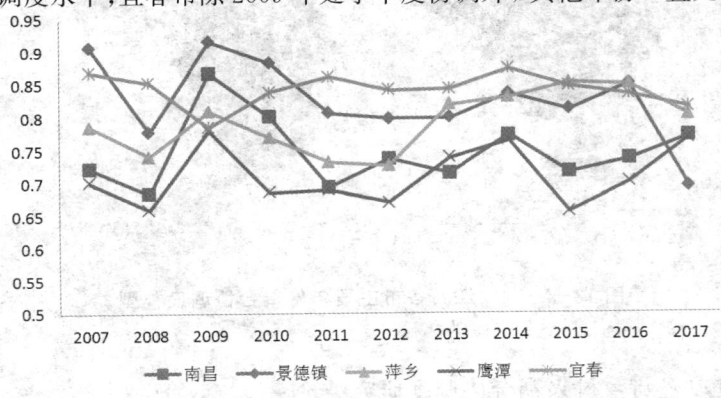

图 13-2-1　2007—2017 年江西部分地区耦合协调度变化趋势

(3) 脱贫攻坚与乡村振兴耦合协调度的时空演变过程

由耦合度计算公式和耦合协调度计算公式得到 2007 年、2011 年、2014 年、2017 年江西脱贫攻坚与乡村振兴协调度，按照协调度等级进行划分，通过 ArcGis 软件绘出协调度分级色彩图。从图 13－2－2 中可以看出江西省各个市主要年份的耦合协调度的变化，其中在 2007 年，大部分市乡村振兴与脱贫攻坚的耦合协调度为良好协调，鹰潭市、萍乡市、新余市、景德镇市为中度协调；从图 13－2－2 中可以看出，在 2011 年，新余市、宜春市、南昌市、抚州市、赣州市为良好协调状态，九江市、上饶市、鹰潭市、吉安市、萍乡市、景德镇市为中度协调；2014 年除鹰潭市与景德镇市为中度协调外，其余九个市乡村振兴与脱贫攻坚两个系统均达到良好协调；在 2017 年，南昌市、宜春市、新余市、抚州市、萍乡市乡村振兴与脱贫攻坚两个系统均达到良好协调，九江市、上饶市、鹰潭市、吉安市、赣州市、景德镇市为中度协调状态。

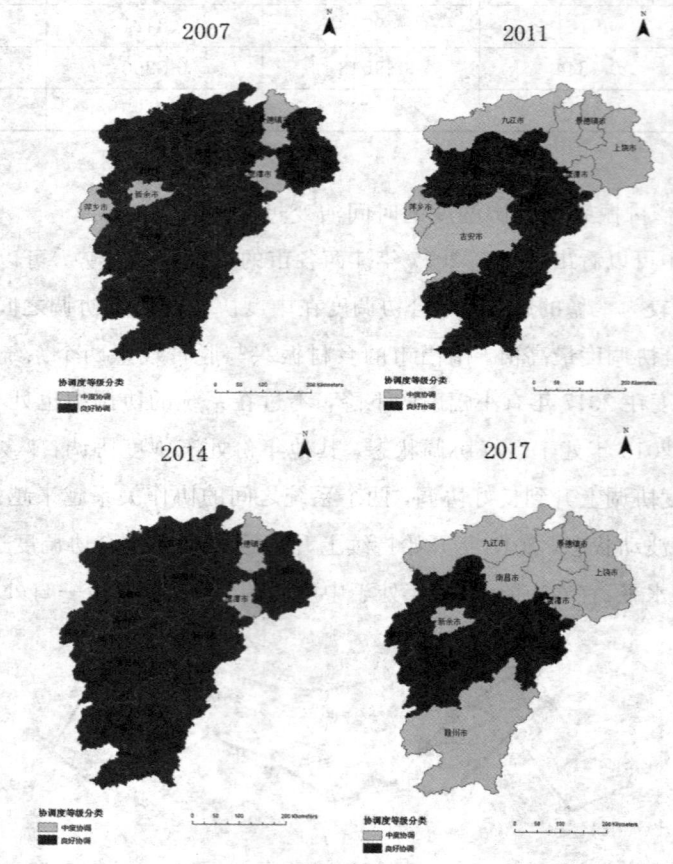

图 13－2－2　江西各市主要年份耦合协调度类型

(4) 市级脱贫攻坚与乡村兴耦合协调度研究结论

本研究基于耦合协调度模型，研究了江西省脱贫攻坚与乡村振兴综合水平的耦合协调关系，主要结论如下：

①本研究通过耦合协调度模型构建了脱贫攻坚和乡村振兴两个综合评价体系，由上述研究结果可知，脱贫攻坚取得了重大进展，贫困发生率逐年降低，脱贫攻坚水平稳步上升。另外从乡村振兴指标水平2007—2017年的变化趋势来看，江西省乡村振兴进程比较缓慢。

②从耦合协调度研究结果来看，总体上，江西省各市脱贫攻坚与乡村振兴的工作得到了有机的衔接，进行了有效的融合。2007—2017年平均耦合协调度排名依次为：宜春市（0.8421）＞吉安市（0.8264）＞抚州市（0.8260）＞南昌市（0.8254）＞赣州市（0.8246）＞九江市（0.8218）＞上饶市（0.8197）＞新余市（0.8062）＞萍乡市（0.7928）＞景德镇市（0.747）＞鹰潭市（0.7140）。其中有八个市的平均耦合协调度处于良好协调状态，另外三个市处于中度协调状态。

③在打赢脱贫攻坚战的最后决定性时刻，脱贫攻坚与实施乡村振兴战略进入了交汇时期，脱贫攻坚是乡村振兴的前提和基础，实施乡村振兴战略是脱贫攻坚的巩固和提升。因此要推进脱贫攻坚与乡村振兴的协同发展，形成相互助力、相互支撑、相互配合的局面。利用产业的兴旺促进产业扶贫的发展；通过生态的改善，引导贫困户积极参与公益性岗位，推动参与性扶贫；改善乡风，激发农民自身脱贫动力；实现生活富裕目标，完善基础设施建设，促成脱贫攻坚与生活富裕相互促进、相互融合发展；推进乡村的有效治理，提高脱贫攻坚的组织力、战斗力。

13.3 县级脱贫攻坚与乡村振兴绩效分析

13.3.1 县级脱贫攻坚与乡村振兴的指标体系构建

(一)县级脱贫攻坚的指标体系构建

2018年是全面贯彻落实党的十九大精神的开局之年，是打赢脱贫攻坚战三年行动的起步之年。在以习近平同志为核心的党中央领导下，各部门贯彻精准扶贫方略，扎实推进脱贫攻坚，为打赢脱贫攻坚战三年行动实现良好开局。脱贫攻坚关键时期，贫困发生率是考核是否脱贫的重要指标之一，指低于贫困线标准的人口占总人口的比例，因此，本研究采用(1—贫困发生率)构建脱贫攻坚的指标体系。

(二)县级乡村振兴评价指标体系的构建

党的十九大提出实施乡村振兴战略，这是党中央的重大决策部署，反映了亿万农民的期盼，是新时代"三农"工作的总抓手。2018年9月26日，中共中央、国务院发布《乡村振兴战略规划（2018—2022年）》从农村基建重点、民生领域、多元资金投入方面进行了战略部署。深入推进实施乡村振兴战略，不仅扎实推进乡村振兴政策的执行，还迫切需要对乡村振兴战略的实施进程和成果进行量化评价,以高效地对乡村振兴的进展和成效做出准确的判断。因此,推进和实施乡村振兴战略,必须构建科学完备的指标评价体系。这对推进乡村振兴战略,充分发挥广大干部群众的积极性和创造性,都具有十分重要的意义。

本研究在选取评价指标时遵循科学性原则、系统性原则、全面性原则、可比性原则、可操作性和数据可得性原则。在梳理现有相关研究成果的基础上,根据乡村振兴"五位一体"的建设要求,从产业兴旺、生态宜居、乡风文明、治理有效、生活富裕五个方面构建江西省乡村振兴水平的测度指标体系,分析江西省不同区域、不同阶段乡村振兴水平,寻求各区域、各阶段的乡村振兴水平差异及其影响乡村振兴水平的重要因素。

(1)产业兴旺。产业兴旺下共设置了4个三级指标。其中人均GDP反映了一个地区的经济发展水平,人均GDP越高,说明该地区的经济发展越快,是一个地区产业发展的衡量标准;粮食单产非常直观地反映出一个地区的粮食综合生产能力,一个地区单位面积上粮食的总产量越高,说明这个地区的粮食种植产业的收益越高;农产品商品率即农产品的商品产值占农业产值的比重,农产品商品率可以反映一个地区单位面积的土地生产率和劳动生产率大小,且与农业人口、农业生产专业化程度、产品价格、农业规模经营等也有密切关系,农产品商品率越高,说明这个地区的产业发展越好;旅游接待人次反映出一个地区的旅游产业发展情况,旅游接待的人次越多,这个地区的旅游产业越发达。

(2)生态宜居。生态宜居指标下共设置了3个三级指标。其中,自然保护区面积占比是指其面积占该地区行政规划面积的比值,这个比值可以很好地说明一个地区的生态环境状况;地区医疗卫生水平的高低对该地区的生活质量有影响,落后的医疗卫生条件会降低人们的生活质量,增加生活成本,阻碍经济的发展,而较完善的医疗卫生系统则为人们的健康和经济的发展提供更有力的保障,本研究收集了万人床位数这个指标,可以反映某地区的卫生医疗状况,万人床位数越高,说明该地区的医疗卫生状况越佳;通过公路通车里程可以折射出一个地区的基础设施建设条件,公路通车里程数越高,说明该地区的交通建设状况越好,该地区的整个基础设施建设越完善。

(3)乡风文明。乡风文明指标下共设置了4个三级指标。其中农村义务教育专任教师数量可以整体地反映农村义务教育的水平,专任教师越多,每个专任教师所负担的学生数就越少,每个学生所接受的教育质量就会越高;学龄儿童入学率可以反映农村教育的宽度,小升初升学率可以反映出农村教育的广度,而初升高升学率可以反映农村教育的高度。

(4)治理有效。治理有效指标下设计了2个三级指标,行政村人口数、行政村面积。"治理有效"是乡村振兴的战略总体指标之一,源于社会主义新农村建设中的"管理民主"(胡红霞等,2018),"治理民主"向"治理有效"转变体现了我国处于转型阶段的实际情况和现实要求。实行乡村振兴战略的主体在于农民,在治理乡村的过程中,农村的现实状况很难满足这一要求,为此需要村民委员会这一村级组织来实现村民的自我管理、自我教育、自我服务(王晓毅,2018)。行政村是依据法律设立的村民委员会进行村民自治的范围,是中国基层群众性自治组织。行政村作为农村重要的地域管理组织，应当控制在一定的规模范围内才能实现组织交易费用较少、效率最高、管理范围最大(储伶丽等，2008)。

(5)生活富裕。生活富裕指标下共设置了3个三级指标。其中城乡收入比是指城乡居民收入的比值，反映出来的具体数字就是基尼系数，是衡量城乡收入差距的一个重要的指标，可以直观地反映出一个地区的贫困差距;农村人均消费水平反映的是农村居民的消费能力，消费水平越高表示农村居民的收入状况越好，也在一定程度上反映了一个地区农村居民消费观念的改变;农村居民用电量一方面可以反映出农村的生产水平，用电量越高说明农村的机械化水平和电气化水平越高，另一方面还反映出农村居民生活水平的高低，用电量越高表示农村居民家庭的家电越齐全，生活质量越高。

综上所述，在5个二级指标下的16个三级评价指标都围绕着党中央的文件精神和数据可获得性以及各地乡村的具体情况进行了设置，如表13-3-1所示：

表13-3-1　　　　　　　　乡村振兴评价指标体系

一级指标	二级指标	三级指标	单位
乡村振兴	产业兴旺	1.人均GDP	元
		2.粮食单产	公斤/公顷
		3.农产品商品率	%
		4.旅游接待人次	万人
	生态宜居	5.自然保护区面积占比	%
		6.万人床位数	张/万人
		7.公路通车里程	公里
	乡风文明	8.农村义务教育专任教师数	个
		9.学龄儿童入学率	%
		10.小升初升学率	%
		11.初升高升学率	%
	治理有效	12.行政村人口数	人
		13.行政村面积	平方千米
	生活富裕	14.城乡收入比	%
		15.农村人均消费水平	元
		16.农村居民用电量	千瓦/时

13.3.2 江西省县级乡村振兴现状分析:以江西省10个县(市)为例

本研究选取的江西省10个县是按照"贫困县"和"非贫困县"两个大分类随机选取的，由5

个贫困县和 5 个非贫困县组成。其中 5 个贫困县分别为会昌、安远、上犹、遂川、横峰，5 个非贫困县分别为瑞金、吉安、万安、井冈山、横峰。

表 13-3-2　　　　　　各县(市)2010—2017 年人均 GDP　　　　　　(单位:元)

年份	贫困县					非贫困县				
	会昌	安远	上犹	赣县	遂川	瑞金	吉安	万安	井冈山	横峰
2010	9448	8598	9818	13412	9774	10338	15807	10852	19192	24286
2011	11642	10308	11955	16762	11894	12368	19608	13205	24781	29977
2012	13427	11632	13534	19055	14095	14269	22647	15108	28653	32804
2013	15032	12928	15284	20993	15907	16167	25695	17015	32023	36812
2014	16250	14143	17968	22675	17684	18035	28324	18836	35395	41114
2015	17655	15127	19387	23853	18870	19464	30280	20112	37291	37183
2016	19899	16891	21770	26229	20753	21337	33163	22034	40439	40663
2017	22281	19115	24764	29911	23411	23478	36320	23817	43853	35620

数据来源:赣州市、吉安市、上饶市统计年鉴/各县国民经济与社会发展统计公报。

(1)产业兴旺发展水平

①人均 GDP 稳步增长

社会整体 GDP 衡量一个地区社会生产能力的大小，而人均 GDP 的大小则代表一个地区的经济发展水平的高低，从表 13-3-2 中可以看到，江西省 10 个样本县的人均 GDP 都在逐年增长，其中会昌县的人均 GDP 由 2010 年的 9448 元增长到 2017 年的 22281 元，增长率高达 135.8%，遂川县由 2010 年的 9774 元增长到 2017 年的 23411 元，增长率为 139.5%，同时段上犹县的增速最快，达到了 152.2%，而增速较慢的横峰县，增长率为 46.7%。从 2010 年到 2017 年各县人均 GDP 的数值变化来看，2010 年人均 GDP 最低的安远县与人均 GDP 最高的横峰县相差 15688 元，人均 GDP 几乎仅占横峰县的三分之一，而 2017 年，两者之间的差值为 16505 元，但是比值接近二分之一，由此说明，贫困县和非贫困县之间的差距在逐年缩小。

如图 13-3-1 所示，从贫困县的人均 GDP 变化趋势来看，5 个贫困县的 GDP 一直保持平稳增长，且各县的增长速度几乎趋于一致，其中赣县的 GDP 一直领先于其他 4 个贫困县，安远县则相对较落后，而会昌、上犹、遂川 3 个县相较于前两个县不管是从增速上还是从总量上都保持着高度一致的步伐。

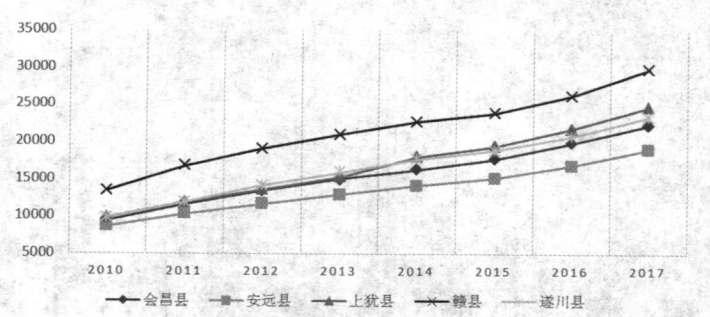

图 13-3-1 贫困县(市)2010—2017 年人均 GDP 变化趋势

从非贫困县来看(如图 13-3-2),非贫困县的人均 GDP 的变化趋势较之贫困县有两点不同,第一,非贫困县的增长趋势较之贫困县更为明显;第二,非贫困县的变化趋势较之贫困县更为复杂。从图中可以看出,瑞金市和万安县的折线几乎是重合的,并且没有分离的趋势,这说明瑞金市和万安县的人均 GDP 无论是总量上还是增速上都高度趋于一致,并且这种一致的状况很稳定,而相对而言,横峰县的人均 GDP 的增长较为不稳定,2010—2014 年间横峰县一直保持稳步增长趋势,这种增长在 2015 年和 2017 年出现了一个小幅度的波动,这种波动表明横峰县在 2015—2017 年由于某种原因使得横峰县的经济发展不平稳。

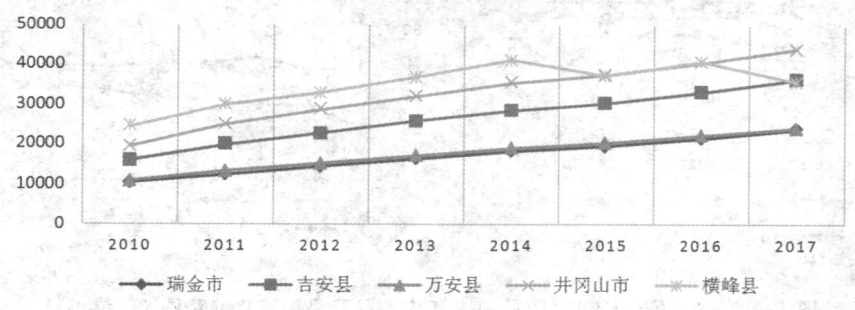

图 13-3-2 非贫困县(市)2010—2017 年人均 GDP 变化趋势

②粮食单位面积产量增长较为缓慢,农产品商品率变化不明显

从总量上来看,贫困县和非贫困县的粮食单位面积产量相差不大,从增速上看,非贫困县的增长率总体要略高于贫困县。如图 13-3-3 所示,从同比增长来看,除遂川县外,其他四县 2010—2017 年间粮食单产增长率均值均低于非贫困县,其中增长率最低的会昌县与井冈山市的 2010—2017 年粮食单产增长率均值低了将近 4 个百分点,差距较为明显。说明大体上在粮食单产方面,各县的水平相当,说明各县在生产水平上差距不大,除个别县以外,各县的粮食综合生产能力较平均。

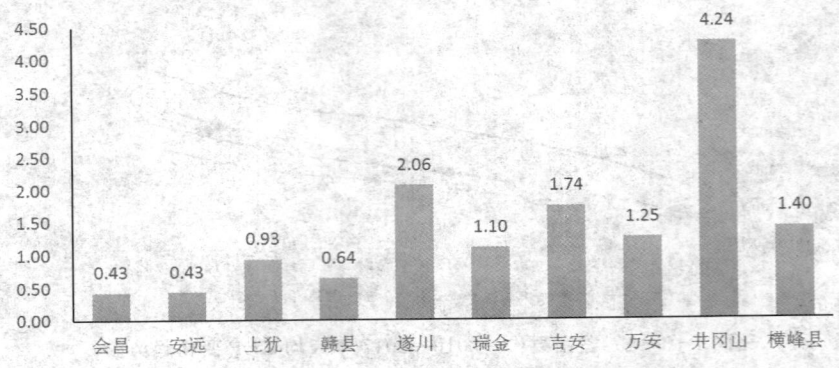

图13-3-3 各县(市)2010—2017年粮食单产增长率均值(单位:%)

从图13-3-4可以看出,除了会昌县和瑞金市的农产品商品率在2016年这个时间节点上发生了一个较明显的改变,其他八个县的农产品商品率变化都很平缓,说明样本县农产品的市场化程度没有得到明显的改变,农产品的商品产值没有得到很好的体现,从各县农产品商品率的比较来看,除横峰县外,非贫困县的农产品商品率都显著高于贫困县,说明非贫困县在农产品市场化程度上要优于贫困县(左图为非贫困县、右图为贫困县)。

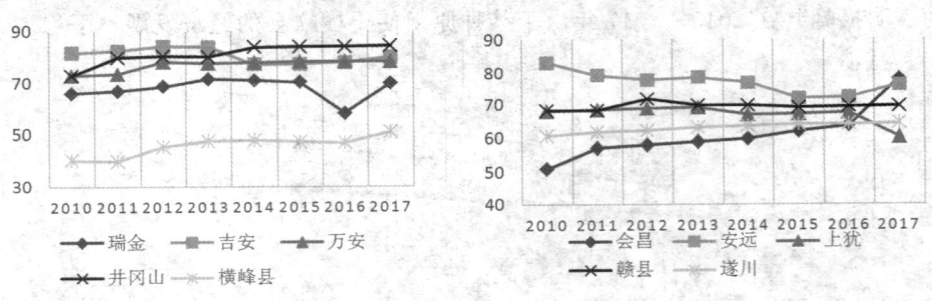

图13-3-4 各县(市)2010—2017年农产品商品率变化趋势图(单位:%)

③旅游产业发展迅速,接待人次高速增长

旅游产业对一个地区的产业发展起着重要的促进作用,也是一个地区总产值的重要组成部分。从收集的数据来看,非贫困县的旅游产业发展明显比贫困县更为发达,其中旅游产业最为发达的县(市)是井冈山市,井冈山市2017年的旅游接待人次为3498.3万人次,是同期会昌县的17.5倍,是同期5个贫困县旅游接待人次总数的2.7倍。从图13-3-5来看,各县2010—2017年旅游接待人次的平均增长率,横峰县以84.64%的平均增长率排在了第一位,成为样本县中旅游接待人次增长最快的县,其次是安远县,而其他八县都集中在15.01%~30.13%之间,非贫困县中,仅万安县的平均增长率较低,由此可见,总体上贫困县的旅游产业发展速度要低于非贫困县。

第13章 区域脱贫攻坚与乡村振兴绩效研究

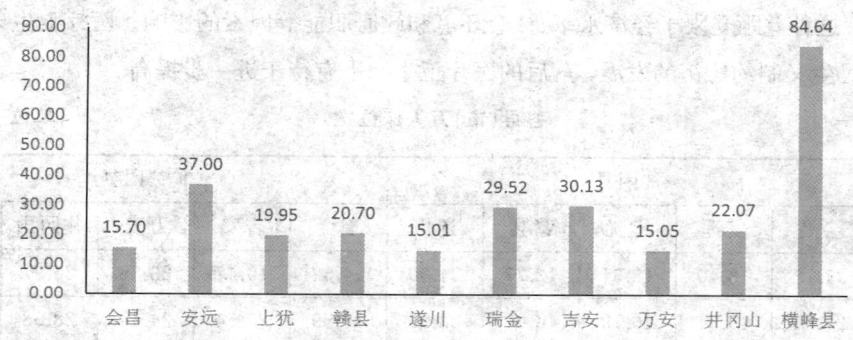

图13-3-5 各县(市)2010—2017年旅游接待人次平均增长率趋势图(单位:%)

(2)生态宜居发展水平

①自然保护区面积占比较稳定,增长不明显

表13-3-3　　　　　　　　各县(市)自然保护区面积占比　　　　　　　　(单位:%)

年份	贫困县					非贫困县				
	会昌	安远	上犹	赣县	遂川	瑞金	吉安	万安	井冈山	横峰
2010	6.02	10.5	16.6	0	10.4	7.9	8.96	0.49	16.7	0
2011	6.02	14.3	18.8	0	11.03	12.2	8.96	0.49	16.7	0
2012	6.02	4.2	18.8	0	11.03	12.2	8.96	0.49	16.7	0
2013	6.02	12.6	18.8	0.58	11.03	12.2	8.96	0.49	16.7	0
2014	6.02	12.6	18.8	0.58	11.03	12.2	8.96	0.49	16.7	0
2015	6.02	12.6	18.8	0.58	11.03	12.2	8.96	0.49	16.7	0
2016	6.02	12.6	18.8	0.58	11.03	12.2	8.96	0.49	16.7	0
2017	6.02	12.6	18.8	0.58	11.03	12.2	8.96	0.49	16.7	0

如表13-3-3所示,样本县的自然保护区面积占比变化幅度不明显,仅有较少地区的较少年份有所增长,如安远县、上犹县、遂川县、瑞金市分别在2011年增长了3.8、2、0.63、4.3个百分点,而在其他年限各地区的自然保护区面积几乎不变,其中赣县从2013年才开始自然保护区的建设,且直到2017年都未继续增加自然保护区的建设。这说明可能由于经济的发展缺乏对于环境的考量,政府对样本县的自然保护区的重视程度不够。

②万人床位数呈逐年稳步增长趋势

某地区医疗卫生水平的高低对该地区的生活质量有影响,落后的医疗卫生条件会降低人们的生活质量,增加生活成本,阻碍经济的发展,而较完善的医疗卫生系统则为人们的健康和经济的发展提供更有力的保障。由表13-3-4可以看出,各县之间每万人床位数较大,如2010年赣县每万人床位数为12.77张,而同期井冈山市的每万人床位数为26.97张,这反映在医疗方面各县还存在一定的差距，这种差距受限于经济水平、社会环境和政府职能等因素的影响。医疗卫生条件的好坏既关乎国计民生又制约经济的发展，落后的医疗卫生水平有待于进一步提高。

表13－3－4　　　　　　　　各县(市)万人床位数　　　　　　　　(单位：张/万人)

年份	贫困县					非贫困县				
	会昌	安远	上犹	赣县	遂川	瑞金	吉安	万安	井冈山	横峰
2010	21.12	18.40	18.31	12.77	24.00	14.62	19.47	23.86	26.97	15.89
2011	21.80	19.31	20.19	16.63	28.39	19.89	20.54	24.44	28.03	19.96
2012	30.40	25.52	20.21	23.72	30.18	21.26	22.07	26.55	29.95	26.42
2013	30.46	29.58	24.93	23.95	35.52	23.14	26.04	33.12	31.89	26.33
2014	31.34	30.37	28.48	27.90	33.17	25.49	26.91	36.50	31.23	22.03
2015	35.56	31.46	31.35	27.49	33.92	26.18	27.71	39.27	31.86	35.98
2016	35.70	29.63	34.69	28.18	40.80	26.87	28.47	40.12	34.05	31.07
2017	36.09	30.53	37.94	28.86	44.18	27.46	28.70	42.14	36.45	35.68

③公路通车里程

首先通过统计数据可以看出，样本县的农村境内公路里程一直呈稳定增长趋势，且非贫困县的平均公路里程要略低于贫困县。其次从发展速度上来看，非贫困县的发展速度也略落后于贫困县农村的平均水平，如图13－3－6、图13－3－7所示。说明该地区的基础设施建设相对比较薄弱，由于长时期存在的交通网络单一、没有较强带动力的支柱产业和支撑社会发展的经济基础薄弱等种种因素，虽然经过多年的扶贫，但相对贫困落后的面貌仍然没有得到根本改变，经济发展相对滞后，自身财力较弱，基础设施建设更加落后。因而经济发展压力会更大，转型发展、逆势赶超显得尤为迫切。

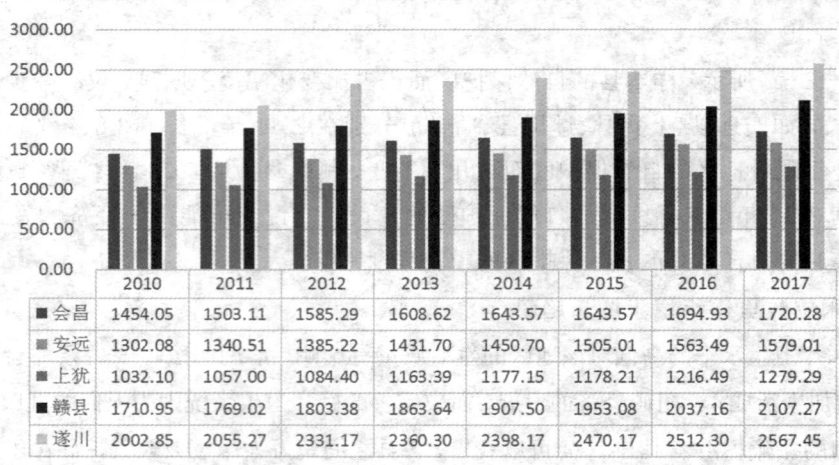

图13－3－6　非贫困县2010—2017年境内公路通车里程趋势图(单位：公里)

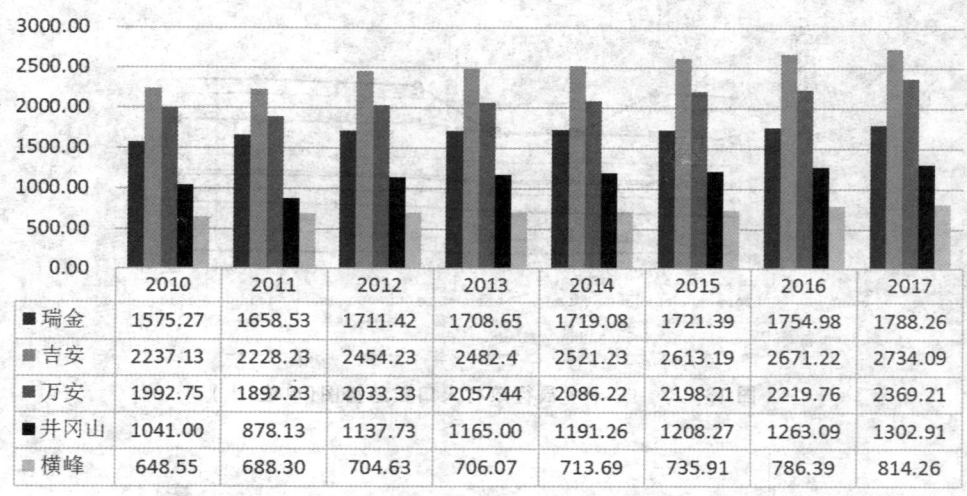

图 13-3-7　贫困县 2010—2017 年境内公路通车里程趋势图(单位:公里)

(3)乡风文明发展水平

由统计数据可以看出,各县之间农村义务教育专任教师的数量存在明显的差距,如 2010 年会昌县的农村义务教育专任教师数量为 4495 人,而同年井冈山市这一数量仅为 1382 人;从专任教师的增长速度来看,各县之间的差距也很明显,2010—2017 年农村义务教育专任教师数量呈负增长的有会昌县和横峰县,增长速度分别为 -1.51%、-28.9%,增长速度最快的是瑞金市,达到了 25.8%,说明各地区农村义务教育师资力量上不够平均,农村义务教育水平上存在一定的差距。这也同样体现在农村义务教育学校的升学率上,从学龄儿童入学率的不断增加来看,农村义务教育的普及率越来越高,教育意识也越来越强,促进了小升初升学率的增长,这个阶段升学率的提高说明农村义务的普及更加深入,农村义务教育的水平进一步提升,从这个数据还可以基本看出一个地区农村义务教育的"规模",这种"规模化"为农村学子进行更高层次的教育提供了基础和支撑;而初升高升学率的提高则可以充分体现出一个地区农村义务教育的成果和成就,是农村地区义务教育水平的最好体现。

(4)治理有效发展水平

①行政村人口情况

2017 年江西省行政村平均人口数为 2696 人,行政村平均土地面积为 9.768 平方千米。从图 13-3-8 中可以看出各县行政村人数变化幅度最大的是安远县,变化幅度最小的是井冈山市。从图 13-3-9 可以看出各县之间的行政村人口数差距明显,2017 年行政村人口数最多的是横峰县 3078 人,行政村人口数最少的是井冈山市的 1345 人。从储伶丽等的研究得出行政村人口最佳规模在 2102~3102 人之间,安远县、瑞金市、上犹县、万安县、横峰县、赣县行政村人数在此区间。

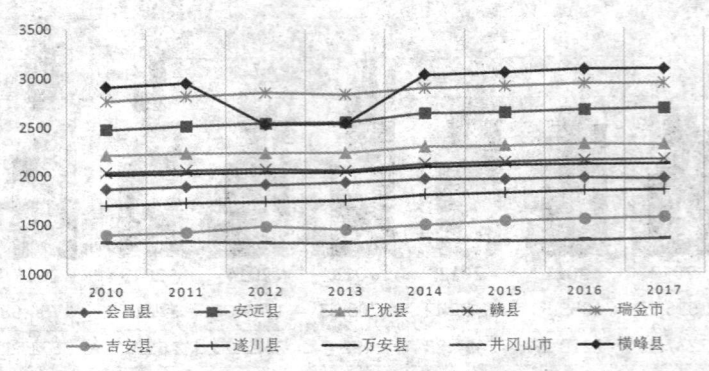

图13-3-8 十个县行政村人口数趋势图(单位:人)

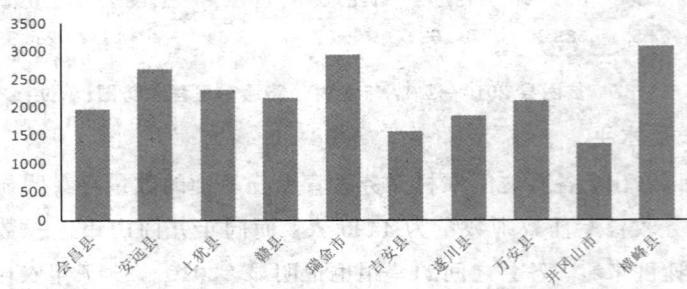

图13-3-9 2017年行政村人口数量(单位:人)

由2010—2017年的统计数据进行统计,将五个贫困县与五个非贫困县进行对比,如图13-3-10所示,贫困县行政村平均人数相对集中在2000人左右。

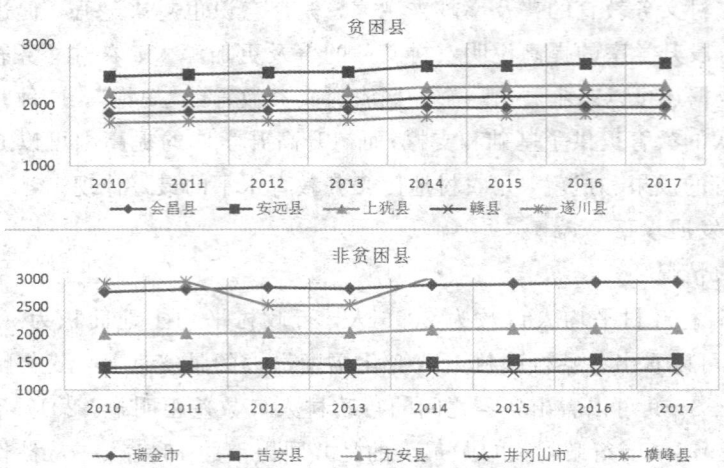

图13-3-10 五个贫困县与五个非贫困县行政村人数(单位:人)

②行政村土地面积情况

2017年江西省行政村平均面积为9.768平方千米,从图13-3-11中可以看出瑞金市的行政村面积最小为7.2平方千米,略小于全省平均水平。最大的安远县为17.1平方千米,远大于全省平均水平。

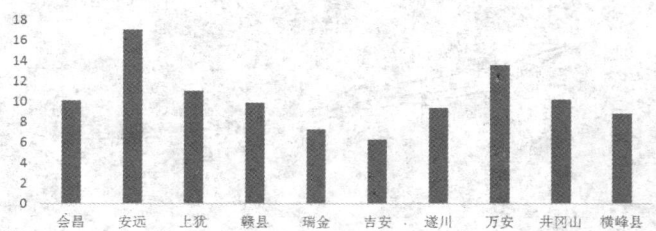

图 13—3—11　2017 年行政村土地面积(单位:平方千米)

2010—2017 年 10 个县行政村土地面积变动趋势如图 13—3—12 所示。各县行政村土地面积差距较大,年际变化较小。其中会昌县、安远县、上犹县、赣县、瑞金市和万安县土地面积基本保持不变;吉安县行政村的土地面积略有增加;而井冈山市、遂川县和横峰县的土地面积略有减少。

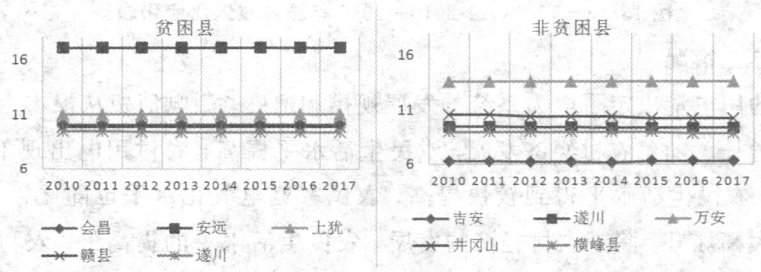

图 13—3—12　2010—2017 年 10 个县行政村土地面积变动趋势

(5)生活富裕发展水平

①城乡收入差距逐渐缩小,城乡贫富差距状况进一步改善

从统计数据来看,贫困县的平均城乡收入比要高于非贫困县的平均水平,而分别从城镇居民人均可支配收入和农村居民可支配收入两个方面来看,显然贫困县的平均水平依然低于非贫困县,这充分说明了贫困县与非贫困县之间的收入差距以及折射出来的贫困县与非贫困县之间的地区经济发展差异问题;由图 13—3—13 可以看出,2010—2017 年间各县城乡收入比都发生较显著的变化,其中变化最快的是安远县,安远县的城乡收入比从 2010 年的 4.7 缩小到 2017 年的 2.5,增长率为 -46.67%,变化最慢的是井冈山市,其增长率为 -0.37%。通过对各县(市)的城乡收入比的研究可以看出,各县的城乡收入比在明显地缩小,城乡收入差距在显著地降低,城乡贫富差距状况在持续改善中。

②农村居民人均消费水平情况

随着近年来各种扶贫政策取得的实际成效,我国农村居民人均消费水平出现大幅度的提高。反映在各县(市)中,农村居民消费水平的增长速度有快有慢,其中在贫困县中,安远县从 2010 年的 2827 元增长到 2017 年的 4527 元,增长率为 60.1%,上犹县从 2010 年的 3489 元增长到 2017 年的 4018 元,增长率为 15.2%,非贫困县中,井冈山市从 2010 年的 2664 元上涨到 2017 年的 5441 元,增长率达到 104.2%,而吉安市 2010—2017 年的增长率为 18.1%,这说明各县之间的增长速度并不同步,且贫困县与非贫困县之间也存在一定的差距。

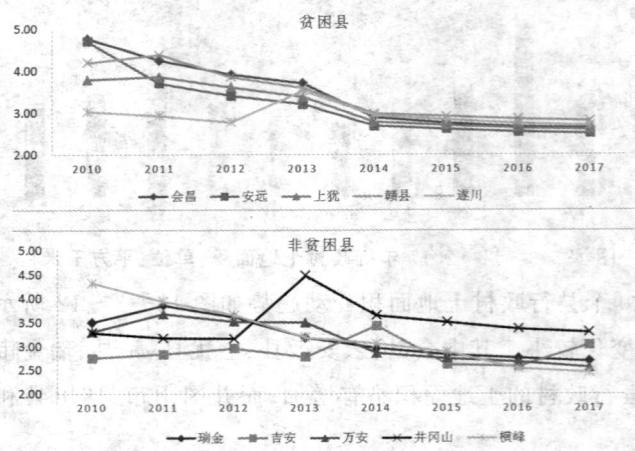

图 13-3-13　各县 2010—2017 年城乡收入比变化趋势

③农村用电量情况

一个地区的用电量决定了电力系统的发展规模和速度,用电消费从根本上取决于未来这个地区的经济增长。随着农村经济发展,农民生活水平提高,农村用电出现不断增长,用电路径不断增多,农民生活水平得到较快提高,农民家庭电气化水平也随之得到发展,此外,农村用电量的大幅提升,除了农村经济的发展,农民生活水平的提高外,农村电网基础设施的改造也是一个重要原因。农村电力的发展不仅是完善农村基础设施建设的重要内容,而且是促进农业生产发展的重要因素,是保障农民生活水平的基础条件,是改善村容村貌的内在要求。由图 13-3-14 可以看出,总体来说,各县的农村居民用电量是逐年上升的,从各县的变化趋势来看,贫困县的变化趋势更加同步,2010—2017 年的农村用电量的增长水平保持在 80% 左右,而相对来说,非贫困县之间的增速差距较大,从统计数据来看,瑞金市和横峰县在 2010—2017 年的增长率分别达到了 134.7% 和 159.8%,而同期井冈山市仅为 28.1%。

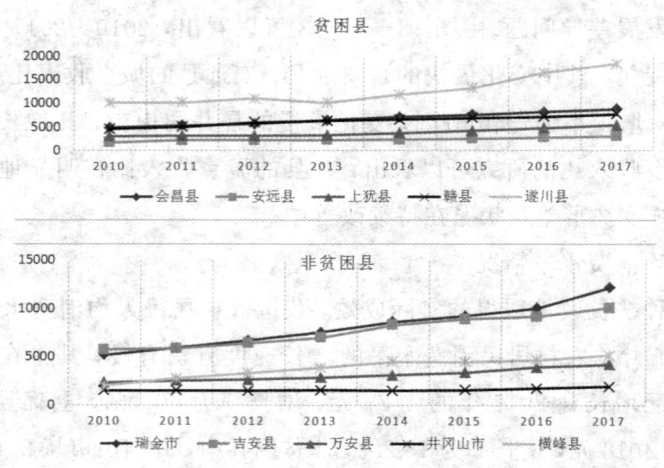

图 13-3-14　各县(市)2010—2017 年农村居民用电量(单位:千瓦/时)

13.3.3 县级脱贫攻坚与乡村兴耦合协调度分析

(1)县级乡村振兴综合指标权重

根据上述2.3节的评价模型,乡村振兴综合水平各个指标的权重如表13-3-5所示:比较5个二级指标可以发现,产业兴旺(0.3706)>生活富裕(0.1800)>治理有效(0.1793)>乡风文明(0.1351)>生态宜居(0.1349),由此可以说明产业兴旺是乡村振兴战略的主要驱动力。本研究总共测算了16个三级指标的权重。其中,行政村面积(0.5116)、行政村人口数(0.4883)、旅游接待人次(0.4997)是贡献最大的指标,由此可以推断出2010—2017年间行政村面积和人口的增加以及旅游产业的发展是影响乡村振兴综合水平的重要原因。其次人均GDP(0.2354)和城乡收入比(0.3364)也是影响其综合水平的重要因素,而粮食单产(0.1104)与农产品商品率(0.1545)的权重较低,说明粮食的单位面积产量的高低以及农产品商品产值占农业总产值的比重大小对乡村振兴综合水平的高低影响较小。

表13-3-5 维度、指标的权重设置

目标层	第二层指数及权重	第三层指标	单位	方向	权重
乡村振兴	产业兴旺(0.3706)	1.人均GDP	元	+	0.2354
		2.粮食单产	公斤/公顷	+	0.1104
		3.农产品商品率	%	+	0.1545
		4.旅游接待人次	万人	+	0.4997
	生态宜居(0.1349)	5.自然保护区面积占比	%	+	0.4113
		6.万人床位数	张/万人	+	0.3242
		7.公路通车里程	公里	+	0.2645
	乡风文明(0.1351)	8.农村义务教育专任教师数	个	+	0.2185
		9.学龄儿童入学率	%	+	0.2576
		10.小升初升学率	%	+	0.2370
		11.初升高升学率	%	+	0.2869
	治理有效(0.1793)	12.行政村人口数	人	+	0.4883
		13.行政村面积	平方千米	+	0.5116
	生活富裕(0.1800)	14.城乡收入比	%	+	0.3364
		15.农村人均消费水平	元	+	0.3153
		16.农村居民用电量	千瓦/时	+	0.3483

(2)脱贫攻坚与乡村振兴耦合协调度测算结果

利用指标—指数耦合链方法,对土地、资金、劳动力、技术等生产要素的协同需求,构建江西省脱贫攻坚能力与乡村振兴水平协同耦合理论模型。运用13.2章节的耦合模型评价不同区域乡村振兴水平的协同现状，找寻不同区域、不同阶段脱贫攻坚能力与乡村振兴水平协同瓶颈问题。

应江西乡村振兴"五位一体"建设要求，从产业兴旺、生态宜居、乡风文明、治理有效和生活富裕五个方面来构建江西乡村振兴水平的测度指标体系。由于发展不平衡，江西省仍存在一定的贫困人口，脱贫攻坚能力与乡村振兴存在着多层次的联系与制约。通过构建江西脱贫攻坚能力与乡村振兴水平协同耦合理论模型，分析江西省不同县域之间脱贫攻坚与乡村振兴水平的协同现状，通过对系统间各要素的优化可以达到促进乡村振兴与扶贫开发的目的。

①脱贫攻坚与乡村振兴耦合协调度的总体均值分布

如表13-3-6示，在选取的10个县中，计算出2010—2017年各县（市）平均耦合度。其中安远县、上犹县、遂川县、吉安县、万安县和井冈山市在2010—2017年脱贫攻坚与乡村振兴协同达到了良好协调；会昌县、遂川县、瑞金市和横峰县则达到了中度协调。

表13-3-6　　　　2010—2017年各县（市）平均耦合协调度类型

县（市）	乡村振兴指数	脱贫攻坚指数	协调度	耦合协调度类型
会昌	0.4134	0.8764	0.7602	中度协调
安远	0.7092	0.8872	0.8782	良好协调
上犹	0.5775	0.8738	0.8287	良好协调
赣县	0.4304	0.8799	0.7691	中度协调
遂川	0.8355	0.8912	0.9112	良好协调
瑞金	0.44785	0.8934	0.7792	中度协调
吉安	0.66895	0.9227	0.8730	良好协调
万安	0.6887	0.8904	0.8688	良好协调
井冈山	0.8127	0.9122	0.9170	良好协调
横峰	0.3133	0.8991	0.7185	中度协调

②脱贫攻坚与乡村振兴耦合协调度的时间演变过程

通过图13-3-15可以看出这10个县的协调度逐年上升，遂川从2010年的0.6306上升到2017年的0.9923，上升幅度最大。横峰县从2010年的0.5582上升到2017年的0.7661，上升幅度最小。

· · 第13章 区域脱贫攻坚与乡村振兴绩效研究

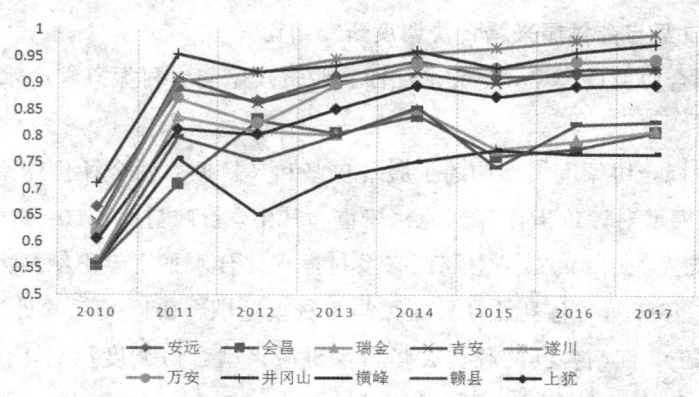

图 13-3-15 县域乡村振兴和脱贫攻坚协调度趋势图

③脱贫攻坚与乡村振兴耦合协调度的时空演变过程

由耦合度计算公式和耦合协调度计算公式得到 2010 年、2012 年、2014 年、2017 年江西脱贫攻坚与乡村振兴协调度，按照协调度等级进行划分，通过 ArcGis 软件绘出协调度分级色彩图。如图 13-3-16 所示，2010—2017 协调度整体处于逐年上升的趋势，而且发展阶段逐渐从中度协调度向良好协调转变。这种结果说明江西省县域乡村振兴和经济贫困水平趋向一个良好的协调阶段，乡村振兴和脱贫攻坚互相促进。

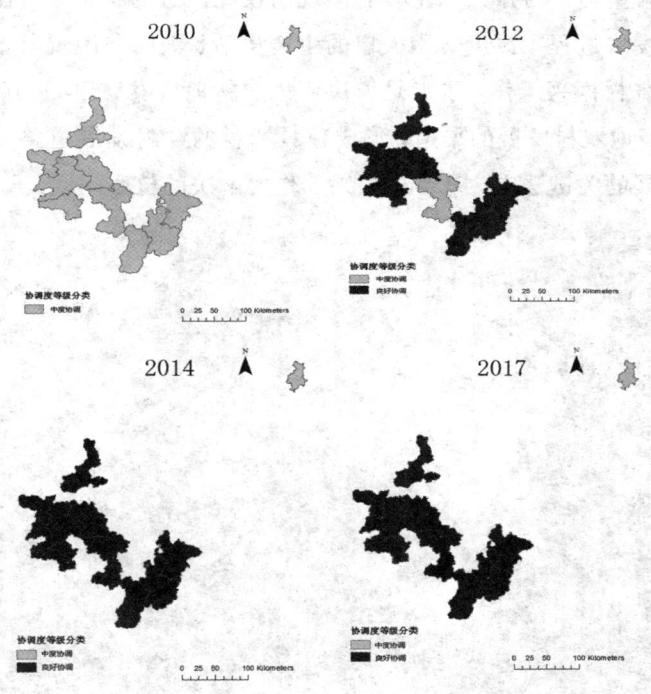

图 13-3-16 各县(市)主要年份协调度等级分类图

· 301 ·

(3)县级脱贫攻坚与乡村振兴耦合协调度研究结论

本研究基于耦合协调度模型,研究了江西省脱贫攻坚与乡村振兴综合水平的耦合协调关系,主要结论如下:

①本研究通过耦合协调度模型构建了脱贫攻坚和乡村振兴两个评价体系,在避免主观的基础上,采用熵权模型对评价指标客观地赋权重。其中,行政村面积(0.5116)、行政村人口数(0.4883)、旅游接待人次(0.4997)是对江西省乡村振兴综合水平贡献份额最大的指标。

②2007—2017年江西省各县的乡村振兴与脱贫攻坚耦合协同关系均处于中度协调、良好协调状态。整体来看,江西各县的脱贫攻坚与乡村振兴耦合协调度从表13-3-6中可以看出,2007—2017年平均耦合协调度排名依次为:井冈山市(0.9170)>遂川县(0.9112)>安远县(0.8782)>吉安县(0.8730)>万安县(0.8688)>上犹县(0.8287)>瑞金市(0.7792)>赣县(0.7691)>会昌县(0.7602)>横峰县(0.7185)。其中6个县市处于良好协调状态,且这6各县中有3个县是贫困县,3个县属于非贫困县,另外4个县处于中度协调状态,由此可以说明贫困县与非贫困县在脱贫攻坚与乡村振兴水平的耦合协调上趋于一致。其中井冈山市2007—2017年平均耦合协调度最高,高达0.9170,达到良好协调,说明井冈山市乡村振兴水平与脱贫攻坚两个系统整体协作能力良好;最低的为横峰县,耦合协调度为0.7185,处于中度协调状态,说明横峰县在实施乡村振兴战略与脱贫攻坚两者的工作得到了比较好的协调。

③江西省脱贫攻坚与乡村振兴水平二者呈现出彼此促进的状态,二者相辅相成。脱贫攻坚工作是解决社会发展过程中深度贫困人口的生产生活,消除贫困现象,解决的是温饱和人的基本需求问题。乡村振兴工作,重点是解决广大农村地区发展道路的问题,如何利用现有资源,探索出适宜当地农村发展的渠道,形成独具特色的乡村发展道路,实现群众的致富梦想。探索出农村发展的关键法宝,是乡村振兴工作要解决的核心问题。

第14章

区域农村脱贫的研究结论与对策建议

14.1 研究结论

14.1.1 区域贫困现状

江西省贫困发生率近年来一直略低于全国贫困发生率,脱贫进度在全国处于中上游水平。2011年由于国家农村贫困标准上调,由2010年的1274元调整为2300元后,江西省的贫困人口数量较2010年骤然增加,截至2017年6月底,江西省贫困人口数量由2011年的438万人减少至90万人,降幅为79.5%;贫困发生率由2011年的9.8%下降至2%,减少了7.8个百分点。吉安市、赣州市和抚州市贫困人口减贫速度最快,年均减少贫困人口20%以上,超过全省减贫速度。

截至2016年末,赣南原中央苏区总人口为607万,财政总收入突破140元亿大关,达到144.12亿元,同年全省年末总人口为4592万人,总财政收入达到3123亿元,全国年末总人口为138271万人,全国总财政收入达到159604.97亿元。苏区人口占江西省总人口的13.2%,占全国总人口的0.43%;赣南原中央苏区的总财政收入分别占全省及全国的4.6%、0.09%;苏区人均GDP和同年江西省及全国人均GDP水平分别为18990元、40283元和53817元,苏区人均GDP是江西省的47.1%,占全国的35.3%。

从多维反贫困指标来看,以2014年数据为例,赣南原中央苏区整体农村反贫困度0.8587,相当于江西省综合发展水平的0.8587,以此为标准,将赣南13个县划分为三种程度的贫困地区:(1)特别贫困的县区(低于0.85),有于都、兴国、黎川、会昌等4个县;(2)中等贫困的县区(高于0.85、低于0.87),有瑞金、石城、宁都、寻乌4县;(3)相对富裕的县区(高于0.87),主要包括上犹、信丰、安远、崇义、广昌5县,尽管5县的经济水平、生活质量与基础保障与江西省平均水平尚有一段差距，但在赣南原中央苏区中属于相对较好的县区。

14.1.2 区域生态脆弱性与贫困分布的关联分析

(1)赣南原中央苏区依然存在森林植被破坏、水土流失、酸雨污染严重、地表水质污染局部加剧、固体废物污染、环境空气污染等环境问题。(2)赣南原中央苏区绝大部分区域为中、强度脆弱区，占整个赣南原中央苏区面积的73%。研究区内18个县(市)中，寻乌县为微度脆弱区，面积占5.87%；崇义县、龙南县、会昌县等3个行政单元为轻度脆弱，占整个赣南原中央苏区面积的16.66%；石城县、兴国县、安远县、于都县、定南县、上犹县、全南县等7个行政单元为中度脆弱，占赣南原中央苏区面积的36.68%；大余县、赣县、宁都县、瑞金市、信丰县、章贡区等6个行政单元为强度脆弱，占赣南原中央苏区面积的36.39%；极强度脆弱的为南康县，占总面积的4.4%。(3)赣南原中央苏区内包括9个国家级贫困县，占研究区总面积的60%；其人口数量为全区人数的53%。(4)生态脆弱性对贫困分布有较大影响，同时影响城乡居民的收入差异状况。随着贫困发生率的升高，生态脆弱度及城乡居民收入差异均呈现较高态势的波动状分布。与生态脆弱度相关性按照相关程度由高到低依次为：城镇居民可支配收入、农村居民可支配收入、贫困人口、总人口。

14.1.3 自然资源禀赋与区域经济振兴发展

(1)赣南原中央苏区资源开发促进了经济增长。特别是矿产资源开发度与林业资源开发度都在显著地影响经济增长。(2)制造业是当前赣南原中央苏区经济的支柱产业。制造业固定资产投资几乎占了全社会固定资产投资占比的一半，这说明苏区现阶段严重依赖制造业的发展，提高制造业发展水平，增强苏区制造业的综合竞争力可以有效地促进经济发展。(3)增加物质资本投资是促进苏区经济增长的有效途径。(4)赣南原中央苏区内部经济发展不平衡。从区域内各项经济和资源指标对比来看，区域内部经济发展水平、资源对经济的作用都有较大的差异。

14.1.4 农村电子商务与农村区域减贫

电商扶贫具有现实基础、取得了一定成效但仍然任重道远。以江西省为例，农村贫困人口逐年减少，精准扶贫要求日益提高，扶贫专项支出逐年扩大，产业扶贫中农村电商扶贫的投入越来越多，政企协作程度越来越密切，贫困地区经济发展和人民收入水平进一步提高。(2)电子商务发展能够促进脱贫减贫。电商发展与地区经济发展之间存在显著正向关系。与发达地区电子商务发展不同，发达地区良好的经济基础和先天环境能够有效地促进电子商务的发展，而对农村贫困地区来说，电子商务发展则是推动地区经济发展、农民脱贫减贫的新的有力抓手。

14.1.5 农户健康水平与农户脱贫路径

(1)健康水平对农村贫困户退出贫困具有显著的负向影响。户主是男性、村庄为贫困村、因病致贫的农村贫困户，健康水平的阻碍作用更为显著；与之相反，户主是女性、村庄为非贫困村的农村贫困户，健康水平对贫困户退出贫困不具有统计意义上的显著影响；对于非因病致贫的贫困户，健康水平对其退出贫困具有显著的负向影响，但作用略小于因病致贫的贫困户。(2)健康水平通过增加家庭总收入促进农村贫困户退出贫困，但家庭经营性收入、工资性收入、财产性收入以及转移性收入的中介效应并不显著。(3)通过将"是否因病致贫"替代原有的"家庭自付医疗费用支出"作为健康水平的代理变量，进一步检验健康水平对家庭收入的影响。

14.1.6 劳动力转移与区域农户脱贫路径分析

(1)鼓励农村劳动力转移就业对贫困户的贫困退出具有明显的政策效果。劳动力转移就业通过增加非农收入、提高家庭总收入来促进贫困户的退出。而通过劳动力转移就业增加非农收入，从而提高农业投入产出水平的论点在本研究时并没有得到支持，研究结果表示发生劳动力转移贫困家庭中使从事农业生产的人数减少，农业收入明显降低，同时未退出贫困户更加依赖于转移性收入和财产性收入，占总收入的 74.44%、高于退出贫困户的 13.15%。(2)户主的性别和健康对贫困户退出有显著影响。户主为男性的家庭更容易退出贫困户，进一步证实程名望(2014)的观点：男性在我国农户家庭经营中的主导地位，而女性户主表现为弱势家庭，表现为各种工资收入来源会受到影响。健康问题是导致大多数贫困户陷入贫困的重要原因，不仅不能为家庭创造收入、还会为整个家庭带来负担，完善医疗保障制度对贫困户脱离贫困具有重要意义。

14.1.7 易地搬迁与贫困脆弱性研究

(1)贫困程度与贫困脆弱性测度结果并不完全一致。随着贫困标准的提高，高度脆弱状态的农户占样本比重增大。同为非贫困状态，农户脆弱性状态低度与高度并存，表明非贫困状态下也有一部分高度脆弱农户容易受到生计资产减少或风险冲击影响而陷入贫困。(2)赣南原中央苏区易地搬迁农户的贫困发生率和脆弱性程度存在差异。在 1274 元人民币/年、2300 元人民币/年、1.25 美元/日、2 美元/日贫困线标准下，贫困发生率分别为 3.83%、6.22%、10.05%、30.14%。随着贫困线标准的提高，贫困发生率增速更快；贫困脆弱性程度（即在未来陷入贫困的可能性）分别为 20.43%、28.48%、31.96%、39.61%，表明贫困脆弱性测度结果受贫困线标准的影响较大。(3)非贫困群体在未来更容易陷入贫困。贫困且低度脆弱的农户，在不同的贫困线标准下，其贫困脆弱性程度均低于非贫困且高度脆弱的农户，意味着非贫困群体在未来更容易陷入贫困。(4)从搬迁农户生计资本拥有状态来看，贫困脆弱性更趋向于家庭人口规模较大、在外打工人数较少、外出打工收入较低、家庭成员没有参加过非农技术培训等人力资本不足的农户；或者是房屋价值较低、生产性固定资产原值较低等物质资本较少的农户；或者是邻里关系较差、政府补助金额较少、非建档贫困户等社会资本不足的农户；或者是耕地面积较少、耕地质量较差，自然资本较少的农户。贫困脆弱性群体更多地分布于社区地形条件较差的山区。(5)生计资本结构的差异导致生计资本总和存在差异。拥有不同生计资本结构，生计资本总和也会有较大的差别，尤其是对于人力资本缺乏型农户和金融资本缺乏型农户来说，应该注重改善这两类生计资本状况，进一步表明，生计资本的单一缺乏是导致农户贫困脆弱性的直接原因。(6)赣南原中央苏区易地搬迁农户贫困脆弱性影响因素。户主受教育程度、户主是否党员、户主是否乡村干部、在外打工人数、移民类型、安置方式、安置地距县城路程、安置地邻里关系融洽程度对赣南原中央苏区易地搬迁农户的贫困脆弱性均呈现极显著的负向影响。户主年龄、家庭规模、安置地社区地形条件对农户贫困脆弱性均呈极显著的正相关关系。

14.1.8 易地搬迁政策与农户满意度研究

(1)易地扶贫搬迁农户对于易地扶贫搬迁政策总体评价满意度较为一般，调研农户的移民政策满意度为较满意和非常满意的占比和仅为44.34%。农户参与易地扶贫搬迁政策的执行协商在较好及非常好的比例达到了73.44%，表明调研农户参与易地扶贫搬迁政策的执行协商的总体情况较好，但仍然存在着较大的进步空间。(2)农户对易地扶贫搬迁政策满意度评价由高到低排序为宁都县、会昌县、于都县和上犹县，且各县间农户移民政策满意度的差距较明显，各县调研农户参与易地扶贫搬迁政策的执行协商总体情况由高到低排序依次为会昌县、上犹县、于都县和宁都县，但各县间的农户参与政策执行协商情况差距较小，基本都维持在所有调研农户73.44%的平均水平左右。(3)移民政策的执行协商能够显著地正向影响农户的政策满意度，且研究结论通过了稳健性检验。研究结果发现，完善贫困地区的基层协商民主制度，扩大移民农户参与易地扶贫搬迁政策的执行协商力度，能够更加有效地实现政策扶贫目标，提升农户的政策满意度。

14.1.9 江西省区域扶贫成效研究

(1)1993—2016年江西省农民纯收入在近20年来基本保持着不断上升的趋势，截至2013年，江西省农民纯收入人均可达8781.5元，江西省农民人均纯收入处于10%以上的增速水平在上升，但收入增长率处于下滑趋势。(2)1993—2016年江西省农民纯收入结构的变化情况，发现江西省农民纯收入中占据主要贡献率的为工资性收入和家庭经营收入，二十年来基本保持贡献率在90%以上。(3)1993—2016年江西省农村居民较城镇居民相比的收入差距较大，且收入差距的扩大趋势越发严重。新余市、南昌市和吉安市三市农民收入已经超过一万元，但最低水平的赣州市农民人均纯收入仅为5535元，几乎只达到了上述3市的一半水平。

14.1.10 赣南原中央区区域扶贫绩效评价

(1)在 2008—2014 年期间的赣南林区,贫困县的人均 GDP 增长量仅为非贫困县的 60.73%;而对于农村居民人均纯收入而言,贫困县的农村居民人均纯收入增长量为非贫困县的 126.85%。(2)人均固定资产投资额和人均消费额对林业贫困县和林业非贫困县的人均 GDP 具有显著影响;农村从业人员数和农村人均固定资产投资额对林业贫困县和林业非贫困县的农村居民人均纯收入具有显著影响。从总体来看,政府扶贫政策对林业贫困县农户的减贫具有明显的效果,但是林业贫困县和林业非贫困县的经济差距仍然很大。

14.1.11 脱贫攻坚与乡村振兴绩效关系研究

通过耦合协调度模型构建了脱贫攻坚和乡村振兴两个综合评价体系,由上述研究结果可知,脱贫攻坚取得了重大进展,贫困发生率逐年降低,脱贫攻坚水平稳步上升。从乡村振兴指标水平 2007—2017 年的变化趋势来看,江西省乡村振兴进程比较缓慢。从耦合协调研究结果来看,总体上,江西省各市脱贫攻坚与乡村振兴的工作得到了有机的衔接进行了有效的融合。

14.2 启示与建议

14.2.1 区域生态脆弱性与贫困分布的关联性分析

脆弱生态环境是赣南原中央苏区贫困问题突出的重要原因所在,而要使该问题得到有效的解决,关键是能够有效地处理好环境问题及经济发展之间的相互矛盾又相互促进的关系,唯有改变以往遵循的经济发展模式,实现经济发展模式的效度化创新,才能最终实现区域脱贫致富。加强赣南原中央苏区的环境及贫困的协同治理,促进赣南原中央苏区又快又好地发展。

14.2.2 自然资源禀赋与区域经济振兴发展

(1)加大资源开发力度,提升资源开发效益。加大资源开发力度,利用资源禀赋优势推动产业发展,创造更大经济价值,促进区域经济增长。(2)转变苏区经济结构,推进产业结构升级。要从产业结构转变入手,引进和扶持高阶梯产业发展,推进产业结构升级,转变经济发展模式。在发展优势产业的同时注重发展新兴产业,推动科技进步,增强综合竞争力。(3)强化区域优势条件,大力引进外资技术。强化自身优势条件,以丰富的特色资源优势、沟通南北的地理位置优势以及廉价的劳动力和土地价格优势吸引外商投资,提升地区技术水平,促进经济增长。(4)加强区域合作互助,积极参与外部竞争。苏区各县要发挥自身的优势条件,加强与周边县区的经济贸易往来,互通有无,取长补短,共同进步发展。

14.2.3 农村电子商务与农村区域减贫

(1)电商扶贫可通过构建以政府、企业和个人为主体的减贫机理体系,发挥扶贫减贫的作用。三者之间相互联系,各司其职。一是发挥政府职能做好电商环境建设、财政资金分配、项目绩效评估、扶贫对象筛查和人才引进培育,二是发挥企业功能实现生产标准化、品牌化、规模化,提供流量支持、配套服务和运营服务;三是激发个人潜力,激励贫困农民从事电商行业、加入产业链、接受技能培训乃至自己创业。共同促进农民收入增长、开支节省、技能强化,从而推动地区经济增长,最终实现脱贫减贫。(2)基于电子商务发展的减贫效应和减贫机理,应该围绕政府、企业和个人三大主体,进行电商扶贫工作的深化发展,不断提高减贫效应。充分发挥政府职能,加大农村电商扶持力度;夯实特色产业基础,推动电商产业集群建设;全面激发市场活力,充分重视人的价值。从而在农村扶贫工作中获得更大的突破和进展。

14.2.4 农户健康水平与农户脱贫路径

(1)健全和完善农村医疗保障体系,减轻农村贫困居民的医疗经济负担,避免因病致贫和因病返贫情况的发生。可供选择的具体措施包括:第一,全面落实基本医疗保障制度。第二,加大对大病保险的资金投入。第三,加强农村医疗救助制度的宣传,鼓励更多的农村贫困居民利用医疗救助制度来保障自身的医疗健康水平。(2)合理引导贫困户增收,避免因健康水平下降带来家庭收入的"畸形"增长。可供选择的具体措施包括:加大专项扶贫资金投入,促进农村贫困居民收入增长;培养贫困户的生存和发展能力,才能真正实现贫困户的长久脱贫;提供技术培训和生产资料等服务,实现脱贫致富为贫困家庭提供贫困助学金和奖学金,对贫困家庭的孩子接受高等教育进行扶持,从长远上帮助贫困户摆脱贫困。

14.2.5 劳动力转移与区域农户脱贫路径分析

(1)制定和完善劳动力转移就业的政策措施。一是就业地政府要切实保障转移就业劳动力的合法权益,改善农村劳动力转移就业的工作环境、工作安全、身心健康等,解决由户籍制度所阻碍的农民工子女上学问题;二是加强农村劳动力的就业技术培训,提高农村劳动力的就业机会、提升工资待遇;三是规范农村土地流转的市场,着力解决劳动力流转之后带来耕地抛荒问题,适度引导农户对耕地等土地资源进行流转。(2)引导贫困户合理安排劳动力转移人数。鼓励部分外出务工者返乡就业,尤其是发展产业扶贫的地区,因地制宜地发展特色产业。(3)完善社会保障体系。扩大社会保障覆盖面,把农民纳入社会保障体系,切实解决农民工、失地农民、灵活就业人员的社会保障问题。

14.2.6 易地搬迁农户生计资本与贫困脆弱性研究

(1)改善易地搬迁农户的生计资本状况。对于结构性因素导致的贫困脆弱性,需要我们更多地完善宏观经济政策，改善生计资本结构，增加生计资本，提高农户人均纯收入，增强农户抵御风险冲击的能力，减小陷入贫困或者返贫的可能性。针对不同原因导致的贫困脆弱性类型，实施差异化的政策。(2) 建立农户应对风险冲击的预警机制。关注农户近期收入的波动状况，制定与这类农户相匹配的微观经济政策，完善社会保险和商业保险制度，有针对性地瞄准这类农户进行补贴，减小风险冲击，降低农户陷入贫困的可能性。(3) 转移赣南原中央苏区易地搬迁扶贫工作重点。从农户搬迁特征等因素来看，贫困脆弱性较高的农户呈现如下特征：移民类型倾向于深山移民；安置方式倾向于分散安置；迁入年数较为长久；户主年龄偏大；户主受教育年限较少；户主非党员和非乡村干部；安置地邻里关系较差；安置地社区地形条件较差。具有上述特征的农户贫困脆弱程度更深，在未来更容易陷入贫困，政府未来易地搬迁扶贫工作重点应该逐渐转移，对具有上述特征的农户给予更多关注，扶贫重点应该由建档立卡贫困户转移到具有上述特征的非贫困农户。

14.2.7 易地搬迁政策与农户满意度研究

(1) 加强移民政策的宣传力度，提升农户对移民政策的认知度。生态移民政策是由政府主导的一项利民扶贫工程，在制定和执行移民政策前政府部门应加大宣传力度，向农民普及有关生态移民政策的相关法律法规和基本知识，让移民农户清楚移民搬迁的原因、移民迁入地的实际情况。(2) 加强行政和司法监督，提升移民政策执行协商的有效性。制定执行有关政策前，应给予移民农户充分参与政策协商讨论的权利，使其有机会合理地表达自身利益诉求。加大对村干部的行政监督和司法监督，还应保障政策执行协商后的落实效果，使得执行协商内容切实地落到实处。(3) 提升政府工作效率，树立良好的干部形象。政策的执行部门应提升其工作效率，加强执政队伍中的基层干部作风建设工作，提升村干部的整体素质，树立良好的工作形象，增强农民对于干部的信任度。(4) 努力提升移民农户的文化教育程度。对于生态移民政策的农户而言，其自身文化素质的提高，可以更好地反映为对移民政策知识掌握的提升，也能更加精确地反映出农户对于移民政策的合理要求。(5) 加快移民落户村的经济发展速度，提升农民生活的外部环境质量。改善移民安置区的外部环境、提升移民落户村的生活舒适度可以从移民落户村的基础设施建设进行改善。

14.2.8 区域扶贫成效研究

(1) 加速推进江西省的城镇化进程，提升公路交通等基础设施的建设力度，同时努力缩小城乡居民收入差距。(2) 加大对江西省农村居民文化教育培训的投资力度，提升农村劳动力素质与核心竞争力。不断地贯彻实施免费的义务教育，同时积极开展针对农民的职业技能培训工作。(3) 积极推动江西省农业机械化发展，努力提升农业产业生产效率。应积极加大农业机械化的普及率，使各类农业机械在农业生产过程中发挥重要作用，这样一方面可以有效增加农作物的产量，另一方面可将因机械化而节省下来的人力投入重新置于新的生产作业当中去，可丰富农民的收入来源，增加新的收入方式，能够真正有效地提升农民收入水平。(4)加大江西省财政支农支出比例和农业固定资产的投入比例，促进农村居民生产方式多样化发展。通过在财政预算设计中形成一套完整可行的支农助农方案，建立完善的监督机制保证支农资金的使用到位情况。(5)稳定农业生产资料价格，保证农产品市场的有序发展。加强对农业生产资料的监督和管理，严厉打击部分销售商或企业恶意抬高价格的行为；积极建设现代农业的生产流通体系，通过减少中间环节，降低农产品销售成本，通过更加便捷的销售模式；还要完善农业生产资料的储备制度。

14.2.9 赣南原中央苏区区域扶贫绩效评价

(1)加大对贫困县的固定资产投资力度，提高贫困县的固定资产投资水平。采取以政府为主导，鼓励社会资本积极参与的投资形式。政府可以设立专项扶贫基金，用于贫困地区基础设施建设以及扶持贫困地区的特色产业发展。完善相关配套设施建设，鼓励企业等社会资本的进入，充分发挥市场的优势，将脐橙等特色农产品打造成赣州市的特色品牌，带动当地的经济发展和实现人民增收。(2)引导贫困县居民转变消费观念，提高贫困县居民的消费水平。通过转变贫困地区的经济发展方式和推动经济结构的优化升级，将脐橙、茶叶等具有当地特色的农产品产业进行产业升级，对产品进行深加工来延伸产业链条，增加就业机会，提高居民的收入水平；同时完善社会保障制度和加强宏观调控，运用相关的货币政策和财政政策稳定物价，从而刺激居民的消费需求，促进经济发展。(3)加大对贫困县农村从业人员的技能培训。政府应积极组织各种免费培训班帮助贫困地区的人们接受从业技能培训，提高农村从业人员的从业能力和素质，使其能更好地适应社会发展的要求，找到更好更稳定的工作，从而获得更高的报酬，实现贫困地区人员的增收和逐渐摆脱贫困。(4)加大对贫困县农村地区的固定资产投资力度，提高贫困县农村地区的固定资产投资水平。完善农村地区道路建设以及相关配套基础设施建设，建设社会主义新农村；同时加大对乡镇企业的固定资产投资，促进当地经济发展。鼓励农民通过使用机械化的作业方式和科学的管理方法，提高林农产品的产出效率和收益，为农民增收创造长期稳定的环境。

14.2.10 脱贫攻坚与乡村振兴绩效关系研究

在打赢脱贫攻坚战的最后决定性时刻，脱贫攻坚与实施乡村振兴战略进入了交汇时期，脱贫攻坚是乡村振兴的前提和基础，实施乡村振兴战略是脱贫攻坚的巩固和提升。因此要推进脱贫攻坚与乡村振兴的协同发展，形成相互助力、相互支撑、相互配合的局面。利用产业的兴旺促进产业扶贫的发展；通过生态的改善，引导贫困户积极参与公益性岗位，推动参与性扶贫；改善乡风，激发农民自身脱贫动力；实现生活富裕目标，完善基础设施建设，促成脱贫攻坚与生活富裕相互促进相互融合发展；推进乡村的有效治理，提高脱贫攻坚的组织力、战斗力。

参考文献

A. Irajpoor, M. Latif. Performance of irrigation projects and their impacts on poverty reduction and its empowerment in arid environment[M]. International Journal of Environmental Science and Technology, 2011.

Acemoglu, D., S.Johnson.Disease and development: The effect of life expect ancyon economic growth [J].Journal of Political Economy, 2007(6).

Ali Akbar Jalali, Mohammad Reza Okhovvat, Morteza Okhovvat. A new applicable model of Iran rural e-commerce development[J]. Procedia Computer Science, 2011, 3.

Alvarez, S. A.Barney, J. B.Entrepreneurial Opportunities and Poverty Alleviation[J]. Enterpreneurship theory and practice, 2014, 38(1): 159-184.

Anand Vyas, Sachin Gupta. Challenges Assessment for the E-Commerce Industry in India: A Review (With Special Reference to Flipkart V/S Snapdeal)[J]. Journal of Global Information Management (JGIM), 2017, 25(4).

Anita Kelles-Viitanen. The Role of ICT in Governing Rural Development[J]. IFAD Workshop on the What are the Innovation Challenges for Rural Development (Rome), 2005-11-14.

Baron, R.M., D.A.Kenny.The Moderator - mediator Variable Distinction in Social Psychological Research:Conceptual, Strategic, and Statistical Considerations[J].Journal of Personality and So-cial Psychology, 1986, 51(6):1173-1182.

Baxter A, Chapman D W, Dejaeghere J, et al. Youth Entrepreneurship Education and Training for Poverty Alleviation: A Re-view of International Literature and Local Experiences[J].International Educational Innovation and Public Sector Entrepreneurship, 2014(23): 33-58.

Bebbington A J, Mitlin D, Mogaladi J et al.. Decentring poverty, reworking government: social movements and states in the government of poverty[M]. The Journal of Development Studies, 2014.

Benjamin, D. L. Brandt, J. Fan. Ceaseless Toil. Health and Labor Supply of the Elderly in Rural C－hina[J]. William Davidson Institute Working Paper, NO. 579. University of Michigan, June 2003.

Bourguignon, F. Goh, C. and Kim, D. Estimating Individual Vulnerability to Poverty with Pseudo－panel Data[J]. World Bank Policy Research Working Paper, 2004:3375.

Bourguigono F, Chakravarty S R. The Measurement of Multidimensional Poverty[J]. Journal of Economic Inequality, 2003, 1(1):25－49.

Calvo, C. Vulnerability to Multidimensional Poverty: Peru, 1998－2002[J]. World Development, 2008, 36(6):1011－1020.

Calvo, C. and Dercon, S.: measuring Individual Vulnerability[J]. University of Oxford Discussion Paper Series, 2005:229.

Chaudhuri S. J. Jalan, A. Suryahadi. Assessing household vulnerability to poverty from cross sectional data: a methodology and estimates from Indonesia [R]. Discussion Paper. Clumbia University. 2002:1－35.

Chen, Yuyu and Jin, GingerZhe. Does Health Insurance Coverage Lead to Better Health and Edu－cational Outcomes? Evidence from Rural China[J]. Journal of Health Economics, 2012(31):1－14.

Christiaensen, L. J., Subbarao, K. Toward an Understanding of Household Vulnerability in Rural Kenya[J]. Journal of African Economics, 2005, 14(4):520－558.

Das, J., Hammer, J. and Leonard, K. The Quality of Medical Advice in Low Income Countries[J]. J－ournal of Economic Perspectives, 2008(22):93－114.

Dr Qun Meng MD, Ling Xu MPhil, Yao guang Zhang MPH. Trendsin Access to Health Services and Financial Protection in China between 2003 and 2011, A Cross－ sectional Study [J]. The Lancet, 2011(379):805－814.

Dercon S. Impact of Economic Reforms on Rural Households in Ethiopia: A study from 1989－1995[N]. Word Bank Working Paper, 2003.

Dhanani, S. Islam, L. Poverty, Vulnerability and Social Protection in a Period of Crisis: The Case of Indonesia[J]. World Development, 2002, 30(7):1211－1231.

Eddie, C. M. Hui, Jia wei Zhong, Kahung Yu. Land use, housing preferences and income poverty: In－the context of a fast rising market[J]. Land Use Policy, 2016(58):289－301.

Edward J Malecki. Digital development in rural areas: potentials and pitfalls[J]. Journal of Rural Studies, 2003, 19(2).

Feeny, S. & L. McDonald. Vulnerability to multidimensional poverty: Findings from households in Melanesia[J]. Journal of Development Studies, 2016, 52(3):1－18.

Gaiha, R.and Imai, K.Vulnerability, Shocks and Persistence of Poverty: Estimates for Semi—arid Rural South India[J].Oxford Development Studies, 2004, 32(2):261—81.

Glewwe, P.Hall, G.Are Some Groups More Vulnerable to Macroeconomic Shocks than Others? Hypothesis Tests Based on Panel Data from Peru[J].Journal of Development Economics, 1998, 56(1):181—06.

Gloede, O.et al.Shocks, individual risk attitude, and vulnerability to poverty among rural households in Thailand and Vietnam[J].Hannover Economic Papers, 2012, 71:54—8.

Grossman S J.on the concept of health capital and the demand for health[J].Journal of Politi—cal Economics, 1972, 80(2):223—240.

Hamid, S.A., Roberts, J, and Mosley, P.CanMicro Health Insurance Reduce Poverty? Evidence from Bangladesh[J].Journal of Risk and Insurance, 2011, 78(5):7—82.

Harrison Graham. The Africanization of poverty: a retrospective on "Make Poverty History".[J]. African Affairs, 2012, 109(436).

Hemmi, N., K.Tabata, K.Futagami.The Long—term Care Problem, Precautionary Saving, and Econo—mic Growth[J].Journal of Macroeconomics, 2007, 29(1):60—74.

Hussain M D, Bhuiyan A B, Bakar R.Entrepreneurship Development And Poverty Alleviation: an Empirical Review[J].Journal of Asian Scientific Research, 2014(10): 558—573.

Imai, K.S.et al.Does non—farm sector employment reduce rural poverty and vulnerability? [J].Journal of Asian Economics, 2015, 36:47—1.

Irajpoor A., M. Latif. Performance of irrigation projects and their impacts on poverty reduction and its empowerment in arid environment[M]. International Journal of Environmental Science and Technology, 2011.

Jyotsna J, Ravallion M.Transient Poverty in Postreform Rural China[J].Journal of Comparative Economic, 1998, 26:338—357. Klara Fischer, Flora Hajdu.Does raising maize yields lead to poverty reduction? A case study ofthe Massive Food Production Programme in South Africa[J].Land Use Policy.2015(46):304—313.

Kuznets S. Economic Growth and Income Inequality [J].The American Economic Review, 1955, 45(1):1—28.

Laura Rodriguez—Takeuchi, Katsushi S. Imai. Food price surges and poverty in urban Colombia:New evidence from household survey data[J]. Food Policy, 2013, 43.

Leila Esmaeili, Seyyed AliReza Hashemi G.Rural Intelligent Public Transportation System Design: Applying the Design for Re—Engineering of Transportation eCommerce System in Iran[J]. International Journal of Information Technologies and Systems Approach (IJIT-

SA),2015,8(1).

Lü,X.Intergovernmental transfers and local education provision:evaluating China's 8-7national plan for poverty reduction[J].China Econ. Rev,2015(33):200-211.

Luo Chuliang. Economic Growth , Inequality and Poverty in Rural China[J].Economic Research Journal,2012,2:15-27.

Ma,X.,Zhang,J.Meessen,B.et al.Social Health Assistance Schemes:The Case of Medical Fina-ncial Assistance for the Rural Poor in Four Counties of China,International [J].Journal for Eq-uity in Health,2011(10):1.

Marvin T. Batte,Stan Ernst. Net Gains from 'Net Purchases? Farmers' Preferences for Online and Local Input Purchases[J]. Agricultural and Resource Economics Review,2007,36(1).

Mead Over.The Macroeconomics Impacts of AIDS in Sub-Saharan Africa.Population and Hu-man Resources Department[J].World Bank,Mimeo,Washington D.C.,1992.

Medina-Mu D R,Gutiérrez-Pérez R D M F.The impacts of tourism on poverty alleviation: an integrated research frame-work[J].Journal of Sustainable Tourism,2016,24(2):270-298.

Milcher, S. Household Vulnerability Estimates of Roma in Southeast Europe, Cambridge Journal of Economics,2010,34(4):773-792.

Nhlanhla Mlitwa, Nondumiso Tshetsha. Adoption of Cell-Phone Banking among Low-Income Communities in Rural Areas of South Africa[J]. iBusiness,2012,04(4).

Novignon J,Nonvignon J,Mussa R,et al. Health and vulnerability to poverty in Ghana: evidence from the Ghana Living Standards Survey Round 5[J]. Health economics review,2012,2(1):11.

Okuthe P. Kogeda, Siphe Mhlana, Thinyane Mamello, Thomas Olwal. An Implementation of isiXhosa Text-to-Speech Modules to Support e-Services in Marginalized Rural Areas[M].Springer International Publishing:2014,06-15.

Ozughalu, U.M.Relationship between household food poverty and vulnerability to food poverty:Evidence from Nigeria[J].Social Indicators Reserch,2016,125(2):567-587.

Parker, B. and Kozel, V. Understanding Poverty and Vulnerability in India's Uttar pradesh and Bihar:A Q-squared Approach[J].World Development,2007,35(2):296-311.

Pelkowski J M, Bergermc.The impact of health on employment, wages and Hours-worked over the lifecycle[J].The Quarterly Review of Economics and Finance,2004,44(1):102-121.

Porter G.Transport Services and Their Impact on Poverty and Growth in Rural Sub-Saharan Africa:A Review of Recent Research and Future Research Needs[J].Transport Reviews.2014,34(1):25—45.

Pritchett, L.Suryahadi, A.and Sumarto, S.Quantifying Vulnerability to Poverty:A Proposed Measure, Applied to Indonesia[J].World Bank Policy Research Working Paper,2000:2437.

Radeny, M.Vanden Berg, M.and Schipper, R.Rural Poverty Dynamics in Kenya:Structural Declines and Stochastic Escapes[J].World Development,2012,40(8):1577—1593.

Rodney Carr, Craig M. Parker, Tanya Castleman, Cecily Mason. Factors Affecting SME Owner—Managers' Willingness to Share Knowledge Online in Rural Local Business Networks[J]. Journal of Internet Commerce,2013,12(4).

Satheesh A. D. Christy Sujatha, T. K. S. Lakshmipriya, D. Kumar. Cloud Based Virtual Agriculture Marketing and Information System (C—VAMIS)[M].Springer International Publishing:2015—06—15.

Schultz, T. Paul, Tansel, Aysit. Measurement of Returns to Adult Health, Living Standards Measur—ement Study[N], The World BankWorking Paper,1997,95.

Sebastian, S.:Old—age pensions in Spain:Recent reforms and some of their consequences for the risk of poverty[J].Social Policy&Administration,2010,42(2):197—210.

Selden, Thomas M., Kenney, Genevieve M., Pantell, Matthew S.et al.Cost Sharing in Medicaid a—nd Chip:How does It Affect Out—of—pocket Spending?[J].Health Affair,2010(2):4.

Sen, Amartya. Poverty and Famines:An Essay on Entitlements and Deprivation[M].Oxford:Clarendon Press,1981.

Sjostedt M, Eur.J, Dev.Res.Ecosystem Services and Poverty Reduction:How Do Development Practitioners Conceptualize the Linkages?[J].2012,105:777—787.

Sun Xiaoyun, Sleigh Adrian C, Carmichael Gordon A et al. Health payment—induced poverty under China's New Cooperative Medical Scheme in rural Shandong.[J]. Health Policy and Planning,2015,25(5).

Sun, X., Jackson, S.Carmichael, G et al.Catastrophic Medical Payment and Financial Protection in Rural China:Evidence from the New Cooperative Medical Scheme in Shandong Province[J].Health Economics,2009(18):1.

Suryahadi, A.Sumarto, S.Poverty and Vulnerability in Indonesia before and after the Economic Crisis[J].Asian Economic Journal,2003,17(1):45—64.

Susan Watson, O. John Nwoha, Gary Kennedy, Kenneth Rea. Willingness to Pay for Information Programs about E—Commerce:Results from a Convenience Sample of Rural Louisiana Businesses[J]. Journal of Agricultural and Applied Economics,2005,37(3).

Tallis H, Kareiva P, Marvier M, et al. An ecosystem services framework to support both practical conservation and economic development[J].Proc.Natl.Acad.Sci.U.S.A.2008, 105(28):9457—9464.

Tong Y, Piotrowski M.Migration and health selectivity in the context of internal migration in China[J].Population Research Policy Review,2012,31(6):497—543.

Truong V D, Hall C M, Garry T.Tourism and poverty alleviation: perceptions and experiences of poor people in Sapa, Vietnam[J].2014(7).

Vinod KumarT.M.Smart City E-Governance: Issues and Future[M].Springer Singapore:2015—06—15.

Xu W.Y., Zhao C.S., Ran L. et al.Characteristics of pollutants and their correlation to meteorological conditions at a suburban site in the North China Plain[J].Atmospheric Chemistry and Physics, 2011, 11(9).

Wagstaff, A.Estimating Health Insurance Impacts under Unobserved Heterogeneity: The Case of Vietnam's Health Care Fund for the Poor[J].Health Economics,2010(19):2.

Walker, T.S.&J.G.Ryan.Village and Household Economics in India's Semi-Arid Tropics[M].Johns Hopkins University Press,1990.

World Bank: World Development Report 2000/2001: Attacking Poverty[R].Oxford University Press,2001.

Xu Qifa, Jiang Cuixia, LiuYurong.Income Growth, Inequality and Poverty Reduction: Empirical Analysis from CHNS Data[J].Statistical Research,2011,28(7):27—36.

Ziliak, J.P.Income, program participation, poverty, and financial vulnerability: Research and data needs[J].Journal of Economic and Social Measurement,2015,40(1—4):27—68.

蔡运龙.生态旅游:西南喀斯特山区摆脱"贫困陷阱"之路[J].中国人口·资源与环境,2006,1:113—116.

曹国庆,陈美球.移民扶贫如何把根扎下——基于修水县、石城县移民新村的调研[J].中国领导科学,2017(1):59—61.

曾开明,黄金燕,邵晖.江西省赣南等原中央苏区农村土地整治研究[J].农村经济与科技,2014,8:12—14+21.

曾文,王逊.赣南原中央苏区红色旅游资源与体育旅游资源整合开发模式的选择与构建[J].体育科技文献通报,2015,2:5—7.

曾志红.新扶贫标准下集中连片特困地区致贫因素分析——基于武陵山湖南片区300农户的调研[J].经济体制改革,2013(6):55—58.

陈锋.金融支持抚州市原中央苏区县经济发展现状、问题及建议[J].金融与经济,2012

(11):19-22+42.

陈红颖,夏金星.平民教育思想与农村人力资源开发[J].农村经济与科技,2006,8:34-35.

陈全功,程蹉.子女教育与家庭贫困的代际变动[J].西北人口,2007(5):36-38.

陈胜东,蔡静远,廖文梅.易地扶贫搬迁对农户减贫效应实证分析——基于赣南原中央苏区农户的调研[J].农林经济管理学报,2016,15(6):632-640.

陈文文.我国农村精准扶贫困境研究[D].安徽大学,2017.

陈希勇.山区产业精准扶贫的困境与对策——来自四川省平武县的调查[J].农村经济,2016(5):87-90.

陈晓琴,王钊."互联网+"背景下农村电商扶贫实施路径探讨[J].理论导刊,2017(5):94-96.

陈勋洪,钟志宏,樊首品,杨素玲,冯晓曦.江西省"互联网+"特色产业扶贫专题调研[J].江西农业,2017(22):14-17.

陈贻娟,李兴绪.风险冲击与贫困脆弱性——来自云南红河哈尼族彝族自治州农户的证据[J].思想战线,2011(3):85-89.

陈在余.中国农村居民医疗筹资的不平等性分析[J].南京农业大学学报(社会科学版),2013,13(4):22-30.

程钰,刘雷,任建兰.区域经济空间结构特征及影响因素研究:以山东省为例[J].区域经济评论,2013(2):48-55.

程竹.云南省农村电子商务扶贫的问题及对策研究[D].云南农业大学,2016.

崔炜,周悦.我国农村人力资源现状与开发途径研究[J].职业技术教育,2007,4:63-65.

党艳文.古浪县干城乡贫困原因调查及扶贫对策[D].兰州大学,2016.

豆学兰.陇南电商扶贫存在的问题及对策思考[J].农业网络信息,2017(7):68-71.

段卓一.中国农村家庭融资对自身脆弱性的影响[J].山西师大学报(社会科学版),2014,41(S4):38-40.

冯菁,夏自谦.中国林区贫困现状及解决对策研究综述[J].北京林业大学学报(社会科学版),2007(3):63-67.

冯菁.丰裕中的贫困[D].北京林业大学,2007.

冯艳,马树才.区域矿产资源丰裕度对区域贫困度的影响[J].辽宁工程技术大学学报(自然科学版),2015,7:810-815.

顾明远.教育大辞典[M].上海:上海教育出版社,1998.

郭劲光.我国贫困人口的脆弱度与贫困动态[J].统计研究,2011(9):42-48.

郭君平,吴国宝.社区综合发展减贫方式的农户收入效应评价——以亚洲开发银行贵州纳雍社区扶贫示范项目为例[J].中国农村观察,2013(6):22-30+92-93.

郭志恒.江西省农民收入变化状况及其影响因素研究[D].江西农业大学,2016.

国际电信联盟.国际电联 2003 年世界电信发展报告.1984.

国务院.关于支持赣南等原中央苏区振兴发展的若干意见[J].江西省人民政府公报,2012,15:4—12.

韩劲.走出贫困循环:中国贫困山区可持续发展理论与对策[M].北京:中国经济出版社,2006.

韩志新.可持续生计视角下的失地农民创业研究[D].天津大学,2014.

杭海,张敏新,王超群.美、日、德三国区域协调发展的经验分析[J].世界经济与政治论坛,2011(1):147—157.

何声娴,沈彤,李程祥,汪晓彤.基于大数据下的精准扶贫管理机制与对策[J].价值工程,2017,36(25):89—91.

何先应,付达杰.赣南中央苏区产业发展现状与财税政策选择[J].经济研究参考,2013,55:93—96.

何先应,许世建,刘凡,刘艳.基于低碳生态农业的赣南原中央苏区扶贫开发模式研究——四川省苍溪县三井现代低碳生态农业园建设的思考与借鉴[J].经济研究参考,2013(31):78—80.

何晓琦.长期贫困的定义与特征[J].江西财经学院学报,2014(6):53—57

侯一蕾,温亚利,金旻.林业生态建设对山区减贫的影响研究——以湖南湘西土家族苗族自治州为例[J].湖南大学学报(社会科学版),2014,28(4):43—50.

胡浩志.城镇各阶层收入分配公平性的影响因素[J].当代财经,20013(8):19—24.

胡联,孙永生,王娜,倪国华.贫困的形成机理:一个分析框架的探讨[J].经济问题探索,2012,2:1—5.

胡良文.易地搬迁农户贫困脆弱性研究——以赣南原中央苏区为例[D].江西农业大学,2018.

胡柳.乡村旅游精准扶贫研究[D].武汉大学,2016.

胡伦,陆迁.干旱风险冲击下节水灌溉技术采用的减贫效应——以甘肃省张掖市为例[J].资源科学,2018(2):417—426.

胡翔凤,胡诗旋,李晚莲.基于本土电商企业视角的农村电商扶贫工程研究——以湖南省溆浦县为例[J].农业科技与信息,2017(4):19—21.

黄爱军,朱奎.美国扶贫减困的主要特点及启示[J].江苏农村经济,2010(8):68—70.

黄承伟,王小林,徐丽萍.贫困脆弱性:概念框架和测量方法[J].农业技术经济,2010(08):4~11.

黄伟.风险冲击、脆弱性与农户贫困关系研究[D].武汉:华中农业大学,2008.

黄潇.什么引致了农村居民贫困风险——来自贫困脆弱性测度和分解的证据[J].贵州财经大学学报,2018(1):91—102.

黄小琳.贫困脆弱性度量及其影响因素研究——以红河哈尼彝族自治州农户数据为例[D].云南财经大学,2010.

黄小勇.赣南等原中央苏区振兴发展的财税政策研究[J].江西师范大学学报(哲学社会科学版),2012,5:86—91.

江山.国外动态贫困研究的发展与述评[J].江海学刊,2012(3):138—142.

江西省发展改革委社会发展处.加快欠发达省份城镇新区公共服务体系建设[J].宏观经济管理,2015(2):35—39.

蒋翠侠,许启发,李亚琴.中国家庭多维贫困的统计测度[J].统计与决策,2011(22):92—95.

蒋丽丽.贫困脆弱性理论与政策研究新进展[J].经济学动态,2017(6):96—108.

蒋天颖,华明浩,张一青.县域经济差异总体特征与空间格局演化研究——以浙江为实证[J].经济地理,2014,34(1):35—41.

蒋侠,许启发,李亚琴.中国家庭多维贫困的统计[M].北京:中国人民大学出版社,2014(22):88—110.

解梅娟.电商扶贫:"互联网+"时代扶贫模式的新探索[J].长春市委党校学报,2016(2):12—15.

金媛媛.我国欠发达地区农户小额信贷研究[D].华中农业大学,2007.

孔立.连片特困地区低碳发展研究[D].中国农业科学院,2016.

雷兵.农村电子商务发展与地方经济的关系——基于中国1870个县数据[J].当代经济管理,2018,40(2):41—47.

冷飞翔.多元治理视角下电商扶贫微观体系及作用机制研究[D].华中师范大学,2017.

黎洁,邰秀军.西部山区农户贫困脆弱性的影响因素:基于分层模型的实证研究[J].当代经济科学,2009(5):110—115.

李博,左停.精细社会视角下中国农村精准扶贫的制度选择[J].中国延安干部学院学报,2016,9(3):124—129.

李丹青."互联网+"战略下的电商扶贫:瓶颈、优势、导向——基于农村电商扶贫的现实考察[J].当代经济,2016(12):27—28.

李建双.独龙江区域脱贫问题研究[D].西安工业大学,2017.

李晶玲,张双英,谢瑞芬.电商扶贫调查[J].中国金融,2015(22):88—89.

李娟,马长海.乡村旅游扶贫研究——以河北省涞水县为例[J].环渤海经济瞭望,2014,2:45—47.

李娟.抓苏区振兴机遇促抚州经济发展[J].市场论坛,2013,9:30—31+43.

李丽,白雪梅.我国城乡居民家庭贫困脆弱性的测度与分解——基于CHNS微观数据的实证研究[J].数量经济技术经济研究,2010(8):61—73.

李璐.互联网环境下电商扶贫的减贫效应及对策研究——以江西省为例[D].江西农业大

学，2018.

李鹏飞,卢佳.农村电子商务在精准扶贫中的作用与影响研究[J].新西部,2017(5):81-84.

李姗姗,孙久文.中国城市贫困空间分异与反贫困政策体系研究[J].现代经济探讨,2015(1):78-82.

李实,左藤宏.经济转型的代价[J].中国财政经济出版社,2014,(5):38.

李文君.整村推进中的村民参与机制与精准扶贫——以甘肃省L县B村为例[J].开发研究,2016(4):96-99.

李小三.重视欠发达地区县域经济的发展[J].老区建设,2000(3):11-12.

李小云,董强,饶小龙,赵丽霞.农户脆弱性分析方法及其本土化应用[J].中国农村经济,2007(4):32-39.

李小云,唐丽霞,张雪梅.我国财政扶贫资金投入机制分析[J].农业经济问题,2007(10):77-82+112.

李小云,张雪梅,唐丽霞.当前中国农村的贫困问题[J].中国农业大学学报,2005(4):67-74.

李兴江,陈怀叶.参与式整村推进扶贫模式扶贫绩效的实证分析——以甘肃省徽县麻安村为例[J].甘肃社会科学,2008(6):53-56.

李永彬.对武定县培强退耕还林后续产业减缓山区贫困的思考[J].农业网络信息,2012(11):120-123.

李裕瑞,曹智,郑小玉,刘彦随.我国实施精准扶贫的区域模式与可持续途径[J].中国科学院院刊,2016,31(3):279-288.

栗明.生态旅游与云南扶贫攻坚战略[D].清华大学,2004.

联合国贸易与发展委员会全球电子商务发展研究报告[R].北京:人民邮电出版社,2002.

廖冰,廖文梅,金志农.赣南原中央苏区集中连片特困地带致贫因素分析[J].江西农业大学学报(社会科学版),2013,12(2):249-256.

廖冰,廖文梅,金志农.赣南中央苏区集中连片林区贫困的现状及对策分析[A].中国林业经济学会技术经济专业委员会、中国技术经济学会林业技术经济专业委员会.绿色经济与林业发展论——第六届中国林业技术经济理论与实践论坛论文集[C].中国林业经济学会技术经济专业委员会、中国技术经济学会林业技术经济专业委员会,2012:11.

廖冰.对发展经济林促进农户脱贫致富的战略性探讨——以赣南原中央苏区为例[J].农村经济与科技,2013,24(10):28-29+53.

廖文梅,曹国庆,孔凡斌.农民专业合作社助力于产业化精准扶贫的创新模式研究——以江西省石城县为例[J].农业考古,2016(6):263-267.

廖文梅,陈美球,杨晶.区域性整体脱贫致富模式研究:回顾与展望[J].农林经济管理学报,2017,16(2):144-151.

廖文梅，廖冰，金志农.林农经济林经营效率及其影响因素分析——以赣南原中央苏区为例[J].农林经济管理学报，2014，5：490－498.

廖文梅，邱海兰，秦克清，彭泰中.健康水平对农村贫困户脱贫的影响——来自789户贫困户的调查[J].调研世界，2018(9)：32－38.

廖翼，周发明，唐玉凤.湖南县域经济差异变化的实证研究[J].经济地理，2014，34(2)：35－41.

林广毅.农村电商扶贫的作用机理及脱贫促进机制研究[D].中国社会科学院研究生院，2016.

刘凡，刘艳，许世建.以低碳生态农业为抓手，推进赣南原中央苏区扶贫攻坚——四川省苍溪县三井现代低碳生态农业园建设的思考与借鉴[J].老区建设，2012，17：50－52.

刘国恩，William H.Dow，傅正泓等.中国的健康人力资本与收入增长[J].经济学(季刊)，2004，4(1)：101－118.

刘红丽.中国农村居民家庭脆弱性测度——基于CHNS微观数据的实证研究[D].山西财经大学，2011.

刘红云，骆方，张玉等.因变量为等级变量的中介效应分析[J].心理学报，2013，45(12)：1431－1442.

刘慧丽.城镇化与农业人力资源开发——关于农村教育的几点体会[J].中国农业教育，2003，2：10－11＋24.

刘吉超.中国县域经济发展模式研究评述及其反思[J].企业经济，2013，32(2)：154－158.

刘嘉.振兴赣南等原中央苏区进程中政府与市场作用[J].宜春学院学报，2013，02：49－55.

刘琳.浅析我国农村人力资源现状及开发对策[J].商场现代化，2006，26：292－293.

刘沛宁.欠发达地区电子商务对农民现代化的影响研究[D].兰州大学，2017.

刘生龙.教育和经验对中国居民收入的影响——基于分位数回归和审查分位数回归的实证研究[J].数量经济技术经济研究，2008(4)：75－85.

刘园.供给侧改革视野下农村电商精准扶贫模式研究——以寻乌县为例[J].市场周刊(理论研究)，2017(11)：84－85.

刘泽琴.贫困的多维测度研究述评[J].统计与决策，2014(10)：33－36.

刘兆阳，蒋辉，张康洁，张怀英.农业发展在政策减贫过程中的中介效应研究[J].农业现代化研究，2017，38(3)：389－396.

娄馨薇.赣南原中央苏区农村贫困测度及其致贫因素分析[D].江西农业大学，2016.

陆汉文，覃志敏.我国扶贫移民政策的演变与发展趋势[J].贵州社会科学，2015(5)：164－168.

鹿爱莉，李仲学.东北地区煤炭资源产业比较优势分析[J].辽宁工程技术大学学报，2007(4)：494－496.

鹿爱莉,苏迅,干飞,孙志伟.关于完善矿产资源开发生态补偿机制与政策建议[A].中国环境科学学会.第二届生态补偿机制建设与政策设计高级研讨会论文集[C].中国环境科学学会,2008:3.

鹿爱莉.建立矿产资源原产地补偿机制让资源输出地区走出贫困[A].中国地质矿产经济学会.资源·环境·和谐社会——中国地质矿产经济学会2007年学术年会论文集[C].中国地质矿产经济学会,2007:3.

鹿心社.全力打好精准扶贫攻坚战加快贫困群众脱贫致富奔小康步伐[J].老区建设,2015(11):12—15.

罗楚亮.农村贫困的动态变化[J].经济研究,2015(5):123—137.

罗曼.贫困动态转化及其影响因素分析[J].统计与决策,2015,3(6).

罗鹏.赣南原中央苏区特色资源对县域经济发展的影响研究[D].江西农业大学,2016.

马明义,李桦.秦巴山区农户多维贫困测度及精准扶贫对策研究[J].干旱区资源与环境,2019,33(1):30—37.

马楠.民族地区特色产业精准扶贫研究——以中药材开发产业为例[J].中南民族大学学报(人文社会科学版),2016,36(1):128—132.

马歇尔.经济学原理(上册)[M].北京:商务印书馆,1965:44—46.

马忠玉.论我国西部大开发战略中的旅游开发与贫困消除[J].自然资源学报,2001,2:191—195.

毛永霞.赣南原中央苏区生态脆弱性评价与贫困特征相关度研究[D].江西农业大学,2016.

孟昌,刘琼.国外贫困地区开发的三种典型模式与经验[J].林业经济,2011(11):92—96.

谬小林.地方财政分权对县域经济增长的影响——云南10个县域面板数据的证据[J].财经研究,2014(9):4—11.

牟秋菊.电子商务助力农村精准扶贫探析——以贵州省为例[J].农业经济,2017(7):48—50.

聂荣,张志国.中国农村家庭贫困脆弱性动态研究[J].农业技术经济,2014(10):12.

聂永刚.贵州农村财政扶贫资金使用与管理存在的问题及对策[J].贵州财经学院学报,2013(1):108—111.

牛丽贤,余良晖,张寿庭,贾文龙,薛亚洲.中国优势矿产资源界定研究——基于SMART—ROC简易多属性评等技术[J].资源与产业,2012,14(1):31—36.

牛丽贤.优势矿产资源合理开发评价研究[D].中国地质大学(北京),2012.

庞康萍,冯淑璇,林健泽,宾宁,林逢春.电商精准扶贫的现状分析和对策解析——基于井冈山市的实地考察[J].市场周刊(理论研究),2017(1):23—26.

彭勇平,黄正坤,郭利平.赣南等原中央苏区经济社会发展状况调研报告[J].江西省人民政府公报,2012,15:66—69.

卿春,吕骥,李爽.贵州省农村电商扶贫新模式探索与研究——基于贵州省台州县实施农村电商扶贫的启示[J].贵州商学院学报,2017,30(1):27-30.

邱海兰,廖文梅,张广来.林区扶贫绩效评价:来自赣州市15个林业县的实证研究[J].林业经济问题,2017,37(04):29-35+101.

邱小云,彭迪云.原中央苏区振兴发展定位对产业转移意愿的影响研究——以赣南为例[J].学术论坛,2014,04:48-53.

全承相,贺丽君,全永海.产业扶贫精准化政策论析[J].湖南财政经济学院学报,2015,31(1):118-123.

冉光和,鲁钊阳.扶贫资金运用中存在的问题及对策研究——以A村2002-2007年扶贫资金的运用为例[J].南京社会科学,2008(9):68-74.

任燕顺.对整村推进扶贫开发模式的实践探索与理论思考——以甘肃省为例[J].农业经济问题,2007(8):95-98.

沈茂英."整村推进"综合扶贫模式的理论基础[J].郑州航空工业管理学院学报,2008(2):124-128.

沈茂英.试论农村贫困人口自我发展能力建设[J].安徽农业科学,2006(10):2260-2262.

沈扬扬.收入增长与不平等对农村贫困的影响——基于不同经济活动类型农户的研究[J].南开经济研究,2012(2):131-150.

施国庆,严登才,周建.生态移民社会冲突的原因及对策[J].宁夏社会科学,2009(6):75-78.

石明.电商扶贫"陇南模式"的现状、问题及对策研究[J].生产力研究,2017(6):88-91.

石霞,芦千文.走出"贫困凹地"实现跨越发展——赣南原中央苏区脱贫致富调研报告[J].老区建设,2013,12:6-9.

舒尔茨.论劳动力素质投资[M].北京:北京经济学院出版社,1990:219-223.

宋齐.农村扶贫中政府与农民的合作关系研究[D].兰州大学,2016.

宋文飞,李国平,韩先锋,孙永平."双重扭曲"下的税收偏离与矿产资源地贫困[J].经济评论,2013,2:129-137.

苏静.中国农村金融发展的减贫效应研究[D].湖南大学,2015.

孙久文,李姗姗,张和侦."城市病"对城市经济效率损失的影响——基于中国285个地级市的研究[J].经济与管理研究,2015,36(3):54-62.

孙沁."互联网+扶贫"——湘西州电商扶贫模式初探[J].农业科技与信息,2016(28):115-116.

孙昕,起建凌,谢圆元.电子商务扶贫问题及对策研究[J].农业网络信息,2015(12):27-31+51.

邰秀军,殷蕾蕾.新贫困线下我国农村家庭户的贫困广度和深度——基于CGSS2008数据的研究[J].未来与发展,2014,36(3):61-67+106.

覃建雄,张培,陈兴.旅游产业扶贫开发模式与保障机制研究——以秦巴山区为例[J].西南民族大学学报(人文社会科学版),2013,34(7):134-138.

汤文华.农村人力资源开发的路径选择[J].边疆经济与文化,2007,1:61-62.

唐丽霞,林志斌,李小云.谁迁移了——自愿移民的搬迁对象特征和原因分析[J].农业经济问题,2005(4):38-43.

唐利平."边际人"心态及其影响因素——三峡农村跨省外迁移民的实证研究[J].中国人口科学,2005(2):77-82+98.

唐文文.陕西农村电子商务准备度测度研究[D].西安邮电大学,2017.

滕飞,刘保奎,申红艳.电商扶贫中的"短板"与对策[J].中国物价,2016(12):74-76.

滕稳稳.贵州农村电商扶贫模式研究[D].贵州民族大学,2017.

万广华,刘飞,章元.资产视角下的贫困脆弱性分解:基于中国农户面板数据的经验分析[J].中国农村经济,2014(4):4-9.

万广华,吴婷,张琰.中国收入不均等的下降及其成因解析[J].劳动经济研究,2018,6(3):22-53.

万广华,张茵.收入增长与不平等对我国贫困的影响[J].经济研究,2006(6):112-123.

汪海洲,宋文飞,李国平,韩先锋.资源型城市转型阻尼与双环节绿色效率——以白银市为例[J].管理现代化,2012(6):106-108.

汪三贵.贫困与政府干预[J].管理世界,1994(3):40-46.

汪向东,张才明.互联网时代我国农村减贫扶贫新思路——"沙集模式"的启示[J].信息化建设,2011(2):6-9.

汪向东.电商扶贫的长效机制与贫困主体的获得感——兼论电商扶贫的"PPPS模型"[J].农业网络信息,2017(9):10-15.

汪向东.沙集模式2.0一个农村电子商务模式的跟踪研究[N].人民邮电,2013-03-25(006).

汪向东.四问电商扶贫[J].甘肃农业,2015(13):18-20.

王朝明,马文武.城乡教育均衡发展、城乡收入差距与新型城镇化的关系[J].财经科学,2014(8):97-108.

王锋正,郭晓川.能源矿产开发、环境规制与西部地区经济增长研究[J].资源与产业,2015,17(3):107-113.

王国丽,颜强."互联网+"战略下农村电商扶贫的实践——以贵州省农村电商为例[J].农村经济与科技,2017,28(13):145-147.

王萍萍,方湖柳,李兴平.中国贫困标准与国际贫困标准的比较[J].中国农村经济,2014(12).

王全春,周铝,龙蔚,陈骥.我国农村电商扶贫研究述评[J].电子商务,2017(3):22-23.

王荣党.农村贫困线的测度与优化[J].华东经济管理,2015(3).

王文艳,余茂辉.电商扶贫面临的问题与对策[J].农业与技术,2016,36(11):160-162.

王小洪,刘纳新,张静,汤武."金融服务站+互联网+农村电商"扶贫模式探析——基于湖南省炎陵县扶贫实践[J].武汉金融,2017(11):70-73.

王小林,SabinaAlkire.中国多维贫困测量:估计和政策含义[J].中国农村经济,2009(12):4-10+23.

王小林,徐丽萍.贫困脆弱性:概念框架和测量方法[J].农业技术经济,2013(8):4-11.

王泽荣.民族地区生态旅游扶贫开发研究[D].中南民族大学,2015.

魏建美,李庆,卢慧,万余花.特色农业发展背景分析及经验启示——基于赣南等原中央苏区视角[J].农业与技术,2015,7:170-172.

魏建美,李庆,卢慧,万余花.特色农业发展背景分析及经验启示——基于赣南等原中央苏区视角[J].农业与技术,2015,35(7):170-172.

魏毅,彭珏."授人以渔":赋能式扶贫开发效果分析——基于重庆市"雨露计划"培训学员的回访[J].农村经济,2012(2):66-69.

温忠麟,叶宝娟.中介效应分析:方法和模型发展[J].心理科学进展,2014,22(5):731-745.

巫婷.贫困县"造血式"与"输血式"精准扶贫研究[D].南昌大学,2017.

吴海涛,丁士军.贫困动态性:理论与实证[M].武汉大学出版社,2013.

吴昊男,高光涵,李晚莲.电商扶贫工程实施中的困境探究及其脱困对策——基于武陵山区溆浦县的实地调查[J].农村经济与科技,2017,28(3):110-112.

吴义丹,李静,李明娟,温鹏辉.赣南原中央苏区产业结构分析[J].企业技术开发,2015,34(4):67-70.

吴振方.基于边疆农村林业产业化反贫的机制研究[J].经济研究导刊,2012(3):81-82.

吴至琴,王艳杰.我国扶贫统计监测的发展与思考[J].经济视角(中旬),2014(3).

伍艳.贫困地区农户生计脆弱性的测度——基于秦巴山片区的实证分析[J].西南民族大学学报(人文社科版),2015(5):128-133.

夏庆杰,宋丽娜,Simon Appleton.经济增长与农村反贫困[J].经济学(季刊),2010,9(3):851-870.

向德平,刘欣.构建多元化反贫困政策:农村低保与扶贫开发政策的有效衔接[J].社会工作与管理,2014(5):54-61.

肖建红,肖江南.基于微观经济效应的面向贫困人口旅游扶贫(PPT)模式研究——以宁夏六盘山旅游扶贫实验区为例[J].社会科学家,2014(1):76-80.

肖雁,赵颖新.西部资源富集型贫困县城乡一体化研究——基于云南省怒江州兰坪县调研[J].经济研究导刊,2014(6):119-121.

辛波,于淑俐.对我国政府农村财政扶贫资金效率的分析[J].山东工商学院学报,2009,

23(2):65—68+93.

徐家琦.社区林业在山区反贫困中的作用——一种可持续扶助模式的探讨[J].林业与社会,2002(2):21—25.

徐杰,罗震东,何鹤鸣,周洋岑.中国县域电子商务发展的空间特征及影响因素研究[J].上海城市规划,2017(2):90—97.

徐康宁,王剑.自然资源、制度安排与经济增长[A].中共江苏省委宣传部、江苏省哲学社会科学界联合会.2006年江苏省哲学社会科学界学术大会论文集(上)[C].中共江苏省委宣传部、江苏省哲学社会科学界联合会,2006:9.

徐康宁,王剑.自然资源丰裕程度与经济发展水平关系的研究[J].经济研究,2006(1):78—89.

徐孝勇,姜寒.连片特困地区中央扶贫资金与经济增长关系研究——以四川省凉山彝族自治州国家级贫困县为例[J].西南民族大学学报(人文社会科学版),2013,34(10):147—151.

徐洋.中国反城镇新贫困的对策研究[M].武汉:武汉科技大学出版社,2012:18—66.

许凌志.广西滇桂黔石漠化连片特困区智力扶贫若干问题研究[J].沿海企业与科技,2013(4):41—43+40.

薛晓明.转型时期的弱势群体问题[M].北京:中国经济出版社,2012:122—126.

亚当·斯密.国民财富的性质和原因的研究.北京:商务印书馆,1983:45—67.

严玮玮.互联网环境下电子商务扶贫的情况分析——基于全国31个省市的数据[J].经贸实践,2017(8):179+181.

杨冬琴.西部贫困地区"互联网+精准扶贫"研究——以云南省昭通市为例[J].农村经济与科技,2017,28(4):189—190.

杨海涛.农村电商推动农村产业结构转型升级研究[D].浙江海洋大学,2017.

杨军."整村推进"扶贫模式的问题与对策研究[J].重庆工商大学学报.西部论坛,2006(6):15—20.

杨丽君.农村就业结构变动的减贫效应研究[D].湖南科技大学,2016.

杨龙,汪三贵.贫困地区农户脆弱性及其影响因素分析[J].中国人口·资源与环境,2015(10):150—156.

杨文,孙蚌珠,王学龙.中国农村家庭脆弱性的测量与分解[J].经济研究,2012,47(4):40—51.

杨霞.就业精准扶贫摘"穷帽"[N].广元日报,2016(2).

杨馨璇,滕建华,尹岳伟.城镇居民最低生活保障制度存在的问题及对策[J].边疆经济与文化,2012(6):6—9.

姚建莉.风口上的农村电商:巨头已"下乡"不只为扶贫[N].21世纪经济报道,2015—09—03(007).

易义斌,苏宏振,汪燕.农村电子商务扶贫模式初探——基于揭阳市军埔村电商扶贫的调查[J].中国商论,2015(21):73-75.

余昌颖.福建省原中央苏区县域经济发展评价研究[J].东南学术,2014(6):150-157.

余豆豆.农村电子商务在精准扶贫工作中的作用和模式研究[D].华中师范大学,2017.

余梦洁,丁东洋.情与理的耦合:精准识别的基层实践逻辑与案例分析——以江西省X县实践为例[J].中国农业资源与区划,2018,39(4):237-243.

余明德.劳动力素质和经济发展.经济学与中国经济改革[M].上海:上海人民出版社,1980:76

张广来,廖文梅.执行协商对农户易地扶贫政策满意度的影响研究——以赣南原中央苏区为例[J].中国农业大学学报,2018,23(3):185-195.

张广来.移民政策的执行协商可否影响农户的政策满意度?——基于赣南原中央苏区433份易地扶贫搬迁农户的调研数据研究[D].江西农业大学,2018.

张广胜,王振华.县域经济增长中结构红利的测度及决定——基于中国1820个县面板数据的实证分析[J].经济理论与经济管理,2014(6):102-112.

张夏恒.西部山区县电商扶贫路径研究:以陕西凤县为例[J].当代经济管理,2017,39(7):45-48.

张孝存.贫困山区旅游资源及开发模式研究——以陕西商洛为例[J].江西农业学报,2008(7):128-131.

张岩,王小志.农村贫困地区实施电商扶贫的模式及对策研究[J].农业经济,2016(10):58-59.

张艳.基本公共服务均等化对提升西部地区自我发展能力的作用[J].理论与当代,2013(5).

张玉强,李祥.集中连片特困地区的精准扶贫模式[J].重庆社会科学,2016(8):64-70.

张跃平,徐传武,黄喆.大推进与产业提升:武陵山区扶贫的必由之路——以湖北省恩施州望城坡等地的扶贫实践为例[J].中南民族大学学报(人文社会科学版),2013,33(5):113-116.

章莳安.基于DEA方法的原中央苏区(赣南)经济发展效率评价[J].江西社会科学,2013,6:81-86.

章莳安.基于主成分分析法的金融创新水平评价——以赣南等原中央苏区14县(市)为例[J].江西社会科学,2013,33(12):80-85.

赵炳起,李永宁.农村人力资源开发绩效评价与提升对策研究[J].农业经济,2008,3:13-15.

赵炳起.农村人力资源开发的路径选择——苏北发展对策研究[J].淮阴师范学院学报(哲学社会科学版),2006,6:786-788+799.

赵炳起.欠发达地区农村人力资源开发与高等教育大众化——兼议苏北高校的发展对策[J].淮阴师范学院教育科学论坛,2006,3:13-16.

赵欢.我国社会保障支出对居民收入差距影响的实证研究[M].蚌埠安徽财经大学,

2014:22—25.

赵丽媛.甘肃陇南地区电子商务发展研究[D].兰州大学,2016.

赵瑞全.现阶段中国农业人力资源开发研究与对策[J].中国农学通报,2006,8:636—638.

赵霞.农村电商扶贫的发展问题及对策研究[J].中国市场,2017(12):269—270+276.

赵中秋,后立胜,蔡运龙.西南喀斯特地区土壤退化过程与机理探讨[J].地学前缘,2006(3):185—189.

郑瑞强,张哲萌,张哲铭.电商扶贫的作用机理、关键问题与政策走向[J].理论导刊,2016(10):76—79.

中共中央国务院印发《国务院关于支持赣南等原中央苏区振兴发展的若干意见》,北京:人民日报[N].2012.

钟业喜,王琪.赣南等原中央苏区生态补偿政策研究[J].江西师范大学学报(哲学社会科学版),2013,46(4):97—101.

朱凤歧,高天虹,邱天朝,杨青.中国反贫困的途径[J].中国贫困地区,1997(2):14—17.

祝君红.精准扶贫战略下农村电商扶贫的对策研究[J].电子商务,2017(6):30—31.